중국 물질문화사

만물이라는 스승에게 배우다

중국 물질문화사

中國古代物質文化

쑨지 지음 홍승직 옮김

alma

일러두기

1 중국 고대 문화를 주로 다루는 책의 성격상 고대와 현대 모두 지명 및 고유명사는 일괄 우리
식 한자 발음으로 표기하였다.

2 그 밖에 외국 인명, 지명은 현지음에 가깝게 표기하였다. 예)누노메 준로우布目順郎, 나라奈良

3 일부 지명 및 고유명사의 경우 우리에게 더 익숙한 현지음에 가깝게 표기하였다. 예)뤄부나
오얼罗布淖尔, 투르판吐魯番

4 각종 매체명 및 기관 명칭의 경우 의미 전달에 주안점을 두어 필요시 의역하고 우리식 한자
발음으로 표기하였다. 예)중국 흡연조절사무실控烟辦公室, 상해방직과학원上海紡織科學院

한국어판 서문

《중국 물질문화사》의 한국어판이 곧 세상에 나온다는 소식을 들었습니다. 우선 역자와 출판사에 깊이 감사드립니다.

물질문화의 성취는 생산과 생활수준의 척도이자, 한 국가가 여러 분야에 걸쳐서 이룩한 성취 가운데 중요한 부분을 차지하고 있습니다. 이 책은 문헌과 실물을 결합하는 방식으로 중국 물질문화사의 윤곽을 대략 그린 것입니다. 내용의 서술이 소략한 측면이 없지 않아 있겠습니다만, 처음부터 최근까지의 흐름을 잡을 수 있기를 희망하는 마음으로 썼습니다. 현학적 서술을 지양하고, 지금까지 이 분야를 체계적으로 접한 적 없는 독자라도 술술 읽을 수 있도록 하였으며, 차례대로 따라가다 보면 각 분야의 새로운 성과도 이해할 수 있도록 하고자 했습니다. 경우에 따라서 아직 논쟁 중이어서 연구 동향에 영향을 끼칠 만한 몇몇 시각 또한 간략하게 소개했습니다.

중국과 한국은 바로 이웃하고 있습니다. 함께 동아시아 문화권에 속해 있고, 예로부터 밀접한 관계를 이어왔습니다. 따라서 이 책은 한국 고대 물질문화 연구에 전념하는 독자에게도 참고가 될 점이 있을 것입니다. 한반도에서는 중국에서 기원한 것들을 적극적으로 받아들였을 뿐만 아니라, 어떤 것은 계속 연구하여 더욱 향상된 모습을 보이기도 했습니다. 예를 들면, 자기 제조업은 중국이 앞선다고 할 수 있고, 청자를 구운 것은 시간이 더욱 유구하다고 하겠습니다. 그러나 고려시대의 '상감청자'는 새로운 창조로, 더욱 우아하고 감동 깊은 청자를 만들어 냈습니다. 또한 인쇄술은 중국의 '4대 발명' 가운데 하나입니다. 처음에는 판을 깎아냈고, 북송 때 활자 인쇄가 나타났습니다. 그러나 중국에서 초기에 사용한 활자는 단지 진흙활자와 나무활자뿐이었고, 구리활자는 조선에서 처음 만들었습니다. 조선 태종 3년(1403) 때 발표한 교령에서 "나는 구리로 본을 떠 활자를 만들어 책을 찍어 널리 전하여서 끝없이 이익을 누리게 하리라"라고 했습니다. 이것이 금속활자의 시초입니다. 이것은 이 책에서 제시한 중국 명나라 홍치 13년(1500년) 때보다 앞서 인쇄한 구리활자본으로, 거의 1세기 가까이 앞섰습니다. 후자는 의심할 바 없이 전자의 계발을 받았습니다. 이런 예는 좀 더 들 수 있습니다. 하지만 여기서 더 이상 자세히 말하진 않겠습니다. 꼭 말하고 싶은 것이 있습니다. 모든 나라와 민족의 물질문화에는 외래적 요소가 많이 포함되어 있습니다. 교류, 흡수, 융합, 발전을 통해서 문화의 모습이 더욱 풍부하고 다채로워질 수 있습니다. "여기저기 많은 스승 찾을수록 모두 너의 스승일세[轉益多師是汝師]"라고 한 두보의 말은 정말 맞습니다.

물질문화 연구는 오래 되기도 했지만 새롭기도 한 분야입니다. 문헌과 실물로 상호 증명하며 가야 하는 넓은 길입니다. 하지만 옛날 사람들은 옛날 물건을 골동품으로 보아서 높이 묶어놓고 깊이 감춰두어, 일상의 생활과 아주 멀리 떨어진 것으로 취급했습니다. 지금의 연구자들은 그렇지는 않습니다. 문제에 대해 설명할 수만 있다면 한 치 무쇠 조각이나 한 장 기와 조각일지라도 일어나 발언하게 해줍니다. 비교와 대조에 사용되는 문헌 역시 금석 혹은 어디 새긴 것이나, 경서나 사서에 한정되지 않습니다. 한 장짜리 방문榜文이나 한 통짜리 계약서나 한 폭의 짧은 편지라도 때로는 어려운 문제를 푸는 데 확실한 증거가 될 수 있습니다. 하지만 어떻게 취사선택을 해야 할까요? 오직 역사적 사실에 기초하는 길이 있을 뿐입니다. 가장 피해야 하는 것이 있다면 오해, 특히 오해의 기초 위에서 꾸며낸 과장입니다. 이 책을 저술하면서 항상 이것을 경계로 삼았습니다.

제 학문에 한계가 있어서, 뜻대로 다하지 못한 것이 아직 많이 있습니다. 독자 여러분께서 바로잡아주시기를 기원합니다.

2017년 베이징에서

차례

1

농업과 음식

우리는 지금 중국 고대 물질문화에 대한 이야기를 하려고 한다. 그러나 이것은 범위도 넓고 많은 문제들이 걸쳐 있으며 생산은 물론 생활과도 관련된 복잡한 주제다. 천 갈래 만 갈래의 복잡한 맥락들을 모두 자세히 다룰 수는 없을 것이다. 이 작은 책에서는 독자가 중국 고대 물질문화에 대한 윤곽을 그릴 수 있는 일반적인 개요를 소개하기로 한다.

'사람은 먹는 것을 하늘로 여긴다民以食爲天'라는 말이 있다. 가장 먼저 식생활의 근본인 농업에 대한 이야기를 해 보려 한다. 세계에는 농업 기원의 중심지가 세 곳 있다. 메소포타미아 유역, 중앙아메리카, 그리고 중국이다. 중국은 조[粟]와 벼[稻], 즉 좁쌀과 쌀의 고향이다. 이 두 가지 곡물은 모두 고고학 작업 중 발견되었는데 모두 1만 년 이상 이전의 것이었다. 북경대학과 북경시 문물고고연구소가 공동 발굴한 이 1만 년 전의 조는 북경北京시 문두구구門頭溝區의 동호림東胡林에서 발견되었으며, 벼는 호남湖南성 도현道縣의 옥섬암玉蟾巖에서 발견되었다. 여기는 원래 물이 담겨 있던 산속 동굴이다. 본래 이름은 하마갱蝦蟆坑으로, '두꺼비 구덩이'라는 뜻이었는데 이름이 별로 좋지 않다며 고고학자가 이름을 바꿨다. 그러니 만일 현지에서 이곳을 찾기 위해 옥섬암이 어디

냐고 묻는다면 원하는 결과를 얻기가 쉽지 않을 것이다. 1만여 년이라는 이 숫자는 기억하기 좋다. 대체로 이 무렵 중국이 구석기 시대에서 신석기 시대로 발전하였으며 원시 농업이 시작되었기 때문이다.

　　원시 농업은 채집 경제로부터 발전한 것이다. 당시 땅은 넓고 인구는 적어서 토지가 그렇게 귀중하지는 않았다. 당시 사람들은 정성 들여 꼼꼼하게 경작할 필요도 능력도 없었다. 그저 단순히 파종하고 수확하는 것이 전부였다. 남방의 벼 경작과 북방의 조 경작에 상응하여 남방은 주로 평평한 밭에 경작했고, '사耜(보습)'를 사용했으며, 북방은 뿌려서 하는 파종 이외에는 주로 점심기를 했고, '뢰耒(따비)'를 사용했다. 따비는 끝이 뾰족한 나무 막대로, 나중에 발로 밟아 누르기 쉽도록 짧은 가로목을 아래쪽에 묶어 매기도 했다(그림 1-1:1). 갑문甲文에서 '男(남)'은 ♉로 썼다(《경진京津》2122). 바로 따비로 밭을 매는 모습이다. 보습은 나무 손잡이 아래에 사관耜冠을 장착한 것으로, 목제뿐만 아니라 골제 사관도 있다(그림 1-1:2, 3). 절강浙江성 여요餘姚의 하모도河姆渡 유적지에서는 동물 견갑골로 만든 사관이 대량 출토되었는데, 어떤 것은 거의 마모되어 골구骲臼 부분만 약간 남아있을 정도로 오랫동안 사용된 것이었다. 원시 농업에서 파종과 수확 사이에 이루어지는 작업이라고는 지켜보는 것뿐이었다. 그래서 원시 사회에 사용된 농기구라고 알려진 일부 물건은 사실 매우 의심스럽다. 예를 들면, 이른바 대형 석리石犁(돌 쟁기)라고 하는 것이 그렇다. 이 농기구는 절강성 항주杭州의 수전판水田畈 양저良渚 문화 지층에서 나온 것으로 길이가 대략 50cm다. 아직 우경牛耕이 시작되지 않았던 이때 이렇게 큰 돌 쟁기를 끌려면 사람이 몇이나 필요했을까? 또한, 당시에는 깊이갈이[深耕]라는 개념이 없었다. 그렇다면 무엇을 위해 이것을 끌었을까? 아마도 이것은 쟁기가 아닐 것이다.

또한, 절강성 오흥吳興의 전산양錢山漾 양저 문화 유적지에서 출토된 이른바 돌 운전기秐田器가 아주 유명하다. 그러나 이것으로는 역시 밭을 갈 수 없다. 우선 생김새만 보아도 이것으로 제초 작업을 하려면 매우 불편할 것이다. 윗부분의 큰 구멍이 테두리에 너무 가까워서 나무 손잡이를 장착할 경우 조금만 힘을 주어도 아주 쉽게 부러진다(그림 1-3). 강소江蘇성 무석無錫 홍산鴻山에서 나온 석기의 생김새도 이것과 매우 비슷하지만 두 어깨 위 날개 역시 밭을 갈 때 쓰기에는 불편하다. 이것은 '석월石鉞'이라는 이름으로 공개되었다. 절강성 동향桐鄕 요가산姚家山에서 나온 것은 타이페이 고궁박물원이 소장한 운전기와 마찬가지로 옥 재질

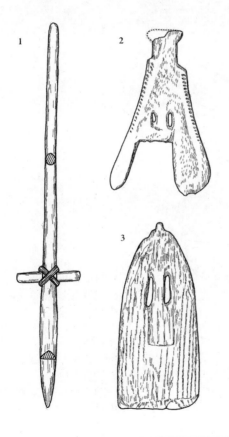

그림 1-1 뢰와 사
1 현대 문파족門巴族의 목뢰木耒. (고대 목뢰 참조용)
2, 3 하모도에서 출토된 뼈로 만든 보습과(상) 나무로 만든 보습(하)

이다. 원시 사회에서는 이런 옥기를 만들기가 매우 힘들었다. 당시 사람
들이 이런 보물로 밭을 갈았을 리는 없다. 머리 부분의 곡선은 예전에
는 관상옥식冠狀玉飾이라고 불렀던 양저 문화의 옥소배玉梳背와 유사하
다. 이것은 고귀한 문양의 일종으로, 역시 운전기에 쓰일 만한 것이 아
니다. 또한, 요가산의 운전기는 가는 줄 정도만 통과할 수 있을 만큼 윗
부분 구멍이 아주 좁아서 자루를 장착할 방법이 없다. 따라서 밭을 가는
데 쓰였다는 설은 당연히 성립되지 않는다(그림 1-2).

　앞에서 잠시 '리犁(쟁기)'에 대해 이야기했는데, 쟁기는 따비나 보습
으로부터 발전한 것이다. 원래 파종할 작은 구멍을 하나하나 내던 방식

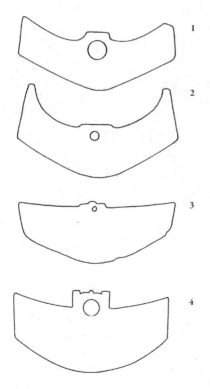

그림 1-2 운전기와 월鉞
1 석제 운전기. 강소성 오흥의
전산양에서 출토
2 석제 월. 강소성 무석의 홍산
에서 출토
3 옥제 운전기. 절강성 동향의
요가산에서 출토
4 옥제 운전기. 대북 고궁박물
원 소장

에서 한 사람이 따비를 꽉 잡고 있고 다른 사
람이 앞에서 끌면서 길게 한 줄로 골을 파는
방식으로 바뀌었다. 그 후 따비의 자루가 곧은
것에서 굽은 것으로 변하여 쟁기가 되었다. 원
시 사회에는 쟁기가 없었다. 상商나라 때에 쟁
기가 있었는지 아닌지는 아직 의문이 풀리지

그림 1-3 운전기의 자루 장
착 방식 상상도

않았다. 곽말약郭沫若은 갑골문 중 𦥑는 소가
쟁기를 끄는 모습을 표현한 것이라고 보았고,
𦥑의 아랫부분 작은 점은 뒤집어엎은 흙덩어리를 표현한 것이라고 보았
다. 그러나 이 도상이 칼로 소를 죽이는 것이며 작은 점은 소에게서 흘
러나온 피를 표현한 것이라고 보는 사람도 있었다. 또 어떤 사람은 잡색
소라고 보기도 하는데, 앞서 말한 두 가지 설과는 연관이 없다. 그밖에
강서江西성 신간新幹 대양주大洋洲에서 상나라 때 '동리銅犁(구리 쟁기)'라
고 하는 것이 두 점 출토되었다. 그러나 크기가 좀 작아서 윗부분 너비
가 13~15cm밖에 되지 않는다. 또한, 표면에는 무늬가 있는데, 쟁기라
면 매끄러워야 하므로 무늬를 주조할 리가 없다. 윤곽이 좀 닮았다고 해
서 틀림없이 쟁기라고 확정하기는 어렵다(그림 1-4).

　여하튼 주周나라 때는 쟁기가 확실히 있었다. 춘추 시대에 이르면
이미 소로 쟁기를 끌어 땅을 갈았기 때문이다.《국어國語·진어구晉語九》
에서는 "범 씨와 중항 씨는 고난에 처한 서민을 구제하지 않고 진晉나라
를 제멋대로 휘두르려 했다. 지금 그들의 자손이 몰락하여 제齊나라에
서 밭을 갈고 땅을 파는 신세가 되어, 본래 종묘 제사에 쓰이는 희생물
처럼 고결했던 신분에서 지금은 밭고랑 사이에서 농사를 짓는 농부로
변해버렸다"라고 했고,《논어論語·옹야雍也》에도 "리우犁牛"라는 단어가

나온다. 공자의 제자 염경冉耕의 자字가 백우伯牛이고, 사마경司馬耕의 자
가 자우子牛이다. 옛날 사람들은 명名과 자를 서로 호응하게 지었다. 경
작한다는 뜻의 경耕과 소라는 뜻의 우牛를 호응시켰다는 것은 우경의 증
거라고 볼 수 있다.

전국 시대에는 우경이 더욱 증가했다.《전국책戰國策·조책趙策》에
서 "진秦나라는 소로 밭을 간다秦以牛田"라고 했으며, 호북湖北성 운몽雲
夢의 수호지睡虎地에서 출토된 진간秦簡《구원률廐苑律》에서는 우경을 '우
전牛田'이라고 했다. 또한, 전국 시대 문물 중, 원래 나무 쟁기 틀에 장착
해서 쓰는 V형 철제 보습이 발견되기도 했다.

'리벽犁壁(리경犁鏡, 벽토鐴土)'이 발명되기 전까지 쟁기의 작용은 흙
을 깨고 골을 파는 것으로, '작조리作條犁'라고 불렀다. 이때의 농사는 쟁
기가 지나간 다음에 삽으로 흙을 북돋워 이랑을 만드는 식이었다. 이것
은 당시 토지 제도와 밀접한 관련이 있다. 주나라 때 성인 남자 한 사람
은 토지 100무畝를 받았다. 보통 토지의 면적 단위라고 알려졌지만, 애
초에 무는 '롱壟(이랑)'을 가리키는 말이었다.《국어·주어周語》위소韋昭
의 주석을 보면 "낮은 부분을 견畎이라 하고, 높은 부분을 무畝라고 한

그림 1-4 동으로 만든 리화犁鏵. 강서성
신간의 대양주에서 출토

다"라고 했다. 무는 이랑에서 높이 솟은 부분이고 견은 이랑 사이의 골이다. 그러나 이랑에도 일정한 척도가 있었다.《곡량전穀梁傳·문공文公 11년》범녕范寧의 주석에서는 "너비 1보步 길이 100보가 1무이다"라고 했다. 6척이 1보이고, 1보는 1.38m이므로, 길이 100보는 138m다. 그러므로 1무의 면적은 190.44m²가 된다(지금의 시무市畝는 666.67m²). 서한西漢 때는 무의 규모가 커져서 240보를 1무로 했다. 그러나 조과趙過가 '일무삼견一畝三甽'의 대전代田을 추진하면서(《한서漢書·식화지食貨志》) 1보 사이에 골 세 줄과 이랑 두 줄을 만드는 것을 지칭하게 되었다. 작조리로 양측에서부터 흙을 뒤집는 것은 바로 이랑을 세우는 첫 번째 과정이었다.

서한 후기에 이르자 더욱 진보된 경작 이론이 제기되었다.《범승지서范勝之書》에서는 다음과 같이 말했다. "봄이 와서 땅에 공기가 통할 때 겨울 동안 딱딱해진 땅의 검은 흙을 갈아 평평하게 하고 흙을 잘게 부수면 풀이 나온다. 풀이 나오면 또 간다. 비가 오면 또 갈아 섞는다. 덩어리가 있는 채 파종 때를 기다리게 하지 않는다." 이 기록을 보면, 반복해서 갈고 흙을 섞어야 한다고 했을 뿐 아니라 풀이 나온 이후 또 갈아야 한다고 했다. 녹색 비료 활용도 이미 시작된 것이다. 그러나 작조리는 이 용도로 쓸 수 없다. 이런 목적에 적합한 도구인 리벽은 서한 시대에 발명되었다. 보습과 리벽의 연속적인 완곡면은 갈아올린 흙덩어리를 부수고 뒤집는다. 섬서陝西성 장안長安·예천禮泉·함양咸陽 등 한나라의 삼보三輔 지역에 속하는 곳에서 한쪽으로 흙을 뒤집는 안형벽鞍形壁과 양쪽으로 흙을 뒤집는 능형벽菱形壁 등 여러 종류의 리벽이 출토되었다(그림 1-5). 리벽은 삼보 지역 이외에도 산동山東성 안구安丘 및 하남河南성 중모中牟·학벽鶴壁 등의 지역에서도 발견되었다. 리벽의 발명은 중국의 보리步犁(쟁기)가 구조 면에서 중대한 개선을 이룬 것이라 볼 수 있다.

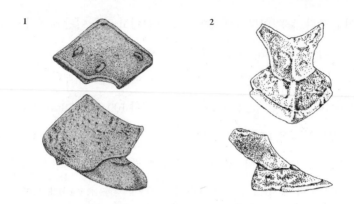

그림 1-5 서한 때의 리화와 리벽
1 철제 리화와 마름모형 리벽. 섬서성 장안에서 출토
2 철제 리화와 안장형 리벽. 섬서성 예천에서 출토

흙이 뒤집어지면서 햇빛과 공기와 접촉하여 생토가 숙토로 변한다. 이
어 '우耰'로 다독여서 토양을 성기고 부드럽게 만들고 밭 표면은 평평하
게 하여, 이랑 경작법과는 다른 평면 경작법이 만들어졌다. 서양의 경우
를 보면, 로마의 쟁기에는 리벽이라는 부품이 없다. 나중에 유럽 농민이
나무 재질의 '진흙 뒤집기판'을 쟁기에 장착했고 그 작용이 리벽과 비
슷했지만, 한나라의 철제 리벽만큼 매끄럽고 유용하지는 못했다. 11세
기 이전까지 서양에는 이것이 아직 알려지지 않았고, 현재 볼 수 있는
'진흙 뒤집기판'을 장착한 쟁기의 도상은 대략 13세기 이후 작품이다.

　　우경은 춘추 시대에 이미 나타났지만 보급 속도가 아주 느려서 동
한東漢 시기에 와서야 주도적 위치를 차지한 경작 방식이 되었다. 서한
시대 역사서에는 우역牛疫(소의 급성 전염병)이 기록되어 있지 않다. 그런
데 동한 시대에는 우역을 아주 중시하여, 정부 문서에서도 우역과 농
업 생산 감소의 관계를 명확히 지적하고 있다. 동한의 화상석畵像石에도
우경 도상이 많이 나타난다. 그중 눈으로 확인할 수 있는 쟁기 대다수

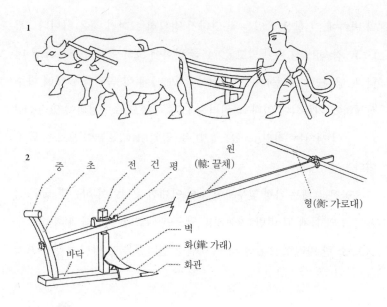

그림 1-6 한나라 때 쟁기
1 쟁기로 밭을 가는 그림. 산동성 조장棗莊에서 출토된 동한의 화상석
2 한나라 때의 긴 끌채 쟁기 복원도

는 소 두 마리가 멜대를 메는 형식의 장원리長轅犁로, 위로 비스듬히 뻗은 길고 곧은 '원轅(끌채)'하나가 장착되어 있고, 원 끝에 가로대를 설치하고, 좌우 양쪽에 소를 맨다(그림 1-6:1). 이런 쟁기에는 또한 단독으로 바닥을 장착하여, 보습이 땅속으로 고르고 평평하게 들어가게 하고 쟁기의 진행 방향을 잡기 편하게 했다. '리전犁箭'에는 '리평犁評'을 장착하였는데, 이것으로 하여금 보습이 땅에 들어가는 깊이를 조절할 수 있다. 요약하자면, 쟁기의 주요 본체 구성은 한나라 때 이미 상당히 완비되어 있었다(그림 1-6:2). 결점이라면 쟁기 틀이 너무 커서 가던 방향을 되돌리거나 회전하기에 매우 불편했다는 것이다.

쟁기 경작이 다시 중요하게 개선된 것은 당나라 때다. 이때는 '곡원리曲轅犁'가 등장했다. 섬서성 삼원三原에 있는 당나라 때 이수李壽 묘

의 벽화에 그 형상이 있는데, 그다지 정확히 그려진 것은 아니다(그림
1-7:1). 감숙甘肅성 돈황 막고굴 445굴 벽화에 그려져 있는 것은 조금 더
낫다. 당나라 육구몽陸龜蒙의《뢰사경耒耜經》에 이 곡원리에 대해 아주
상세하게 기록되어 있다. 곡원리는 11개 부품으로 구성되어 있다(그림
1-7:2). 이 쟁기는 '직원直轅(곧은 끌채)'을 '곡원曲轅(굽은 끌채)'으로 바꾼 것
이다.

　　곧은 끌채는 가장 앞부분이 소의 어깨까지 닿아야 하는데, 굽은 끌
채는 소의 몸체 뒤 리반犁盤까지만 닿으면 되었다. 자유롭게 회전할 수
있고 소 한 마리로만 끌면 되어, 축력을 절약했을 뿐 아니라 경지 효율

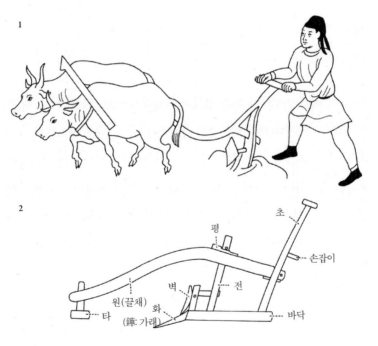

그림 1-7 당나라 때 쟁기
1 쟁기로 밭을 가는 그림. 섬서성 삼원의 당나라 때 이수 묘 벽화
2 굽은 끌채 쟁기.《뢰사경》을 바탕으로 복원

을 높였다. 당나라 때 곡원리는 중국이 이후 장기간 사용한 구식 쟁기 [步犁]의 기본 형식을 확립했다.

밭을 경작하는 것은 양식을 심기 위해서다. 한나라 때에 이르러 중국의 주요 양식 작물은 이른바 5곡(《예기禮記·월령月令》·《한서·식화지》) 혹은 9곡(《주례周禮·천관天官·태재太宰》)이었다. 5곡은 '마麻, 서黍, 직稷, 맥麥, 두豆'이고, 9곡은 정중鄭衆의 설에 따르면 '서黍, 직稷, 출秫, 도稻, 마麻, 대두大豆, 소두小豆, 대맥大麥, 소맥小麥'이다. 5곡과 비교해 9곡에서 가장 중요한 것은 도稻가 추가된 것이다. 춘추 전국 시대 북방에서는 물벼를 많이 심지 않았다. 《주례·천관·선부膳夫》에서 "왕의 음식凡王之饋"을 말할 때 언급한 양식 중 첫 번째가 도稌(찹쌀)로, 이것이 바로 도稻(멥쌀)이다. 서주西周 시대 동보銅簠의 명문에 "도稻와 량粱(기장)을 가득 담는다"라는 말이 자주 나오고 《논어·양화陽貨》에 "흰 쌀밥 먹고 비단옷 입으면 너는 마음 편하더냐?"라는 공자의 말을 기록한 것으로 보아 당시 벼를 귀하게 여겼음을 알 수 있다. 한나라 때 강남 각지에서는 이미 광범위하게 물벼를 심었다. 호북성 강릉江陵의 봉황산鳳凰山 한나라 때 묘에서 나온 간독에는 '자미粢米, 백도미白稻米, 정미精米, 도려미稻糲米, 도패미稻粺米'등 각종 쌀이 기록되어 있어, 당시 그곳의 주식이었음을 말해준다. 도연명陶淵明의 〈경술년 구월 중 서쪽 밭에서 이른 벼를 수확하다 庚戌歲九月中於西田獲早稻〉라는 시에서 알 수 있듯, 진나라 때는 조생 벼가 나타났다. 그러나 음력 9월 중순이 되어서야 수확하는 벼는 아직 진정한 의미의 조생 벼라고 할 수 없다. 송나라의 주거비周去非가 《영외대답嶺外代答》에서 흠주欽州에 "정월, 2월에 파종하여 4월, 5월에 수확하는" 조생 벼가 있다고 하였으니, 이게 바로 진정한 의미의 조생 벼 품종이라고 할 수 있다. 조생 벼 육성은 1년 중 두 번 수확하는 이모작 벼의 조건을 만들어주었다. 이모작 벼는 연작형連作形과 간작형間作形 두 종류가 있다. 연작형은 조생 벼를 수확한 후 만생 벼를 파종하는 것이다. 간작형은 조생 벼를 먼저 꽂은 다음 이어서 조생 벼 줄 사이사이에 만생 벼를 꽂아, 조생 벼를 수확하고 일정 시간이 지난 다음 만생 벼를 수확한다. 간작형 이모작 벼는 높은 기술이 요구되므로 연작형 벼 다음에 나왔음이 분명하다. 간작형 이모작 벼에 대한 가장 이른 기록은 명나라 때《농전여화農田餘話》 (14세기)이다. 만약 이모작 벼를 보리밭에 심으면 1년에 세 번 수확(보리, 조생 벼, 만생 벼)하게 된다. 가장 이른 세 번 수확 기록은 명나라 사조제謝 肇淛의《오잡조五雜組》(17세기 전반)에서 보인다. 물벼 재배 기술을 끊임없이 개발함으로써 결국 중국의 가장 중요한 양식 작물 중 하나가 되었다.

그러나 정현鄭玄의 9곡 설은 달랐다. 그는 9곡 중 출秫(차조)과 대맥 大麥(보리, 겉보리)을 빼고 량梁과 고苽(줄풀)를 넣어야 한다"라고 했다(《주례·천관·태재》의 주석). 량은 우수한 품질의 황소미黃小米다. 고는 '菰(고)'라고도 하는데, 지금은 이런 양식이 없다. 물에서 자라고, '蔣(장)'이라고도 하며, 가을에 노란 꽃이 피고, 검은 알곡을 맺는다. 빻으면 아주 하얀색으로, 조호미雕胡米라고 한다. 매끄럽고 윤기 있고 향기가 좋으며, 고급식품의 일종이다. 당나라 때에 이르러 왕예王睿가《자곡자炙轂子》에서 또한 9곡 중 하나라고 했다. 이백의 시에서 "무릎 꿇고 조호미로 지은 밥을 내놓다跪進雕胡飯", 두보의 시에서 "물결에 떠 있는 고미는 먹구름처럼 검다波漂菰米沉雲黑"라는 구절에서 말한 것이 모두 조호미다. 그런데 양식인 조호미가 왜 사라졌을까? 첫째, 생산량이 적고 익는 시기가 부정확해서 수확이 쉽지 않았기 때문이다. 둘째, 고는 늦여름 초가을 무렵 엽초葉鞘가 감싸고 있는 중심에서 추출한 대이다. 어떤 흑분균黑粉菌에 감염되면 꽃을 피우거나 열매를 맺지 못하고 비대한 뿌리혹이 형성되는데, 희고 부드러우며 달콤하고 상쾌해 입에 맞았다. 이게 바로 채소 중의 교백茭白이다. 송나라 때 이후 교백이 나날이 중시되어, 고를 심는 목적이 교백을 배양하기 위한 것으로 바뀌었다. 배양균에 감염되지 않아 알곡을 맺을 수 있는 그루는 도리어 '공주公株'라고 여겨, 보는 즉시 제거했다. 사실 고는 자웅이주가 아니다. 위에서 열거한 몇 가지 작물 중 마와 대마만 자웅이주다. '시枲'는 수 그루로, 섬유질이 좋고, '저苴'는 암 그루로, 알곡을 맺어서 죽을 쑬 수 있다. 열대 품종 대마는 대마초를 만들 수 있다. 그러나 중국 고대 사람들은 이것을 몰랐다.

앞서 말한 5곡 혹은 9곡 중 특히 주의해야 할 것이 소맥과 대두이다. 소맥, 즉 밀은 세계에서 보편적으로 심는 양식 작물로, 원산지는 메소포타미아다. 이라크 북부 자르무 유적지에서 지금으로부터 8천여 년 전의 밀이 출토되었다. 중국 감숙성 민락民樂의 동회산東灰山에서 발견된 탄화한 밀 알갱이는 마가요馬家窯 문화의 잔존물로, 지금으로부터 약 5,000 이전 것이다. 지금으로부터 약 4,000년 이전 시대에 이르러 황하 하류의 몇몇 용산龍山 문화 유적지, 예를 들면 산동성 치평茌平의 교장포敎場鋪, 일조日照의 양성진兩城鎭, 교주膠州의 조가장趙家莊 등지에서 출토된 표본이 늘어났다. 모두 재배형에 속한다. 상나라 때 이미 맥麥(보리)를 먹는 풍습이 있었다. 복사卜辭에서 "정월이 되면 맥을 먹는다月一正, 曰食麥"(《후하后下》1.5)라고 했다. 《예기·월령》에서 "초봄에 맥과 양을 먹는다孟春之月, 食麥與羊"라고 했으니, 주나라 때도 이 풍습이 그대로 이어졌다. 이 시기에 보리를 파종하는 것이 꽤 보편화하여, 주나라 때 많은 촌락에서 속粟(조)과 맥을 모두 중시하는 농업 현상이 이미 나타났다.

다음으로 대두를 보자면, 대두는 중국 특산으로, 원산지는 동북 지역이며, 흑룡강黑龍江성 영안寧安의 대모란둔大牡丹屯에서 4,000여 년 전

의 대두가 발견되었다. 《관자管子》에서는 제나라 환공이 북쪽으로 가
서 산융山戎을 정벌하고 그곳의 '융숙戎菽'을 갖고 와서 천하에 퍼뜨렸
다고 했다. '숙菽'은 콩류를 말하며, 융숙은 대두이다.《사기史記·천관서
天官書》색인에서 위소韋昭의 말을 인용하여 "융숙은 대두이다"라고 했
다. 1873년 중국의 대두가 빈 만국 박람회에서 전시되어 세계를 뒤흔
들었다. 그 후 비로소 대두가 구미 각국에서 대량으로 재배되기 시작했
다. 중국 조리 예술에서 빼놓을 수 없는 재료 중 하나가 간장인데, 대두
를 발효시켜 양조한 것이 바로 간장이다. 호남성 원릉沅陵의 호계산虎溪
山 서한 시대 원릉후沅陵侯 묘에서 출토된 죽간《미식방美食方》에 기록된
"숙장즙菽醬汁"이 바로 간장이다. 간장이 없으면 중국의 수많은 맛있는
음식들을 조리할 수 없다. 서양식 소금과 백장유白醬油로는 정통 중국 음
식의 맛을 낼 수 없다.

　엄청난 관심을 받아온 또 하나의 양식 작물은 고량高粱(수수)이다.
중국 고대에 수수를 심었는지 아닌지에 대해서 논쟁이 일어난 적이 있
다. 그러나 산서山西성 만영형촌萬榮荊村, 하남성 정주鄭州 대하장大何莊,
섬서성 장무長武 전자피碾子坡, 강소성 신기新沂 삼리돈三里墩 등의 지역
에서 신석기 시대·선주先周·서주 시대의 수수가 발견되었다. 요녕遼寧
성 요양遼陽 삼도호三道壕의 서한 시대 촌락 유적지와 광동廣東성 광주廣
州의 선렬로先烈路 용생강龍生崗에 있는 동한 시대 묘에서 한나라 때의 수
수가 출토되었다. 섬서성 서안西安의 서교西郊에 있는 서한 시대 건축 유
적지의 흙담에서 수숫대를 묶어 줄지어 무늬를 찍은 흔적이 발견되었
다. 이로써 중국 고대에 이미 수수가 재배되고 있었음을 분명히 알 수
있다.《주례·고공기考工記》에서 "단출丹秫로 깃털을 붉게 물들이다"라고
했는데, 단출이 바로 고량, 수수다.《본초강목本草綱目》에서는 "(수수의)알

곡 껍질을 물에 담그면 물이 붉게 변하며 술을 붉게 할 수 있다"라고 했다. 다른 곡물은 이런 성질이 없다. 수수의 또 다른 명칭은 목직木稷이다. 조위曹魏 시대의 학자 장읍張揖이 편찬한《광아廣雅》에 그 흔적이 보인다.《광아소증廣雅疏證》에서 왕인지王引之의 설을 인용하여 "(고량은) 목직木稷이라고도 한다. 나무처럼 길고 크다는 뜻이다"라고 한 것이다. 그러므로 당나라 이전 시대 문헌에는 수수에 관한 믿을 만한 기록이 없다고 보았던 과거의 설은 정확하지 않다. 고량이라는 이름은 원나라 때 왕정王禎의《농서農書》에서 비로소 기록이 보인다.

상·주나라 때부터 명나라 전기까지 양식 작물의 품종은 대체로 안정되었다. 그러나 명나라 후기에 들어와 신대륙의 발견으로 미국의 작물이 중국에 전해지면서 양식 작물에 새로운 구성원이 증가하고 중국 양식 생산의 구조가 변했다. 그중 특히 중요한 것은 옥수수[玉米]와 감자[白薯]다. 중국에서 옥수수에 대한 기록은 명나라 정덕正德 연간(1511)《영주지潁州誌》에서 가장 먼저 등장한다. 영주는 지금의 안휘安徽성 동북부이다. 옥수수가 영주로 전해지기 이전 연해 지역에서 이미 재배됐을 것이고,《영주지》에 기록된 때가 전해진 첫해일 리 없으므로, 서기 1500년 전후에 중국에 전해졌을 가능성이 높다. 콜럼버스가 1492년 아메리카 대륙을 발견했고, 그로부터 겨우 10년 안팎 사이에 옥수수가 전해졌으니, 놀랄 만큼 빠르다고 할 수 있다. 감자의 전래는 곡절이 좀 있다. 명나라 만력萬曆 21년(1593) 복건福建성 장락長樂 사람 진진룡陳振龍이 여송呂宋(지금의 필리핀)에 가서 장사를 하다가 감자를 보았고, 이것을 자신의 나라로 가지고 가고 싶었다. 그러나 여송은 씨감자가 외부로 반출되는 것을 허락하지 않았다. 이에 진진룡은 "감자 줄기를 채취하여 두레박줄에 꼬아 넣어서 결국 바다를 건너올 수 있었다."(《농정전서農政全書·감저甘藷》) 만력 22년(1594) 복건에서 대규모 흉년이 들어, 진진룡의 아들 진경륜陳經綸이 복건순무福建巡撫 김학증金學曾에게 감자의 여러 가지 좋은 점을 추천하여, 각 현에 명하여 방법대로 심게 하였고, 크게 효과를 거두어 흉년의 재해를 넘었다고 한다. 나중에 진경륜의 손자 진이계陳以桂가 절강성 은현鄞縣으로 감자를 전파했다. 또 진이계의 아들 진세원陳世元이 산동성 교주로 감자를 전파했다. 교주는 추운 지역이라 재배가 쉽지는 않았지만, 해마다 복건으로부터 감자 씨앗을 보충하고 저장, 파종 방법을 전수했다. 진세원은 또한 장남 진운陳雲과 차남 진섭陳燮으로 하여금 하남성 주선진朱仙鎭과 황하 이북의 몇몇 현에 씨앗을 전해주게 했다. 셋째 아들 진수陳樹가 북경의 조양문朝陽門 밖 통주 일대까지 씨앗을 전해주었다. 진세원은 또한《금서전습록金薯傳習錄》('금서金薯'란 명칭은 김학증을 기념하여 지음—저자 주)을 지어 감자 재배 방법을 소개했다. 진씨 가문이 6대에 걸쳐 지치지 않고 감자 보급에 노력하여, 나중에 누군가 복건에 선서사先薯祠를 건립하여 그들의 공로를 드러냈다. 역사는 진진룡의 이름을 잊어서는 안 될 것이다. 감자는 고효율 작물로, 1무당 생산량이 곡물의 10여 배에 달한다. 명나라 말기 복건은 이미 유명한 감자 생산 지역이 되었다. 마치 청나라 때 주량공周亮工이 《민소기閩小記》에서 말한 대로 "천주泉州 사람들이 파는데 한 근에 1전도 안 되었고, 두 근이면 배불리 먹을 수 있다. 그래서 노인·아이·걸인 모두 먹을 수 있었다. 배고프면 먹으면 되었고, 많이 먹어도 해가 없었고, 닭과 개에 이르기까지 모두 먹었다." 감자의 보급은 중국의 식량 문제를 어느 정도 완화시켰다. 중국의 인구는 서한 때 이미 6천만에 도달했다. 그러나 명나라 말기에 이르기까지 1억에 그쳤다가 청나라 때 급속도로 증가하여 건륭乾隆 때에 2억이, 청나라 말기에는 4억 인구가 되었다. 이렇게 되기까지 신대륙에서 전해진 옥수수·감자 및 기타 고효율 작물의 역할은 상당했다. 북경대学에 다닐 때 장정랑張政烺 선생은 늘 이 점을 강조했는데, 농담을 즐기는 사람들은 '유물사관唯物史觀'이라는 말에서 '物(물)' 대신 감자를 뜻하는 '薯(서)'를 써서 '유서사관唯薯史觀'이라는 별명을 붙여주기도 했다.

다음으로 채소 이야기를 해 보자. 옛날 사람들은 일찌감치 채소의 중요성을 알았다. 기근饑饉의 '근饉'은 채소 수확이 부족한 것을 지칭한다. 그러나 상고 시대에는 물질생활 수준이 낮아서 채소의 종류도 아주 적었다.《시경詩經》에 식물 132종이 나왔는데 그중 20여 종만이 채소였다. 그리고 행荇·도荼·초苕·교莈·래莱·기芑 등은 일찌감치 채소의 영역에서 퇴출했다.《좌전左傳·은공隱公 3년》에서 "빈蘋·번蘩·온薀·조藻 등과 같은 채소는 귀신에게 바칠만하고 왕공에게 올릴만하다"라고 했다. 지금 보면 여기서 말한 것은 부평, 수초 및 백호白蒿(흰 쑥) 종류에 불과하다. 당시에는 이런 것들을 가져다가 제수로 쓰고 연회를 했으니, 채소가 얼마나 부족했는지 상상할 수 있다. 전국 진한 시대에는 상황이 약간 나아졌다. 물론 그래도 지금과 비교가 될 정도는 안 된다. 이때 가장 중요한 채소는《소문素問》에서 말한 '오채五菜', 즉 규葵·곽藿·해薤·총葱(파)·구韭(부추)이다. 이 다섯 가지 채소와《급취편急就篇》에서 열거한 13종 채소 모두 규, 즉 아욱을 첫머리에 놓았다. 어떤 문헌에서는 심지어 '모든 채소 중 주인공'이라고 추켜올렸다. 한나라 때 채소밭을 묘사한 시가 중 어떤 것은 시작하자마자 "채소밭 파릇파릇한 아욱靑靑園中葵"이라고 썼다. 위魏·진晉·남북조南北朝 시대 사람들은 채소를 언급할 때 "상호로규霜蒿露葵"(조식曹植)라고 하거나 아니면 "초록 아욱이 이슬을 머금었다綠葵含露"(반악潘岳)라고 했다.《제민요술齊民要術》에서 전문 챕터를 별도로 뽑

아서 아욱의 재배 기술을 설명한 것을 보면 그 중요성을 알 수 있다. 당
나라 이후 채소 중 몇몇 신품종이 늘어나서 아욱의 위치를 흔들었다. 식
물 분류학 측면에서 아욱은 아욱목 아욱과 아욱속에 속하며, 현대 중국
에서는 동규冬葵라고 한다(그림 1-8). 아욱은 "성질이 너무 미끄러워서 사
람에게 도움이 안 된다", "풍기를 발동시켜 숙질이 발병된다"(왕상진王象
晉《군방보群芳譜》)라고 하여, 파종 면적이 점차 감소했다. 명나라 때 식물
학자 왕세무王世懋는 심지어 "옛날 사람들은 채소를 먹을 때 꼭 아욱을
말했는데 지금은 아욱을 말하는 경우가 없으니, 어떤 채소로 충당했는
지 모르겠다"(《소소疏疏》16세기 중엽)라고 했다. 이시진도 "지금 사람들은
더는 먹지 않는다"(《본초강목》)라는 이유로 초부草部에 편입시키고 채소
로 대우하지 않았다.

《소문》5채 중 두 번째에 나열된 '곽藿'역시 춘추 전국 시대에 중요
한 채소였다.《전국책·한책韓策》에서 "사람들이 먹는 것은 대체로 콩밥
과 곽국豆飯藿羹"이라고 했다. 그러나 그것은 대두 싹의 여린 잎일 뿐으
로, 채소로 먹는 경우는 지금도 매우 적다.

'해薤(염교)·총葱(파)·구韭(부추)·산蒜(마늘)'등 훈신채葷辛菜는 고대
에 다른 부류를 형성했다. 거연간居延簡(혹은 거연한간居延漢簡, 감숙성 북부 거
연 지방에서 발견된 약 1만 편의 한나라 때 목간)을 보면 어느 정亭에서 열두 이
랑 채소를 심었다는 기록이 있는데, 그중 일곱 이랑에 아욱을 심고, 나
머지 다섯 이랑에 심은 것이 파와 부추였다(506.10A). 부추는 중국이 원
산으로,《급취편》의 채소 부분에서 제일 먼저 아욱을 들고, 그 다음이
부추였다. 이른 봄 여린 부추는 따뜻하고 사람에게 딱 좋아서, 오래전
부터 이미 중시되었다.《한서·소신신전召信臣傳》을 보면 태관원太官園에
서 겨울에 온실을 이용해 파·부추를 생산한 상황이 기록되어 있다. 이

그림 1-8 아욱. 동규

렇게 재배한 부추는 특히 맛이 좋았다고 한다. 그러나 한나라 때에도 부
추는 여전히 보기 드문 것이었고, 송나라 때에 이르러서야 많아졌다. 소
식蘇軾(소동파)의 시에 "동풍은 아직 차갑건만, 푸른 쑥 누런 부추로 봄나
물 상 차려본다漸覺東風料峭寒, 靑蒿黃韭試春盤"라는 구절이 있다. 마늘은《하
소정夏小正》에서 일찌감치 기록이 보이긴 하지만, 그때의 마늘은 '난산卵
蒜'혹은 '소산小蒜'이라고 하여, 쪽이 나뉘지 않는 한쪽 마늘이고 생산량
이 적었다. 지금 흔히 보는 마늘[大蒜]은 동한 때 들어온 것으로, '호葫'
혹은 '호산胡蒜'이라고 했다. 가장 이른 기록은 동한 때 최식崔寔의《사민
월령四民月令》에 보인다.

　이밖에 무·만청蔓菁(순무) 등 뿌리채소류도 상당히 일찍부터 심기
시작했다.《시경》에서 "봉을 캐자, 비를 캐자採葑採菲"라고 하였으니, 봉
葑·비菲가 바로 만청과의 무다. 감숙성 경천涇川 수천사水泉寺의 동한 때
묘에서 출토된 도조陶竈의 표면에는 무가 빚어져 있었고, 신강위구르자

치구新疆維吾爾自治區 민풍民豐의 니아尼雅 유적지에서 말린 순무가 적지 않게 나왔다. 하남성 낙양洛陽의 오녀총五女冢 267호 신망新莽 묘에서 출토된 도창陶倉에 쓰인 저장 양식 이름에 '량속粱粟'등과 나란히 있는 '무청無清'의 창고가 있었는데, 무청 씨앗 또한 순무의 씨앗이다. 현대에는 순무를 보통 채소로 여기지만 고대에는 주식이기도 했다.《후한서後漢書·환제기桓帝紀》를 보면 영흥永興 2년(154) 메뚜기 떼 재난으로 시끄러웠을 때 "해를 입은 군국은 무청을 심어서 사람들이 먹는 것을 도와주라"라는 조령을 내렸다. 당나라 때에 이르러서는 두보가 "겨울에는 무청이 밥의 반冬菁飯之半"이라고 했다. 무는 중국 각지에서 생산되고 우량 품종이 많이 있다. 유럽에도 무가 있지만, 모두 소형 사계절 품종이고 단위 면적 생산량도 적어서 중국과 비교할 바가 못 된다.

위魏·진晉·남북조南北朝 시대부터 당송 시기까지는 국외에서 전해진 신품종 채소들이 광범위하게 재배되었다. 예를 들면 가지는 원산지가 인도와 태국으로, 그에 대한 기록은 진나라 혜제晉惠帝 때 대신을 역임했던 혜함嵇含이 찬술한《남방초목상南方草木狀》에서 가장 먼저 보인다. 북위北魏의《제민요술》에는 더욱 상세하게 기록되어 있다. '황과黃瓜(오이)'의 원산지는 인도이다. 강소성 양주揚州의 서한 시대 '첩막서妾莫書(왕후 후궁 관위를 '첩막서妾莫書'라고 새긴 인장이 발견되었기 때문에 첩막서 묘라고 부름—옮긴이 주) '묘에서 오이의 씨가 나온 적이 있는데, 당시 문헌에서는 언급된 것이 없다.《제민요술》에는 '호과胡瓜 심는 법'이 기록되어 있다. 이것은 황과, 즉 오이를 말한 것이지만 외지에서 온 것이라는 표시로 앞에 '호胡'를 붙였다. 당나라 때 비로소 명칭을 황과라고 바꿨고, 남북 어디에서나 늘 보이는 채소가 되었다. 시금치[菠菜] 씨앗도 강소성 한강邗江의 서한 시대 묘에서 발견되었다. 그러나《책부원귀冊府元

氅》·《당회요唐會要》·《북호록北戶錄》·《봉씨문견기封氏聞見記》 등의 책에서 모두 정관貞觀 21년(647) 네팔에서 들어온 것이라고 보았다. 처음에는 이름을 '파릉채菠稜菜'라고 했다가 나중에 '파채菠菜'라고 줄여서 불렀다. 대체로 육조六朝 시대에는 이 채소가 널리 퍼지지 않았다가 당·송나라 때 많아졌다. 이 채소는 색과 맛이 모두 좋고 추위를 잘 견뎌서 이른 봄부터 여름, 가을까지 계속 공급되었다. 소식은 자신의 시에서 "눈에 덮인 시금치는 철갑을 두른 듯하구나雪底菠稜如鐵甲", "서리 맞은 잎사귀로 눈 속에서도 싹을 내는구나霜葉露牙寒更苗"라고 하여, 시금치가 추위에 견디는 특징에 매우 감탄하였음을 표현했다. 상추[萵苣]는 원산지가 지중해 연안으로, 중국 고문헌에서는 당나라 초기의 인물 맹선孟詵의 《식료본초食療本草》에서 제일 먼저 보이고, 이후 두보도 〈상추를 심다種萵苣〉 라는 시를 썼다. 도입된 시기는 당나라 때보다 늦지는 않을 것으로 보인다.

이 시기 중국에서는 또한 몇몇 채소의 신품종을 스스로 배양했다. 그중 가장 중요한 것은 배추[白菜]다. 배추는 원래 이름이 '숭菘'으로, 동한 때 인물 장기張機가 쓴 《상한론傷寒論》에서 최초로 등장한다. 그러나 한나라 때의 숭은 품질 면에서 현대의 배추보다 매우 뒤떨어진다. 숭은 노동자의 고생스럽고 부지런한 배양을 통해 위·진·남북조 시대에 이르러서야 중시되기 시작했다. 《남제서南齊書·주옹전周顒傳》에서는 "문혜태자가 주옹에게 '채소는 어떤 것이 맛이 제일 좋습니까?'라고 묻자 주옹은 '초봄에는 이른 부추이고 늦가을에는 늦은 숭입니다'라고 했다"라고 기록하고 있다. 배추의 우량 품종 배양은 송나라 때에 이르러 성공했다. 잎이 늘어지는 흑엽黑葉 배추 종류와는 달리 단단하고, 크고, 생산 효율이 높고, 추위에 견디고, 맛도 신선했다. 소식은 "백숭은 양고기, 돼지고기와 마찬가지요, 최상의 요리 곰 발바닥이 흙을 뚫고 나온 듯하여 라白菘類羔豚, 冒土出熊蹯"라는 시구로 배추를 찬미하며, 배추에 곰 발바닥 요리 같은 진미가 있는 것으로 보았다. 왕세무의《소소》에서도 노란 싹 배추를 채소 중 '신품神品'이라고 찬양했다. 배추는 중국 북방의 겨울과 봄철의 주요 채소로, 공급 기간이 대여섯 달에 달할 만큼 길다.

원·명·청나라 시기에 또 몇몇 외래 신품종이 중국의 채소 목록에 새롭게 추가되었다. 원나라 때 페르시아로부터 북유럽 원산의 당근이 들어왔다. 처음에는 운남 지역에서 많이 심었다가, 나중에 전국으로 퍼졌다. 16세기 이후 아메리카 대륙을 원산지로 하는 몇몇 채소들이 전해졌다. 예를 들어, 고추[辣椒]는 명나라 때의《소보蔬譜》·《본초강목》등의 책에서는 모두 언급되지 않았다. 청나라 초기 진호자陳淏子가 지은《화경花鏡》에 비로소 "번초蕃椒는 무리 지어 나고 하얀 꽃이 피며, 열매는 털 빠진 붓이 머리를 거꾸로 늘어뜨린 것 같고, 처음에는 초록색이었다가 나중에 붉게 되며, 그 맛이 가장 맵다"라는 기록이 등장한다. 여기서 말하는 번초가 고추다. 고추는 전래된 후 아주 빠르게 보급되었다. 특히 서남 지역과 서북 지역에서 더욱 중요한 향신 채소가 되었다.

토마토는 더욱 늦다.《패문재광군방보佩文齋廣群芳譜》(18세기 초)라는 책에서 제일 먼저 등장했으며, '번시蕃柿'라고 하여 관상용으로 공급되었고, 19세기 중엽에 이르러 비로소 채소로 재배되었다. 토마토는 부드럽고 즙이 많고 단맛과 신맛이 적절하여, 보조 식사가 될 수도 있고 날로 먹을 수도 있어서 널리 환영을 받았다.

중국 고대에는 과수 재배도 중시했다.《이아爾雅·석천釋天》에서는 "과일이 익지 않은 것을 황荒이라고 하고", "곡식이 익지 않은 것을 기饑라고 하고", "채소가 익지 않은 것을 근饉이라고 한다"라고 했다. 앵두·복숭아·살구·배·자두·대추·밤·산사·감 등 중원 지역에서 자주 보는 과일류는 그 재배 역사가 대체로 춘추 전국 시대까지 거슬러 올라갈 수 있다. 예를 들면, 앵두는 "모든 과일 중 가장 먼저 익기"(《도경본초圖經本草》) 때문에 특별히 중시되었다.《예기·월령》에서 중하仲夏의 달에 "함도含桃로 가장 먼저 침묘寢廟에 제사 지낸다", "다른 것과 달리 이 과일이 가장 먼저 익기"때문이라고 했다. 여기서 말하는 함도가 바로 앵두다. 복숭아는 중국에서 강수량이 적고 햇빛이 충분한 산간 지역에서 나온다. 섬서·감숙·티베트 등 해발 1,200~2,000m 고원 지대에서 야생 복숭아나무가 발견되었다. 하북河北성 고성藁城의 상나라 때 유적지에서 복숭아씨가 출토되었고,《시경》《이아》등 고적에 기록이 적지 않다. 복숭아는 과일 중에서도 품질이 아주 좋은 것 중 하나로, 생식과 가공에 모두 적합하여 널리 환영을 받았다. 복숭아는 대략 서기 2세기에 인도로 전해져, 산스크리트어로 복숭아를 cīnanī(진나라 땅에서 가져왔다는 뜻으로, 진나라 땅이 곧 중국—저자 주)라고 하였으며, 이 명칭은 지금도 그대로 쓰이고 있다. 복숭아는 인도에서 페르시아로 전해졌고, 이어서 유럽 대륙을 거쳐 15세기 때 영국으로 전해졌다. 살구 역시 중국에서 아주 오래된 과수다.《관자》에 "상등급 비옥한 토양에는 살구나무를 심어야 한다"라는 기록이 있고,《산해경山海經》에서는 "영산靈山 아래에 살구가 많다"라고 했다. 호북성 광화光化의 5좌분五座墳 서한 시대 묘에서 살구씨가 출토된 것으로 보아, 당시 살구는 이미 흔히 볼 수 있는 과일이었다. 전 세계에서 야생 살구가 나오는 지역은 넓지만, 중국에서 가장 먼저 살구를 재배하기 시작했다는 것은 이미 공인된 사실이다. 페르시아 살구는 중국에서 건너간 것이다. 페르시아에서 다시 아르메니아로 전파되고, 아르메니아에서 그리스로 전파되었다. 그래서 그리스어로 살구는 "아르

메니아 사과"라는 말로 일컬어진다.《한비자韓非子》에서는 "나무 중에
서 산사·배·귤·유자 열매는 먹으면 달콤하고 냄새를 맡으면 향긋하다"
라고 했다. 귤과 유자는 남방 과일이고, 북방 과일 중 한비자가 자신 있
게 언급한 것은 배[梨]다. 배의 실물은 호남성 장사長沙의 마왕퇴馬王堆
1호 서한 시대 묘에서 출토되었다. 그때 중국에는 이미 규모가 상당한
배 과수원이 있었다.《사기》에 따르면 회북淮北·형양滎陽·하제河濟 사이
에 배나무 1천 그루를 심은 과수원을 경영하고 있었는데, 그 수입이 천
호후千戶侯(봉작의 하나)와 맞먹었다고 한다. 그때 이미 우량 품종의 배를
키우고 있었다. 이를테면 조비가 말한 "크기는 주먹만하고, 달콤하기
는 꿀 같고, 고소하기는 마름 같은" 진정어리眞定御梨(배의 품종 중 하나)와
《서경잡기西京雜記》에서 말한 상림원上林苑(진시황제가 창설하고 한무제가 확
장, 수리한 한나라의 정원으로 진기한 새와 짐승, 여러 가지 꽃과 기이한 풀을 모았다—옮
긴이 주)의 자리紫梨·청리靑梨·대곡리大谷梨·세엽리細葉梨 등이 있었다. 중
국의 배는 2세기 때 인도로 전해져, 산스크리트어로 cīnarājaputra(진
나라 왕자)라고 부른다. 어디서 온 것인지 이름이 확실히 말해주고 있다.
근대에 이르러 유럽 배가 몇 종류 동쪽으로 전해졌다. 이를테면 파리巴
梨, bartlett(중국에서는 양리洋梨라고도 함)는 영국에서 1770년 육성되어 대략
1871년쯤 중국에 들어와 산동성 연태烟台 일대에서 가장 먼저 식재되었
다. 또한 삼계리三季梨, precoce(조생)가 있는데, 원산지는 프랑스로 19세기
말 중국으로 들어와 주로 여대旅大 지구에 분포되어 있다. 그밖에 중국
에서 심는 자두는 주로 중국 자두이고, 아메리카 자두와 유럽 자두가 소
량 들어와 있다.

대추·밤도 중국에서 가장 오래된 과수 품종이다.《전국책·연책燕
策》에서는 "(연나라의)북쪽에는 대추·밤이 많이 나와서 농사를 짓지 않아

도 대추·밤이 익으면 백성들이 먹기에 충분했다"라고 했다. 이는 이 두 가지 과수를 아예 목본 양식 작물로 취급한 것이다. 산사는 옛날 이름이 구朹로,《이아》에 나오며, 감은《예기·내칙內則》에 나온다. 산사속 식물 은 신·구대륙에 널리 분포되어 있다. 그러나 과수로 재배한 것은 오직 중국 산사 한 종류뿐이다. 감속 식물 역시 열대와 아열대 지역에 널리 분포되어 있으나 온대 과수로 유명한 감은 오직 중국 감뿐이다. 감의 선 과는 맛이 달고 즙이 많으며, 말리면 당도가 62%에 달한다. 19세기 후 반에 유럽으로 중국의 감이 전해졌다.

앞에서 말한 것은 모두 중원 지역에서 생산되는 것으로, 전국 시 대·진·한나라 때에는 남방의 과일 역시 두각을 나타냈다. 전국 시대의 대시인 굴원은 "하늘이 내려준 좋은 나무, 귤나무가 이 토양에 딱 맞다 네后皇嘉樹, 橘來服兮"라고 귤나무에 대한 뜨거운 찬가를 짓기도 했다. 그 러나 당시 북방에서 귤을 먹기는 쉽지 않았다. 최식은《정론政論》에서 "귤과 유자 열매는 요순도 맛보지 못했다"라고 했다. 그러나 한나라 말 기 조식의《귤부橘賦》에서는 "만 리까지 전파되고 멀리까지 심어져서, 동작대의 정원 안에 줄을 지어 늘어섰다"라고 했다. 당시에는 하북성 남부에서까지 귤을 심어서, 중원 사람들은 귤을 점점 낯설어하지 않게 되었다.

남방 과수 중에서 가장 이름을 날린 것으로는 여지荔枝, Litchi를 꼽을 수 있다. 여지는 중국 특유의 과수로, 지금도 광동성 염강廉江의 사난산 謝難山 및 해남도海南島 뇌호령雷虎嶺에서 가로세로 10여 리에 걸쳐 펼쳐 진 야생 여지 숲이 여전히 보존되어 있다. 광서廣西성의 합포合浦 당배堂 排 2호 한나라 때 묘에서 출토된 구리솥 한 점에는 곡식과 여지가 가득 담겨 있었다. 한나라 때에 이르러 이 과일은 북방으로 전해졌다.《삼보

황도三輔黃圖》에서 "한무제가 남월을 격파하고 용안·여지·창포를 구해서 상림원에 심었고, 이로 인해 부려궁扶荔宮을 지었다"라고 했다. 이 궁은 지금 섬서성 한성韓城의 지천진芝川鎭에 있었으며, 이미 고고학 발굴을 시작하여, 출토된 방형 벽돌에 "夏陽挾荔宮令壁(하양협려궁영벽), 與天地無極(여천지무극)"12글자가 있었다. 옛날 하양은 바로 한성에 있었고, 영벽令壁은 벽돌이다. 그런데 벽돌 글자에서 '扶荔(부려)'라고 하지 않고 '挾荔(협려)'라고 했다(그림 1-9). '挾(협)'은 '扶(부)'와 본뜻이 비슷하다. 《설문說文》에서 "挾은 捭持(패지)이다"라 했고,《옥편》에서 "扶는 扶持(부지)이다"라고 하여, 두 글자는 때로 서로 와전되었다.《장자莊子·제물론齊物論》에서 "挾宇宙(협우주)"라고 한 것에 대해 육덕명六德明의 석문에서는 "挾은 최찬의 판본에서는 扶로 썼다"라고 했다. 그러나 유향幽向의 《구탄九歎》에 등장하는 "懷芳香而挾蕙(회방향이협혜)"라는 구절의 挾은 扶로 바꾸면 안 된다. 挾蕙(협혜)는 향초를 손에 넣은 것이다. 마찬가지로 挾荔(협려)는 좋은 과일을 손에 넣은 것이다. 따라서 이 궁의 명칭은 원래 '挾荔(협려)'라고 해야 알맞다. 출토된 벽돌은 당시 제작한 것으로, 궁 이름을 틀리는 것조차 용납하지 않았다. 다만 나중에 挾은 "挾邪亂政(협사란정, 사악한 무리를 옆에 끼고 정치를 어지럽히다)"처럼 종종 폄하의 의미를 띠게 되었다. 심지어 현대 중국어에서 "要挾(요협, 약점을 잡아서 협박하다)"이나 "裹挾(과협, 말려들게 하다)" 역시 별로 좋은 말이 아니다. 그래서 이 궁은 결국 부려扶荔라는 이름을 쓰게 되었다. 또한《부남기扶南記》에 근거하면 여지는 "열매를 맺을 때 가지가 약하고 꼭지가 단단하여 딸 수가 없다.

그림 1-9 한나라 때 벽돌. 새겨진 글자는 '夏陽挾荔宮令壁與天地無極: 하양 협려궁 영벽은 천지와 더불어 끝이 없다'. 섬서성 한성에서 출토

그래서 칼이나 자귀로 가지를 채취하기 때문에 그렇게 이름을 붙였다"
라고 했다(《본초도경本草圖經》 인용). 그러므로 '荔枝'는 본래 '荔枝'로 써야
했다. '刕(리/례)'의 음은 li로, '가르다'라는 뜻이다. 청나라 때 주준성朱駿
聲은 '荔'는 '劦(리)'의 가차자라고 보았다. 그리고 '刕(협)'의 음은 xie로,
뜻은 '力(력)'과 같다. '荔枝'라고 쓰면서 원음과 원뜻을 모두 잃게 된 것
이다. 그러나 한나라 때 이미 잘못 표기하여 오랫동안 통용되었으므로
고치지 않고 그대로 쓰게 되었다. 한성 일대는 겨울에 너무 추워서 여지
나무가 노천에서 살기 어려웠다. 몇몇 제왕(서한 무제·동한 화제·당 명황 등)
들은 역마를 이용해 밤낮으로 달려 한여름에 남방의 여지를 운반해오
게 했다. 섬서성 건현乾縣의 당나라 영태공주永泰公主 묘 석곽의 선각화
에서 한 시녀가 두 손으로 여지를 한 쟁반 받쳐들고 있다. 이것이 현재
까지 알려진 가장 오래된 여지 그림이다. 이것은 아마 역마로 운반해왔
을 것이다(그림 1-10). 여지는 "맛이 특히 감미롭고"(장구령張九齡《여지부荔
枝賦》), 생산량도 많아, "한 나무에 백 곡斛이 열린다"(《남방초목상》)라고 했
다. 이로 인해 과일 중에서 "가지를 눌러 늘어뜨리는 천자"(도곡陶谷《청이
록淸異錄》)라고 했으며, 또한 가장 장수하는 과수 중 하나다. 복건성 복주
福州의 서선사西禪寺에는 수령이 1,300년에 달하는 당려唐荔가 자라고 있
고, 보전莆田성에 있는 송향宋香 품종의 고려古荔 역시 수령이 1,000년 이
상이다. 복장復壯(품종이 가진 원래의 우량성을 되살리고 종자의 생장력을 향상시킴)
조치를 거쳐서 지금도 꽃이 피고 열매를 맺는다. 여지는 19세기에 이르
러 비로소 중국에서 태국·인도로 전해졌다. 1904년에는 미국에도 전해
졌다. 영어에서 litchi라고 하는 것은 바로 중국어 여지의 발음 표기다.
흔히 여지를 말하면 용안龍眼을 떠올린다. 소송蘇頌은 "여지 철이 막 지
나가면 용안이 익는다. 그러므로 남방 사람들은 여지노荔枝奴라고 한다"

라고 말했다. 생산지는 여지와 대체로 중복된
다. 하지만 과일 형태가 여지보다 작고, 맛도
약간 담담하다.

비파枇杷는 원산지가 중국 중부로, 사천
四天 고산 지대에 야생 비파가 아직도 있다. 최
초의 역사적 기록은 사마상여司马相如의《상림
부上林賦》에서다. 비파는 온난 지대에서 잘 산
다. 송나라의 대시인 양만리楊萬里는 "잎이 크
고 긴 귀 모양으로 총생하고, 한 가지만 따면
쟁반에 한가득이다"라고 아주 인상 깊게 썼다.
비파는 18세기에 서양으로 전파되었다. 영어
로는 loguat라고 한다. 바로 비파의 별명 노귤
盧橘의 발음을 표기한 것이다. 이런 중국 남방
원산 과일 이외에도 한나라 때 이래 줄곧 국외

그림 1-10 여지를 받들어 들
고 있는 시녀. 섬서성 건현
의 당나라 때 영태공주 묘
석곽 선각화

에서 몇몇 신품종이 전해졌다. 그중 먼저 거론해야 하는 것은 포도다.
《사기》에 의하면 대완大宛(현재 우즈베키스탄 페르가나 분지)에서는 포도로
술을 담그면서, "한나라 사신이 그 열매를 가지고 왔다"라고 했다. 포도
는 대완 말 budaw의 발음 표기로, 이란 말 budwa에 대응된다. 초기 서
양 한학자는 무엇이든 그리스를 우선으로 언급해야 한다는 관념의 지
배를 받아서, 포도는 그리스어 βδγρvs(이뚜루[포도])의 음역으로 알고 있
었다. 그러나 대완에는 그리스어가 유행되지 않았기 때문에 이 설은 폴
펠리오Paul Pelliot(프랑스의 동양학자)조차 믿지 않았다. 한나라 때 대완 포도
가 들어오기 전에 중국에는 원래 몇몇 본토의 야생 포도 품종이 있었다.
이를테면《시경·빈풍豳風·칠월七月》에서 6월에 '郁(울, 앵두)'과 '薁(욱, 머

루)'을 먹네"라고 했는데, 욱은 영욱蘡薁으로, 영설蘡舌·산포도山葡萄라고
도 하며, 주나라 때 이미 채집하여 식용했다. 이밖에도 예를 들면 산동
에 "연뢰燕蕾"·"수호로탑水葫蘆芦塔"이 있고, 동북에 "아목로阿木魯"가 있
고, 감숙에 "쇄쇄瑣瑣"가 있고, 운남 이족彝族 지역에 "구비마蔻枇瑪"가 있
는 등 각 지역에서 지칭하는 야생 포도 품종이 많다. 대체로 생명력이
상당히 강하고, 추위에 잘 견디며 가뭄, 습기, 고원의 저기압에 잘 견디
고, 어떤 것은 매우 달다. 예를 들어 쇄쇄가 특히 그렇다. 이것들은 중요
한 품종 자원으로, 외래 품종과 토착 품종이 잡교를 통해서 용안, 마유馬
乳, 계심雞心 등과 같이 중국의 수질, 토질 조건에 적합한 우량한 품종이
배양되어서, 중국 포도의 독특한 풍미를 형성했다. 일찌감치 동한 말년
에 조비曹丕는 포도가 '중국의 소중한 과일'(《여오감서與吳監書》)이라고 여
겼다. 남북조 시기에 이르러 유신庾信은 장안 일대에 포도가 이미 "집집
이 정원마다 심어서 그늘과 시렁이 연이어 있다"(《유양잡조酉陽雜俎》)라고
기록했다.

석류와 호두 역시 중요한 외래 과일로, 몇몇 고서에서 장건張騫이
들여온 것이라고 습관적으로 기록하고 있지만, 사실 중국에 유입된 시
기는 좀 늦다. 석류 원산지는 페르시아와 인도 서북부로, 중국에서는 안
석류安石榴·단약丹若이라고 한다. 석류에 관한 가장 이른 기록은 동한 중
엽 이룡李龍의 《덕양전부德陽殿賦》이다. 이 글에서 덕양전 정원에 "포도蒲
桃와 안약安若이 만연하여 바구니를 뒤덮었네"라고 했다. 한나라 말기에
는 더욱 많아졌다. 조식은 자신의 시 〈기처弃妻〉에서 "석류를 앞뜰에 심
었더니, 초록 잎새 흔들리며 푸른 빛을 흩날리네"라고 했다. 그렇다면
이 시기에 석류는 이미 일반 백성의 집에까지 들어갔다는 것이다. 진晉
나라 때에 이르러 반악의 〈석류부石榴賦〉에서는 심지어 "천하에서 기이

한 나무요, 구주에서 이름난 과일이로다"라고 칭찬했다. 북위 때는 우수한 품질의 석류가 더 많이 배양되었다.《낙양가람기洛陽伽藍記》에서는 당시에 "(낙양의) 백마사에서 나는 단 석류는 열매 하나가 소 한 마리와 맞먹는다"라고 하였으니, 얼마나 유명하고 비쌌는지 알 수 있다.

핵도核桃는 호두胡桃라고도 하며, 원산지는 페르시아 북부와 발루치스탄 일대로, 중국에 들어간 시기가 석류보다 한발 늦었을 가능성이 있다. 공융孔融이《여제향서與諸鄕書》에서 "지난날 호두를 많이 보내주셔서 돈독한 마음을 깊이 알게 되었습니다"라고 말한 것도 이미 동한 말년의 일이었다.

요·송·금나라 때 전해진 과일 중 가장 중요한 것은 수박이다. 한나라 때 이미 수박이 있었다는 설이 몇 년 전 전해진 바 있다. 그러나 강소성 한강의 호장胡場 5호 서한 시대 묘에서 출토된 이른바 수박씨는 원래 양주박물관에 있었는데 지금은 이미 가루가 되었다. 과학적 감정을 하거나 뚜렷한 사진도 남기지 않아 지금은 정체를 확인할 수 없다. 광서성 귀현貴縣의 나박만羅泊灣 서한 시대 묘에서 출토된 수박씨로 알려진 것은 남경농업대학의 감정을 거쳐 분피동과粉皮冬瓜의 씨라는 것이 밝혀졌다. 그러므로 한나라 때 이미 수박이 있었다는 설은 성립되기 어렵다. 수박은 고문헌 중에서는 오대五代의 인물 호교胡嶠가 쓴《함로기陷虜記》에서 가장 먼저 등장한다. 여기서는 "거란이 회홀을 격파하고 (수박의)종자를 얻었다"라고 했다. 이 설은 신빙성이 있다. 내몽고內蒙古 적봉赤峰시 오한기敖漢旗의 1호 요遼나라 때 묘의 벽화를 보면 주인 앞 탁자의 과일 쟁반에 수박이 놓여 있다(그림 1-11). 그 후 수박에 관한 기록은 남송 초 홍호洪晧가 쓴《송막기문松漠紀聞》에서 등장한다. 그는 금나라에 사신으로 갔다가 억류되어 그곳에서 10년간 생활하게 되었는데, 그때 보고 들은 것들을 기록한 것이 《송막기문》으로, 음산陰山 일대에서 수박을 보았다고 한다. 그때 중국 남방에서는 여전히 수박이 드물었다. 그러나 남송 말에 이르면 문천상文天祥이 이미 수박을 읊은 시를 썼다. "황금 패도를 뽑아, 창옥으로 만든 병을 갈라보니, 천 알 붉은 앵두인 듯, 노란 수정인 듯하다拔出金佩刀, 切破蒼玉瓶; 千點紅櫻桃, 一團黃水晶."

원나라 때 수박은 남북으로 더욱 퍼졌다. 왕정은 《농서》에서 "(수박은)북방에서 심는 자가 매우 많아, 한 해 진상품으로 바쳤다. 지금 남방 장강·회하·복건·절강 사이에서 역시 본받아 심는데, 북방보다 작고 맛이 약간 떨어진다"라고 했다. 그렇지만 당시에 수박은 신선한 진미였다. 그래서 왕정은 "제호醍醐(고대에 우유에서 정제한 최상급 음료)를 머리에 부은 듯, 감로로 마음을 씻은 듯하다"라는 평범하지 않은 언어로 수박을 먹을 때의 감각을 묘사했다.

명나라 말기 이래 몇몇 아메리카 대륙의 과일류가 연이어 중국에 들어왔다. 예를 들면 브라질의 파인애플, 땅콩, 북아메리카의 딸기, 해바라기 등이다. 이들 모두 중국에서 광범위하게 재배되었다.

19세기에 들어와 최후로 중국에 전해진 중요한 과일류는 사과다. 중국에서 현재 각 사과 생산 지역에서 재배되는 것은 대부분 19세기 후기에 들어온 유럽 사과다. 고문헌들을 살펴보면 내柰라고 부르는 과일이 자주 등장한다. 《천자문天字文》에서도 "과진이내果珍李柰"즉, "과일은 이李(자두)와 내柰(능금)가 진귀하다"라고 했다. 내는 지금의 사과다. 고서에는 또 임금과林檎果라는 이름이 기록되어 있는데, 내금來禽, 빈파頻婆라고도 한다. 진晉나라 곽의공郭義恭은 《광지廣志》에서 "임금林檎은 적내자赤柰子와 비슷하다"라고 했다. 바로 오늘날의 '면평과綿苹果'라고 하는 것이다. 이 과일은 "덜 익은 것을 먹으면 솜 같고, 너무 익으면 또 흐물흐

그림 1-11 과일 쟁반에 담긴 수박. 내몽고 오한기의 1호 요나라 때 묘 벽화

물하여 못 먹어서"《군방보》) 품질이 유럽 사과만 못하다. 후자는 원산지
가 코카서스 남부와 소아시아 일대로, 16세기 영국에서 대과형 품종으
로 배양되어 맛이 뛰어나고 저장성이 좋아졌다. 유럽 사과는 1871년에
산동성 연태煙臺로, 1898년 산동성 청도靑島로 들어왔으며 1905년 요녕
성 여대旅大로 들어왔다. 지금까지도 교동膠東과 요동반도는 여전히 중
국의 주요 사과 산지다.

　　양식과 채소는 일반적으로 가공하여 익혀야 먹기가 편했다. 이제
주식과 반찬의 상황에 대해 이야기해 보자. 중국 고대에는 곡물로 밥을
하는 경우가 많았다. 이른바 알곡을 먹는 것이다. 상·주나라의 언甗과
한나라 때 부釜 또는 증甑은 모두 밥을 찌는 도구였다. 당시 사람들이 여
행할 때 휴대하는 음식은 햇볕에 말리거나 볶아 말린 밥으로, 비糒 혹은
구糗라고 했다. 주로 대나무 그릇에 담았으며, 먹을 때는 물을 섞어야 했
다. 물은 호리병에 담았다. 이 두 가지를 통칭하여 '단사호장簞食壺漿'이
라고 했다. 병餠에 대한 기록은《묵자墨子·경주편耕柱篇》에서 가장 먼저
등장한다. 밀을 갈아서 떡으로 만드는 것은 전국 시대에 점차 널리 퍼

져서, 서한 때는 이미 성진城鎭 지방에서 밀가루 떡을 파는 것을 흔히 볼수 있었다. 한나라 초에 유방이 부친을 황궁으로 맞아들여 태상황으로 삼았는데, 이 노인은 "기쁘지 않고 처량한 표정"이었다. 노인의 취미는 "백정 소년들과 술 사오고 밀가루 떡 사고 투계하고 축구하며 노는" 것이었기 때문이다. 그래서 궁중 생활이 너무 적막하다고 싫어했다.《한서·선제기宣帝紀》에서 선제가 민간에 있을 때 밀가루 떡을 살 때마다 "파는 사람이 많이 주었다"라고 한 것도 모두 증거가 된다. 밀가루를 갈려면 맷돌이 필요한데, 그 실물이 가장 먼저 등장한 것은 진秦나라 때이며, 그 이후의 사례는 아주 많다. 한나라, 당나라 때에는 밀가루 음식은 모두 병이라고 불렀다. 구워서 만든 것을 노병爐餅 혹은 소병燒餅이라 하고, 깨를 뿌린 것을 호병胡餅, 물로 삶아 먹는 것을 탕병湯餅, 쪄서 먹는 것은 증병蒸餅 혹은 농병籠餅이라고 했다. 하남성 밀현密縣 타호정打虎亭 1호 동한 시대 묘의 화상석에는 키 작은 서랍 형식으로 이루어진 10층짜리의 큰 찜 바구니가 하나 새겨져 있었다. 하지만 증병은 처음에는 발효시켜 만들지 않았다. 쪄서 발효시키는 밀가루 음식은 효모균의 생화학 반응의 특성을 알아야 만들 수 있었다. 3세기 전반부에 살았던 하증何曾은 "사치스럽고 호사스러운 성향이어서", "찐 떡에 글자 十(십)이 새겨져 있지 않으면 먹지 않았다." 그는 찐 떡에 균열을 만들어 "十"이 있어야 먹었다는 것이다. 현대 북경 지역의 "개화만두開花饅頭"와 비슷한 것인 듯하다. 발효 밀가루 음식을 당시 그 정도로 따져 즐겼다면, 아무리 늦어도 동한 말기에는 나타났을 것이다.《제서齊書》에서 말하기를, 서진西晉 영평永平 9년(299) "태묘에서 사철 제사를 지낼 때 선황제宣皇帝에게는 '부푼 밀가루 떡[麵起餅]'을 올린다"라고 규정했다는 기록이 있다. 송나라 문인 정대창程大昌의《연번로演繁露》에서 이것을 해석하기를 "'起

(기)'는 밀가루에 효모를 넣어 송송 부풀게하는 것이다"라고 하였으니, 더 의심할 것 없이 발효된 밀가루 음식이다. 현재 찐 발효 밀가루 음식 중에서 가장 보편적인 것은 만터우饅頭(만두. 현재 한국에서 만두라고 부르는 것과는 다르며, 소 없는 찐빵이라고 할 수 있음―옮긴이 주)이다. 그러나 만터우는 애초에 전혀 다른 것을 지칭하는 것이었다. 송나라의 고승高承이 쓴《사물기원事物紀原》을 보면, 삼국 시대에 제갈량이 맹획을 정벌하러 나섰다가 당시 현지에서 사람의 머리로 신에게 제사를 지내는 악습을 개혁하여, 밀가루로 소, 양, 돼지고기를 감싸서 머리 대신 사용하게 했는데 나중에 사람들이 이것을 만두라고 불렀다고 기록하고 있다. 饅頭(만두)는 '蠻頭(만두)'의 해음(발음이 비슷한 다른 한자로 표기하는 방식) 표기로(명나라 낭영郎瑛의《칠수유고七修類稿》), 마치 아주 특별히 큰 포자包子처럼 생겼다. 만두는 속이 없는 것도 있는데, 속이 있는 것과 없는 것을 구별하기 위해 혹자는 속이 있는 것을 포자라고 부르기도 한다. 남송 때 인물 내득옹耐得翁은《도성기승都城紀勝》에서 임안(臨安, 지금의 항주)의 주점을 차반茶飯 주점, 포자 주점, 화원花園 주점의 세 종류로 구분했으며, 포자 주점은 거위, 오리고기로 속을 만든 포자를 전문적으로 파는 주점이다. 이렇게 해서 만두와 포자는 점점 다른 길로 가게 되었다. 호북성 양양襄陽의 단계檀溪 남송 시대 묘에서 출토된 벽화에는 포자를 빚는 광경이 그려져 있다(그림 1-13). 또한 옆의 부뚜막에는 커다란 찜 바구니가 놓여 있어, 포자를 찔 준비를 하고 있다. 포자는 또한 교자餃子와 같은 종류로, 교자는 포자보다 일찍 나타났다. 그러나 처음에는 혼돈餛飩으로 통칭했다. 한나라 양웅揚雄이 쓴《방언方言》에서는 "병餠을 돈飩이라고 한다", "혹은 혼餛이라고도 한다"라고 하여, 한나라 때 이미 혼돈과 유사한 식품이 있었음을 알 수 있다.《제민요술》에는 "물로 혼돈을 삶는 법"이 기록되어 있

어, 이런 식품은 물로 삶아 먹는 것임을 분명하게 밝히고 있다. 산동성 등주滕州 관교진官橋鎮의 1호 춘추 시대 설국薛國 묘에서 출토된 동보銅簠 (구리 제기)에는 "세모 모양 음식이 가득한 그릇 하나가 놓여있었고", "안에 가루 모양 속이 감싸여 있었다." 지금까지 알려진 것 중 가장 이른 시기에 나타난 혼돈의 실례다(그림 1-14:1). 그리고 이 혼돈을 반달 모양으로 만들면 교자가 된다. 교자가 가장 먼저 기록에 모습을 드러낸 것은 중경重慶시 충현忠縣의 도정涂井 5호 촉한蜀漢 시대 묘에서 나온 조리사 인형의 도기 탁자(그림 1-14:2)에서다. 수나라 초기의 인물 안지추顔之推가 쓴《안씨가훈顔氏家訓》에서 "지금의 혼돈은 반달, 초승달 모양으로 천하에서 두루 먹는다"라고 하여, 그때 교자가 이미 널리 퍼져 있었음을 알 수 있다. 신강위구르자치구 투루판吐魯番의 아스타나阿斯塔那-카라호자哈拉和卓 당나라 때 묘에서 출토된 나무 사발 속의 교자는 지금까지 남아있는 가장 오래된 실물이다(그림 1-14:3).

교자를 말하면 또한 국수를 말하지 않을 수 없다. 국수는 맨 처음 앞에서 탕병(수제비)을 말한 적이 있고, 탕병은 또한 저병煮餅이라고도 하며, 이 명칭은 동한 때의《사민월령》에서 등장한다. 그러나 송나라 때 이전의 탕병은 사실상 수제비탕의 일종으로, 밀가루 반죽을 칼로 썬 것이 아니라 손으로 뜯은 것이다. 진晉나라 때 인물 속석束晳은《병부餠賦》에서 탕병을 만드는 광경을 다음과 같이 묘사했다. "불 피우니 물이 끓어, 수증기가 펄펄 난다. 옷깃 걷고 손을 털고, 쥐고 누르고 주무르고 때린다. 밀반죽 조각이 손가락을 떠나, 손을 휘두르니 휙휙 날아간다. 어지러이 이리저리, 별이 나뉘는 듯 우박 떨어지듯" 만들 때 밀가루 반죽을 한 손으로 받치고 다른 손으로 솥 안으로 조각조각 찢어 넣는다. 그래서 탕병은 托(탁) 혹은 飥(탁)이라고 부르기도 하며, 한나라 때《방언》

그림 1-13 포자 빚기. 호북성 양양의 단계 남송 시대 묘에 출토된 벽화

과 북위의《제민요술》에서도 모두 飥을 말한 적이 있다. 당나라 때 인물 이부李涪의《간오刊誤》에서는 "옛날 칼로 썰지 않을 때는 모두 손바닥에 받쳐놓고 조리했다. 칼로 써는 것이 갖춰지고 나서 托이라고 부르지 않게 되었다. 손바닥에 받쳐놓지 않는다는 말이다"라고 했다. 그러나 박탁餺飥(수제비)은 처음부터 편片으로 썰었다. 오대의 인물 손광헌孫光憲의《북몽쇄언北夢瑣言》을 보면 "왕응王凝은 하루에 밀가루 수제비 18편을 넘지 않게 먹었다"라고 기록하고 있어, 여전히 '편'을 단위로 하고 있음을 알 수 있다. 가느다란 국수로 썬 것을 삭면索麵이라고 하며, 북송 후기에 이르러 유행하기 시작했다. 원나라 때에 이르면 국수를 가공하여 괘면掛麵으로 만들기 시작한다.《수호전전水滸全傳》제45회에서 선물을 보내

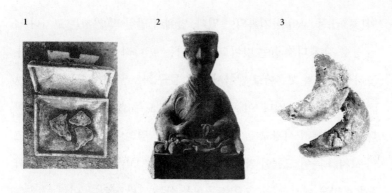

그림 1-14 혼돈과 교자
1 동으로 된 제기 안에 담긴 혼돈. 산동성 등주의 춘추 시대 설국 묘에서 출토
2 촉한 때의 조리사 도기 인형의 부뚜막에서 보이는 교자(그림에서 좌측 맨 끝). 중경시 충현에서 출토
3 당나라 때의 교자. 신강위구르자치구 투루판 당나라 때 묘에서 출토

는 어떤 사람의 말을 기록하였는데 "무슨 대단히 진귀한 것을 드리지 못하고, 그저 변변찮은 괘면 약간과 경조京兆 대추 몇 봉지 드립니다"라고 썼다. 그때 이미 괘면을 '드문 물건'으로 보지 않았음을 알 수 있다.

지금까지 주식 품종을 한두 가지씩 살펴보았다. 모두를 망라하지는 못했지만, 주식은 결국 몇 가지 종류에 한정되어 있다. 그러나 음식의 조리는 일일이 말할 수 없을 만큼 천변만화한다. 음식을 만드는 방법은 흔히 전煎(지지기), 고烤(굽기), 팽烹(삶기), 작炸(튀기기)으로 개괄한다. 현대의 전과 작은 기름을 써야하는 것이어서 좀 늦게 나왔고, 고와 팽[烹 또는 煮(저)]은 원시 사회에도 이미 있었다. 고대에는 고기 굽는 것을 '자炙'라고 했고《맹자孟子》에 '회자膾炙'가 맛있다는 기록이 있다. 이것이 이후 "회자인구膾炙人口"라는 성어로 변했다. 호남성 장사의 마왕퇴 1호 서한 시대 묘에서 나온 견책遣冊에는 소구이[牛炙], 소갈비구이[牛肋炙], 개 간구이[犬肝炙], 돼지구이[豕炙], 사슴구이[鹿炙], 닭구이[炙鷄] 등 구이가 기록되어 있다. 앞에서 말한 몇 가지는 고기나 늑골 등을 잘게 다져 굽는 것이고, 닭구이는 한 마리 전체를 구운 것이다. 고기구이는 철 꼬챙이로 꿰어서 작고 둥근 화로 위에서 굽는다. 화조火槽에서 구운 것도 있다. 이 두 가지 광경은 모두 화상석에 나타난 것이다. 화상석에서 서왕모西王母와 동왕공東王公 곁의 시자는 다 구워진 고기 꼬치를 들어 그들이 먹게 하고 있다(그림 1-15). 고기를 삶을 때는 확鑊을 쓰기도 했지만, 큰 솥으로 음식을 삶는 그림도 있다. 이런 큰 솥은 이른바 "함우지정函牛之鼎"이다(《후한서·유도전劉陶傳》). 이런 큰 도구를 사용하지 않고 소규모로 고기를 삶는 것을 濡(이)라고 한다. 濡는 膱(이)로도 쓴다.《염철론鹽鐵論·산부족편散不足篇》에서 "이별회리膱鱉膾鯉(자라는 굽고, 잉어는 회로 먹다)"라고 했다. 그러나 濡는 현대의 돈육炖肉, Simmer처럼 삶으면서 동시에 양념을 넣는 것이 아니다.《예기·내칙》정현의 주석에서 "이濡는 삶고 또 즙으로 무치는 것이다"라고 했다. 첫 번째 단계가 "삶는"것으로, 이때 "오미五味 양념을 넣지 않는다(《주례·형인亨人》정중鄭衆의 주). 현대의 백자육白煮肉(수육)과 같다. 그런데 두 번째 단계로 "즙으로 무쳐야"하는데, 이 "즙"이 바로《내칙》에서 말한 "고기를 구우려면 해醢를 풀어서 불에 굽는다"라는 구절에서 말하는 '해'다. 해는 육장肉醬으로, 일반적인 장醬을 범칭하는 말이기도 하다.《설문·유부酉部》단옥재段玉載의 주석에서 "장醬은 해醢이다"라고 했다. 이는 다 삶은 고기를 뜨거운 장즙에 넣어서 무치면서 맛을 더하는 것으로, 이른바 "전煎"이다. 그런 다음 먹게 되는 것이다. 고기를 구워 먹을 때 양념을 찍는 용구를 염기染器라고 한다. 염배染杯 하나와 염로染爐 하나로 구성되며, 염로 바닥에 숯불 재를 받는 쟁반이 있어야 한다. 1960년대, 어떤 사람이 염기染器의 명문銘文에서 "染(염)"이라는 글자를 보

그림 1-15 한나라 때 화상석에 등장하는 서왕모와 동왕공. 모두 산동성 가상의 송산에서 출토

고 실이나 천을 염색하는 용도의 물건이라고 단정 지었었다. 글자를
알아보아서 오히려 오해가 빚어진 것이라고 할 수 있다. 국가박물관
소장 "청하식관淸河食官" 동염기銅染器를 보면, 이 그릇은 조리를 담당한
식관食官이 관리하는 것이지, 염색 도구가 아님을 분명히 알 수 있다(그
림 1-16). 하북성 녹천鹿泉 고장高莊의 서한 시대 상산왕常山王 묘에서 출

그림 1-16 '청하식관' 동제 염기

토된 염로에는 "상식중반常食中般"이라는 명문이 새겨져 있다. '常食(상식)'은 '常山食官(상산식관)'으로, 이 역시 식관이 염기를 관장했다는 증거가 된다. 《여씨춘추呂氏春秋·당무편當務篇》에 한 가지 이야기가 실려 있다. 제나라의 '용기를 좋아하는 두 사람'이 우연히 마주쳤다. "'마셔볼까?' 잔이 여러 번 오갔다. '고기를 좀 구해올까?' 그중 한 사람이 '너도 고기고, 나도 고기인데, 왜 다른 데 가서 고기를 구한단 말인가? 염染만 준비하면 될 텐데'라고 했다(고유高誘 의 주석 : 염染, 시豉·장야醬也). 칼을 뽑아 서로 베어 먹다 죽음에 이르러서야 그쳤다." 그러나 이 두 잔혹하고 어리석은 가짜 용사 이야기에서도 알 수 있는 것은 고기를 먹으려면 염을 갖추어야 한다는 것이다. 세상에 남아 있는 동염銅染은 10~20개 이상으로, 절대 다수가 서한 때 것이다. 가장 재미있는 것은 하북성 남화좌촌南和左村 서한 시대 묘에서 출토된 것으로, 받침판 양측에 손잡이가 달려있고, 판 바닥에 작은 바퀴도 달려있다. 연회석에서 삶은 고기를 먹을 때 염기를 모두가 공통으로 사용하여, 밀고 당기고 하면서 사용했다. 염배에 담은 것은 주로 장이다. 《급취편急就篇》당나라 안사고顔師古의 주석을 보면 "장은 콩과 밀가루를 섞어 만든다"라고 했다. 통칭 장국醬麹이라고 하는 균류를 이용하여 대두 단백질을 분해하면 가용성 아미노산 및 일부 글루타민 아미노산이 생성되어 신선한 맛이 만들어진다. 한나라 응소应劭의《풍속통의风俗通义》에서 "장은 소금으로 만들어지며 소금보다 짜다"라고 하였으니 "소금보다 짜다"라는 것은 그 짠맛이 소금의 짠맛보다 맛있다는 뜻이다. 바로 "청출어람"의 뜻이다. 안사고는 더더욱 "음식에 장이 있는 것은 군대에 장군이 있어서 통솔하여 진군하는 것과 같다"라고 했다. 음식을 배열할 때《예기·곡례曲禮》에서 "젓과 장을 안에 놓는다"라 하고《관자·제자직弟子職》에서 "술을 좌측에 장을 우측에 놓는다"라고 한 것을 보면 옛날 사람들은 음식을 낼 때 곁에 항상 장을 놓았음을 알 수 있다. 된장과 맛이 비슷한 것이 시豉(메주)이다.《설문》에서 "시는 소금과 유숙幽菽을 배합한 것이다"라고 했고《급취편》안사고 주석에서는 "시는 유두幽豆하여 만든다"라 하여 뜻이 완전히 같고, 모두 글자 '유'를 강조했다.《설문》서전徐傳에서 "유幽는 어두운 곳에서 만드는 것을 말한다"라고 했고,《광아》에서 "郁痺(욱피), 幽也(유야)"라고 하여 사실상 대두를 삶아서 익히고 소금을 첨가하여 밀봉해서 발효시킨다는 뜻이다. 어떤 음식사飲食史에서는 "유두는 유주幽州 지역에서 생산되는 대두를 가리킨다"라고 했는데, 너무 멀리 빗나갔음을 알 수 있다. 책을 읽을 때 주의해서 판별해야 한다.

식사할 때 장을 찍으려면 이배耳杯를 사용했는데, 호북성 강릉의 봉황산 167호 한나라 때 묘에서 나온 견책에 기록된 "장배 30매醬杯卅枚"의 장배를 말한다. 식사를 내지 않을 때는 장은 대부분 작은 단지에 담아두었다. 당시에는 그 이름이 "장추醬甀(장항아리)"였다(《전국책·동주책東周策》).《설문》에서는 "추甀는 주둥이가 작은 단지다"라고 했다. 낙양 오녀총 신망 묘에서 출토된 "辯(瓣)醬(변(판)장)"글자가 써진 도기 단지가 바로 그것이다. 저장만을 위해서라면 장과 시는 모두 강瓨(항아리)에 넣어도 된다.《한서·화식전貨殖傳》에서는 "醯醬千瓨(혜장천강)"이라고 했으며, 마왕퇴 1호묘 견책에는 "豉一瓨(시일강)"이라고 적혀있다. 출토 유물을 대조해 보면 강은 목이 길고 비교적 큰 단지를 가리키는 것으로 보인다.

밥상에서 쓰는 것은 작은 양념 호壺다. 그리고 시는 자주 소금과 어울린다. 사승謝承의《후한서》에는 "양속羊續이 남양南陽 태수가 되어, 염鹽(소금)과 시豉(된장)를 한 주전자에 담았다"라고 했다(이는《어람御覽》855권 이끄는 글에 근거한 것이며,《사물기원》9권에서는 "한 그릇에 담았다"라고 기록한다). 서안에서 수집한 한나라 때의 방형도쌍련기方形陶雙連器에는 그릇 벽을 두 칸으로 나누어 "제염齊鹽"·"노시魯豉"네 글자를 새겨놓았다. 한나라 때 시에 "하얀 소금은 해동에서 오고, 맛난 된장은 노문魯門에서 나온다"라고 한 것으로 보아 "제염"·"노시"가 당시의 명품임을 알 수 있다 (그림 1-17).

팽·이의 영향 아래 국[羹] 또한 중국 고대의 주요 음식이었다. 상고 시대의 '대갱大羹'은 양념을 넣지 않은 고깃국이다. 주나라 때 사람들은 제사할 때 대갱을 써서 처음의 뿌리를 잊지 않는다는 것을 보여주었다. 그러나 이어서 나타난 '화갱和羹'은 맛을 좀 첨가한 것으로 변했다.《상서尙書·설명說命》에서 "화갱을 만들려면 소금과 매실이다"라고 했다. 소금은 짠맛을 대표하고, 매실은 신맛을 대표한다. 마왕퇴 1호 묘의 견책에는 국 종류가 많이 기록되어 있다. 그중 대부분은 각종 고깃국이다. 그리고 고기와 채소, 고기와 곡류를 섞어서 조리한 국도 있다. 그러나 보통 백성은 일상에서 고깃국을 거의 먹지 못했다.《급취편》의 안사고 주석에서는 "보리밥 콩국(위에서 인용한《전국책》에서 말한 곽갱藿羹)은 모

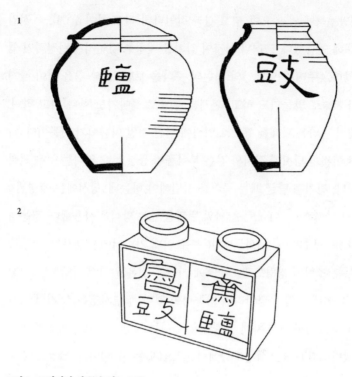

그림 1-17 염이나 시 등을 담는 그릇
1 염·시 단지. 하남성 낙양의 신망 묘에서 출토
2 염·시 겸용 그릇. 섬서성 서안에서 수집

두 야인 농부의 음식일 뿐이다"라고 했다. 농민의 부식은 채소뿐이었기 때문에 이들은 채소를 비축하여 겨울을 나기 위해 김치를 가공하는 방법을 발명했다. 김치는 유산균을 이용해 채소 속에 있는 가용성 당과 전분을 가수 분해하여 단당으로 만든 다음 산소를 완전히 차단하거나 반쯤 차단한 조건에서 분해하여 유산으로 만든다. 식품 중 유산의 농도가 0.7% 이상에 이를 때 대다수 미생물의 활동을 억제할 수 있어서 식품이 부패하지 않게 한다. 동시에 특수한 향기와 신맛을 낸다. 이런 방법을 중국 고대에는 저菹(절이다)라고 했다. 《시경·소아·신남산信南山》을 보면 "밭두둑에 자란 오이, 깎고 잘라 절인다네"라고 하여 菹(저), 즉 절임에 대해 언급했다. 그러나 이것이 김치를 지칭한 것인지는 단정하기 쉽지 않다. 《주례·해인醢人》의 정현의 주석을 보면 "초와 장을 섞어 잘게 잘라 제齏로 만들기도 하고, 전체를 통째로 절이기도 한다"라고 하여, 이때의 절임은 과채를 통째로 양념에 담근 것일 따름이기 때문이다. 하지만 이것이 당시에 김치와 같은 부식품이 등장할 수 없다는 뜻은 전혀 아니다. 김치를 담글 때는 공기를 차단해야 하는데, 당시에는 쌍령관雙領罐의 쌍령雙領 사이에 물을 채워 뚜껑을 덮는 방식을 사용했다. 광동성 박라博羅 원주園洲의 매화돈梅花墩 춘추 시대 가마터에서 출토된 그릇 중 목 부분 조형이 쌍령도관雙領陶罐에 가까운 것은 원시적 저앵菹罌(절임 단지), 즉 현대의 김치 항아리일 가능성이 있다. 쌍령저앵은 각 지역의 한나라 때 묘에서 여러 차례 출토되어, 절이는 요령도 비교적 확실하게 알수 있다(그림 1-18). 《석명釋名》에서는 "菹(저)는 阻(저)이다. 날것으로 숙성시켜 추위와 더위에 놓이는 것을 차단시켜 무르지 않게 하는 것이다"라고 했다. 《설문》에서는 "저菹는 초채酢菜이다"라고 했다. '초채'는 신 채소다. 두보의 시에서도 역시 "장안 겨울 절인 채소 시고도 푸르다長安冬菹酸且綠"라고 하여, 마찬가지로 신맛을 강조했다. 한나라 때 이후 김치를 담그는 쌍령관이 호남성 형양衡陽 동오東吳 시대 묘·강서성 서창瑞昌 서진 시대 묘·광서성 공성恭城 남조南朝 시대 묘·호북성 무한武漢 측회대학測繪學院 수나라 때 묘·귀주貴州성 평패平壩 당나라 때 묘·호남성 형양 오나라 때 우물·강소성 양주揚州 송나라 때 배·광서성 합포合浦 명나라 때 가마터 등에서 모두 출토되었고, 지금까지 계속 사용되고 있다.

남북조 시대 이전까지는 굽는 것과 삶는 것이 주요 조리법이었다. 당시에는 식용유를 동물 지방에서 채취했기 때문에 온도가 조금만

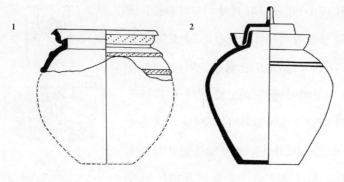

그림 1-18 김치 단지
1 춘추 시대 원시 김치 단지. 광동성 박라에서 출토
2 동한 시대 김치 단지. 호남상 자흥에서 출토

내려가도 굳어버려서 볶음 요리가 유행하지 않았다. 가장 기름기 있는 식품이라고 해도, 예를 들면《예기·내칙》에 기록되어 있는 '팔진八珍' 중 '순오淳熬'라고 할 수 있겠는데, 쌀밥을 육장肉醬에 비빈 다음 기름을 묻힌 것 정도였다. '순모淳母'는 쌀밥을 기장밥으로 바꾼 것으로, 조리법은 같다.《내칙》에 기록되어 있는 '삼식糝食'은 고기 전병 지짐, '이식酏食'은 볶음밥에 불과하다. 4~5세기에 이르러 식물성 기름이 사용되면서 기름에 굴리며 빨리 볶는 기법이 발전하기 시작하여,《제민요술》에 비로소 명확하게 반영되었다. 게다가 볶음 요리 유행으로 젓가락의 용도가 더욱 확대되었다. 하남성 안양安陽 1005호 상나라 대묘大墓에서 구리 젓가락의 날 부분이 출토되었다. 당시에는 젓가락 끝에 나무 손잡이를 연결해 썼다. 굵고 크기 때문에 정鼎(세 발 솥)이나 부釜(가마솥)에서 음식을 건져올리는 용도로 사용했을 것이며, 음식을 직접 집어서 입에 넣지는 않았을 것이다. 섬서성 수덕綏德의 언두촌墕頭村에서 출토된 상나라 때 동월銅鉞(구리 도끼)에 글자 "飨(향)"이 있는데, 두 사람이 마주 앉아 식사하는 모습인 듯하며, 그중 한 사람이 손에 음식을 쥐고

있다(그림 1-19). 주나라 때에 이르러《예기·곡
례》의 정현 주석에서도 여전히 "손으로 밥을
먹었다"라고 했다. 또한 말린 고기는 "질겨서
손을 사용해야 한다"라고도 했다.《예기·곡
례》의 〈정의〉에서 말하기를 "옛날의 예절에
따르면 밥은 젓가락을 쓰지 않고 손만 사용한
다"라고 했다. 하지만 요리를 먹을 때는 달랐
다.《곡례》에서 "국 중에서 채소 건더기가 있
는 것은 협梜을 사용하고, 채소 건더기가 없는
것은 협을 사용하지 않는다"라고 했다. 협이

그림 1-19 상나라 때 동월에
새긴 '饟(향)' 글자. 섬서성
수덕의 언두촌에서 출토

란 바로 젓가락으로, 뜨거운 탕은 젓가락을 이용해야 음식을 집을 수
있었다. 한나라 때에 이르러 체면을 차리는 연회에서 젓가락을 사용하
기는 했지만《곡례》에 기록된 음식 습관이 완전히 사라진 것은 아니었
다. 한나라 경제景帝가 주아부周亞夫에게 음식을 하사하면서 "젓가락을
함께 놓지 않아 주아부가 언짢아하면서 상석尙席을 돌아보며 젓가락을
가져오라고 했다(《한서·주아부전周亞夫傳》)." 경제는 주아부의 오기를 좀
누그러뜨리려고 그렇게 행동한 것이지, 당장 그의 목숨까지 내놓으라
고 할 작정은 아니었던 것으로 보인다. 그러나 주아부는 절대로 태도
를 누그러뜨리고 손으로 먹으려고 하지 않았다. 이리하여 사태는 비극
을 향해 진행되었다. (훗날 아들의 일에 연루되어 경제가 모반죄로 다스리라 명한
다. 주아부는 닷새 동안 굶고 피를 토하며 죽었다―옮긴이 주) 서한 시대 전기에 젓
가락을 사용하지 않고 손을 사용하는 것이 꼭 그렇게 체면 구기는 일
은 아니었다. 1651년 오스트리아 궁정에서는 여전히 손으로 음식을 집
어 먹었다. 그러나 볶은 요리를 먹을 때 기름이 흐르는 뜨거운 요리를

집으려면 젓가락이 없으면 매우 불편했다. 그래서 수당 시대 이후부터
는 젓가락의 출토 수량이 대폭 늘어난다. 절강성 장흥長興의 하신교下莘
橋에서는 당나라 때의 은 젓가락 30짝이 나왔고, 강소성 단도丹徒의 정
류교丁卯橋에서는 당나라 때 은젓가락 36짝이, 사천성 랑중闐中에서 송
나라 때 구리 젓가락 244짝이 출토되었다. 실제 생활에서 셀 수 없이
많은 대나무 젓가락이 쓰였을 것임은 설명할 필요가 없을 것이다. 젓
가락의 대대적 보급은 지금까지 이어지고 있다. 현대에 젓가락으로 밥
을 먹는 사람은 중국, 일본, 한국, 북한, 베트남, 싱가포르에 16억 명이
있고, 그밖에도 해외 중국인 5천만, 그리고 16만 중국 음식점 등을 더
하면 매일 식탁에서 대략 17억 벌의 젓가락이 움직이고 있을 것이다.
중국 젓가락의 영향력이 얼마나 큰지 알 수 있다.

2
술, 차, 설탕, 담배

음식과 음료는 늘 함께 다닌다. 음료 중 가장 중시되는 것이 술이다. 술은 그 종류가 아주 많고, 저마다 풍미가 있다. 술의 가장 본질적 성분은 모든 술이 함유한 있는 알코올, 즉 에탄올이다. 알코올은 대자연의 선물이다. 당분을 함유한 과일이 효모균의 분해 작용을 거치면 알코올이 생성된다. 당나라 때의 의사 소경蘇敬은《신수본초新修本草》에서, 술을 만들려면 누룩을 사용하는데 "포도蒲桃·꿀[蜜] 등으로 만드는 술은 누룩을 사용하지 않는다"라고 했다. 누룩을 사용하지 않고 자연 발효된 과일주가 원시 사회에서 이미 나타났고, 인류는 이를 통해 처음으로 알코올을 접했다.《회남자淮南子·설림說林》에서 "맑은 술의 맛은 따비로부터 시작되었다"라고 한 것을 보면 최초의 술을 곡주로 본 듯한데, 전모를 파악한 것은 아닌 듯하다.

　　나아가 고대 인류는 곡물의 싹[蘗]을 양조에 사용했다. 갑골문에 얼속蘗粟, 얼맥蘗來이라는 기록이 있다. 얼맥은 맥아麥芽로, 전분 효소가 풍부하게 함유되어 있다. 맥아와 곡물을 함께 물에 담가놓으면 전분이 당이 되게 하고 술이 되게 할 수 있다. 이것을 걸러내면 예주醴酒가 되는데, 알코올 도수는 아주 낮다.《여씨춘추·중기重己》의 고유高誘 주석에

서 "예醴는 싹과 기장을 섞어 만들며, 누룩으로 만들지 않는다"라고 했
다.《석명·석음식釋飮食》에서는 "예醴는 체醴다. 하룻밤 숙성시켜 만들어
지고, 체에 술맛이 있을 뿐이다"라고 했다. 이것은 맛이 담박한 단술의
일종이다. 그러나 당시 사람들에게 술밑[醹]에 대해 뚜렷한 인식이 있
을 리 없었다. 다만 양조 과정에서 그것의 존재를 느낄 수는 있었을 것
이다. 여기서 나아가 찐 곡물에 술밑을 생성할 수 있는 진균 누룩곰팡이
를 배양해서 주모酒母(술밑)를 만들었다. 바로 소경이 말한 누룩이다. 진
나라 때 강통江統의《주고酒誥》를 보면 "다 못 먹은 밥이 있어, 빈 뽕밭에
놔두었다. 쌓아두니 맛이 나고, 오래 두니 향기롭다. 본래 이것이 유래
이니, 별난 비결이 아니었다"라고 했다. 이 몇 마디 말에서 이미 누룩의
유래를 알 수 있다. 누룩이 등장하자 마침내 곡주가 정식으로 세상에 나
왔다.《상서·설명》에서 "주례酒醴를 만들려면 누룩을 만들어야"라고 한
것이 바로 이 새로운 기술을 찬양하고 긍정한 것이다. 곡주는 자연 발
효된 과실주의 계절적 한계를 타파했을 뿐 아니라 맛도 원시적 과실주
와 예醴보다 더욱 순수하고 깊이가 있었다. 하지만 곡물로 술을 만들려
면 먼저 누룩의 당화 작용을 거쳐서 전분이 간단한 당으로 분해되게 하
고, 이어서 효모의 작용을 거쳐서 알코올이 생산되었다. 이 미생물 발효
메커니즘은 상당히 복잡하다. 또한, 술의 맛과 향은 대부분 이 과정에서
생성된 적정량의 알데하이드와 에스터에 의하여 결정된다. 이것들이
많으면 안 되고 적으면 맛이 떨어진다. 자연 발효로 과실주를 만드는 단
계에서 쌓은 경험을 이용하지 않고 단번에 곡물로 술을 주조하는 기술
을 발명한다는 것은 상상도 하기 어려웠을 것이다.

상나라 때 예는 담주淡酒이고 창鬯은 향주香酒였다. 창주鬯酒는 또
'거창秬鬯'이라고도 했다. '秬(거)'는 검은 기장이고, '鬯(창)'은 향초香草

다.《설문》에서 "창은 검은 기장으로 향초를 숙성시켜 모락모락 향기를 피워 강신한다"라고 했다. 고기물학古器物學의 시각에서 말하자면, 창주를 기준으로 그 시기 가장 고급 술그릇이 유卣라는 것을 알 수 있다. 갑골의 각사刻辭에 "鬯一卣(창일유)"(《호녕滬寧》3,232)·"鬯三卣(창삼유)"(《갑편甲編》1139)·"鬯五卣(창오유)"(《전수戩壽》25,9) 등의 기록이 있다. 이것은 고적에서 말하는 방법, 이를테면 "秬鬯一卣(거창일유)"(《상서·문후지명文侯之命》,《시경·강한江漢》)·"秬鬯二卣(거창이유)"(《상서·낙고洛誥》)와 일치한다. 그러므로《좌전·희공傳公 28년》공영달孔穎達의 소疏에서 이순李巡이 "유는 창의 잔이다"라고 하였다. 창은 당시 최상급의 미주美酒이니 그 전용 술그릇은 당연히 가치가 아주 높았을 것이다. 그러나 한 가지 문제가 있다. 이러한 주전자 모양 용기를 유卣라고 한 것은 송나라 때부터이고, 유물 자체 명문에 이것이 유라고 새겨진 사례는 아직 보이지 않는다. 그래서 유가 도대체 어떻게 생긴 물건인지는 아직 풀리지 않은 수수께끼다. 이후 더욱 연구가 필요한 부분이다. 이밖에 작爵에도 특별히 주의를 기울여야 한다. 하남성 언사偃師의 이리두二里頭에서 출토된 하나라 때 동작銅爵은 앞면 주둥이가 평탄하고 곧게 뻗어 나왔으며, 특히 길다. 심지어 관 모양 주둥이가 달린 것도 있다(그림 2-1 : 1·3). 일반적으로 작은 술을 마시는 데 쓰인다는 인상이 있는데 사실은 그렇지 않다. 그렇게 긴 주둥이에 입을 대고 술을 마시기는 매우 불편할 뿐 아니라, 옛날 사람들이 입에 관 모양 주둥이를 물고 술을 마시는 습관이 있었다는 이야기도 들어본 적이 없다. 게다가 작은 본래 창주에 사용되었다.《설문》에서는 "작 속에 창주가 있다"라고 했다. 창주는 신에게 바치는 것이다. 그러므로《예기·예기禮器》에서 "종묘 제사에서 귀인이 작으로 헌주하다宗廟之祭, 貴者獻以爵"라고 했다. 제사에서 예를 행할 때 작 안에 담았던 창주를

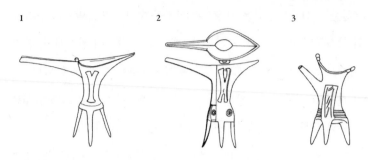

그림 2-1 하나라 때 작
1, 2 동으로 만든 작
3 도자기 작. 모두 하남성 언사의 이리두에서 출토

땅에 뿌린다. 이른바 "우선 창주를 따라서 땅에 뿌려 신을 부르는" 것으로(《예기·교특생郊特牲》정의正義), "술맛이 연천淵泉에 스며들어 신이 내려오게 한다"(《논어·팔일八佾》황소皇疏)라는 것이다. 분명히 땅에 뿌리기에는 주둥이가 달린 것을 쓰는 쪽이 훨씬 편했을 것이다. 또한, 작에는 가늘고 높은 발 세 개가 있어 따뜻하게 데울 때 사용했다. 이리두에서 출토된 동작銅爵 중 어떤 것은 몸체가 홀쭉하고 길며, 아랫부분은 부풀어 나온 배 모양이 연결되어 있어 마치 사발을 엎어놓은 듯한 모양을 하고 있다. 또한 위쪽에 연기 배출 구멍 네 개가 뚫려 있다(그림 2-1:2). 이런 구조는 안에 든 것을 따뜻하게 데울 때 열량을 모으고 화기를 끌어들이기 편하여, 작에 담긴 창주가 신속하게 끓고 증기는 빠져나가게 한다. 보통의 동작들은 이 부분을 간소화했지만 가늘고 높은 발이 세 개 달린 구리 술그릇은 술을 따뜻하게 데울 수 있었다. 옛사람들은 신이 비록 먹고 마시지는 않지만 좋은 냄새를 맡는 것은 좋아한다고 생각했다.《상서·군진君陳》의 〈공전孔傳〉에서는 "폴폴 나는 좋은 향기 신명들을 움직인다 芬芳香氣, 動于神明"라고 기록하고 있다. 신에게 향기를 누리도록 하는 것을 흠歆이라고 한다.《좌전·양공襄公 27년》의 두예杜預 주석에서는 "흠은 누린다는 말로, 귀신이 제사를 마음껏 누리게 한다는 말이다"라고 했다. 또한《설문》에서는 "흠은 신이 기를 먹는 것이다"라고 했고,《시경·대아大雅·황의皇矣》공영달의 소에서는 "귀신이 기를 먹는 것을 흠이라고 한다"라고 쓰고 있다. 특히 창주는 증발할 때 풍기는 향기가 더욱 짙어서 귀신들은 거기서 퍼져나오는 향기를 특히 즐긴다고 했다. 위로는 향기가 올라가게 하고 아래로는 술을 땅에 뿌려 위와 아래가 서로 평안하게 했다. 그러므로 창주를 담는 작은 마시는 그릇이 아니라 제사에서 중요하게 쓰이는 예기禮器였다. 그러나《예기·옥조玉藻》에서 "군자가 술을 마실 때", "1작을 마시고" 나서 행동이 어떻고, "2작을 마시고", "3작을 마시고"나서 행동이 어떻다는 등의 내용이 있어 군자는 작으로 술을 마신다고 오해할 수도 있는데, 사실은 그렇지 않다. 여기서 강조한 것은 양의 개념으로, 작에 마침 그런 의미가 있었다.《고공기考工記·재인梓人》을 보면 "작은 1되[升]이다"라고 했다.《의례儀禮·사혼례士昏禮》의 정현의 주석에서는 "1되를 작이라고 한다"라고 썼다. 그래서 1작을 받았다는 것은 한 되 마시는 주량이라는 뜻으로, 화법을 바꾼 것일 뿐이다. 고문헌에서 음주 연회에 대해 서술할 때 작을 사용했다는 언급이 있기는 하지만 이것은 작이 술그릇의 통칭이기 때문이다《시경·대아·행위行葦》공안국孔安國의 주소孔疏). 상고 시대에는 술자리에 참석할 때 휴대하는 그릇으로 입구가 둥글고 배가 깊은 고觚를 많이 사용했다. 그 형태는 작과 아주 많이 달랐다. 그런데《의례儀禮·대사의大射儀》호배휘胡培翬의 정의에서는 위씨韋氏의 말을 인용하여 "작은 고·치觶의 통칭이다"라고 했다. 쓰기는 작이라고 쓰더라도 사실은 다른 그릇을 가리키기도 했다. 이런 상황에서 작이 마침내 술 마시는 그릇의 대표가 되었다. 후세에 작의 주둥이를 타원형에 가깝게 개조하여 온전히 마시는 그릇의 용도로 썼던 작배爵杯가 나왔으나, 그것은 춘추 전국 시대의 작과는 이미 완전히 다른 것이었다(그림 2-2).

　　동작의 기원에 관해서는 중국 학자 대다수가 하남 용산 문화의 도작陶爵으로부터 발전한 것으로 보았다. 그러나 미국 하버드 대학의 허버트Hubert는 이란 남부 샤다드에서 출토된 주둥이가 달린 그릇을 증거로, 비록 그것과 중국 동기의 연관성을 찾을 수는 없지만 중국 작의 원형(그림 2-3)일 가능성이 있다고 보았다. 그러나 사회 풍습이 매우 다르고 고대 서아시아에서는 중국 춘추 전국 시대처럼 신이 흠향하도록 땅에 술을 뿌린다는 관념이 없었기 때문에 이런 예기를 만들 만한 이유

그림 2-2 작배爵杯
1 원나라 때의 청색 유약 자기 작배. 절강성 항주 고고考古 소장
2 명나라 때의 백색 유약 자기 작배. 영국 빅토리아박물관 소장
3 청나라 때의 황색 유약 자기 작배. 심양瀋陽 고궁 소장
4 작배로 술을 마시는 광경. 명나라 때 만력각본萬曆刻本《원곡선元曲選·금선지金線池》삽도.
국가도서관 소장

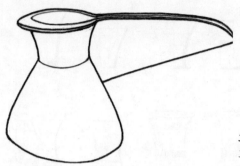

그림 2-3 이란 샤다드에서 출
토된 홍동대류기紅銅帶流器

가 없었다. 하물며 샤다드의 주둥이 달린 그릇은 붉은 구리 망치로 성
형한 것으로, 이리두에서 주조한 청동 작과는 완전히 다르다. 용도와
형태, 공예도 완전히 다르고 또한 아무 관련 없는 만 리 밖 저 멀리에서
나온 그릇 한 점을 중국 동작의 원형으로 보기에는 설득력이 너무 떨
어지는 설이다.

　작이 마시는 그릇이 아니었다면, 상·주나라 때에는 무슨 그릇으로
술을 마셨을까? 바로 앞에서 말했던 '고'인 듯하다.《대대례기大戴禮記·
증자사부모曾子事父母》에서 "상觴·고觚·배杯·두豆를 쥐고 마셔도 취하지
않았다執觴觚杯豆而不醉"라고 하였으니, 고로 술을 마신 것이다. 그러므
로《통감·진기晉紀 40》호삼성胡三省의 주석에서 "고는 (술) 마시는 그릇
이다"라고 한 것이다. 고는 가늘고 높은 형과 굵고 낮은 형이 있다. 가늘
고 높은 형은 눈에 띄게 우아하고 존귀하게 보이고, 굵고 낮은 형은 쓰
기 훨씬 편리하다. 기본 제조 형태가 후자에 가까운 것이 7,000년 전 홍
륭와興隆洼 문화의 도기 중에서 이미 발견되었고, 5,000년 전 대문구大汶
口 문화 속에도 있었고, 아울러 왕만王灣 3기 문화와 이리두 문화가 이어
받았다. 심지어 저 멀리 강한江漢 평원의 4,000년 전 석가하石家河 문화
속에서도 그 흔적을 발견할 수 있다. 중국 북쪽에서 남쪽까지 신석기 시

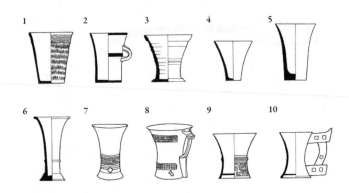

그림 2-4 고형觚形 잔 (1~4와 6은 도기, 5는 목기, 7~10은 동기)
1 홍륭와 문화. 내몽고 오한기敖漢旗 홍륭와에서 출토
2 대문구 문화. 산동성 태안의 대문구에서 출토
3 왕만 3기 문화. 하남성 임여臨汝의 매산煤山에서 출토
4 석가하石家河 문화. 호북성 천문天門의 등가만鄧家灣에서 출토
5 도사陶寺 문화. 산서성 양분襄汾의 도사에서 출토
6 이리두 문화. 하남성 언사의 이리두에서 출토
7 상나라 초기, 하남성 신정新鄭의 망경루望京樓에서 출토.
8 상나라 중기, 상해박물관 소장
9, 10 서주 시대. 섬서성 장안의 장가파張家坡에서 출토

대 여러 문화 속에서 이런 기물이 심심치 않게 등장한다. 이어서 등장한 상나라와 주나라의 키 작은 청동 고는 이런 영향을 받은 것이다. 그러나 영국 옥스퍼드 대학의 J. 로손은 서주의 키 낮은 고와 서양 것의 연관 관계가 매우 뚜렷하다고 보아서, "이런 기물의 원형이 캅카스 지역의 마릭에서 발견된다"라고 했다(《조선여영항祖先與永恒》437쪽)(그림 2-4). 캅카스 지역에서 한 발 늦게 나타난 물건이 그 전에 세상을 돌아다닌 지 이미 수천 년이 지난 중국 고의 원형이라는 것은 이해하기 어려운 주장이다.

증기가 피어오르는 뜨거운 술을 신에게 경배하는 데 사용했다면, 평상시 마신 것은 차가운 술이었던 듯하다.《초사楚辭·대초大招》의 〈청형동음淸馨凍飮, 불철역지不歠役只〉의 왕일王逸 주석에서 "동凍은 한寒과

같다. 순수한 술은 맑고 향기로워서 차게 마
시기에 적합하다"라고 했다. 호북성 수주隨州
의 전국 시대 증후을曾侯乙 묘에서 출토된 큰
빙감冰鑑(중간에 얼음을 넣어 식품을 보존하는 냉장고
역할을 했던 함)에는 술을 저장하는 사각형 주전
자가 고정되어 있었다. 이는 곧 당시 사람들
이 찬술을 마셨음을 말해주는 것이다. 청나라
때의 학자 피석서皮錫瑞는《경학통론經學通論·

그림 2-5 은잔. 캅카스에서
출토. 기원전 2000년대

논고궁실論古宮室·의관衣冠·음식불여금동飮食不與今同》에서 "(옛날 술은)새
로 빚어서 차게 마셨다"라고 했다. 독서를 통하여 얻은 견해다.

한나라 때에 이르러 술을 저장할 때 항아리[瓮]와 주전자[壺]를
사용했고, 술을 담을 때는 통桶 모양 또는 분盆 모양 준尊을 사용했다. 산
서성 우옥右玉에서 출토된 한나라 때의 구리 주전酒尊 두 개를 보면, 분
모양은 명문에 "주준酒尊"이라고 새겼고, 통 모양은 "온주준溫酒尊"이라
고 새겼다(그림 2-6). 이 "溫(온)"은 "醞(온)"의 가차자로, 여러 차례 반복
해서 양조해낸 술을 가리킨다. 이것은 연속 재료 투입법을 써서 거듭 양
조하여 만드는 것으로, 양조 과정에서 오랜 시간이 걸리고 전분의 당화
와 알코올화가 비교적 충분하여 술맛이 진하고 강해 아주 진귀하다. 이
로 인해 통 모양 준도 종종 아주 정교하게 만들었다. 북경 고궁박물원에
소장된 동한 때 건무建武 21년(45) 유금동온주준鎏金銅醞酒尊은 그 바닥 좌
대 아래에 곰발이 세 개 있고, 양감鑲嵌한 녹송석綠松石과 붉은 색으로 조
화를 이룬 수정석이 유금鎏金의 준 몸체와 서로 빛을 비추어서 매우 화
려했다. 그러나 분 모양 준의 형체가 크고 더욱 광범위하게 사용되어,
한나라 때 화상전 화상석에서 자주 볼 수 있을 뿐 아니라, 당나라 때에

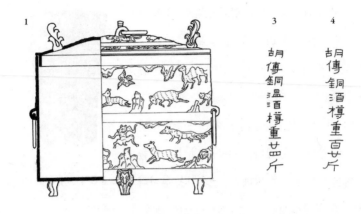

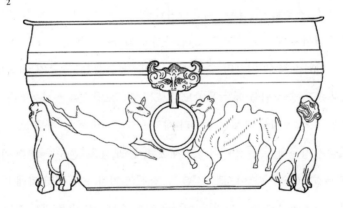

그림 2-6 서한 때의 두 가지 술그릇. 산서성 우옥에서 출토
1 통 모양 술 빚는 그릇
2 대야 모양 술그릇
3 술 빚는 그릇의 명문
4 술그릇의 명문

이르러서도 빈번히 나타난다. 그러나 이때는 통 모양 준이 오히려 드물
었다. 하남성 낙양 간서澗西의 당나라 건원乾元 2년(759) 묘에서 출토된
고사음연도高士飮宴圖 나전경螺鈿鏡(당나라의 야광 조개나 전복껍데기 등을 입힌
거울)·섬서성 장안의 남리南里 왕촌王村 당나라 때 묘 벽화·당나라 때 손

위孫位의 〈고일도高逸圖〉·송모당화宋摹唐畫 〈궁락도宮樂圖〉 중에 모두 그 그림자가 있다(그림 2-7). 당시唐詩에도 적지 않다. "서로 만나 술 한 잔 있으니, 꽃 날아 흩어지는 것 아쉬워할 필요 없네相見有尊酒, 不用惜花飛", "언제 술 한잔하면서, 세세하게 글을 다시 토론할 수 있으려나何時一尊酒, 重與細論文"등의 구절이다. 몇 사람이 큰 동이에 담긴 술을 둘러싸고 술을 마시고 있으니, 그들이 마시는 것이 독한 술은 아니라는 것을 말해준다. 한나라 때 문헌에서 어떤 사람이 몇 석石 술을 마시고도 난동을 부리지 않았다고 자주 말하는 것이 바로 이런 상황을 말해주는 것이다. 그밖에 또 춘추 전국 시기 찬술을 마시던 풍습이 당나라 때 이르러서도 아직 완전히 사라지지 않았음을 말해준다.

한나라 때 술을 마실 때는 고를 사용하지 않고 배杯를 사용했다. 그러나 한나라 때 배는 현대 중국어에서 말하는 배와 매우 다른 기물을 가리킨다. 한나라 때 배는 손으로 움켜쥔다는 뜻의 부杯에서 기원했다. 《예기·예운禮運》에서 "부음杯飮"이라는 말이 나온 적 있는데, 정현의 주석에서는 "부음은 손으로 움켜쥔다는 것이다"라고 쓰고 있다. 손으로 움켜쥐는 것으로부터 발전한 배는 평면이 두 손으로 움켜쥐어서 형성된 타원형에 가깝다. 《회남자·제속齊俗》에서 "쟁반 물에 얼굴을 비추면 둥글고, 배에 비추면 타원형이다"라고 했다. 이 말은 바로 반자盤子와 이배의 그릇 주둥이 특징에 근거한 것이다. 두 손으로 쥘 때 좌우에 위치한 엄지손가락은 배이杯耳에 해당한다. 이른바 이배라고 하는 것은 배의 귀[耳] 때문에 그런 이름이 붙은 것이다. 한나라 때의 배는 오직 이배만을 가리킨다. 이배는 술을 마실 때 늘 사용되었다. 절강성 영파寧波의 서남교西南郊 서한 시대 묘에서 나온 칠을 한 이배는 안에 "의주宜酒"라고 적혀 있다. 마왕퇴 1호 묘에서 출토된 칠을 한 이배는 안에 "군행주君幸

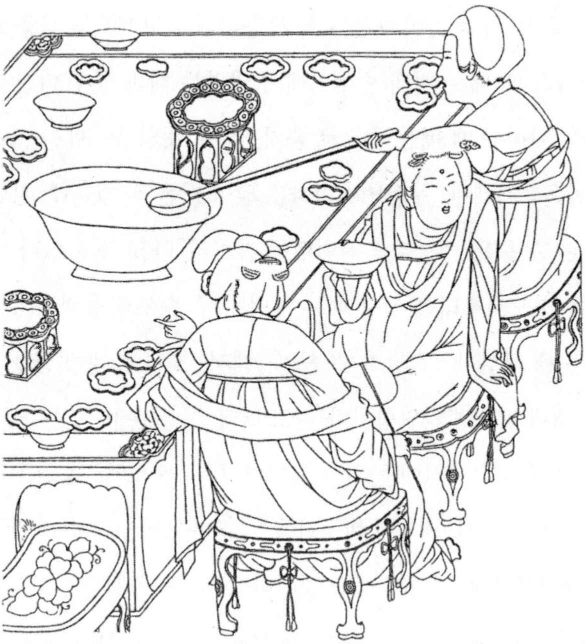

그림 2-7 당나라 때 대야 모양 술그릇
1 〈고사연음도〉 나전 거울
2 〈궁악도〉

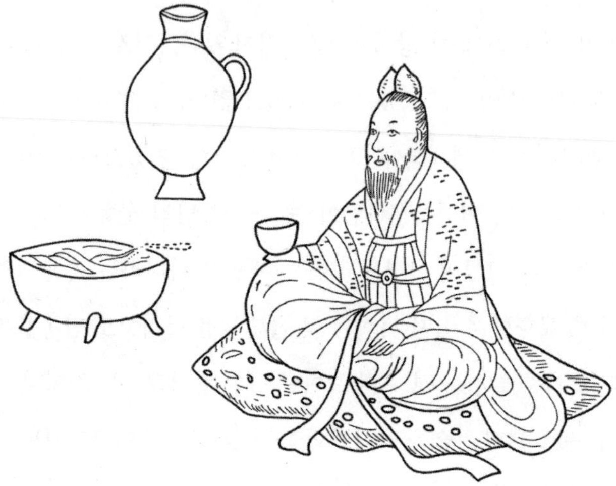

酒"라고 적혀 있다(그림2-8). 호남성 장사의 탕
가령湯家嶺 서한 시대 묘에서 나온 구리 이배에
는 "장단군주배張端君酒杯"라는 명문이 새겨져
있다. 한나라 때 많은 이배가 음주용으로 사
용되었다는 것을 말해준다. 상나라와 서주 때
의 '고'는 이 시기에 이르면 이미 치巵로 전환
되었으며, 현대의 통형배筒形杯와 조금 닮았고,
그 태골胎骨은 나뭇조각을 구부려서 만들었다.

그림 2-8 옻칠 술잔. 장사성
마왕퇴 1호 묘에서 출토

《예기·옥조》의 정현 주석에서 "권圈은 나무를 구부려 만든다. 치巵·이
匜 등을 말한다"라고 했다. 안휘安徽성 부양阜陽의 서한 시대 여음후汝陰侯
묘에서 출토된 원통형 칠기는 스스로 이름을 '치'라고 했다. 치도 음주
에 쓰인다.《장자·우언寓言》육덕명陸德明의 석문에서《자략字略》을 인
용하여 "치는 둥근 주기酒器다"라고 분명하게 말하고 있다.《사기·고조
본기高祖本紀》에는 "미앙궁未央宮이 완성되자 고조는 제후와 군신을 대대
적으로 조회하기로 하여, 미앙궁 앞에 술을 준비했다. 고조는 옥치玉巵
를 받들고 일어나 태상황에게 헌수했다"라는 구절이 있다. 옥치는 매우
진귀하여《한비자·외제설우상外儲說右上》에서는 "천금의 옥치千金之玉巵"
라고 했다. 성대한 연회에서 옥치로 술을 권하면 눈에 띄게 융숭하게 대
접하는 것이다. 진나라 때의 아방궁阿房宮 유적지에서 출토된 발이 높은
구름무늬 옥치가 그 시대에 가까우니, 한 고조가 당시 잔을 받들어 헌수
할 때 사용한 것이 대략 이것과 비슷할 것이다(그림 2-9).

　　당나라 중기에는 술 도구 형식에 큰 변화가 나타났다. 당나라 때
이광예李匡乂의《자하집資暇集》에서 "원화元和(806~820) 초기, 술을 따를
때는 여전히 준, 작을 사용했다. 그래서 승상 고공高公은 술을 잘 따른다

는 칭찬을 받았다. 비록 수십 명이라도 한 준,
한 작 술을 받아쥐고 흩어지니, 한 방울도 남
는 것이 없었다. 얼마 안 있어서 점차 주자注子
를 사용했다. 모양은 비슷했는데 뚜껑, 주둥
이, 자루를 모두 갖추었다"라고 했다. 당나라
때 자기 중 '주자'는 흔히 볼 수 있는 물건이다.
그렇지만 이중 어떤 것은 차를 따르는 용도의
탕병湯甁이다. 그러나 동관요銅官窯에서 출토
된 주자의 경우, 어떤 것은 "陳家美春酒(진가미

그림 2-9 발이 높은 옥잔.
서안 동장촌 진나라 아방궁
유적지에서 출토

춘주)"·"酒溫香濃(주온향농)"·"浮花泛蟻(부화범
의)"등의 구절이 쓰여 있으니, 이런 것은 당연
히 술 주전자다. 위에서도 말했듯이, 중국 고대
에는 오랫 동안 찬술을 마셨다. 위·진 시대 이후 명사들이 오석산五石散
을 복용하는 것이 유행했다. 손사막孫思邈은《천금익방千金翼方》22권에
서 "오석산을 처음에 한식산寒食散이라고 이름 지은 것은 이 산散은 차게
먹어야 한다는 말로, 찬 물로 씻어서 차게 한다. 술은 맑고 따뜻하게 마
셔야 하니, 그렇지 않으면 온갖 병이 생긴다"라고 했다.《세설신어世說新
語·임탄편任誕篇》에서 말하기를 "왕침王忱이 산散을 복용한 후 이미 조금
취하여, 환현桓玄을 찾아가 만났다. 환현은 술을 준비했는데 차게 마실
수 없어서 자주 술을 따뜻하게 데워오라고 했다"라고 했다. 왕침은 바
로 산을 복용한 뒤여서 반드시 따뜻한 술을 마셔야 했다. 그래서 거리낌
없이 상대방 피휘避諱(죽은 사람의 생전 이름을 삼가 부르지 않는 것. 환현의 부친이
환온桓溫)를 범했다. 이때부터 마침내 따뜻한 술을 마시는 걸로 바꿨다.
당나라 때에 이르러 이백이 〈양양가襄陽歌〉에서 "서주에서 대작하며, 역사의 솥에 술을 데우니, 이백이 그대와 생사를 함께 하리舒州勺, 力士鐺, 李白與爾同死生"라고 했는데, 여기서 당쟁鐺도 술을 데우는 솥이다. 중당 때 시에서 "장작 때서 술 데운다燒柴爲溫酒"(원결元結), "숲 사이에서 술을 데우며 붉은 잎 태운다林間暖酒燒紅葉"(백거역白居易) 등 구절이 하나둘 나타난 것을 보면, 따뜻한 술을 마시는 기풍이 점점 왕성했다는 것을 말해준다. 분 모양 준은 열을 너무 빨리 흩어지게 하여 이에 알맞지 않았기에, 따뜻하게 데운 술을 술 주전자에 담았다. 보온을 위하여 술 주전자 바깥쪽에 또 한 번 뜨거운 물을 담은 따뜻한 그릇을 씌웠다. 하지만 이렇게 장치한 실례는 송나라 때에 와서야 볼 수 있다. 더욱이 이 시기 칠기 사용 범위가 축소되면서 칠을 한 이배는 이미 사라져 보이지 않았고, 일상에서 차나 술을 마실 때는 모두 자완瓷碗, 즉 잔盞을 사용했다. 찻잔[茶盞]과 술잔[酒盞]의 그릇 모양은 비슷하다(그림 2-10). 하지만 받침의 양식이 완전히 다르다. 찻잔을 받치는 것을 차탁茶托 혹은 잔탁盞托이라고 하고, 술잔을 받치는 것을 주대자酒臺子라고 한다. 후자는 받침 중심에 작고 둥근 대가 튀어나와, 술잔을 둥근 대 위에 놓는다. 완전한 주기 일습은 술 주전자, 온열 사발, 술잔, 술잔 받침 등 네 가지 기물로 구성된다(그림 2-11). 항주 서호西湖에서 나온 연화식蓮花式 은주대銀酒臺는 이런 주기 류 중에서도 최상품이다(그림 2-12). 술잔과 받침이 한 벌을 갖춘 것을 대잔臺盞이라고 한다.《요사遼史·예지禮志》에서는 "동지 축하 조회 의례"를 기록한 내용 중 친왕親王이 "홀을 띠에 꽂고, 대잔을 들어 술을 올렸다"라고 했으며, 원나라 때에도 여전히 이렇게 불렸다.《사림광기事林廣記·배견신례拜見新禮》에서 말하기를 "주인은 대잔을 들고, 좌우는 호병壺瓶을 쥐고"라고 했다. 관한경關漢卿(원나라 때의 잡극 작가)이 지은《옥경대玉鏡臺》를 보면 온천영溫倩英이 온교溫嶠에게 술을 권하는 장면이 나온다.

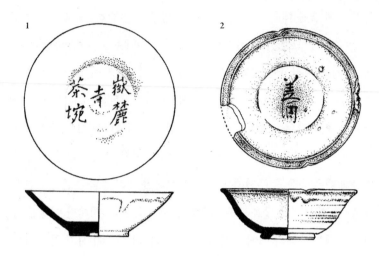

그림 2-10 장사요長沙窯에서 출토된 당나라 때 찻잔(1)과 술잔(2)

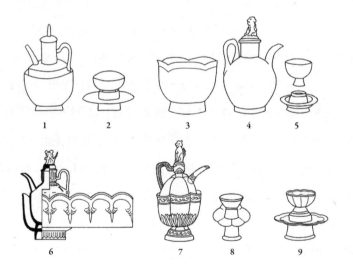

그림 2-11 술주전자·사발·잔과 받침
1, 2 〈한희재야연도韓熙載夜宴圖〉
3-5 강서성 남성南城의 송나라 때 묘에서 출토
6 강서성 연산鉛山의 송나라 때 묘에서 출토
7, 8 하남성 우주禹州의 백사白沙 2호 송나라 때 묘 벽화
9 산서성 흔현忻縣의 송나라 때 묘에서 출토

그림 2-12 은 술잔 받침. 오대십국-북송 시기. 절강성 항주의 서호西湖에서 인양

"여주인공(온천영)이 술잔을 받들어 '오라버니, 한 잔 가득 마시세요'라고 하며 술잔을 건넨다. 남주인공(온교)이 노래한다. '몇 근 안 나가는 가벼운 대잔이라지만, 이 가녀린 손으로 어떻게 들 수 있단 말인가!'"온천영이 만약 서호에서 나온 이 은으로 만든 술잔 받침을 받들어 은 술잔을 받고 술을 더욱 가득 따랐다면 그 양이 적지 않았을 것이다.

지금까지 말한 것은 모두 술을 마시거나 담는 그릇이다. 이 밖에 술을 저장하는 그릇이 또 있다. 당송 이후부터는 술을 저장할 때 장병長瓶을 이용했다. 이 물건은 섬서성 삼원三原의 당나라 정관 5년(631) 이수李壽 묘 석곽 내벽의 선각화에서 처음 등장했다. 장병은 경병經瓶이라고도 하는데, 송나라 때 묘의 벽화 "개방연開芳宴"에서 탁자 위에 종종 모습을 나타냈다. 청나라 말기, 민국 초기에 허지형許之衡이 쓴《음류재설자飮流齋說瓷》에서는 장병을 "매병梅瓶"이라고 칭했다. 병의 주둥이가 작고 목이 가늘어 매화나무의 앙상한 모습과 어울린다고 하여 붙인 이름이다. 실제로 장병은 본래 술병으로, 병에 쓰인 글자만으로도 충분히 증거가 된다. 상해박물관이 소장하고 있는 장병 중에는 "취향주해醉鄕酒海"라고 쓰인 것과 "청고미주淸沽美酒"라고 쓰인 것이 있다(그림 2-13:1,2). 안휘성 육안六安에서 출토된 장병에는 "내주內酒"라는 두 글자가 있다. 또한 금주錦州박물관에 소장된 것에는 "석 잔이면 만사가 조화롭게 되

고, 한 번 취하면 천 가지 시름이 풀린다三杯和萬事, 一醉解千愁"라고 쓰여
있다. 서안 곡강지曲江池에서 출토된 장병에는 "10리 불어온 바람에 향
이 병을 투과한다風吹十里透甁香"라는 시구가 있다. 광동성 불산佛山의 난
석진瀾石鎭 송나라 때 묘에서 출토된 장병의 네 개의 개광開光 장식 안에
는 술을 마시는 사람이 잔을 드는 것에서부터 술을 마셔서 대취하기까
지 과정을 그려서 그 용도를 한층 형상화하여 설명했다(그림 2-13:3). 산
동성 추현鄒縣의 명나라 때 주단朱檀 묘에서 출토된 장병 역시 술을 담던

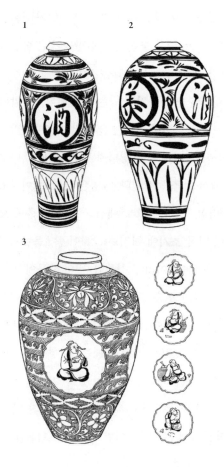

그림 2-13 북송 때 술을 담는
긴 병
1 '취향주해醉鄕酒海' 긴 병
2 '청고미주淸沽美酒' 긴 병
(둘 다 상해박물관 소장)
3 술 마시는 인물 문양 긴 병.
광동성 불산佛山에서 출토

것이었다. 그런데 송원 사람들은 서재에 매화를 꽂을 때 담병膽瓶을 많
이 사용했다. 예를 들면 왕십붕王十朋의 〈원빈증홍매수지元賓贈紅梅數枝〉
라는 시에서 말한 "담병에 나누어 두세 가지 보낸다네膽瓶分贈兩三枝", 양
만리의 시에서 말한 "담 모양 은병에 옥 모양 매화를 북쪽 가지 꺾어서
꽂으니 아직 다 피지 않았네膽樣銀瓶玉樣梅﹐北枝折得未全開", 그리고 한호韓
淲의 "책상에는 당연히 붓과 벼루 남겨두고, 서재 창 그 누가 매병 마주
하지 않으리오詩案自應留筆研﹐書窓誰不對梅瓶"라는 구절이 있다. 이 구절들
을 서로 대조해보면, 뒤에서 말한 매병은 매화를 꽂은 화병 혹은 담병을
가리킨다. 명나라 때 원굉도袁宏道는《병사瓶史》에서 "서재에서 꽃을 꽂
으려면 병이 짧고 작아야 한다"라고 했으며, 또한 담병·지추병紙槌瓶·아
경병鵝頸瓶 등의 "형체가 작아야 수집과 완상의 대상이 될 수 있다"라고
했다. 명나라 때 나전칠렴螺鈿漆奩 뚜껑의 절매도折梅圖와 청양자靑陽子의
〈구구소한병매도九九消寒瓶梅圖〉에서 본 것에 따르면, 이때 매화를 꽂을
때 사용한 것은 여전히 화병과 담병으로, 몇몇 사람에게 매병으로 불렸
던 장병은 절대 아니다(그림 2-14).

　　포도주는 한나라가 서역을 통과한 뒤 중국에 들어왔다. 한나라 때
장형張衡은《칠변七辯》에서 "검은 술 하얀 술, 포도와 대나무 잎으로 담
근다네玄酒白醴﹐葡萄竹葉"라고 썼다. 당나라 때 포도주는 이미 널리 알려
져 있었다. 이때 양주凉州는 포도주의 주요 생산지였다. 왕한王翰은《양
주사凉州詞》첫 편에서 "맛있는 포도주 야광 술잔葡萄美酒夜光杯"이라고 했
다. 그러나 나중에는 지금의 산서 일대가 우세를 차지하게 되었다.《신
당서新唐書·지리지地理志》에서는 태원太原의 토착 공물로 포도주가 있다
고 기록하고 있다. 포도주는 중국 북방 민족이 건립한 요, 금, 원 각 왕
조에서 더욱 유행했다. 요녕遼寧성 법고法庫의 엽무대葉茂帶 요나라 때 묘

그림 2-14 명나라 때 사람들이 매화를 화병이나 담병에 꽂는 모습
1 명나라 때 나전 삼당칠렴三撞漆奩 뚜껑의 절매도
2 명나라 때 청양자의 〈구구소한병매도〉

의 주실 안에는 나무 탁자가 있었고, 탁자 밑 자기 병에 붉은 액체가 밀봉 저장되어 있었다. 이것을 검사해 보니 포도주였다. 《마르코 폴로 여행기馬可波羅游記 Divisament dou Monde》를 보면 "태원부太原府에서 출발하여 계속 남하했는데, 대략 30리 되는 곳에 포도밭과 양조장이 나타났다"라고 했다. 《원사元史 · 세조본기世祖本紀》에서 말하기를, 지원至元 28년(1291) "궁성 안에 포도주실을 건설했다"라고 했다. 이때는 관방에서까지 포도주 양조를 진행한 것이다. 내몽고 오란찰포맹烏蘭察布盟 토성자土城子에서 출토된 원나라 때 흑유장병黑釉長瓶에는 "포도주병葡萄酒瓶"이라는 네 글자가 새겨져 있어서(그림 2-15) 그것이 포도주를 저장하는 전용 용

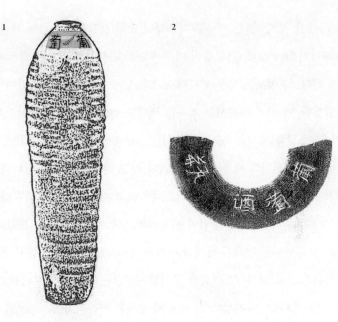

그림 2-15 원나라 때 흑색 유약 긴 병. 어깨 부분에 '포도주병' 네 글자를 새김. 내몽고 오란찰 포맹 찰우전기 토성자에서 출토

기임을 직접적으로 말해주었다.

· 주류 중 알코올 농도가 20%에 도달하면 효모균은 더 발효되지 않는다. 따라서 양조주의 알코올 함량은 일반적으로 18% 전후다. 하지만 증류와 정련을 거치면 알코올 함량이 60%에까지 달할 수 있다. 증류주의 경우는 원나라 때에 서양에서 전해 내려왔다고 당시 사람들이 분명하게 말하고 있다. 이를테면 물사혜勿思慧는《음선정요飮膳正要》(1330)에서 "좋은 술을 증류하여 방울방울 아랄길阿剌吉(소주의 별칭)을 얻었다"라고 했다. 허유임許有壬은《지정집至正集》에서 "세간에서 수화정水火鼎으로 술을 정련하여 방울방울 채취하면, 그 기운이 뜨겁고 맑았다. 그 방법은 서역에서 나왔으며, 상방尙方에서 귀족 집안에 이르기까지 지금은 천하에 널리 퍼져 있다"라고 했다. 원·명 교체 시기 섭자기葉子奇는《초목자

草木子》에서 "법주法酒는 기구를 이용하여 술의 진액을 증류하여 채취하며, 하랄기哈剌基라고 한다. 술이 매우 후끈하고 물처럼 맑으며, 주로酒露라고 한다. … 이것은 모두 원나라 왕조의 법주로, 옛날에는 없었다"라고 말했다. 이 설에 대해서는 명나라 때에도 이의가 없었다. 이시진李時珍의 《본초강목》에서는 "술을 증류하는 소주燒酒는 예로부터 있었던 방식이 아니다. 원나라 때부터 시작되었다"라고 말한다. 명나라 말기에서 청나라 초기 방이지方以智의 《물리소식物理小識》에서도 "술을 증류하는 소주燒酒는 원나라 때 그 방법이 시작되었으며, 아랄길이라고 불렀다"라고 했다. 당시든 근세든 당대의 지식계 엘리트들이 모두 똑같이 말하고 있는 것으로 보아, 그 권위를 무시할 수 없다. 아랄길 혹은 하랄기哈剌基, 알뢰기軋賴機, 아리걸阿里乞, 아랑기阿浪氣는 아라비아어 'araq'의 음역이다. 도수가 높아서 초기 기록에는 심지어 "너무 뜨겁고 큰 독이 있다"《음선정요》, "아랄길은 특히 사람에게 독이 된다"《석진지析津志》, "마시면 사람이 투액透液되어 죽게 된다"《초목자》라는 등의 내용이 있다. 당시 사람들이 이런 독한 술을 처음 마셔서 아직 습관이 되지 않았고, 또한 심리적으로 기꺼이 수용하지 못하는 어떤 거부감이 아직 있었음을 알 수 있다. 그런 한편 어떤 사람은 하북성 승덕承德의 청룡현靑龍縣 서산취西山嘴에서 출토된 청동 술 증류 기구를 근거로 삼아서 금나라 때 것으로 보았으며, 따라서 송나라, 금나라 때 중국에서 이미 술을 증류했다는 설을 제시했다. 하지만 이 기물과 함께 나온 또 다른 화초문 장식인 적수와滴水瓦는 그 도안이 북경시 서직문西直門 안 후방영后英房 골목 원나라 때 주거지 터에서 발견된 동류의 기와와 매우 유사하다. 그러므로 술 증류기도 원나라 때 것으로 보아야 한다고 했다(그림 2-16). 따라서 이 발견은 여전히 원나라 때 처음 술을 증류했다는 기존 학설을 흔들 수 없었다.

중국의 증류주는 곡주를 증류한 것이다. 곡주 양조 과정에서 얻은 괜찮은 성분들을 종합한 것으로, 세계에서 유일하게 수립된 것이다. 포도주 주정을 증류한 브랜디와 사탕수수 주정을 증류한 럼주는 풍미가 다르다. 높은 도수의 술이 유행하면서 도수가 낮은 술을 마시면 어쩐지 양이 차지 않아 뭔가 부족했다. 현재는 이미 증류주 천하로, 향기 유형에 따라 장향형醬香型, 농향형濃香型, 청향형淸香型, 봉향형鳳香型, 겸향형兼香型, 복울향형馥郁香型 등이 있어 저마다 뛰어남을 자랑한다. 좋은 술은 재료 선택, 누룩 종류, 수질, 양조 공예, 혼합 기술, 저장 방식 등은 물론이고 그 외 저마다 독특한 특징으로 인해 찬사를 받았다. 이를테면 어떤 오래된 증류 가마 속의 향기로운 요니窯泥에는 복잡한 미생물 군락이 풍부하게 함유되어 있어, 다른 곳에서는 쉽게 얻을 수 없다. 2005년 사천성 의빈宜賓 명나라 때 가마에서 나온 요니 한 덩어리는 중국 국가박물

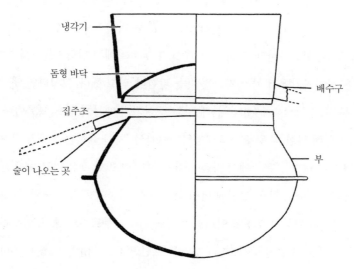

그림 2-16 원나라 때 술을 증류하는 청동 기구. 하북성 청룡에서 출토

관 소장품이 되었다. 명주名酒는 후련하고 상쾌하기도 하고, 순정하고 달콤하고 시원하기도 하고, 부드럽고 매끄럽고 감아 돌기도 하고, 톡 쏘고 매섭고 뜨겁기도 하고, 빈 잔에도 향이 남고, 여운이 끝이 없다. 입안에서의 그 미묘한 느낌은 정말 말로 전하기 어렵고 화학 분석 방법으로 하나하나 증험할 방법은 더더욱 없다. 몇몇 현대 제조가에서 자기 생산품 원류가 저 멀리 한당 시대까지 거슬러 올라간다고 하는 경우가 있는데, 그때는 증류주가 아직 없어서 확실한 근거가 없으며, 술의 역사에서 인정하기도 어렵다.

술과 함께 거론하기 딱 알맞은 마실 것은 차다. 차가 세상에 유통된 것은 술보다 늦지만《이아》에 이미 차와 관련된 기록이 있다.《석목釋木》에서 "가檟는 고차苦茶이다"라고 했다. 그것이 알려진 것이 전국 시대보다 늦지는 않음을 표명한다. 여기서 말한 '茶'가 '茶'이다. '茶'에는 두 가지 발음이 있다. 당나라 때《한서·지리지》의 안사고 주석에서 말하길, '茶陵(차릉)'에서 '茶'의 발음은 '弋(익)'과 '奢(사)'의 반절이고, 또한 '丈(장)'과 '加(가)'의 반절이라고 했다. 두 번째 발음이 현대와 같으며, 'chá'로 발음한다. 그리고《형주도경衡州圖經》에서 말하기를, "차릉茶陵은 산골짜기에서 차가 자라는 곳을 말한다"라고 했다. 그렇다면 옛날 차릉(지금의 호남성 차릉현)은 본래 차가 생산되기 때문에 얻은 이름이다. 이로 인해 서한 때 왕포王褒의《동약僮約》에서 "차를 끓이는 도구가 갖추어지다烹茶盡具", "무양에서 차를 사다武陽買茶"라고 한 것은 바로 차를 끓이는 것과 사는 것으로, 이때 이미 차 마시는 기풍이 흥했음을 알 수 있다. 그러나 전통적 호칭을 이어받아 차를 가檟로 부르기도 했다. 마왕퇴 3호 묘에서 출토된 죽사竹笥의 팻말을 보면 먹으로 "槚笥"(그림 2-17)라고 써놓았다. 이 글자를 욱奧으로 풀기도 하고 가檟로 풀기도 한다. 후자

의 해석을 따르면 이 죽사에 담았던 것은 찻잎이다. 지금도 티베트어에
서는 차를 "가價"라고 한다.

　중국에서 술을 자연 발효한 과실주와 양조한 곡주와 증류주 세 단
계로 구분할 수 있는 것과 같이 중국의 차 마시는 법도 세 단계로 나눌
수 있다. 첫 번째 단계는 서한부터 육조 시대까지의 죽차법粥茶法이다.
두 번째 단계는 당나라 때부터 원나라 전기까지 말차법末茶法이다. 세 번
째 단계는 원나라 후기 이래의 산차법散茶法이다. 죽차 단계에서 차를
끓이는 것은 차탕을 끓이는 것이나 마찬가지다. 바로 당나라 때 피일휴
皮日休가《차중잡영茶中雜咏·서序》에서 말한 대로 "육우陸羽 이전의 차 마
시는 것을 말할 경우에는 섞어서 끓이는 것으로, 채소를 데쳐서 마시
는 것과 다를 바 없었다." 당나라 때 양화楊華 역시《선부경수록膳夫經手
錄》에서 "진晉·송 이래 오 사람들은 잎을 채취하여 삶았으며, 이것이 명
죽茗粥이다"라고 했다. 육우는 죽차에 매우 불만이었다. 그는 차를 끓일
때 "파·생강·대추·귤껍질·수유茱萸·박하 등으로 여러 번 끓여, 매끄럽
게 하거나 거품을 없앤 것은 마치 도랑에 버린 물과 같았다"라고 보았
다. 찻잎을 각종 보조 재료, 심지어 자극성 양념까지 넣어 같이 끓인 것
을 보아 이 탕의 맛은 후세의 차의 맛과는 거
리가 아주 먼 것이 틀림없다. 그러나 피일휴는
《차경茶經》이 만들어진 때가 죽차법과 말차법
의 분계선 때 또는 아주 약간 늦은 때로 보았
다. 진晉나라 때는 섬세하게 차 마시는 법이 이
미 나타났기 때문이다. 두육杜育의《천부荈賦》
에 "거품이 가라앉고 꽃이 떠올라서 눈이 쌓인
것처럼 환하다沫沉華浮, 煥如積雪"라는 구절이 있

그림 2-17 '楕笿'라고 먹으
로 쓴 팻말. 장사 마왕퇴 3
호 묘에서 출토

다. 그렇다면 이때 차를 갈아서 가루로 만들었을 뿐 아니라 이미 구비육
화救沸育華(끓는 것을 조절하여 거품 등을 조절)를 알았다는 뜻이다.《신농본초
경神農本草經》의 "고채苦菜"조항에 대해 양梁나라의 도홍경陶弘景 주석에
서는 "차에는 모두 거품이 있어, 마시면 사람에게 좋다"라고 하여, 그들
이 마신 차는 초기 죽차라고 부르던 탕과는 이미 다른 것임을 표명하고
있다. 이리하여 차 마시는 기풍이 점점 상류 사회로 들어갔고, 이 시기
많은 명인, 예를 들면 손호孫晧, 위요韋曜, 환온, 유곤劉琨, 좌사左思 등에게
는 모두 차와 관련된 일화가 조금씩 있다.

　　남북조 때 남조에서는 차를 마시는 것이 유행했는데, 북조 지역에
서는 좋아하지 않았다. 차 마시는 것을 좋아했던 남조 사람이 북위 수
도 낙양에서 조소를 당한 상황이《낙양가람기洛陽伽藍記》라는 책에 생동
적으로 적혀 있다. 이 기풍이 남북으로 널리 퍼진 것은 당나라가 성립할
무렵의 일이다. 8세기 후기 봉연封演은《봉씨문견기封氏聞見記》에서 "(차
는)남방 사람들이 마시기 좋아했고 북방 사람들은 처음에는 마시지 않
았다. 개원開元 연간 때 태산泰山 영암사靈巖寺에서 항마선사降魔禪師가 선
교禪敎를 대대적으로 일으켰다. 선을 배울 때는 잠을 자지 않는 것에 힘
썼고 또한 저녁에는 먹지 않았는데, 차 마시는 것은 모두 허용했다. 사
람들이 저마다 차를 품에 끼고 다니며 어디를 가나 끓여서 마셨다. 이로
부터 서로 따라하며 전해지고 전해져서 결국 풍속이 되었다"라고 썼다.
《선부경수록》에서도 "개원·천보天寶 연간에 점점 차가 나타나더니 지
덕至德·대력大曆 때 드디어 많아지고, 건중建中 이후 성행했다"라고 했다.
이 설은 믿을만하다. 장경長慶 연간의 좌습유 이각李珏이 "차는 음식으
로, 쌀이나 소금과 다를 바 없다"라고 했기 때문이다. 이 말은 나중에 왕
안석王安石에게 받아들여져, 왕안석은《의차법議茶法》에서도 "백성에게

차의 쓰임은 쌀이나 소금과 같다"라고 했다. 성당 시기, 특히 중당 시기 이후 차는 이미 평민에게도 일상생활의 음료가 되었음을 알 수 있다.

이 시기가 시작될 무렵 육우와 그가 쓴《차경》이 등장했다.《차경》의 원고 완성과 출판은 대략 764년 무렵이다. 그는 이 기풍의 선봉에 올라탄 개척자였다.《차경》3권 10문은 차의 생산, 가공, 가열, 음용, 기구, 관련 전고 전설 등을 상세하게 기록하고 있다. 이 책은 내용이 풍부하고 조리 있고 명확하여 차 마시는 것을 전파하는 데 유력한 원동력이 되었다. 심지어 송나라 때 매요신梅堯臣은 시에서 "육우가 세상에 태어난 이래로 세상 사람들은 춘차春茶를 배우기 시작했다"라고 말하기까지 했으니, 얼마나 추앙했는지 알 수 있다.《차경》이 만들어지고 겨우 반세기 남짓 지나서 이조李肇는《당국사보唐國史補》(825년 전후 완성)에서 강남 어떤 군의 차 창고에서는 육우를 차의 신으로 봉양하기까지 한다고 기록했다. 육우를 차의 신으로 봉양한다는 것과 관련된 기록은 당나라 때 조린趙璘의《인화록因話錄》, 북송 때 구양수歐陽修의《집고록발미集古錄跋尾》,《신당서·육우전陸羽傳》, 북송 때 이상교李上交의《근사회원近事會元》, 남송 때 한호韓淲의《간천일기澗泉日記》, 남송 때 비곤費袞의《양계만지梁溪漫志》등의 책에서도 보인다. 또한, 이들 책에서 말하기를, 차를 파는 사람들이 자기로 만든 육우상, 즉 차신상을 차 부뚜막 곁에 놓고 장사가 잘될 때는 차로 제사를 지내고, 장사가 좋지 않을 때는 뜨거운 물을 부었다고 한다. 이런 자기상 제작은 총 3세기 동안 지속되었고 숫자도 적지 않았을 것이다. 중국 국가박물관에 있는 지난 세기 50년대 하북성 당현唐縣에서 출토된 백색 유약 자기 세트에는 풍로風爐, 차솥[茶鍑], 차병[茶瓶], 차 절구[茶臼], 찌꺼기 단지[渣斗] 그리고 자기상 하나가 포함되어 있었다. 이 자기상은 상반신은 교령의交領衣를, 하반신은 치마를 입고 있

그림 2-18 차신茶神 육우의
조각상

으며 높은 모자를 쓰고 두 손으로 두루마리를 펼쳐든 채 책상다리를 하
고 앉아 있는데 그 자태가 단정하고 장중했다. 그 복장과 용모가 보통
사람 같지 않았으며, 그렇다고 불교나 도교의 상도 아니었다. 많은 종류
의 차 도구와 같이 나온 상황에 근거하여 판단하면 위에서 말한 차신상
이 틀림없다(그림 2-18). 비록 사실적 조소가 아니라 이미 차 상인들에게
신격화된 모습이지만, 차의 역사적 측면에서 보면 이것은 육우의 형상
을 대표하는 유일한 유물로, 충분히 진귀한 것이다.

육우는 차의 역사에서 중대한 역할을 했다. 그러나 그는 조방식粗放式 음다법에서 정치식精致式 음다법으로 가는 과도기에 있었다는 것은 반드시 알아두어야 한다. 따라서 그가 제시한 모식을 단숨에 깊이 연구할 수는 없다. 《차경》에서 논한 것은 차병茶餅을 말차로 갈아서 음용하는 것이었는데, 그저 "가루 중 최상의 것은 고운 쌀가루처럼 잘게 갈린 것이다"라고만 기록하고 있으며, 또한 "벽분표진碧粉縹塵은 가루가 아니다"라고 하였으니, 이때는 고운 차 가루를 쓰는 것이 아직 습관이 되지 않았음을 알 수 있다. 그리고 《차경》에서 제창한 차를 달이는 전다법煎茶法은 우선 풍로 위 차 솥에 물을 끓이고, 물이 살짝 끓기를 기다렸다가, 차 가루를 덜어 솥 한가운데에 넣고 대나무로 저은 뒤, 거품이 솥 표면에 가득해지면 사발에 따라 마시는 것이었다. 이 방법의 두 번째 단계는 끓을 때, 즉 솥 안의 물이 "샘에서 물이 구슬처럼 솟듯" 끓을 때 가루를 넣으라고 하는데, 차 가루를 이렇게 한 번 끓이면 필시 다 풀어지고 향이 달아나 참맛을 잃는 결과를 가져오게 된다. 책에서는 또 차를 달일 때 "소금으로 조미해야" 한다고 했으니, 육우의 차 음용법은 당나라 이전 옛 습속의 울타리를 아직 완전히 벗어나지 못했음을 알 수 있다.

만당 때에 이르자, 차 병에 물을 끓이고 차 가루는 찻잔에 두고 병을 들어 끓인 물을 잔에 부어 차를 우려내는 '점다법點茶法'이 흥했다. 이 방법은 가장 먼저 당나라 때 소이蘇廙의 《십육탕품十六湯品》에서 등장한다. 그것은 본래 그가 편찬한 《선아전仙芽傳》 9권의 〈작탕십육법作湯十六法〉이다. 그러나 이 책의 다른 부분은 이미 망실되고, 겨우 이 부분만 상술한 명칭으로 송나라 초기 도곡陶穀의 《청이록清異錄》에 보존되어 왔다. 이 방법은 점탕의 기교를 특히 중시하여, 물 흐름이 순통해야 하고 수량이 적절해야 하고 낙수점이 정확해야 할 것을 요구하며, 동시에 멈추지 않고 물을 부어서 적절한 거품이 생기게 해야 한다. 말차의 특징을 더욱 발휘할 수 있었기 때문에 송·원나라 시기 차 마시는 법의 주류가 되었다.

점차點茶의 보급에 따라 말차는 더욱 세밀해져서 송나라 사람들이 "슬슬진瑟瑟塵"(임포林逋)·"비설경飛雪輕"(소식)이라고 칭찬했고, 《차경》에서 말한 고운 쌀가루와 같은 모양에서 이미 크게 달라져 있었다. 따라서 차병茶餠의 제작도 날이 갈수록 정교하게 공을 들이게 되었다. 이때 가장 추앙받았던 명차는 이미 당나라 때 높게 치던 절강성 호주湖州 고저顧渚의 자순紫笋과 강소성 상주常州 의흥宜興의 자순 즉 이른바 "양선차陽羨茶"에서 복건성 건안建安의 봉황산에서 나는 "북원차北苑茶"로 바뀌었다. 북원北苑은 본래 남당南唐의 한 궁원宮苑으로, 건주建州 지방의 찻잎 생산을 감독하여 어용으로 공급했다. 송나라 때에 접어든 이후 봉황산 일대 차 생산 지역을 모두 '북원'이라고 불렀다. 그중 품질이 가장 좋은 차는 그 지역의 학원壑源 일대에서 나와서, "학원차壑源茶"로 불렀다. 최근 복건성 건구현建甌縣 동북쪽으로 15km 떨어진 배교촌裴橋村에서 '북원'임을 표시하는 남송 때의 석각이 발견되어 북원의 소재지를 정확하게 알 수 있게 되었다. 송나라 태종 때는 북원차로 성룡成龍·봉단鳳團(그림 2-19)을 제조했다. 인종 때는 채양蔡襄이 '소룡단小龍團'을 제작하였는데, 한 근이 황금 2냥 값이었다. 당시 "황금은 가질 수 있어도 차는 가질 수 없다"라는 말이 있었다. 신종神宗 때 가청賈靑이 "밀운룡密雲龍"을 제조했고, 휘종徽宗 때 정가문鄭可聞이 다시 "은사수아銀絲水芽"로 "용단승설龍團勝雪"을 제조하여, 그 덩어리마다 가치가 4만 전이나 되어 진귀하기 짝이 없었다. 이런 종류의 차병은 원료에 대한 요구 사항이 아주 높아, 제련해낸 차를 한 가닥만 집어들어 맑은 샘물로 씻으면 마치 은실처럼 빛이 난다. 또한 가공할 때 "짜고[搾]""가는[硏]"두 과정을 추가한

그림 2-19 차병
1 용단
2 봉단
《선화북원공차록宣和北苑貢茶錄》에 의거

다. 남송 때 조여려趙汝礪의 《북원별록北苑別錄》에서 말하기를, 차 싹에 증기를 쐰 후 "살짝 짜는 과정을 거쳐 물기를 제거하고, 또 크게 짜는 과정을 거쳐 기름기를 제거한다. 한밤중에 꺼내 고르게 비벼서, 다시 앞에서처럼 짜는 과정을 거친다. 이것을 번착翻搾이라고 한다. 밤새도록 두드려 깨끗한 상태에 이르고 나서야 멈춘다." 이런 제조법은 아주 독특한 것이다. 일반적으로 찻잎의 즙을 모두 제거하면 차의 핵심 성분이 고갈된다고 생각한다. 하지만 당시에는 그렇게 보지 않았다. 이때 극상품 차의 풍미에 대한 요구 사항은 휘종이 《대관차론大觀茶論》에서 제시한 "향기롭고, 감미롭고, 묵직하고, 매끄러운"이라는 네 가지로, 찻잎의 즙을 다 빼지 않으면 약간 떫고 쓴맛을 모두 제거하기 어려웠다. 그리고 이때는 차 색이 "순백색인 것이 최상 진품"이라고 했으며, "눌러 기름 빼는 것을 다 하지 않으면 어두운 청색을 띤다"(《대관차론》)라고 했다. 종합하자면 바로 조여려가 말한 대로 기름기를 다 제거하지 않으면 색이 무겁고 맛이 탁했다. 짜고 난 뒤에는 그릇에 놓고 갈아야 했다. 고운 색이 상

품인 차는 매 덩어리마다 그릇의 호상糊狀 물질이 "저으면 고르게 퍼지
려 하고, 손끝에 비비면 미끌미끌"해질 때까지 온종일 갈아야 하고, 이
어서 "용뇌龍腦와 기름"을 약간 섞어야 했다(채양蔡襄《차록茶錄》). 용뇌 약
간과 기타 향료 이외에 차호茶糊에는 또 전분을 섞어 넣어야 했다.《태평
어람太平御覽》867권에서《광아》를 인용하여 "형荊·파巴 지역에서는 차
를 채취하면 덩어리로 만들어서 미고米膏를 섞는다"라고 했다. 이 말이
위魏나라 장읍張揖의《광아》로부터 나온 것인지는 아직 의문이 남아 있
지만, 이에 근거하여 초기에는 차병을 만들 때 미고를 섞어야 했음을 추
측할 수 있다. 남송 때 육유陸游는《입촉기入蜀記》에서 "차를 만들 때 옛
날에는 쌀가루를 섞고, 게다가 또 서여薯蕷를 섞었다"라고 했다. 남송 때
육원정陸元靚은《사림광기·별집別集》에서 "몽정蒙頂의 새 차는 가늘고 여
린 백차白茶·구기영枸杞英·녹두綠豆·쌀을 함께 볶아 말리고 갈아 걸러서
곱게 하여 합해 만든 것"이라고 했다.《음선정요·제반탕전諸般湯煎》에서
말하기를, 궁정에 향기로운 차가 있으니, 백차, 용뇌, 백약전百藥煎, 사향
麝香을 일정한 비율로 "함께 섞어 잘게 갈고, 향경미香粳米를 고아 죽으
로 만들고, 섞어 덩어리로 만든다"라고 했다. 차병 속 전분 함량이 도대
체 어느 정도인지 지금으로서는 아직 확실히 알 수 없다. 하지만 전분을
넣은 차병을 가루로 갈아서 물을 부은 차는 우유처럼 탁한 상태일 것이
분명하다. 그리고 향료를 섞었기 때문에 맛이 감미롭고 향긋할 것이다.
한·육조 시대의 차는 기본적으로 함탕형鹹湯型(짭짤한 탕)이고, 당·송나
라 때의 차는 기본적으로 감유형甘乳型(달콤하고 우유처럼 탁한 형)이다.

    고급 차병은 제조할 때 기술이 복잡할 뿐 아니라 우려낼 때도 챙겨
야 할 것이 많다. 1단계로, 차병을 구워 말리고, 잘게 부수고, 차마茶磨 혹
은 차연茶碾으로 갈아 가루로 만든다. 남송 때 소한신蘇漢臣이 그린 〈나

한도羅漢圖〉를 보면, 동자가 차를 준비하고 있는데 그중 한 동자가 긴 걸상에 걸터앉아 차마를 이용하여 차를 가루로 갈고 있다(그림 2-20-:1). 그러나 더 많이 보이는 것은 차연을 사용하는 것이다(그림 2-20:2). 《차경》에서 차연은 목재를 사용한다고 했는데, 서안에서 출토된 서명사西明寺의 차연은 석재다. 차연은 작은 것이 귀하다. 명나라 주권朱權은《구선신은臞仙神隱》에서 "(차연은)작을수록 좋다"라고 말했다. 부풍扶風 법문사法門寺의 탑 지궁地宮에서 출토된 차연은 차를 가는 면의 길이가 겨우 당소척으로 8촌 정도다. 서명사 차연처럼 큰 기물은 승려의 군중 모임에서 차 마실 때나 사용할 수 있고, 높은 사람에게 공양하는 도구로는 쓰기 어려웠다. 출토물 중 자주 등장하는 것은 자기 재질의 작은 차연으로, 《차구도찬茶具圖贊》의 "금법조金法曹"(차연을 가리킴)와 도상 속에서 차를 가는 사람이 사용한 것과 기본적으로 같다. 차 가루가 많이 필요하지 않으면 차구茶臼로 갈아도 된다. 당나라 때 유종원柳宗元의 시에서 "산사 동자 대나무 저편에서 차구를 두드리네山童隔竹敲茶臼"라고 차구가 언급된 바 있다. 차구는 자기 재질인 것이 많고, 얕은 사발 모양으로 내벽에는 유약이 없고 빗금을 가득 새겼다. 빗금 사이에는 종종 비늘 무늬를 찍기도 해서 뇌발擂鉢 혹은 연마기研磨器라고도 불렀다. 내몽고 적봉시의 원보산元寶山 원나라 때 묘 벽화에는 공이와 차구를 가지고 차를 갈고 있는 사람이 뚜렷하게 그려져 있다(그림 2-20:3). 차 가루는 또한 걸러야 한다. 거름망은 대부분 나무 조각을 둥글게 말고 바닥에 나사羅紗를 장착하여 만든다. 《차구도찬》에서 "나추밀羅樞密"이 바로 이런 거름망을 그린 것이다. 고대 차라茶羅(차 거름망)의 실물은 오직 법문사 탑 지궁에서 나온 한 가지 뿐이다(그림 2-21). 이 거름망 밑에는 서랍이 부착되어 있다. 송나라 때 악가岳珂의《보진재법서찬寶眞齋法書贊》에 수록된〈황

그림 2-20 차를 가루로 만들기
1 맷돌 사용. 남송 때 소한신의 〈나한도〉에 전해짐
2 연자 사용. 하북성 선화의 하팔리下八里 10호 요나라 때 묘 벽화
3 절구 사용. 내몽고 적봉의 원보산 원나라 때 묘 벽화

노직黃魯直 서간첩書簡帖〉에서 "목공이 있어서, 서랍 달린 약 거름망을 만든다"라고 말했다. 그 사례를 따른다면, 이 거름망은 이름을 "추체차라抽屜茶羅"라고 해야 할 것이다. 거름망은 《차경》에서도 언급된 적이 있기는 하지만 그냥 한 번 쓰고 지나가 버려서 그 용도가 자세히 거론된 적이 없다. 육우가 제창한 전다법은 차를 끓인 다음 국자로 떠서 그릇에 담는 것이어서 차 가루 입자가 굵어도 상관없기 때문이다. 그런데 만당이래 점다법을 많이 채택하게 되면서, 점다의 기초 위에 또한 투차鬪茶의 기풍이 일어나게 되었다. 투차의 승부에 대해 말하자면, 차 가루 입자의 굵고 고운 정도가 관건이 되었다. 그래서 고운 차 가루가 중시되었다. 걸러낸 차 가루는 늘 작은 자기 항아리에 보관했다. 산서성 대동大同의 원나라 때 풍도진馮道眞 묘 묘실 동쪽 벽에는 〈비차도備茶圖(차를 준비하는 그림)〉가 그려져 있다. 네모난 탁자 위에 뚜껑 있는 작은 항아리가 놓여 있고 종이 하나가 비스듬히 붙어 있는데, 거기에는 먹으로 "차말茶末(차 가루)"이라는 두 글자가 쓰여 있다. 중국 국가박물관에 소장 중인 송

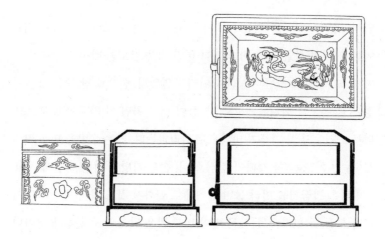

그림 2-21 당나라 때 서랍 형식 차 거름틀. 섬서성 부풍의 법문사 탑 지궁에서 출토

나라 때 화상전畵像磚(그림이 그려진 벽돌) 〈결잔도潔盞圖〉에는 주방에 있는
한 여성이 탁자 앞에서 차구茶具를 문지르고 있고, 탁자 위에는 하엽개
관荷葉盖罐(연잎 모양 뚜껑 달린 단지) 하나가 놓여 있었다. 앞에서 말한 대동
의 원나라 때묘 벽화에서 본 것과 조형이 기본적으로 같았으니, 안에 담
긴 것은 말차일 것이다(그림 2-22).

　　차 가루를 준비하고 물을 끓였으면 우리기를 시작해도 된다. 하지
만 차가운 찻잔에 끓인 물을 부었을 때 물의 온도가 떨어지는 것을 막기
위해서 먼저 잔을 뜨겁게 데워야 한다. 그런 다음 자루가 긴 작은 국자
(정식 명칭은 차칙茶則)을 이용하여 항아리에서 차 가루를 퍼낸다. 바로 〈결
잔도〉에서 차 가루 항아리 앞쪽에 놓여 있는 것이다. 차 가루 한 국자의
표준 중량은 1전錢 7푼分이다. 이것을 잔 속에 기울여 담고, 물을 조금
부은 뒤 "아주 고르게 되도록 하는 것"을 "조고調膏"라고 한다. 이어서
차 병을 가지고 잔에 물을 부으면서 동시에 젓가락·숟가락 혹은 선筅(둥
근 대나무 솔)으로 잔 속을 치며 휘젓는다(그림 2-23). 선은 다른 도구들보
다 늦게 등장했는데, 조작하기 가장 편리하다. 송나라 때 한구韓駒는 〈사
인기차선謝人寄茶筅〉이라는 시에서 "그대 멋진 용모 보니 정말 제왕 자손
이라, 게다가 몸을 쓰며 차를 저어 하얀 거품 잘도 내네看君眉宇眞龍種，尤
解橫身戰雪濤"라고 칭찬과 감탄을 아끼지 않았다. 선으로 잔 속을 치는 과
정은 물 온도를 까다롭게 따진다. 물이 너무 차면 차 가루가 떠오르고,
너무 뜨거우면 차 가루가 바닥으로 가라앉는다. 치는 수법을 더욱 따져
서 "우선 차고茶膏를 젓다가 점점 친다. 손은 가볍고 선은 무겁게 하고,
손가락은 팔꿈치를 따라 돌며 위아래로 끝까지 젓고 마치 효소에 밀가
루가 부풀 듯 한다. 드문드문 별이 뜨고 밝은 달이 뜨듯 환하게 살아난
다면 차의 근본이 세워졌다고 할 수 있다."《대관차론》 다시 말해, 차 가

그림 2-22 차 도구 닦기와 차 내오기
1 북송 때 잔을 깨끗이 닦는 그림을 그린 화상전. 하남성 언사에서 출토. 중국국가박물관 소장
2 동자가 차를 내오는 그림. 산서성 대동의 원나라 풍도진 묘 벽화

루가 극히 곱고 고르게 퍼지도록 조고 하고, 탕의 상태가 적절하며, 수온이 높지도 낮지도 않고, 물과 차 가루의 비율도 한쪽이 많지도 적지도 않으며, 찻잔이 잘 예열되어 있고, 물을 부을 때는 끊임없이 잘 이어지고, 선으로 칠 때는 끝까지 잘 저어야만 잔 속의 차가 가라앉지 않고 교체膠體 상태를 띠게 된다는 것이다. 이때 차 표면에 은빛 알갱이가 빛을 반짝이고 거품이 일어나면 차 한 잔이 완성되었다고 할 수 있다.

　하지만 어떻게 부어서 차를 만들어야 '투시鬪試'를 통과할 수 있을까? 기본 요령은 잔 속의 차와 물이 충분히 섞였는지, 응집력이 상당히 강해져서 "빙빙 회전해도 움직이지" 않는지 보는 것이다. 이어서 "잔에 달라붙은 물 자국이 없어야", 즉 차 색깔이 그릇에 묻지 않아야 한다. 만약 끓이고 붓는 것을 제대로 하지 못해, 차가 풀어지고 가루가 가라앉고, 탕 색깔이 흩어지고 퇴색하여, 차가 흩어져 잔 벽에 물 자국이 남으면 경쟁에서 지게 된다.

그림 2-23 차를 저을 때 쳐
주기
1 젓가락으로 치기. 내몽고
적봉의 원보산 원나라 때
묘 벽화
2 수저로 치기. 하북성 선화
宣化의 요나라 때 장세경張
世卿 묘 벽화
3 솔로 치기. 산서성 분양汾
陽의 동쪽 용관龍觀 5호 금
나라 때 묘 벽화

이런 투차법에서는 물 자국을 검사해야 한다. 위에서 말했듯 이때
차 색깔은 "순백"을 귀하게 여겨서, 하얀 흔적이 검은 자기 잔에 가장
분명하게 드러난다. 그래서 송나라 때 축목祝穆은《방여승람方輿勝覽》에
서 "차가 흰색이어서 검은 잔에 담으면 흔적이 쉽게 눈에 띈다"라고 했
다. 그러므로 채양은 "건안 투시에서 물 자국이 먼저 보이면 지고, 오래
버티면 이겼다"라고 지적했다. 그러나 명나라 이후로는 산차散茶를 마
시는 것이 전 사회에 널리 퍼져서 투차가 무엇인지 차의 역사를 따지는
자가 별로 없게 되었다. 명나라 때 왕상진이《군방보》에서 결국 채양의

말을 고쳐서 "건안 투시에서 물 자국이 먼저 없어지는 자가 졌다"라고
했다. "먼저 물 자국이 묻는" 것이 "먼저 물 자국이 없어지는" 것으로 바
뀌었으니, 그야말로 글자 하나로 하늘과 땅 차이가 나게 되었다고 할 수
있다. 송나라 때의 검은 잔 중에서는 지금의 복건성 건양建陽의 수길진水
吉鎭 건요建窯 유적지에서 생산되는 것이 가장 명성이 있었다.《차록》에
서 "건안에서 만든 것은 감흑紺黑색이고, 무늬는 토끼털 같다. 초벌이 약
간 두꺼워서 쉽게 차가워지지 않고 오랫동안 따뜻하기 때문에 가장 유
용하다"라고 했다. 토호잔兔毫盞 이외에 건요의 유적잔油滴盞을 속칭 "일
완주一碗珠"라고 한다. 유적油滴이 검은 유약 표면에서 은백색 정반晶斑
을 띠는 것을 "은유적銀油滴"이라고 하고, 자황색赭黃色 정반을 띠는 것을
"금유적金油滴"이라고 한다. 만약 유약에 망간과 코발트 성분이 함유되
어 있으면 정반 주위에 청록색 빛깔이 드러나 더욱 진귀했고, 일본에서
는 이를 "요변천목曜變天目"이라고 불렀다. 이밖에 지금의 강서성 길안吉
安의 영화허永和墟에 있는 길주요吉州窯 역시 송나라 때 검은 자기의 저명
한 생산지였다. 여기서 구워 만든 검은 자기잔은 자고반鷓鴣斑으로 유명
했다. 자고반은 검은 유약 위에 추가로 티타늄이 함유된 엷은 색 유약을
뿌린 것으로, 굽고 나면 유약 면에 깃털 모양 줄무늬가 나타나 마치 자
고鷓鴣새의 목 부분 털 빛깔과 같다. 길주요의 자고잔鷓鴣盞과 건요의 토
호잔은 시인들이 늘 함께 일컬었다. 양만리楊萬里의 "자고완 내면을 감
도는 글자, 토호구 가운데 눈 녹은 듯 한 차鷓鴣碗面云縈字 , 兔毫甌心雪作泓"
라는 구절은 널리 전해지는 시구다. 투차에 필요했으므로 검은 자기 잔
이 널리 유행하여, 남방 지역의 많은 자기요에서 검은 잔을 생산했을 뿐
아니라 백자를 굽던 북방 몇몇 가마에서도 검은 잔을 함께 구워냈다. 그
러나 이토록 정미하게 만들어진 잔도 아주 잘 만들어진 안쪽 면과 달리

외벽 복부 아래로는 별로 신경을 쓰지 않은 경우가 종종 있었다. 예를 들면 유약이 밑까지 닿지 않아 권족圈足 부분이 초벌 상태로 노출된다든 가, 잔 바닥에 유약이 흐른 자국이 나 있다든가 했다(그림 2-24). 이런 상황이 나타난 이유는 이때 찻잔은 모두 차탁茶托(찻잔 받침)과 짝을 이루었고, 차탁을 끼워 넣는 둘레 안쪽 잔 복부 아랫부분은 위에서 말한 결점이 숨겨져 잘 보이지 않기 때문이다.

차탁의 기원에 관하여 이광예가 《자하집》에서 말하기를 "예전에 건중建中 때 촉蜀의 승상 최녕崔寧의 딸이 찻잔에 받침이 없어서 손가락을 데지 않으려고 접시로 받쳤다. 마시는데 잔이 기울어져, 밀랍으로 접시 가운데를 둘러 바르자 잔이 고정되었다. 기술자에게 명하여 밀랍 대신 칠로 두르게 하여 촉의 승상에게 바쳤다. 촉의 승상이 기이하게 여겨 이름을 짓고 빈객과 친지에게 말하니, 사람마다 편하다고 하여, 대代에서 쓰였다. 이후 전해지면서 그 바닥을 더욱 두르게 되어 더욱 새로운

그림 2-24 송나라 때 토호잔. 복부 바깥 아래쪽에 흘러내린 유약

모습이 나왔고 온갖 모양이 나오기에 이르렀다"라고 썼다. 나중에 차탁
은 거의 찻잔의 고정 부품이 되었고, 탁권托圈(받침 테두리)은 점점 높아져
서, 마치 쟁반 위에 작은 그릇을 하나 더 얹은 듯 한 모양이 되었다. 주
둥이가 오므라진 형태가 있고, 주둥이가 벌어진 형태도 있다(그림 2-25).
어떤 탁권은 또한 내부가 바닥까지 뚫려 텅 비어 있어서 다른 용도로는
쓰기 어려운 것도 있었다. 출토 유물 중에는 자기 제품과 금속 제품 이
외에 강소성 상주의 북환北環 신촌新村 송나라 때 묘에서 은주칠銀朱漆 차
탁이 출토되기도 했다. 남송 때 오자목吳自牧의《몽량록夢粱錄》을 보면,
항주의 찻집에서는 "자기 잔과 칠기 받침을 사용하여 판다"라고 했다.
《차구도찬》에서도 차탁을 "칠조비각漆雕秘閣"이라고 불렀다. 차 가루에
끓는 물을 부어 젓기 때문에 찻잔은 매우 뜨거웠고, 손잡이도 없어서 받
침에 받쳐놓아 들기 편하게 했다. 칠목 제품이 단열성이 좋아 실제 생활
에서 차를 마실 때는 칠 받침을 많이 사용했다. 그러나 칠받침은 보존
하기 어렵기 때문에 출토 문물 중에는 도리어 자기 받침과 금속 받침보
다 적게 등장한다. 그러나 요·송나라 때 회화에는 받침을 칠 제품으로
그린 것이 많다. 예를 들면 하남성 우주禹州의 백사白沙 2호 송나라 때 묘
벽화를 보면 차를 보내는 사람이 주홍칠 차탁을 받쳐 들고 위에 자기 찻
잔을 두었다. 하북성 선화의 요나라 때 장세경 묘의 벽화에서도 탁자 위
에 검은 칠 차탁을 늘어놓고 역시 자기 찻잔을 받치고 있다. 차탁과 술
잔을 받치는 주대자酒臺子는 얼핏 보면 조금 유사하다. 그러나 형태와 체
제에 따라 분별해보면 다른 점이 아주 분명하다. 위에서 술 그릇을 말할
때 이 점을 특별히 지적했다. 요·송나라 때 사람들은 이 두 가지 기물의
용도를 혼동하지 않았다. 벽화 중 〈진차도進茶圖〉에 나오는 것은 모두 차
구茶具이고, 〈진주도進酒圖〉에 나오는 것은 모두 주구酒具이다. 지금 몇몇

그림 2-25 찻잔과 잔받침
1 강소성 강녕江甯의 동선교東善橋 남조 때 묘에서 출토
2, 3 호남성 장사의 당나라 때 동관요지銅官窯址에서 출토
4 북경시 팔보산八寶山의 요나라 한질韓佚 묘에서 출토
5 강소성 진강鎭江의 북송 장민章岷 묘에서 출토
6 북경 옛 고루대가鼓樓大街 원나라 때 요장窖藏에서 출토

출판물이나 심지어 전시회에서 간혹 "차탁자茶托子", "주대자酒臺子"라
는 이름을 엉뚱한 곳에 붙이는 사례가 있으니, 원래 용도에 맞게 붙이는
것이 옳겠다.

원나라 후기에 이르러 산차를 마시는 기풍이 일어났다. 이때 차 싹
혹은 찻잎을 따서 햇볕에 말리거나 덖어 말린 다음 직접 주전자나 그릇
에 담아 물을 부어 마셨고, 일반적으로 향료를 넣지도 덩어리로 압축하
지도 않고 가루로 갈지도 않았다. 명나라 때에 이르면 산차가 완전히 말
차를 밀어낸다. 홍무洪武 24년(1391) 또한 고급 차병을 가는 것을 금지하
는 규정이 명문화되었다. 이렇게 되자 보통 차병 역시 따라서 사라졌다.
이에 따라 차구에도 대대적으로 변화가 생겼다. 이전에 갈고, 밀고, 거
르고, 휘젓는 등의 공정이 모두 쓰이지 않게 되었다. 원래 물을 담거나
끓이는 데에만 쓰이던 차 병은 차를 우려내는 주전자가 되었다. 이후 두

가지 사이에 관계 변화가 있기는 했지만, 사용법이 다를 뿐만 아니라 안에 담는 물의 상태도 달랐다. 점차는 거품이 고르게 나야 하고 투시에 편해야 하기 때문에《대관차론》에서 말한 대로 "사용하는 물은 어목魚目 해안蟹眼 상태로 연달아 끓어오르는 상태를 기준으로 하되, 너무 끓었으면 새 물을 조금 붓는다"라고 했다. 물이 비등점에 접근하게 한다는 것으로, 소식이 자신의 시에서 "해안으로 끓는 상태는 이미 지나고 어안이 생기며, 솨아솨아 송풍松風이 불려고 한다"라고 말할 정도이다. 세 번째 단계 이상으로 끓으면 "물이 너무 노화하여 마시면 안 된다"라고 보았다. 그런데 찻주전자에 차를 우려낼 경우에는 "더운 물이 부족하면 차 기운이 투철하지 않고 차의 색이 분명하지 않다"라고 했다(명나라 진계유陳繼儒《대평청화太平淸話》). 그래서 "오비五沸(다섯 번째 단계로 끓은)"물을 써야, "기旗(처음 펴진 어린 잎)·창槍(바늘 모양 어린 잎)이 펴지게 할 수 있어 맑고 선명"(명나라 전예형田藝蘅《저천소품煮泉小品》)하게 할 수 있다고 했다.

차예에 이와 같이 거대하고 전폭적인 개혁이 있은 이후 양·송나라 때의 성대한 차 문화를 직접 겪은 적이 없던 명나라 때 사람들은 심지어 이전 시대 서적에서 제시한 차에 관한 몇몇 내용을 부정하기도 했다. 예를 들어 채양은《차록》에서 "차가 흰색이면 검은 잔이 어울린다"라고 했다.《대관차론》역시 "잔 색은 청흑색을 귀하게 여기고, 옥호玉毫는 결이 고른 것이 상품이고, 열을 받아 차 색을 피워낸다"라고 했다. 금·원나라 때 기록에는 여전히 백색 차를 언급했다. 이를테면 금나라 때 채송년蔡松年의 사詞에서 "점심 무렵 고운 손으로 그릇에 봄바람을 담아오니, 일시에 마치 눈처럼 하얗구나午碗春風纖手, 看一時如雪"라고 했고, 금나라 때 고사담高士談의 사에서는 "맑은 날 작은 창가에 불을 피워, 봄눈 한 주전자 끓는다네 晴日小窗活火, 响一壺春雪"라고 했다. 원나라 초기 야율초재耶

律楚材는 "금빛 봉오리에 눈꽃 아름답게 떠오르니, 하얀 새싹 옥 가루처럼 부서졌다네雪花灩灩浮金蕊, 玉屑紛紛碎白芽"라는 시를 남겼으니, 모두 이것으로부터 착안한 것이다. 명나라 사람들은 오직 산차에 대해서만 논하였고, 도리어 힐난하면서 "차 색깔은 당연히 녹색을 띠어야지 어떻게 순백색이 있을 수 있는가?"라고 했다(명나라 사조제《오잡조》). "차 색깔은 흰 색이 귀하다. 그러나 흰 색 또한 어렵지 않다. 샘이 맑고, 병이 깨끗하고, 잎이 어리고, 물로 씻고, 끓여서 마시면, 그 색이 저절로 희다. 하지만 참맛은 억눌려, 그저 매일 먹기만 할 뿐이다"라고 했다(명나라 웅명우熊明遇《라다기羅茶記》). 또 어떤 사람은 "선묘宣廟 때 찻잔이 있었으니, 원료가 좋고 양식이 우아하고 재질이 두꺼워 잘 식지 않고 옥처럼 빛나서, 차 색을 시험하는 데 가장 쓸 만했다. 채군蔡君 모護가 건잔建盞을 가져왔으니, 그 색이 감흑이라, 쓰기 적절하지 않은 듯하였다."(명나라 도륭屠隆《고반여사考槃餘事》) 산차를 기준으로 말하자면 위에서 말한 것이 비록 도리가 없는 것은 아니지만, 이를 통해 송나라 말차의 차 색, 용기에 대해 토론하자면 맞는 것이 전혀 없다. 사실상 흑색 건잔은 원나라 말에는 이미 생산이 중단되었고, 명나라 때 문헌에서 말하는 "건요"는 일반적으로 덕화요의 백자를 가리키는 것으로 더 이상 수길요水吉窯의 흑자黑瓷를 가리키지 않는다. 전자를 "백건白建"이라고 하고, 후자를 "흑건黑建"이라고 하는 경우도 있었다. 건잔이 흑색을 숭상하던 것에서 백색을 숭상하는 방향으로 전환된 것이 바로 중국 차 문화가 말차를 점點하던 것에서 산차를 포泡하는 것으로 변화한 것을 반영한다. 오늘날에 이르러 모두가 마시는 것이 녹차, 홍차, 화차, 오룡차를 막론하고 이미 모두 산차에 속하게 되었고, 따르는 것도 모두 산차를 마시는 길을 따르게 되었다.

이제 당에 대해 이야기 해보자. 중국 상고 시대에는 사탕수수가 없었다.《예기·내칙》에서 단 음식을 언급할 때 예로 든 것은 단지 "대추[棗], 밤[栗], 엿[飴], 꿀[蜜]"이다. 飴(이)(餳(당)·餔(포)·餦餭(장황)이라고도 함)은 일반적으로 현대의 맥아당을 가리킨다. 식물 종자의 발아 과정에서 효소가 생산되어 전분을 수분해하여 맥아당이 만들어진다. 하지만 그중에서 곡물, 특히 대맥(보리)의 싹이 효과가 제일 좋아서, '맥아당'이라는 명칭을 독점하게 되었다. 북위北魏 때《제민요술》에는 "백당白餳"·"흑당黑餳"·"호박당琥珀餳"등 품종 제작 방법이 기록되어 있다. 제얼制蘗(누룩 제조), 살미杀米(쌀 도정), 오이熬飴(엿 고기) 기술이 이때 이미 성숙되었음을 말해준다. 그 후 사탕수수액[蔗漿]으로 만든 사탕수수엿[蔗飴]이 나왔다. 중국 고대에는 장기간 동안 단독으로 사탕수수액[蔗漿]을 사용하여 조미했다.《초사·초혼招魂》에서 "자라 삶고 양도 굽고, 사탕수수 즙도 있고胹鱉炮羔, 有柘漿些"라고 했고, 한나라 때 〈교사가郊祀歌〉에서도 "사탕수수 즙으로 아침 술독을 풀고柘漿析朝酲"라고 했다. 하지만 사탕수수액은 가공하여 사탕수수엿을 만들 수 있을 뿐 아니라 사탕[蔗糖]을 만들 수 있었다. 서한 때 남월 사람 양부楊孚의《이물지異物志》에서는 "(사탕수수를)짜서 즙을 채취하면 엿처럼 되는데 이름을 당糖이라고 하여 더욱 진귀했다. 또 졸여서 볕에 말리면 얼음처럼 응고되었고, 부수면 벽돌 같았고, 먹어서 입에 들어가면 녹았기에 세상 사람들은 석밀石蜜이라고 했다"라고 했다. 그러나 이것은 당시에는 아직 자주 볼 수 있는 것은 아니었다. 양부는 배로 들여온 것일 가능성이 있다고 했다. 동한 때 장형이《칠변》에서 "사당沙餳과 석밀은 먼 나라에서 온 진귀한 것"이라고 했기 때문이다.《속한서續漢書》에서 "천축국天竺國에서 석밀이 난다"라고 했다(《어람》857권 인뤼). 처음에는 인도의 특산물

로 알려졌음을 알 수 있다. 초당 시기에 이르러《신당서·서역열전西域
列傳》에서 기록한 것처럼 정관貞觀 21년(647) 당 태종이 사신을 보내 인
도 마게타국摩揭陀國에 가서 제당법을 배우도록 했다. 배우고 나서 태종
은 "양주揚州에 조서를 내려 모든 사탕수수를 진상하게 하여 방법대로
짜니, 색과 맛이 서역 것보다 훨씬 뛰어났다." 이로부터 중국에서 홍당
을 제조하기 시작했다. 당나라 때《원화군현도지元和郡縣圖志》에 촉주에
서 설탕을 공납하고 청주靑州에서 당을 공납한다는 내용이 실려 있어,
제당 기술이 점차 전국에 전파되었음을 말해준다. 대력 연간에 추화상
鄒和尙이 당상糖霜을 창제하여 품질이 다시 높아졌다. 당시 사천성 수녕
遂寧에서 나온 것이 제일 유명하였으니, 북송 때 왕작王灼의《당상보糖霜
譜》에도 등장한다. 하지만 송나라 때의 당상은 "자색인 것을 최고로 치
고", "옅은 흰색인 것을 최하로 쳐서" 여전히 홍당에 속했음을 알 수 있
다. 백당은 명나라 때에 와서 비로소 등장했다.《천공개물天工開物》에서
말하기를, 당장糖漿(이때는 여전히 황흑색)을 고아서 와류瓦溜(큰 깔때기 모양
으로 생긴 도기) 속에 부은 다음 "황니수黃泥水로 흘려내리면 그중 검은 찌
꺼기는 항아리 안으로 들어가고 와류 안에 있는 것은 온통 하얀 서리
처럼 되었다. 제일 윗층은 두께가 5촌 정도로 아주 새하얗다"라고 했
다. 이것은 진흙의 흡착성을 이용하여 당장을 탈색시키는 것이다(그림
2-26). 전해지는 설에 따르면 이 방법은 가정嘉靖 연간에 당을 만들 때
곁에 있던 흙담이 무너져 진흙이 당장으로 떨어져 들어가면서 우연히
발견되었다고 한다. 사실 "와류와 점토수黏土水" 탈색법은 일찌감치 지
중해 지역의 제당업에서 널리 응용되었다. 그러므로 중국의 백당 제조
기술 또한 서양에서 온 것이 틀림없다.

　　이밖에 첨채甛菜(단맛 나는 채소)로도 당을 만들 수 있었다. 중국에서

는 이미 오랫동안 이런 식물을 재배했다. 첨채 혹은 군달菾蓬(근대)이라고 하는 것이 남조 때 도홍경陶弘景의《명의별록名醫別錄》에 실린 것이 보인다. 그러나 단지 채소 혹은 약용으로만 쓰였다. 1747년 독일 화학자 마가라프Marggraf가 첨채 뿌리의 당분으로도 당을 만들 수 있음을 발견했다. 1800년 러시아에서 세계에서 가장 이른 첨채 당 공장이 설립되었다. 당시 첨채의 당 함유 비율은 겨우 6~7%였다. 품질과 기술을 개선한 결과 20세기 초가 되면 당 함유 비율이 18% 전후까지 증가한다. 현재 어떤 품종은 당 함유 비율이 이미 24%에 달하기도 한다(사탕수수액의 당 함유 비율은 14~26%). 중국에서는 당을 만드는 용도의 첨채 재배 역사가 짧은 편이다. 1906년에 들어오기 시작하여 지금까지 1세기 남짓 되었다. 첨채는 습하고 더운 기후를 좋아하지 않기 때문에 중국 동북, 내몽

그림 2-26《천공개물》에서 설탕을 만드는 그림

고 일대에서 비교적 많이 심는 편이다.

마지막으로 연초에 대해 말해 보자. 연초의 원산지는 아메리카 대륙으로, 중국에는 원래 이런 식물이 없었다가 17세기에 속속 전해졌다. 길은 남북 두 갈래였다. 남쪽 길은 필리핀을 경유하여 복건, 광동으로 전해졌고, 북쪽 길은 일본을 경유하여 조선으로 전해지고, 이어 중국 동북으로 전해졌다.

가장 먼저 연초를 중국에 가지고 온 것은 17세기 초 복건의 잠수부였다. 그들은 필리핀으로부터 연초 씨앗을 가지고 돌아와 남쪽으로는 광동까지 전파하고 북쪽으로는 강서, 절강까지 전파했다. 명나라 말기에 장개빈張介賓의《경악전서景岳全書》에 연초가 전해진 상황이 가장 먼저 기록되어 있다. "연초는 예로부터 들어보지 못했다. 최근 만력 시기부터 복건·광동 사이에서 나왔고, 이후 오·초나라 땅에서 모두 심었다." 연초가 전해진 것은 이시진이《본초강목》을 쓴 때보다 약간 늦다. 그래서 이 권위 있는 약전에 연초가 수록될 겨를이 없었다. 얼마 후 방이지가《물리소식》에서 연초의 내원과 전파 경로에 대해서 비교적 상세하게 소개했다. 그는 연초가 "담육과淡肉果"라고 했으며, 만력万歷 말년 복건성 장주漳州와 천주泉州에 전해졌고 점차 북쪽으로 장성 구변九邊에 전해졌다고 했다. 사람들은 입에 긴 대롱을 물고 불을 붙여 들이마시다가 목에 걸려 혼절하기도 했다. 방이지와 같은 시기 요려姚旅가 저술한《노서露書》에서는 연초를 "담파고淡芭菰"라고 부르며 여송呂宋(필리핀)에서 나는 것임을 분명하게 밝혔다. 담육과 혹은 담파고는 모두 타바코tabacco의 음역이다. 이 단어는 원래 아메리카 대륙 아라와크족 인디언이 콧구멍으로 흡입하는 권연卷烟을 가리키는 것이었다. 나중에 각종 유럽 언어로 차용되었다. 아시아와 아메리카 두 대륙이 통항할 때 동쪽으로

전해진 많은 아메리카 작물이 제일 먼저 도착한 지점이 필리핀으로, 연
초·백서白薯(고구마) 등도 모두 예외가 아니다. 명나라 말기에는 흡연 기
풍이 이미 성행하고 있었는데, 숭정崇禎 12년(1639)에 단번에 금지시켰
다. 방문方文이 《도하죽지사都下竹枝詞》에서 "금사연金絲烟은 풀 중에 요
망한 것으로, 세상에 입에 물고 피우지 않는 사람이 없다. 조정에서 최
근 금지를 했다고 들었다. 조금이라도 피우면 감히 관료가 되지 못한다
고 한다"라고 한 것은 바로 이것을 말한 것이다. 그러나 이때 명나라의
운명은 기울고 있었다. 청나라 병사가 관문에 들이닥칠 때까지 5년밖에
남지 않은 시기라, 금지령은 물론 별로 효과를 거두지 못했다.

　　만력 연간에 연초가 일본에서 조선으로 전해졌다. 조선은 연초를
"남령초南靈草" 혹은 "남초南草"라고 했다. 《인종실록仁宗實錄》에서 말하
기를, 남령초는 비록 담을 치료하고 소화를 돕는다지만 사실은 건강을
해쳐서 "오래 복용한 사람은 그것이 해만 있고 이익은 없음을 알고 그
만두려고 하지만 끝내 그만둘 수 없어서 세간에서는 요초妖草라고 한
다"라고 했다. 조선 상인이 심양에 연초를 들여갔을 때 청나라 태종 황
태극은 현지 토산품이 아니기 때문에 금지한다고 명령을 내렸다. 그러
나 황태극의 정책은 "대중에게는 금하고 패륵貝勒(만주 귀족)에게는 금하
지 않아서", 대귀족 도르곤[多爾袞], 다이샨[代善] 등이 모두 연초에 인
이 박혔다. 이렇듯 아래로는 금하고 위로는 금하지 않아서 금령이 관철
될 수 없었다. 숭덕崇德 6년(1641)에는 청나라 통치 지역에서 연초 금령
이 풀렸다. 다만 스스로 파종하고 스스로 사용하는 것에 한했다. 이렇게
동북 몇몇 지역에서 연초를 파종하고 재배하기 시작하여, 나중에 "관동
연關東烟"을 번식시키고 육성해냈다.

　　연초가 산해관으로 들어온 후 청나라 때 흡연 유행은 더욱 타올랐

다. 동조董潮는 《동고잡초東皐雜鈔》에서 당시 흡연이 이미 일상이 되어 "각지에서 많은 사람들이 이것으로 손님을 접대하는 도구로 삼았다"라고 했고 여성도 흡연을 했다고 했다. 수요량이 증가함에 따라 연초를 파종하는 규모도 더욱 확대되었다. 건륭 시대 육요陸燿가 편찬한 《연보烟譜》는 중국에서 연초에 대해 기록한 가장 이른 전문서이다. 가경嘉慶 때 진종陳琮이 《연초보烟草譜》를 편찬하여, 복건 중부에서 연초 파종하는 상황을 100리에서 생산된 것이 통상 몇 성省 용도로 공급된다"라고 설명했다. 또한 "형연衡烟은 호남에서 생산되고, 포성연蒲城烟은 섬서에서 생산되고, 유사연油絲烟은 북경에서 생산되고, 청연靑烟은 산서에서 생산되고, 난화연蘭花烟은 운남에서 생산되고 … 수연水烟은 감숙甘肅 주천酒泉에서 생산되며 서첨西尖이라고도 부른다"라고 했다. 그때 중국에서 생산된 연초의 품종이 이미 적지 않은 수였음을 알 수 있다. 그러나 그것들은 모두 햇빛으로 말려 만든 쇄연曬烟이다. 1890년 지연紙烟이 전해져 들어온 이후 지연 제조에 적절한 고연烤烟 역시 중국에서 재배하기 시작했다.

연초에는 발암 물질이 69종, 유해 물질이 200여 종 함유되어 있다. 흡연이 건강에 좋지 않다는 것은 이미 모두 아는 사실이 되었다. 하지만 단번에 끊는 것은 아주 어려운 듯하다. 양보하여 차선책을 찾자면 우선 절제하는 방법이 있는데 현실은 절제 또한 쉽지 않다. 중국 흡연조절 사무실[控烟辦公室] 주임 양공환楊功煥은 "흡연 절제를 한 이후 나는 확실히 매우 힘들다고 느꼈다. 사실상 이익 집단이 있어서 금연 운동이나 흡연 절제를 어렵게 만든다"라고 했다(《2011어록語錄》제8쪽). 이밖에 흡연가의 심리 상태 역시 장벽이다. 뉴욕에 거처를 정한 미술가 진단청陳丹靑은 "내가 왜 귀국하려고 하는지 사람들이 늘 묻는데, 사실대로 말하자면,

아주 간단하다. 귀국하면 담배를 피울 수 있기 때문이다"라고 했다(《퇴
보집속편退步集續編》366쪽). 그래서 절제하는 자는 절제하는 쪽으로 가고,
피우는 자는 피우는 쪽으로 간다. 이 두 평행선이 언제 교차될 수 있을
지는 알 수 없다.

3

방직과 복장

방직에 관해 이야기하려면, 우선 원재료부터 소개해야 한다. 중국에서
가장 먼저 사용한 방직용 원료는 칡[葛]과 마[麻]이다. 칡은 콩과 식물
이며 넝쿨이 매우 길어 8m에 이른다(그림 3-1:1). 가공하지 않은 넝쿨은
직접 물건을 묶는 데 사용할 수 있어 오래전부터 이용됐다. 강소성 오현
吳縣의 초혜산草鞋山에서 칡 직물이 출토된 적이 있었다. 이곳은 양징호
陽澄湖 남안 신석기 시대 유적지로, 1972~1973년 발굴 때 탄화한 방직
물 파편 3개가 발견되었다. 감정 결과 칡의 섬유로 짠 것이며 지금으로
부터 6000여 년 이전 것으로 드러났다(그림 3-1:2). 《한비자·오두五蠹》에
서 "요임금께서 '겨울에는 노루 갖옷을 입으셨고, 여름에는 칡 옷을 입
으셨다"라고 하여, 칡 옷 입은 시기가 매우 일렀을 것으로 추산한다. 그
러나 요임금처럼 지위가 높은 사람만이 칡 옷을 입을 수 있었다는 의미
는 아니다. 《오두》에서는 "여름에는 칡 옷을 입는다"라고도 했고 "현미
와 기장과 같은 양식, 명아주잎과 콩잎으로 끓인 국"과 동시에 거론했
기 때문이다. 칡의 단섬유는 비교적 길이가 짧아서 물로 끓이는 방법으
로 아교 성분을 반쯤 벗겨내고 껍질을 깐 다음 실을 뽑아 기계에 놓는
다. 《시경·주남周南·갈담葛覃》에서 "베어다가 물에 삶아 치포 격포 얽어

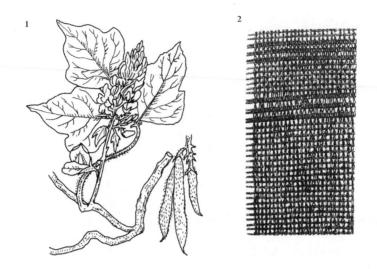

그림 3-1 갈과 갈 직물
1 갈
2 갈 직물. 강소성 오현의 초혜산에서 출토된 표본에 근거하여 남경박물원에서 복제

짠다"라고 한 것은 바로 이러한 작업 순서를 묘사한 것이다. 칡으로는 두께가 얇은 직물을 매우 많이 만들 수 있었는데, 정밀한 것을 치絺라고 하며, 거친 것을 격綌이라고 했다. 한나라 이후로 칡을 짜는 작업은 중국의 남방에서 매우 왕성했으며, 오나라와 월나라의 지역에서 생산된 가는 칡으로 된 직물과 저마苧麻 직물을 아울러 "갈자승월葛子升越"이라고 불렀으며, (한나라 왕부王符《잠부론潛夫論·부치浮侈》) 지역의 특산물이었다. 그러나 북방에서는 이러한 경우가 갈수록 적어졌다. 명·청나라 때 이후 칡을 생산하는 지역은 더욱 남쪽으로 이동했으며, 광동성 뇌주雷州 반도에서 생산했던 "뇌갈雷葛"은 유명한 칡으로 된 직물이었다.

중국 원산 삼베는 주로 세 종류로 나뉜다. 대마大麻(삼)·저마(모시)·경마苘麻(어저귀)다. 그중 경마는 경질 섬유에 속해 고문서에서 "천으로 짜다"라고 말하기는 했으나(남송 나원羅愿《이아익爾雅翼》) 비교적 거칠고 질겨 대부분 "덕석·비옷"등으로 썼었다 (원나라 왕정《농서》). 그러나 경마는 방수 기능이 있어서 배에 쓰이는 밧줄이나 그물을 만들 때 장기적으로 사용되었다. 저마는 쐐기풀과에 속한다. 이 과에 속하는 마류 식물은 약간 독성이 있어서, 저마만이 우수한 품종의 방직 원료였다. 그 섬유는 가늘고 길며 단단하고 질기다. 또한 매끄럽고 광채가 있으며 무게가 가볍고 장력이 강하며, 습기를 흡수한 뒤에는 쉽게 마르고 열은 쉽게 방출했다. 염색 또한 용이하고 색이 잘 빠지지 않았다. 이것은 중국의 특산품이었으며 유럽에서는 저마를 "중국의 풀China grass"라고 불렀다. 저마로 만든 직물은 하얗고 가볍고 상쾌한 기분을 느끼게 하며, 시원하고 습기 또한 없어 사람들의 환영을 받았다. 1958년 절강성 오흥의 전산양 신석기 시대 유적지에서 4700여 년 전 저마로 만든 평직물의 파편이 발굴되어, 중국에서 저마 섬유를 사용한 역사가 유구함을 알 수 있었다. 한나라 때에는 저마를 정밀하게 가공했다. 한나라 양웅揚雄의《촉도부蜀都賦》에서 언급한 "대나무 통 속의 노랗고 윤택이 나는 것"이 남서쪽 지역에서 생산되었던 품질 좋은 저마 직물이었다. 송나라 주거비의《영외대답》에서 광서 지역 주변의 강가에 저마로 짠 꽃다발이 있다고 언급했는데, "한 쪽의 길이가 4장 남짓 되며, 무게가 겨우 수십 전錢으로, 말아서 작은 대나무 통에 넣어도 남는 공간이 있다"라고 했으니, 정밀함이 어느 정도에 이르렀는지 알 수 있다. 저마는 현재 주로 화남華南과 서남西南 지역에서 생산되고 있으나 위·진·남북조 시대 이전에는 황하 유역에서 기르는 경우도 적지 않았다. 진晉나라 좌사左思가 업성鄴城(현재 하북성 임장현臨漳縣)의 풍물을 묘사한《위도부魏都賦》에서는 그 지역에서 "뽕나무와 산뽕나무 우거지고, 삼베와 저마가 무성하다"라고 했다. 그러나 저마는 추위 속에서는 잘 자라지 못하여 남방의 수토와 기호에 적합했고 남방에서는 저마를 한 해 동안 3~5번 수확할 수 있었다. 그러므로 당·송나라 이후 북방에서 저마를 심는 경우는 줄어들었다. 원나라 왕정의《농서》에서는 심지어 "남방 사람들은 대마 베는 것을 알지 못하고 북방 사람들은 저마를 알지 못한다"라고 했으니, 저마는 남방에서 기르는 작물이라고 인식한 것을 볼 수 있다.

그러나 중국 고대에 보편적으로 심은 마로는 아무래도 대마를 꼽는다. 대마로 짠 것을 포布라고 하며, 앞에서 언급한 저마로 짠 것을 저紵라고 하며, 평직으로 짠 비단 직물을 백帛이라고 했다. 고대에 백성을 "포의布衣"라고 불렀으니, 백성들이 입은 것은 주로 대마포였음을 알 수 있다. 대마 줄기 표면의 질긴 껍질은 섬유소·아교질과 기타 잡물질로 이루어져 있으며, 대마의 섬유를 얻으려면 먼저 아교질을 제거해야 했다. 절강성 여요의 하모도에서 출토된 마로 만든 밧줄을 검사한 결과 아교질을 제거하지 않은 것이었다. 이는 마의 껍질을 벗겨서 곧장 사용했음을 알 수 있었다. 그러나 전산양에서 출토된 마포 조각에는 아교질을 없앤 흔적이 있었다.《시경·진풍陳風·동문지지東門之池》에서 "동문 해자에는 마를 담글 수 있다네"라고 했다. 주나라 때 이미 미생물 발효 원리를 이용하여 마 껍질의 아교질을 제거했음을 알 수 있다. 고대 서양에서 가장 자주 사용되었던 마류는 아마亞麻였다. 이집트 사람들이 착용한 의복이 바로 아마포로 만든 것이었다. 18세기까지 아마는 유럽에서 가장 중요한 자리를 차지했던 섬유 작물이었다. 중국에서는 청나라 때에 이르러서야 아마가 등장했다. 아마 껍질을 벗기는 데에도 물에 담그는 과정을 거친다. 그러나 아마 줄기의 심은 목질에 가까워서, 담근 후에 심을 두드려 으깬 후에야 껍질을 벗길 수 있었다. 대마는 이러한 절차를 거칠 필요가 없었다. 대마 줄기의 심은 고량 줄기의 양瓤(속)에 가까워서, 고대에는 이것을 증蒸이라고 불렀다.《설문·초부艸部》에서 "증은 마의 가운데 줄기를 분리한 것이다"라고 했다. 증은 유등油燈의 등심지로 쓰였다. 때로는 마증麻蒸에만 불을 붙여도 불을 밝힐 수 있어서, 무씨사화상석武氏祠畫像石에서 "안숙顏淑" 부분의 방 표제를 "증에 불을 붙여 스스로 불을 밝히다燃蒸自燭"라고 한 것이 그 예다. 증은 추菆라고도 했다. 한나라 위성渭城에서 "추정菆井"이라고 하던 곳은 바로 "마증을 팔았던 시장"이었다 (《문선文選·서정부西征賦》당나라 이주한李周翰의 주석). 도시에서 마증의 수요가 매우 컸다는 것을 알 수 있다. 마증은 마를 벗겨낸 자투리였고, 마 섬유를 벗긴 후 꼬아 실로 만들어야 했다. 중국과 외국을 막론하고 처음에는 방추紡錘를 사용하여 이 작업을 완성했다. 방추는 방륜紡輪과 염간拈杆으로 구성되어 있었다. 도방륜陶紡輪은 신석기 시대 유적지에서 자주 보인다. 갑골문의 🦴(專)자는 방추로 꼬는 것을 의미한다. 윗부분은 축간軸杆에 섬유가 있음을 나타내며, 중간 부분은 실타래를, 아랫부분은 방륜을, 왼쪽의 손 하나는 왼손으로 축간을 비틀어 돌리는 것을 나타낸다. 이러한 작업을 적䋹이라고 한다.《시경·빈풍·칠월》공영달의 소에서 "적은 마를 짜는 것을 이른다"라고 했으며,《시경·빈풍·사간斯干》에서 남자아이를 낳으면 "거리에 장璋을 매단다"라고 했다. '장'은 분명히 옥기玉器의 한 종류일 것이다. 그러나 현대 문물계에서 통상적으로 말하는 장이 고대의 장과 같은 것인지는 판단을 내리기 어렵다. 이 시에서는 이어서 여자아이를 낳으면 "길거리에 기와를 매단다"라고 했다. 기와는 일반적인 의미의 기와가 아니라 도방륜을 말한다. 당시의 여자아이는 자란 후에는 마를 짜야 하므로 어릴 때부터 습관을 들이고자 한 것이다.

또 하나 반드시 설명해야 할 것이 있다. 방륜은 칡과 마를 짜는 데 사용했으며 나중에는 목화와 털실을 짜는 데에도 사용했으나, 견사絹絲, 繭絲를 짜는 데에는 사용하지 않았다는 것이다. 견사는 자연계의 매우 긴 섬유로, 길이가 1000m에 이르렀고 가지런히 두기만 해도 명주실이 되었다. 그러나 칡과 마를 방추로 짜면 효율이 높지 않았고, 천을 짜는 실의 염도捻度 또한 균형이 잡히지 않았다. 그리고 훗날 단정單錠 물레가 발명되었다. 이 물레는 락사絡絲와 병사幷絲의 부차簨車에서 변화된 것으로, 단지 실을 뽑아 잇던 부차를 물레로 바꾼 것이었다. 감숙성 무위武威의 마취자磨嘴子 22호 동한 전기 묘에서 나무로 만든 물레가 발굴되어, 물레가 발명된 것이 서한 말기보다 늦지 않았던 것을 알 수 있다. 그러나 단정 물레는 여전히 효율이 높지 않았으며, 온종일 작업해도 3~5냥의 직물을 만들 수 있을 뿐이었다. 이후 끊임없이 개선하여 단정은 다정多錠이 되었으며, 손으로 흔드는 방식에서 발로 밟는 방식으로 변하면서 효율이 매우 높아졌다. 이미 알려진 가장 오래된 발로 밟아 사용하는 삼정三錠 형의 물레는 남송 때 채기蔡驥의《신편고열녀전新編古列女傳·노과도영魯寡陶嬰》의 삽화에서 볼 수 있다. 실을 잣는 사람의 양손의 동작으로 보아 이 인물이 삼실의 "가닥을 뽑아 줄을 만들어 단단히 여미고" 있음을 알 수 있다. 손으로 면통(거친 소면)을 집어 "당겨 늘이는 것"이 아니므로, 목화로 실을 뽑고 있는 것이 아니라 삼실을 뽑고 있는 것이다(그림 3-2). 고대의 그리스·로마에서 양의 털과 식물 섬유로 실을 꼴 때는 먼저 다리에 비벼 거친 실을 만들었다. 다리에 비비는 과정에서 다치는 것을 방지하기 위해, 다리 위에 걸칠 수 있는 원형의 기와와 같은 도기가 발명되었는데 이것을 사축紗軸이라고 불렀다(그림 3-3). 사축의 바닥 면은 대퇴부에서 무릎에 이르는 곡선과 딱 맞고, 표면에는 물고기 비늘무

그림 3-2 발로 밟는 삼정방차三錠紡車. 남송 때 《신편고열녀전》의 삽도

늬가 있어서 거친 실을 비비기 편하게 되어 있다. 이렇게 실을 비빈 뒤 방추를 이용해 꼬아 더욱 면밀한 가는 실을 만들었다. 단정 물레가 유럽에 등장한 것은 13세기 후의 일이며, 가장 오래된 그림은 1338년 전후 출판된 시집(《옥스퍼드 기술사》2권 인용)에 있었다. 중국의 물레보다 천여년 늦게 발명된 것이다.

견사는 중국의 특산품이라는 것은 널리 알려진 바다. 중국은 세계적으로 가장 먼저 누에를 기르고 비단 직물을 생산했으며, 오랫동안 이러한 방식을 지켜왔다. 중국은 신석기 시대에 양잠을 하고 누에고치의 실을 뽑는 법을 알고 있었으며 북방 하남성 형양滎陽 청대촌靑臺村의 앙소仰韶 문화 유적지와 남방 절강성 오흥 전산양의 양저 문화 유적지에서

그림 3-3 고대 서양에서 털
실을 삼던 상황과 도구
1 다리에서 털실 삼기. 옛날
그리스 병 그림
2 로마 사축

모두 견직물이 출토되었다. 그러나 조기에 양잠업을 했다는 증거로 제
시된 사례가 모두 확실하지 않다. 먼저 산서성 하현夏縣 서음촌西陰村의
누에고치에 대해 말해보자(그림 3-4:1). 이 유적지는 1926년 고고학자 이
제李濟 선생이 주관하여 발굴한 것으로, 출토된 누에고치는 이미 절단되
어 있었고, 절단된 면이 곧고 평평했다. 이 선생은 발굴 보고에서 이 누
에고치가 매장된 위치가 깊지 않으며 발굴 현장 주변의 흙이 어지럽게
흩어진 흔적이 있는 것으로 보아 나중에 섞여 들어왔을 가능성이 있음
을 언급했다(《서음촌사전유존西陰村史前遺存》,《청화학교연구원총서·3淸華學校硏究
員叢書·3》게재, 1927년). 하내厦鼐 선생은 하현의 토양 성질에 근거하여 고려
하면 신석기 시대의 누에고치가 흙 속에서 온전히 보존되었을 가능성

은 크지 않다고 언급했다. 잘린 면이 이와 같이 곧고 평평한 것을 보아 돌로 된 칼로 절단한 것이 아니라 금속으로 만든 칼로 절단한 듯하다. 그러나 이 두 고고학자의 의견은 종종 무시되었고, 많은 책에서 그것을 중국의 가장 오래된 누에고치 실물로 소개한다. 훗날 일본의 방직학자 누노메 준로우布目順郎는 이 누에고치를 렌도시아 종의 야생 누에고치라고 여겼다. 그것을 여전히 상고 시대의 유물로 봤던 것이다. 그러나 그는 곧고 평평히 절단되어 있는 면에 대해서는 부연을 하지 않았기 때문에 그의 편향적 의견으로 판단되어 정설이 되지 못했다. 또한 강소성 오현의 매언梅堰에서 출토된 도기에 새겨진 누에고치 무늬와 상나라 때 청동기에 새겨진 누에고치 무늬, 산서성 후마侯馬에서 출토된 서주 시대 옥잠玉蚕이라고 하는 것 등은 모두 누에고치 모양과는 거리가 멀어도 너무 멀다(그림 3-4:2-5). "서주 옥잠"이라는 것에는 귀가 있을 뿐만 아니라 입 부분에는 날카로운 이빨도 있는데, 세상에 이러한 누에고치는 없다. 또한 호후선胡厚宣 선생은 매우 영향력이 있는 문장《은대의 양잠과 직물殷代的蠶桑和絲織》에서 조경祖庚과 조갑祖甲의 복사卜辭 중 "蠶示三(잠시삼)"(《후상後上》28.6), "蠶示三牛(잠시삼우)"(《속보續補》9999) 등의 말을 예로 들면서, "은나라 때에는 누에고치에 누에고치의 신이 있어서, 잠시蠶示라고 했고", "잠시에게 제사지낼 때는 소를 세 마리 쓰거나 양을 세 마리 썼으며", "그 의식이 매우 융숭했다"라고 했다. 그러나 호 선생이 蠶(잠)으로 해석한 글자는 사실 "它(타)"이다. 장정랑張政烺 선생은 이 글자의 본래 뜻이 뱀[蛇]이라고 여겨, 복사에서 "虵(이, 비스듬하다)"로 가차한 것으로, "虵示(이시)"는 직계 선왕 이외의 방계 선왕을 가리킨다고 했다. 장 선생은 "它를 蠶으로 해석한 것은 잘못된 것이다"라고 명확히 설명했다. 중국에서 신석기 시대부터 상나라와 주나라에 이르기까지 양잠

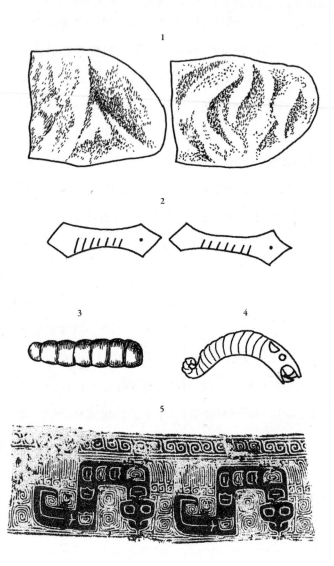

그림 3-4 누에고치와 고치 문양
1 누에고치. 산서성 하현의 서음촌 회토령灰土嶺에서 출토
2 누에 문양. 강소성 오현의 매언에서 출토된 검은 도기
3 상나라 때 옥잠(옥누에). 하남성 안양의 대사공촌大司空村에서 출토
4 산서성 후마에서 출토된 서주 시대 옥잠(입에 날카로운 치아가 있음)
5 상나라 때 청동기에 새긴 누에 문양(몸에 인갑鱗甲이 있음)

업과 방직업이 점차 발전했다는 것은 원래 의심할 바 없는 역사적 사실이다. 그런데 이처럼 이치에 닿지 않는 예로 증명하려고 하다 보면 도움이 되기는커녕 원래 명확했던 것들조차 미궁에 빠지게 된다.

이제 목화에 대하여 이야기해보자. 일반적으로 목화[草棉]는 조융면粗絨棉과 세융면細絨棉 두 가지로 나뉜다. 조융면은 아프리카면과 아시아면으로 나뉘며 세융면에는 아메리카 육지면과 도서면이 있다. 이들은 모두 중국 원산이 아니다. 그러나 중국 고대에는 또 다른 목면포가 있었다. 《사기》에서는 장건張騫이 대하大夏에서 촉동화포蜀桐華布를 보았다고 했다. 좌사左思의 《촉도부》에서도 촉 땅에 "천에는 동화桐華가 있다"라고 썼다. 《화양국지華陽國志》에서는 더욱 명확히 "익주益州에 오동나무가 있으니, 꽃이 생사와 같아서, 사람들이 그것을 짜 천으로 만드니, 동화포桐華布라고 한다"라고 했다. 《후한서·애뢰이전哀牢夷傳》에서 천에 관해 말하면서 계탈罽毲(모직물)·백첩帛疊(면직물)·난간세포欄干細布(저마 직물)와 "오동나무가 있는데 그 꽃으로 짠 천"이라는 동화포로 구분했으니, 동화포는 목화로 만든 직물이 아님을 알 수 있다. 이것은 중국 고대 남서 지역의 특산물인데, 안타깝게도 신뢰성 있는 표본은 아직까지 발견되지 않았다. 또 1979년 복건박물관에서 복건성 숭안崇安 무이산武夷山의 애묘崖墓에서 지금으로부터 3천 2백여 년 이상 이전에 만들어진 선관船棺 하나가 발견되어, 여기서 출토된 방직물의 잔여 조각을 상해방직과학원에서 검사했다. 청회색을 띠는 평문 면포 몇 조각은 가로 세로 밀도 평균 cm마다 실 14가닥으로 짜여 있었다. 면 섬유질의 절단면을 현미경으로 분석한 결과 그 특징이 해남도 등에서 자라는 다년생 관목형灌木型 연핵목면聯核木棉(목화송이 하나에 목화씨가 연결되어 한 송이를 이룸)과 기본적으로 일치했다(그림 3-5). 이러한 목면은 교목형喬木型 목면(반지화攀枝花 및 동화목橦華木 등)과도 다르고, 한해살이 초면草綿과도 다르다. 비록 이것들은 근대 면 재배 과정에서 모두 도태되었으나, 중국의 면 재배 역사를 고찰하려면 이 두 가지 면직물에 대해서도 주의를 기울여야 한다.

목화 중 처음 중국에 들어온 것은 아프리카산 목화로, 시대는 서한 중기보다 늦지 않았다. 신강위구르자치구 서한 말기부터 동한 시기의 누란樓蘭 유적지에서 면직물 잔여 조각이 발견되었다. 신강위구르자치구 민풍 북쪽 사막의 고분에서도 또한 동한 시기의 면직물이 발견되었다. 위·진·남북조 시기에 이르러 신강 지역의 면 방직업은 어느 정도 규모를 갖추게 되었다. 투루판 고창高昌 시기(6세기)의 고분에서는 생사와 면을 혼합하여 만든 비단과 흰 면직물이 출토되었다. 신강위구르자치구 우전于田의 옥우래극屋于來克 유적지의 남북조 시대 고분에서 "답련포褡裢布"와 "남백인화포藍白印花布"가 출토되었다. 게다가 투루판의 아스타나에서 발견된 고창 화평和平 원년[서위西魏 대통大統 17년(551)]에 계약한 내용 중에는 대량의 면직물氎布(무늬 놓은 베) 60필을 빌리는 것이 언급되어 있었다. 이러한 상황은 모두 당시 신강 지역의 면 방직업이 발달해 있었음을 반영하는 것이었다. 같은 시기의 문헌《양서梁書·고창전高昌

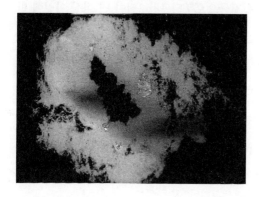

그림 3-5 해남도 산 연핵목면

傳》에서도 고창에서 자라는 풀을 소개하면서 "열매가 고치처럼 생겼고, 고치처럼 생긴 껍질 속에 가는 실이 있어 이것을 백첩자白疊子라고 하였으며, 주민들은 이것을 채취하여 천을 짰다"라고 했다. "열매가 누에고치와 같다"라고 기록된 상황으로 추측하여 신강 지역에서 재배했던 것은 크기가 작은 목화인 아프리카산(속칭 소면)인 것을 알 수 있다. 특히 신강위구르자치구 파초巴楚의 탈고자사래脫庫孜沙來 유적지 당나라 말기 지층에서는 실제로 아프리카산 면과 목화씨가 출토되었다. 백첩白疊(백첩白氍·백설白氎·백첩帛疊이라고도 쓰며, 그것으로 만든 천은 첩포疊布·첩포氍布·설포氎布라고도 함)의 옛 음은 bak-dip이며, 이 bak의 음소는 중고 페르시아어에서 pambak(목화)를 뜻하는 말일 수 있다. dip는 중고 페르시아어인 dib 혹은 dēp(사면絲綿)과 같았다. 그러므로 백첩이라는 단어는 페르시아어의 pambak-dib를 번역한 것이 될 수 있으며, 그렇다면 목화는 서아시아에서 전해진 것으로 추측할 수 있다. 아프리카산 면의 생산량은 높지 않고 품질 또한 좋지 않았다. 털의 길이는 19mm가 되지 않아 12~16가닥 정도 되는 거친 실만을 뽑을 수 있었다. 그러나 자라는 기간이 짧고 빨리 익으며 신강의 기후와도 알맞은 특징을 지니고 있어서 19세기 전기까지 이곳에서는 아프리카산 면을 재배했다.

아시아산 면(속칭 중면)은 품질이 아프리카산 면보다 우수하고 원산지는 인도였으며, 중국에 들어온 시기는 위·진·남북조 시대를 넘기지 않았다. 이러한 목화는 고대에는 고패古貝(길패吉貝·겁패劫貝라고도 불렀으며, 이것으로 만든 천은 길포吉布 혹은 반포斑布라고 함)라고 불렀으며, 고대 운남雲南 지역에서는 패약貝若이라고 했다. 고패는 말레이시아어 kāpas의 음역일 가능성이 있다. 산스크리트어 karpāsa의 음이라는 설도 있는데, 그럴 가능성도 있다. 요컨대 이것은 동남아시아에서 전해진 것

이다. 위·진·남북조 시대부터 당·송나라 때에 이르기까지 오랜 시간
동안 면직물을 기록한 역사는 끊이지 않았으나 실물을 찾아낸 경우
는 드물었다. 1966년 절강성 난계蘭溪의 고씨高氏 묘에서 남송 중기 이
전에 사용했던 면으로 된 담요가 출토되었으며 현재 중국국가박물관
에 소장되어 있다. 이 담요는 길이 2.51m 넓이 1.16m에 이르며 순면
으로 짠 직물이다. 직물의 가로와 세로의 실의 가닥과 중심이 일치하
며 양면 털을 고르게 다듬어 세밀하고 부드러워 질이 상당히 좋다. 이
것이 출토되어 중국 장강長江유역의 면 방직업은 송나라 때에는 이미
기초가 닦여 있었음이 증명되었다. 송말원초에 이르면 목화는 남동쪽
과 북서쪽으로부터 장강의 중하류와 위수渭水 유역에 전파되기 시작했
다. 지원至元 26년(1289) 원나라 정부는 절동浙東·강동江東·강서江西·호
광湖廣·복건 각 지역에 목면제거사木棉提擧司를 설치하여 해마다 면직
물 10만 필을 징수하도록 했다(《원사·세조본기》). 이것을 보면 생산량이
상당했음을 알 수 있다. 다만 당시 면을 짜는 기술이 아직 부족했을 뿐
이다. 면을 짜는 기술 측면에서 커다란 공헌을 한 것은 송강 오니경烏泥
涇(오늘날 상해 화경진華涇鎭)의 여인 황도파黃道婆이다. 그는 원정元貞 연간
(1925~1297)에 해남도에서 여족黎族 사람들의 방직 기술을 익혀 고향으
로 왔다. 황도파가 면을 고르게 다듬는 조면기를 널리 보급하였고, 이
것은 과거에 "손으로 목화씨를 떼어내는 등 매우 어려운 작업"(《철경록
輟耕錄》24권)을 해야 하는 상황을 개선했다. 18세기 후기 막대한 양의 목
화를 생산했던 미국 남부에서는 노예들이 손으로 직접 목화의 씨를 떼
어내었다. 1793년 위트니가 목화씨를 다지는 데 쓰이는 조면기cotton-
gin를 발명하기 전까지는 노예들이 집중하여 온종일 일해도 1파운드의
목화를 뽑아내기도 어려웠다. 그러나 황도파가 사용한 조면기는 왕정

의《농서》에 기록된 "교차攪車"와 비슷했다(그림 3-6). 이 조면기는 회전하는 방향이 서로 반대인 두 개의 축 사이에 목화를 넣어 서로 알력이 생기도록 했다. 두 사람이 축을 흔들고 한 사람이 면을 넣으면 "씨앗이 안에 떨어지고 면이 밖으로 나온다." 따라서 효율성이 매우 높아졌다. 이 기계는 다시금 개선되어 명나라 때에는 "태창식太倉式 교차"가 나타났다. 그것을 사용하면 한 사람이 하루당 30근이 넘는 목화를 걸러낼 수 있었다. 송강 지역은 점차 중국의 면 방직업 발전의 중심지로 발전해 나갔으며,《오심잡패梧潯雜佩》에서 말한 바와 같이 "우리 송강에서는 면으로 만든 천으로 하늘을 덮는다"라고 할 정도로 성황을 이루었다.

원산지가 아메리카 대륙인 목화는 19세기 말이 되어서야 중국에 들어오게 되었다. 이 면화의 털 길이는 28~30mm 정도 되었고, 32가닥

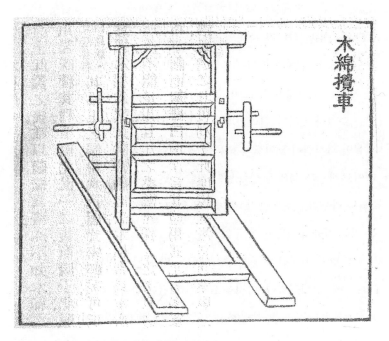

그림 3-6 원나라 때《농서》에 나오는 면화 압출 장치

정도의 가는 실을 짤 수 있었다. 그중 육지면은 1892년 호북성 무창武昌 일대에 들어오게 되었으며, 1896년 강소성 남통南通 일대에 들어오게 되었다. 해도면海島棉은 1919년 운남성 개원開遠 일대에 들어오게 되었다. 그리고 현대 중국의 면을 생산하는 지역에서 심는 것은 대부분 섬유 품질이 더욱 우수한 해도면과 육지면의 교잡종 면이다.

어떠한 종류의 섬유질이든 실로 자아낸 뒤에는 천이나 견직물로 가공된다. 먼 옛날, 처음에는 "손으로 베틀에 실을 걸고 손가락으로 감아서"(《회남자·범론氾論》), 그물을 뜨듯이 직물을 짰다. 후에 거직기踞織機 가 발명되었다. 절강성 여요의 하모도 유적지에서 거직기의 부속품이 출토되었는데 타위도打偉刀(천이 촘촘하게 짜이도록 씨줄을 쳐주는 부속) ·사형기梭形器(북, 실감개)는 모두 골제품이었으며, 교사봉絞紗棒(실을 감는 봉) ·경축經軸은 모두 목제품이었다. 거직기로 천을 짜는 모습은 운남성 진녕晉寧에서 출토된 한나라 시대의 구리로 제작된 저패기貯貝器(고대 중국에서 조개를 저장했던 청동 용기) 위에서 볼 수 있다(그림 3-7). 작업하는 사람은 모두 자리를 깔고 앉아 있으며, 양쪽 발을 디뎌 베틀의 감개가 돌아가는 것을 조절하고 있다. 허리와 다리의 힘으로 날실의 장력張力을 조절하여 날실이 가지런히 모이도록 하는 것이다. 어떤 경우는 경도를 나누는 막대기로 베틀의 북의 입구를 열어 씨줄을 던져 실을 꿰었다. 이러한 직기織機는 다루기도 간단했고, 위아래로 열고, 좌우로 이끌고, 전후로 당기는 기본 기능이 잘 갖추어져 있었다.

다방면의 개선을 통해 중국에서는 발로 밟아 잉앗실을 뽑는 사직기斜織機가 발명되었다. 이것을 묘사한 그림은 한나라 때 화상석畵像石(돌로 된 무덤이나 사당의 벽, 기둥 등에 여러 가지 그림을 선각한 것)에서 자주 나타났고 발명된 시기는 한나라 때보다 조금 이른 듯하다(그림). 여기에는 기

그림 3-7 저패기에 나오는 옷감 짜는 사람들. 운남성 진녕에서 출토

계의 받침대는 평평히 놓여 있고 선반은 비스듬히 놓인 것으로 묘사되어 있으며, 이 둘은 50~60도의 각을 이루고 있다. 이리하여 작업을 하는 사람은 앉아서도 입구 표면을 지나가는 장력이 균형이 잡히는지, 날실이 끊어지는 부분은 없는지 한눈에 확인을 할 수 있었다. 기계의 선반에 늘어선 날실을 쪼개진 실과 나무를 이용하여 저경底經과 면경面經 두 층으로 나누어 북의 입구를 만든다. 그 후에 잉앗실로 저경을 뽑아 또 다른 북의 입구를 만든다. 이와 같이 끊임없이 오르고 내리는 것을 반복하면 씨실이 두 군데의 입구를 차례대로 지나 번갈아 짜이면서 직물이 된다. 잉앗실을 뽑는 동작은 처음에는 손으로 했으나, 후에 발로 밟는 장치를 발명하여 발로 발판을 밟아 지레의 원리로 말머리를 위아래로 움직여 잉앗실을 뽑았다. 이 방식은 한 손을 내어 베틀의 바디를 두드리거나 혹은 두 손으로 번갈아 북을 던질 수 있어 작업의 속도가 크게 높아졌다(그림 3-9). 발판을 이용하여 잉앗실을 뽑는 과정은 직기의 발전의 역사에 있어서 매우 크나큰 창조였다. 유럽은 6세기에 이르러 이러

그림 3-8 동한 화상석에서 볼 수 있는 방직기. 강소성 사홍泗洪에서 출토

한 장치가 생겨났으며, 13세기에 이른 후에야 널리 사용되었다. 그러나 그림 3-9에 보이는 단종單綜 직기로는 평직물만 짤 수 있었으며, 생사로 짠 것은 면이었고 삼베로 짠 것은 천이었다. 천은 고대에 화폐와 등가물로 거래할 수 있었기 때문에 고정적인 규정이 있었다. 두 자 두 치가 한 폭幅이었으며, 넉 장이 한 필匹, 두 장이 한 단端이었다. 한 폭의 날실 80 올을 1승緵(1새緵)이라고 했다. 7~9승은 거친 천이었으며, 10~12승은 세밀한 천이었다. 매우 세밀한 천은 30승으로 짜여 있었으며, 면류관을 만드는 데 사용되었다.

복잡한 무늬의 직물을 짜내기 위해서는 반드시 제화기提花機를 사용해야 했다. 발판을 이용해 제어하는 지경地經 외에도 수많은 화경花經이 있어서 직물의 도안에 따라 움직임을 제어해야 했다. 그러나 이렇게 많은 날실의 오르내림을 발판만으로 조종하는 것은 불가능했으므로 따로 제화공提花工이 화루에 앉아 무늬를 짜는 북을 손으로 조절하면서 위

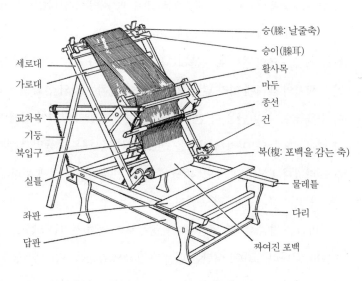

승(縢: 날줄축)
승이(縢耳)
활사목
마두
종선
건
복(複: 포백을 감는 축)
물레틀
다리
짜여진 포백

세로대
가로대
교차목
기둥
북입구
실틀
좌판
답판

그림 3-9 한나라 때 단종직기 복원도.(하내에 나오는 대로 모화, 부품 명칭 추가)

로는 한 번 묶고 아래로는 한 번 북으로 던져 "한 번 오고 한 번 가니 수
고롭지 않고 피로하지 않았다."(한나라 왕일《직부부織婦賦》) 이렇듯 두 사람
이 힘을 합쳐 직조했다. 그러나 초기 제화기의 실물과 모습에 대한 자료
가 아직 발견되지 않았으며 현재 알려진 가장 오래된 제화기 그림은 흑
룡강성박물관에 소장된 남송 시기 작자 미상의 〈잠직도蠶織圖〉이다(그림
3-10:1). 이 그림은 누숙樓璹이 그렸다는 이야기도 있으나 확실하지는 않
다. 이 그림의 제화기에는 쌍경축雙經軸과 열 올의 잉앗실이 설치되어 있
으며, 제화공이 화루 위에 앉아 무늬를 짜면서 잉앗실을 묶는 것이 선명
하게 보인다. 아래로는 구각欚脚이 이어져 있는데, 땅에 작은 구덩이를
파놓아 구각이 오르내리기 편하게 되어 있다. 직공이 기계의 판 위에 앉
아 왼손으로는 바디를 두드리고 오른손으로는 북을 쥐고 던져 실을 당
기는 자세를 취하고 있다. 더욱 구체적이고 완전한 제화기의 형체는 원
나라 설경석薛景石의 《재인유제梓人遺制》(《영락대전永樂大典》18,245권에 실림)
와 명나라 송응성宋應星의 《천공개물·내복乃服》에 등장한다(그림 3-10:2).

고대의 다채로운 직물의 대표는 바로 비단[錦]이었다. 비단은 직
물의 조직 구조의 차이로 지문地紋과 화문花紋을 나누는 것이 아니라, 날
실과 씨실의 색채에 따라 날실 혹은 씨실이 겹치는 것의 변화를 이용하
여 수를 놓는다. 비단을 다 짠 뒤 염색을 하면 도안의 무늬가 쉽게 드러
나 보이지 않는다. 따라서 비단을 만드는 작업은 매우 힘들었고 당연히
값도 비쌌다. 《석명》에서도 "비단은 금이다. 작업하는 데에 힘이 많이
들어가 값이 금과 같다"라고 했다.

비단은 경금經錦 과 위금緯錦 두 종류로 나뉘며 전자는 날실로 수를
놓는다. 한나라 시대의 비단은 대부분 경금으로 만들어진 것이었다. 경
금은 일반적으로 두 층 혹 두 층 이상의 날실과 한 벌의 씨실로 교직한

1

2

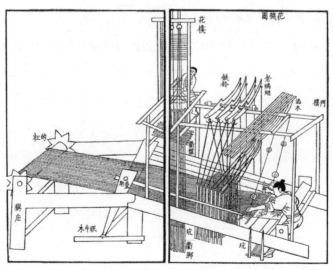

그림 3-10 제화기
1 남송 때 〈잠직도〉
2 명나라 때 《천공개물》 삽도

다. 몇 개 층의 날실은 비록 색이 다르나 똑같은 구치筘齒를 통과하여 하나의 단위가 되며, 이것을 한 매枚 혹은 한 부副라고 했다. 위금은 명위明緯와 협위夾緯 두 종류로 나뉜다. 직물을 짤 때 무늬를 넣을 필요에 따라 날실을 제압提壓하여 표경表經의 색의 변화로 꽃무늬를 표현했다. 색채를 더욱 화려하게 표현하기 위하여 한나라의 비단은 분구分區하는 방법을 더했으며, 너비를 몇 구역으로 나누어 색을 사용할 때 각기 다른 두 가지 혹은 세 가지의 날실을 사용했다. 뤄부나오얼罗布淖尔에서 출토된 "한인韓仁" 비단은 너비를 21개의 구역으로 나누어 구역마다 기본적인 색깔을 쓰는 것 이외에도 세 번째 색깔이 번갈아 나타나 있으며, 넓고 좁음의 변화를 두었고, 색조의 배합이 잘 이루어지도록 하여 겹이 풍부하며 색깔이 다양해 보이는 느낌이 들게 했다. 그러나 구역을 나눈 것이 어떤 때에는 도안의 완성도를 떨어뜨리기도 했다. 동한 중후기 시기의 비단은 색에 따라 실을 구분해 쓰지 않았으며, 실의 밀도를 더욱 높이는 방식으로 방법을 바꾸어 각기 색이 있는 실이 균형 있게 너비를 덮도록 하여 직물의 도안을 더욱 선명히 보이게 했다. 이것은 한나라 시대에 생산된 비단이 최고의 수준에 도달했음을 말해준다. 1995년 신강위구르자치구 니아에서 출토된 "오성五星" 비단은 실의 밀도가 cm마다 220올의 실이 사용된 것으로, 색을 나누지 않았으며 남색의 지자地子에 해와 달을 상징하는 붉은 색과 흰색의 도형을 그려 그 사이를 구름과 짐승이 오르락내리락하는 것이 자연스럽고 꾸밈이 없이 매우 아름답다(그림 3-11).

한나라 때에 날실로 수를 놓는 경면이 유행했던 이유는 질기고 광택이 있으며, 날실로 짠 것은 아무리 팽팽하게 당겨도 엉키지 않았기 때문이다. 날실을 이용하여 비교적 촘촘하게, 씨실을 이용하여 비교적 엉

그림 3-11 동한 때 오성금. 신강위구르자치구 니아에서 출토

성하게 짜도 눈에 잘 띄지 않는 직물을 만들 수 있었다. 그리고 고대의
중아시아와 서아시아의 무늬가 있는 직물은 대부분 양의 털로 만든 것
이었다. 털실은 엉키고 풀어지기 쉬워 날실로 사용하려면 밀도가 적절
하고 팽팽히 당겨야 했으므로 날실로 수를 놓기 힘들었으며, 씨실로 수
를 놓아야 했다. 이것은 방직 기술에 대한 두 가지 전통적 양식이었다.
중국 북서 지역의 소수 민족은 모직물을 만들 때도 씨실로 수를 놓는 기
법을 사용했다. 신강위구르자치구 민풍의 동한 시기 거주지에서 바로
이러한 모직물이 출토되었다. 한나라가 서역과 통하게 된 후 사직업絲織
業은 신강에서 점차적으로 발전하기 시작했다. 두 가지 전통적 양식은
여기에서 직접적으로 접촉했다. 6세기 중엽, 투루판 등의 지역에서 마
침내 씨실로 수를 놓은 위금이 출토되었다. 그중에는 물론 외지의 영향
을 받은 것도 있으나, 중국 본토의 요소가 완전히 배제된 것은 아니었
다. 알타이 지역의 파택뇌극巴澤雷克 고분에서 출토된 중국 전국 시대의

견직물 중에서 붉은색과 초록색 두 색으로 된 씨실로 수를 놓은 위금이
있었다.

위금의 공예 효과가 경금보다 좋았다. 우선 경금은 날실로 수를 놓
기 때문에 날실이 기계 위에 고정된 이후로는 수정이 힘들었다. 위금은
씨실을 사용하여 수를 놓기 때문에 작업을 하는 과정에서 언제든 다른
색의 날실을 더 놓거나 바꿀 수 있었다. 두 번째는 엉킴이 적다는 것이
다. 경금의 한 폭의 표면과 내면의 날실이 서로 다른 색깔의 선을 너무
많이 포함하고 있다면, 기계에 빽빽하게 나열해 놓았을 때 자주 엉킨다.
또한, 비교적 성기게 나열해 놓았을 때는 표경에는 한 올의 실밖에 없으
며 안쪽의 실이 차지한 구역이 매우 넓어지게 되어 직물이 매우 느슨해
질 뿐만 아니라 무늬의 테두리에도 영향을 미친다. 위금은 이와 달라 매
폭의 표면과 내면에 다양한 씨실이 매우 많이 포함되어 있다고 하더라
도 먼저 기계 위에 올려놓지 않아도 되기 때문에 점차적으로 북의 입구
에 넣을 수 있었으며, 넣은 후에는 바디로 단단히 맬 수 있었으므로 작
업 시 실이 엉키거나 짠 비단이 느슨해지는 상황도 생기지 않았다. 이리
하여 당나라 초기부터 중국은 점차 날실로 수를 놓는 방법을 사용하지
않고, 위금을 짜는 방법을 사용하게 되었다. 투루판에서 발견된 7세기
의 직물, 구슬이 꿰어져 있는 한 쌍의 말 무늬가 그려진 비단, 구슬이 꿰
어져 있는 한 쌍의 공작무늬가 그려진 비단 등은 모두 능직을 한 아름다
운 위금이었다(그림 3-12). 여기서 출토된 8세기의 직물 중에서는 훈간暈
繝(햇무리, 달무리를 본떠서 여러 층의 색으로 염색한 훈색暈色) 무늬 비단 치마가
있다. 이 치마는 노란색, 흰색, 녹색, 분홍색, 옅은 갈색의 날실로 줄무늬
를 만들고, 능직으로 된 훈색의 컬러 라인에 황금색의 씨실로 작은 무
늬들이 짜여 있다. 이렇듯 색채가 선명하며 도안이 복잡하고 긴밀하게

짠 능직물인 훈간금暈繝錦은 당나라 때 직물의 최고 수준이 어느 정도였
는지를 말해준다. 송나라 때에는 이러한 전통을 받아들이는 한편, 새로
운 발전 또한 이루었다. 송나라 비단의 중요한 성과 중 하나는 수자직의
바탕에 씨실로 무늬를 수놓은 수단繡緞이었다. 수자직의 특징은 직물의
각 조직점이 비교적 멀리 떨어져 있으며, 날실이나 씨실이 떠 있는 부분
이 많아 전체적으로 표면에 매끈한 광택이 나며 바탕의 색이 흐려지는
것을 방지할 수 있다는 것이다. 이러한 바탕에 다양한 색의 실로 짠 무
늬 도안은 더욱 광채가 있어 사람들의 시선을 끈다. 명나라 초기에는 수
단이 한 걸음 더 발전되었다. 자수를 놓을 때 명주실을 날실로 사용하고
무명실을 씨실로 사용하는 기법과 단을 나누어 무늬를 만드는 기법을
익혀 짧은 북으로 씨실을 돌려 색을 바꾸는 장화단妝花緞을 만들어냈으
며, 직물은 더욱 화려해졌다.

  직물은 모두 옷을 만드는 데 쓰인다. 이제 복장에 대한 이야기를

그림 3-12 당나라 때 연주
대마문금聯珠對馬紋錦

해 보자. 북경시 남서쪽의 주구점周口店 용골산龍骨山 정상에서 발견된 구석기 시대 말기 화석인 산정동인山頂洞人의 문화 유물에서 뼈로 만든 바늘이 발견되었다. 이것은 옛 중국 사람들이 이미 옷을 꿰매는 법을 알고 있었음을 뜻한다. 신석기 시대 말기에 이르면 지역과 민족에 따라 서로 다른 의복 양식이 나타난다. 머리 모양을 예로 들면, 중국 대륙과 대만의 문화 속에는 짧게 자른 산발과 마가요 문화의 뒤로 늘어뜨린 편발編髮, 대문구 문화에서 나타나는 돼지의 이빨로 만들어진 머리띠, 용산 문화의 뼈로 만든 비녀를 꽂고 머리를 묶는 모습 등이 반영되어 있다. 하나라 때 이리두 문화의 이리두 유형과 동하빙東河憑 유형 유적지에서 모두 뼈로 된 비녀가 출토되었으며 모양이 상나라 때 같은 유형의 기물과 똑같았다. 머리를 묶어 쪽을 찌는 것이 화하족華夏族의 전통적인 머리 장식 양식임을 알 수 있다. 안양의 후가장侯家莊 마을의 대묘大墓와 부호婦好묘에서 출토된 옥·석인상을 보면 상나라 때 사람들이 옷을 입을 때 위로는 교령의를 입고 허리에는 띠를 두르며, 아래로는 치마를 입고 복부 앞으로 폐슬蔽膝을 한다는 것을 알 수 있다(그림 3-13). 서주 시대에 남겨진 인물화 자료는 매우 적으나 낙양에서 출토된 옥인과 구리로 만든 사람의 모양을 한 비녀장을 보면 웃옷·치마·띠·폐슬은 남자 복장의 기초적인 구성 요소였다. 정리하면, 상고 시대 화하족의 복장은 "상반신에는 웃옷, 하반신에는 치마를 입으며, 머리를 묶고 오른쪽으로 옷깃을 여미는" 특징을 지녔다.

이러한 웃옷과 치마를 갖추어 입은 형식의 복장은 품이 넓고 여유가 있어 당시의 생활 조건과도 부합한다. 상나라와 주나라 때에는 집안의 배치가 단조로워 보통 맨발로 다니며 자리에 앉아 무릎을 꿇었으며, 귀족이 외출할 때에는 말을 타지 않고 수레를 탔다. 이 시기의 내복은

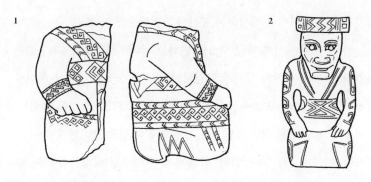

그림 3-13 상나라 때 석인상
1 안양 후가장에서 출토
2 안양 부호묘에서 출토

중단中單 이외에는 넓적다리 사이에 곤禪(두당포兜襠布)을 감기만 했으므로, 다리를 뻗고 앉거나 치마를 들어 올리는 것은 예의에 어긋나는 행동으로 여겼다. 당시 귀족들은 웃옷은 정색正色으로 된 것을 입었으며, 치마는 간색間色으로 된 것을 입고 치마 앞쪽에 폐슬을 하는 것을 매우 중요시했다. 서주 시기 청동기의 명문銘文에는 주나라 왕이 책봉식에서 하사한 복장 중에서 곤의袞衣·현의玄衣 등 등급이 다른 상의 이외에도, 자주 "주불朱市·총황蔥黃"(《모공정毛公鼎》) "적불赤市·주황朱黃"(《보사리궤輔師嫠簋》) 등의 물품이 있었다. 고대 문헌에는 "市(불)"·"黃(황)"은 각각 "韍(불)"·"衡(형)"이라고도 했으며,《예기·옥조》에 언급된 "적불총형赤韍蔥衡"이 그러한 예이다. 市(불)와 韍(불)은 폐슬을 의미하며 그것에 대한 이설은 없다. 그러나 형은 불을 묶는 띠라고 알려져 있는데, 옳지 않은 듯하다.《옥조》의 정현 주석에서 "형은 옥을 다는 것이다"라고 했기 때문이다. 게다가 "총형"은《시경·소아·채기采芑》에 나오는 "총형蔥珩"과도 같았다. 그것은 옥을 매는 안에 들어 있는 패옥이나 장식 전체를 포함한 것이다. 귀족은 불과 옥패를 몸 앞으로 모아 걸었고 주목을 받았으며,

이것은 신분과 지위를 상징하는 표시가 되었다.

춘추 전국 시기에 제일 중요한 변화는 심의深衣와 호복胡服의 출현이었다. 심의는 과거의 상하가 연결되지 않았던 웃옷과 치마를 하나로 합친 것이며 "옷의 모양에 몸이 깊이 감추어졌으므로" 심의라 불렀다. 심의 하단의 아귀를 터놓지 않고 길게 늘어놓아 뒤로 둘러싸게 하여 가렸으니, 이른바 "곡거曲裾"였다. 곡거를 몸 뒤쪽으로 비스듬히 묶어 걷는 데 지장이 없었으며, 갖추어지지 않은 속옷이 드러나지 않게 하여, 당시에 착용하기 매우 적합한 복장이 되었다(그림 3-14).《예기·심의深衣》에서는 이것을 칭송하여 "문관이 입을 수도 있고, 무관이 입을 수도 있고, 손님을 영접하기에 적합하며, 군사를 다스리기에 적합하다"라고 했다. 그리하여 전국 시기에 크게 유행했고, 주나라 왕실 및 조나라·중산中山·진나라·제나라·초나라 등 여러 나라의 유물에서도 심의를 입은 인물의 그림이 발견되곤 한다. 그러나 심의를 입을 적에는 불을 매달기가 불편했으므로 귀족은 "아침에는 현단복玄端服, 저녁에는 심의를 입었으며" 공식적인 옷차림으로는 여기지 않았다.

호복은 북방 초원 민족의 복장을 말하는 것이다. 유목할 때 말을 타는 경우가 많아 소매가 좁은 상의와 긴 바지·장화와 함께 입었다.《사기·조세가趙世家》에는 조나라의 무령왕武靈王이 먼저 이러한 옷을 사용하여 조나라 군대를 정비했는데, 이것은 당시 기마병의 전술과 관련이 있었다. 그러나 호복이 어떠한 양식을 갖추고 있었는지, 과거에는 명확히 밝혀진 바가 없었다. 사실 호복은 의고식衣褲式 복장으로, 긴 바지가 특징이었다. 산서성 장치長治의 분수령分水嶺에서 출토된 청동기 무사상은 상반신에는 직각 옷깃과 곧은 앞자락, 좁은 소매로 이루어진 상의를 입고 있으며, 하반신에는 긴 바지를 입고 실로 엮은 띠와 패검을 차고

그림 3-14 심의용深衣俑 (좌측: 남자, 우측: 여자)
1 호남성 장사 406호 초나라 때 묘에서 출토
2 장사 앙천호仰天湖 25호 초나라 때 묘에서 출토
3, 4 호북성 운몽의 대분두大墳頭 1호 서한 시대 묘에서 출토

있었다. 이것이 호복을 입은 전국 시기 전사의 상이었다(그림 3-15). 주의

할 만한 것은 이 무사상의 허리띠에는 대구帶鉤, 帶鉤(혁대의 두 끝을 서로 걸

어 합치거나 끼워 띠를 죄는 쇠붙이)가 없었다는 것이다. 과거에는 대구가 호

복과 동시에 전해진 것으로 여기었으나, 최근 몇 년 동안의 발굴 결과에

따르면 대구가 황하 유역에서 가장 먼저 발견된 것은 산동성 봉래蓬萊의

촌리집村里集 7호 서주 후기 묘에서다. 또한 춘추 시기에 이르러 각지에

서 동·금·옥 대구가 출토된 사례가 적지 않다는 것은 이미 알려진 사실

이다. 그리고 북방 초원 지역에서 대구가 나타난 경우가 춘추 시대 말기
보다 이르지 않으므로, 대구가 북쪽에서 왔다는 설은 확실하지 않다. 전
국 시대 후기부터 서한 시기에 이르기까지 곧은 옷깃과 곡거식 상의와
긴 바지를 입고, 허리에는 대구가 있는 가죽 띠를 두른 것이 무사의 평
상복이었으니, 진시황릉秦始皇陵 병마용兵馬俑에서 출토된 도기로 만든
무사의 상이 그 예라고 할 수 있다.

　　심의는 서한 시기에도 유행했으며, 긴 바지 또한 무사가 입었던 것
으로부터 비롯하여 사회적으로 널리 퍼졌다. 특히 언급해야 할 점은 고
대 관제冠制에 대한 인식으로, 현재는 한나라 때까지 거슬러 올라갈 수
있다. 상고 시대에 화하족의 관冠은 주로 예제禮制에 포함되어 있었는데
남자가 성인이 되었을 때 모두 관례를 했다. 사회적 지위에 따라서 쓰는

그림 3-15 호복을 입은 남자. 산서성 장치長治의
분수령分水嶺 전국 시대 묘에서 출토

관이 달랐고, 문헌에 장보章甫·위모委貌 등 관이 기록되어 있으나 검증할 수 있는 실물이나 그림이 부족하여 그 모양을 알 수는 없다. 한나라 때의 관은 복제服制에 포함되어 있었는데 신분과 관리의 품계, 관직의 표시였다. 그리고 "비천한 일을 하는 자", 즉 신분이 낮은 자는 책幘만을 쓸 수 있었고 관을 쓸 수 없었다. 관은 본래 "관도발貫韜髮"의 도구, 즉 계髻(상투)에 다는 머리 가리개였으며, 머리 전체를 덮는 것은 아니었다. 책은 보통 쓰는 모자와 비슷했다. 관과 책은 원래는 서로 관련이 없었다. 서한 말기의 정치가 왕망王莽 때에 이르면, 그는 대머리였기 때문에 먼저 책을 쓰고 책 위에 관을 썼다고 한다. 이후 이렇게 쓰는 방식이 보편적으로 널리 알려졌고, 동한 시기 화상석에 새겨진 당대 인물이 쓴 관 아래는 모두 책이 받치고 있었다. 그러나 그중에는 관만 쓰고 책을 쓰지 않은 경우도 있어서 구별이 된다. 관과 책은 마음대로 조합할 수 없었으며, 문관이 쓰는 진현관進賢冠은 지붕 모양의 개책介幘과 함께 갖추었으며, 무관이 쓰는 무변대관武弁大冠은 평평한 모양의 평상책平上幘과 함께 갖추었다. 진현관의 앞부분은 높이 솟아 있으며, 뒷부분은 기울어져 있어 마치 비스듬한 도마와 같았다. 관 앞에는 "양梁"이 있어 양의 숫자에 따라 신분의 높고 낮음을 확인할 수 있었다(그림 3-16).

황제가 쓰는 통천관通天冠과 제후왕이 쓰는 원유관遠遊冠 또한 진현관의 기본적 양식에 화려한 장식을 더하여 만들어진 것이다. 무변대관은 혜문관惠文冠이라고도 했다. 혜惠는 세繐와 통하며, 얇은 삼베를 말한다. 처음에는 머리에 쓰는 얇은 천으로 만든 양쪽 귀에 늘어뜨리는 변이었으나, 훗날에 고깔 아래 평상책을 안에 덧대게 하는 데 쓰였다. 한 걸음 더 나아가 삼베로 만든 고깔에 옻칠을 하였는데, 이것이 책 위에 옻칠을 한 농籠(대바구니)을 더한 듯하여 농관이라고 했다. 이외에 무사

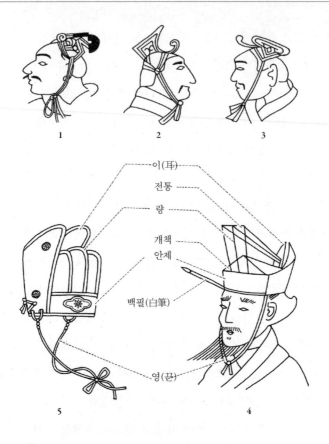

그림 3-16 관
1,2,3 정수리 장식이 없는 모자. 하남성 낙양에서 출토된 한나라 때 공심전
4 정수리 장식이 있는 모자. 산동성 기남沂南에서 출토된 한나라 때 화상석
5 명나라 때 삼량관三梁冠. 모자와 정수리 장식이 하나로 합해짐.《삼재도회三才圖會》에 의거

는 할관鶡冠도 썼다(그림 3-17). 법을 집행하는 사법관은 해치관獬豸冠을

썼다.

　　높고 낮음을 구별하는 데 진현관의 양의 숫자가 어느 정도 작용을

했지만, 양의 숫자는 하나부터 셋까지밖에 없어 등급의 과도성이 매우

컸다. 그리하여 한나라의 관리는 관료의 계급을 인끈을 사용하여 표시

했으며, 계급에 따른 관리가 사용하는 인끈은 색깔·밀도·짜는 방식이

그림 3-17 갈관鶡冠

1 갈우鶡羽를 무변武弁 위에 장식. 하남성 낙양의 금촌金村에서 출토된 전국 시대 동경銅鏡

2 갈우를 농관籠冠 위에 장식. 하남성 등현鄧縣에서 출토된 동한 시대 화상전

모두 달랐다(그림 3-18). 이 시기의 인끈은 관인官印 위에 묶는 끈이었으며 서주 시기 패옥을 매다는 것과 같은 것이었다.

한나라 때 여성은 일반적으로 머리를 뒤로 빗어 아래쪽으로 둥글게 쪽을 쪘는데, 이 모양이 거꾸로 된 망치와 같아 추계椎髻라고 했다. "부부가 서로를 공경하고 사랑하는" 이야기로 유명한 맹광孟光은《후한서》에 의하면 "추계를 하고 무명옷을 입었다"라고 했다. 한나라 도여용陶女俑이 이렇게 추계를 한 것을 자주 볼 수 있다. 게다가 이 시기 심의는 점차 귀부인의 예복이 되어갔다. 서한과 동한 시기뿐만 아니라 위진 시기에도 이러한 복장은 성행했다. 화려한 여성용 심의의 곡거를 허리 아래 몇 겹으로 묶고, 상의 자락의 비스듬한 가장자리에는 다양한 삼각형의 장식물과 긴 띠를 둘렀으니, 고대 문헌에서 이르는 "섬襳"과 "소髾"가 이것이다. 사마상여司馬相如의《자허부子虛賦》에 언급된 "비섬수소蜚襳垂髾"와 부의傅毅의《무부舞賦》에 등장하는 "화려한 비소飛髾와 여러 무

그림 3-18 수綏綬
1 산동성 가상嘉祥의 무씨사武氏祠 화상석에서 제나라 왕이 종리춘鍾離春에게 왕후의 인장과
인수를 수여하는 장면(인장은 작아서 화면에서 표현되지 않음)
2 산동성 문상汶上의 손가촌孫家村에서 출토된 동한 시대 화상석에서 인수를 패용한 사람
3 강소성 수녕睢甯의 쌍구雙溝에서 출토된 동한 시대 화상석에서 옥환을 꿰고 있는 인수

늬의 섬라襳羅를 지니다"라는 구절이 이러한 복장을 묘사한 것이다(그림
3-19).

　　남북조 시대는 중국 의복의 역사상 큰 변화를 맞은 시기였으며, 복
장의 갱신과 민족의 융합 또한 동시에 진행되었다. 남하한 선비족鮮卑族
은 원래 선비복鮮卑服을 입었으며, 남성용 복장은 둥근 혹은 교차하는 옷
깃이 있는 편의褊衣·긴 바지·긴 장화와 단추가 있는 가죽 띠를 포함했
고, 머리에는 뒤쪽으로 폭을 나누어 드리우는 선비모鮮卑帽를 썼다. 각
민족이 장기간 함께 산 후, 이러한 복장은 화북華北 지역에서 점차 유행
하기 시작했으며, 또한 노동을 하는 한족 사람들도 입기 시작했다. 다른
방면으로는 북조의 통치자가 정치적 입장에 따라 한화漢化를 주장했는
데, 효문제孝文帝 원굉元宏이 대표적인 인물이다. 위나라 효문제가 한화
정책을 시행하는 과정 속에는 호복을 금지하는 내용이 포함되어 있었
다. 그리하여 황제와 신료의 제복과 조복 중에는 한나라와 위나라 양식
의 높은 관과 폭이 넓은 띠가 다시 나타났다. 그러나 평민의 복장에서는

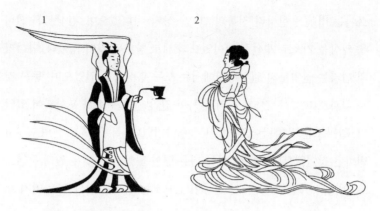

그림 3-19 섬·소를 장식한 여성용 심의
1 막고굴 285굴 서위 때 벽화
2 동진 때 고개지顧愷之의 〈열녀전도列女傳圖〉

효문제의 한화 정책에 따른 분명한 효과가 나타나지 않았다. 동위東魏·
북제北齊에서는 한화를 반대하는 풍조가 여러 차례 일어나 산서성 태원
太原의 북제 누예婁睿묘의 벽화에는 거의 푸른색의 선비복만이 그려져
있다. 북주北周 또한 북제와 같이 한화를 반대하여 선비어를 사용할 것
을 주장했고, 한족의 성을 선비족의 성으로 다시 고치기도 했다. 특히
북주에서는 한족의 농민을 흡수하여 부병府兵(농한기에 훈련시켜 그 부의 방
위를 맡게 하고 조세를 면하게 해준 농민 병사—옮긴이 주)이 되게 하면서 군장을
하나로 통일해야 했으므로, 선비화 된 복장이 백성들 사이에 보편적으
로 퍼지기 시작했다. 이와 동시에 상류층 통치자들은 엄숙한 현장에서
는 여전히 한족 옷을 입었다. 이는 향당산響堂山 석굴의 〈제후예불도帝後
禮佛圖〉 부조와 〈역대제왕도권歷代帝王圖卷〉의 북주 무제상武帝像에 모두
반영되어 있다.

　　이러한 기초에 따라 형성된 당나라 복장은 마침내 "법복法服"과
"상복常服"이 병행되었던 쌍방향 궤도를 달리게 되었다. 정식 예복으로

쓰이는 법복은 한나라 전통의 관·면·상의·치마였으며, 평상복은 선비
족 의상을 기초로 개선한 것이었으되 새로 창조된 것이 많았다. 당나라
의 남자는 군왕부터 일상생활에서는 모두 평상복을 입었으며, 둥근 깃
과 결과포缺胯袍·두건·가죽 띠와 목이 긴 양말과 장화가 포함되어 있었
다. 결과포는 옷자락이 트인 긴 두루마기였다. 복두幞頭는 선비모에서
변화된 것이었으나, 선비모와는 다른 면이 많았다. 그것은 원래 두건으
로, 머리를 싸맬 때 두 수건 밑동이 앞으로는 상투를 감싸고, 나머지 두
밑동은 머리의 뒷부분에서 묶어 남는 부분은 자연스럽게 아래로 늘어
뜨렸다 (그림 3-20). 복두의 바탕은 본래 검은색 사紗나 나羅로, 뒤에 늘어
뜨린 두건의 밑동이 부드러워 "연각복두軟脚幞頭"라고 불렀다. 훗날에
는 두건의 밑동에 청동·철사를 뼈대로 하여 받치는 "경각복두硬脚幞頭"
가 되었다. 경각의 모양과 윗부분 날개의 각도가 달랐기 때문에 "구각
복두句脚幞頭"·"전각복두展脚幞頭"·"조천복두朝天幞頭"등 다양한 스타일
이 나타났다(그림 3-21). 당나라 때의 가죽 띠는 단추를 달아 묶기도 했으
며, 혁대에는 물건을 매다는 데에 사용하는 몇 개의 좁은 가죽끈을 늘어
뜨려 놓았다. 이것을 "섭䩞[革(가죽)+燮(조화하다)]"이라고 한다. 섭을 맬
때는 가죽 띠에 고리를 달아 놓고 고리에 옥환을 걸고 섭을 옥환에 매단
다. 남북조 시대 후기부터 규격이 제일 높은 가죽 띠는 13개의 구슬을
달아놓은 것이었다. 《주서周書·이목전李穆傳》에서 "목이 사신을 보내어
수 문제를 알현하게 하여 13개의 옥환이 달린 금으로 된 띠를 바치게
했으니, 천자의 복식이다"라고 했다. 강소성 양주의 조장曹莊 수양제隨煬
帝 묘에서는 온전한 금을 상감한 옥 13개가 있는 띠가 출토되었다. 당나
라 초기에도 13환대를 사용한 적이 있으나, 실례가 발견되지는 않았다.
후에는 9환으로 줄어들었다. 《중화고금주中華古今注》에는 "당나라에서

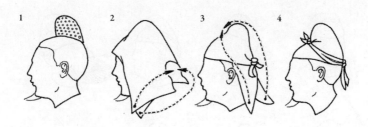

그림 3-20 연각복두 매기
1 상투 위에 두건을 두른다
2 복두를 덮어씌우고, 머리 뒤에서 뒤쪽 두 가닥을 묶는다
3 상투 앞에서 앞쪽 두 가닥을 묶는다
4 완성

고치고 수나라에서 다스려 천자는 9환대를 사용했고, 백관과 평민 또
한 모두 이처럼 했다"라고 했다. 또 나중에는 구슬을 없애고 고리만 남
겨 놓았다. 고리는 혁대에 매달아 놓는 직사각형과 비슷한 장식품인데,
관료의 계급에 따라 옥·금·코뿔소의 뿔·은·유석鍮石·남철 등의 재료를
사용해 제작했으며, 가죽띠 또한 관료의 계급을 구별하는 표시가 되었
다. 이외에도 북주 시기에 나타나기 시작한 "품색의品色衣"가 당나라에
이르면 제도화되어 중국 관복 특징의 하나로 자리 잡았다. 본래 한나라
문관은 모두 검은색의 관복을 입었다. 한나라 채옹蔡邕의《독단獨斷》에
서 "공경公卿·상서尙書 중 검은 옷을 입고 조정에 서는 자는 조신朝臣이
라고 한다"라고 했으며,《논형論衡·형재衡材》에서 "관리의 의복은 흑의黑
衣다"라고 한 바가 있다. 하북성 망도望都 1호 한나라 때 묘 벽화에서 관
료 복장의 색깔이 바로 이와 같다. 등급에 따라 옷의 색을 달리하는 제
도를 둔 이후 관품과 복장의 색깔의 관계가 밀접해졌으며 관급의 높음
과 낮음을 한눈에 알아볼 수 있었다. 당나라 황제의 옷 색깔은 자황柘黃
색이었다. 관원은 1품부터 9품에 이르기까지 옷의 색깔은 보라색·짙은

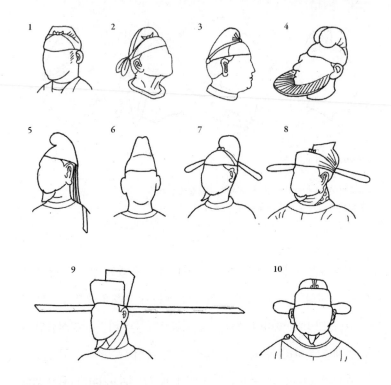

그림 3-21 복두 스타일 변화

1 평두복두. 당나라 정관貞觀 16년 독고개원獨孤開遠 묘에서 출토된 형상
2 경각복두. 당나라 신룡神龍 2년 이현李賢 묘 석곽에 선으로 새김
3 전부식前踣式 복두幞頭. 당나라 개원開元 2년 대령언戴令言 묘에서 출토된 형상
4 원두복두圓頭幞頭. 당나라 천보天寶 3년 두로건豆盧建 묘에서 출토된 형상
5 장각라복두長腳羅幞頭. 막고굴 230굴 성당 시대 벽화
6 친첨건자襯尖巾子 복두. 당나라 건중建中 3년 조경림曹景林 묘에서 출토된 형상
7 교각복두翹腳幞頭. 당나라 함통咸通 5년 견본絹本 불화
8 직각복두直腳幞頭. 막고굴 144굴 오대십국 시기 벽화
9 송나라식 전각복두. 송나라 철종의 상
10 명나라식 오사모烏紗帽. 우겸于謙의 상

빨간색·옅은 빨간색·짙은 녹색·옅은 녹색·남색·하늘색의 순서로 배치
되었다. 백성들은 대부분 백의를 입었다. 사병은 한나라 때는 감색 옷을
입었고 수나라 때에는 노란색, 당나라 때에는 검은 옷을 입었다.

당나라의 여성용 옷은 주로 치마·윗옷·피帔 세 가지로 구성되어
있었다. 이 시기에 아랫자락을 치마 안에 가렸으므로, 치마가 매우 길어
보였다. 성당盛唐 시기에는 아랫자락을 낮추어 치마가 점점 크게 보였
고, 통상 여섯 폭의 직물로 만들었으며, 이른바 "치마가 여섯 폭의 소상
瀟湘 물을 풀어놓는구나"(이군옥李群玉의 시)와 같다. 피는 피백帔帛·피자帔
子라고도 했다. 피는 매우 긴 스카프와 같으며, 서아시아에서 불교 예술
의 매개로 중국으로 전해졌다(그림 3-24:3).

당나라 전기 여성 복장에 호복이 나타나 번령翻領·결과포缺胯袍·장
고長袴와 어울렸다. 그러나 많은 여성들이 줄무늬 고袴와 선이 그려져 있
는 신발을 더 좋아했다(그림 3-22). 번령포翻領袍는 당나라의 남성용 일상
복 원령포圓領袍와 비슷했으며, 그리하여 원령포를 입고 복두를 싸매는
경우도 있었다. 궁실의 궁인에게 옷을 보내는 경우에도 자주 이러한 종
류의 옷차림을 마련했으므로, "과두내인裹頭內人"이라고 했다.《통감》
홍원興元 원년 조목의 호삼성의 주석에도 "과두내인은 궁중에서 사령使
令에게 준다. 내인이 사령에게 주는 것은 모두 관과 두건이었으므로 과
두내인이라고 부른다"라고 했다. 이른바 "과두裹頭"라는 것은 과복두이
다. 만약 머리 위를 싸맨 것을 주의 깊게 살피지 않고 걸친 옷만 본다면
이들을 "포고袍袴"라고 불렀을 것이다. 당나라 때 설봉薛逢의《궁사宮詞》
에서는 "멀리서 정전의 발을 건은 곳을 엿보면 포고궁인袍袴宮人이 어상
御床을 쓸고 있다"라고 했다. "포고궁인"은 즉 "과두내인"이며, 잡역을
하는 궁녀였다. 궁중 이외에도 관료 집안의 시녀 또한 남성용 복장을 한
경우가 있었는데, 이 또한 "포고"라고 불렀다. 당나라 때 장작張鷟의《조
야첨재朝野僉載》에서 "주령周嶺 남쪽의 수장인 진원陳元이 손님을 맞이할
적에 어느 한 포고로 하여금 술을 권하게 했다"라고 했으며, 당나라 전

기傳奇《이참군李參軍》에서도 한 노인이 "보랏빛 촉삼蜀衫을 입었고, 구장
鳩杖을 짚고 두 명의 포고가 옆에서 부축하고 있었다"(《태평광기太平廣記》
448권 인용)라고 했다. 그러나 술을 권했던 자와 노인을 부축했던 "포고"
가 남자 하인이 아님을 어떻게 알 수 있었을까? 이에 대해서는 전기 소
설에서도 언급된 바가 있다. 《이도李陶》에서도 "잠을 자고 있는데 누군
가 흔들어 깨운다. 내가 깜짝 놀라 일어나 보니, 포고를 입은 여종이 보
이는데, 용모가 아름다웠다"(《태평광기》333권 인용)라고 하여, "포고"가 여
종임을 명확히 제시하고 있다. 당나라 때 묘의 벽화와 선각화線刻畵 속의
여자들은 일반적으로 치마와 웃옷을 입은 인물이 앞에 서 있었고, 남성
용 복장인 "포고"를 입은 인물이 손에 기물을 들고 뒤에서 따라오고 있
는 것으로 보아 신분이 비교적 낮은 사람의 복장임을 확인할 수 있다.
이런 장소에서는 "포고" 혹은 호복을 입은 여자가 앞장서는 경우가 드
물었다. 그림 3-23에서 제시한 예는 등장인물이 많지 않은 몇 점의 그

그림 3-22 당나라 때 호복
입은 여성
1 섬서성 부평富平의 당나
라 방릉대장공주房陵大長公
主 묘 벽화
2 산서성 만영萬榮의 당나
라 설경薛儆 묘 석곽 선각화

림이다. 예를 들어 의덕태자懿德太子 묘·절민태자節愍太子 묘 등에서처럼 여성이 줄지어 등장했다면 예외 없이 신분에 따라 배열했을 것이다. 어떤 사람은 당나라 때 여성이 남성용 복장을 한 것은 "모종의 여성 권리 의식을 각성한 것이자 전통적 남성 권리 사회에 대한 일종의 도전"이라고 했다. 그러나 이러한 관점은 고고학적 자료에서는 큰 지지를 얻지 못했다. 안사의 난 이후 이러한 옷차림은 점차 자취를 감추었으며, 전통 양식의 치마와 웃옷은 날이 갈수록 커졌다(그림 3-24). 당나라 여성에게는 호복을 입거나 남성용 의복을 입은 것은 간편함을 의미한 것이지 온화하고 점잖고 귀티가 난다는 것을 의미하지는 않았다. "구름은 의상을 생각하고 꽃은 얼굴을 생각하네"라는 이백의 시 구절은 그들이 추구하는 것을 잘 반영한 셈이었다.

송나라의 복장은 대체로 당나라의 제도를 답습했다. 그러나 송나라 형식의 두건은 안으로는 목골木骨을 채우고, 밖으로는 칠사漆紗로 싸매서, 송나라 사람들은 이것을 "복두모자幞頭帽子"라고 불렀다. 그러나 수시로 벗고 착용할 수 있어서, 당나라 전기에 반드시 임시로 싸매야 했던 연각복두와는 크게 달랐다. 이 시기에는 황제와 관원이 쓰는 전각복두의 양 끝을 좌우로 해서 수평으로 곧게 뻗으면 수 척이 되었다(그림 3-21:9). 신분이 낮은 관아의 심부름꾼·하인 등은 무각복두無脚幞頭를 썼다. 〈청명상하도〉에는 여러 가지 인물의 복장이 일치하지 않았다. 사복紗幞과 두루마기를 입은 관원이 있고, 두건을 쓴 유생이 있고, 짧은 웃옷을 입은 노동자가 있고, 게다가 노동자의 복장 또한 저마다 다른 바가 있었다. 이것은 《동경몽화록東京夢華錄》에서 말한 "사농공상士農工商·모든 직종과 점포의 의복이 모두 각기 특색이 있었으며, 감히 밖으로 넘어가지 않았다"라고 했던 상황을 반영한 듯하다.

그림 3-23 당나라 때 그림에서 볼 수 있는 포고(남성 복장 착용)
1 섬서성 건현의 당나라 영태공주 묘 석곽 선각화
2 섬서성 부평의 당나라 이봉李鳳 묘 벽화
3 섬서성 예천禮泉의 당나라 신성장공주新城長公主 묘 벽화

송나라 여성들 또한 치마와 웃옷을 입었는데, 피자는 걸치지 않았다. 당나라 때와 달랐던 점은 이때의 웃옷은 옷섶에 맞추어 치마의 바깥쪽을 덮은 것이었다. 송나라 때 치마는 당나라 때보다 비교적 폭이 좁아 얇은 주름이 "눈가의 주름처럼" 많은 경우가 있었다. 특히 송나라 때는 전족纏足을 하는 악습이 생겨나 여성들의 외모를 더욱 가냘프게 보이려고 했던 때였다. 전족은 오대십국 시대부터 시작됐지만, 북송 신종神宗 때에 이르기까지 전족을 했던 여성은 많지 않았다. 이런 습속이 등장했을 때 명사들의 열렬한 환영이 없었다면 그처럼 고통스러운 대가를 치르는 화장술이 하나의 동향이 되기는 힘들었을 것이다. 최초로 전족을 찬양한 대표적 인물은 바로 소동파蘇東坡였다. 그는 "금련金蓮(전족한 발의 미칭) 걸음 사뿐사뿐 길에 남기고 간 향기 아쉽지 않으나, 비단 버선 신고 물결 넘어 가버려서 오랫동안 시름에 잠기네", "섬세하고 절묘함을 뭐라고 말하기 어려우니, 손바닥 위에 올려놓고 감상해야 하리라"라고 했다. 소동파를 따랐던 진소유秦少游의 "발에 신은 신발은 네 치 명주로 만들었다네"라는 구절과 황산곡黃山谷의 "그의 작은 버선 작은 신발"이라는 구절 또한 이러한 사실을 반영한다. 남송 시기에 전족은 귀족 집안의 여성에게 상당히 보편적으로 적용된 사항이었다. 소조蕭照의 〈중흥정응도中興禎應圖〉에는 여자들이 모두 쭈뼛한 자세로 그려져 있었다. 이는 그들의 몸과 마음이 전족으로 고통받고 있음을 명백히 드러낸 것이었다. 이 "소문학사蘇門學士"라는 자들은 북송 후기부터 중화민국 설립 초기까지의 한족 여성들에게 갚으려야 갚을 수 없는 엄청난 빚을 진 것이다.

원나라 때의 통치자는 몽골 귀족이었다. 몽골 남자는 모두 머리를 "파초婆焦" 양식으로 깎았다. 이마 앞에 한 타래는 남겨 놓고 머리 꼭대

그림 3-24 당나라 때 여성 복장이 풍만해지는 추세(1. 2. 초당. 3. 4. 성당. 5. 중당. 6. 7. 만당)
1. 막고굴 375굴 벽화
2. 영태공주 묘 벽화
3. 막고굴 205굴 벽화
4. 막고굴 130굴 벽화
5. 막고굴 107굴 벽화
6. 막고굴 9굴 벽화
7. 막고굴 192굴 벽화

그림 3-25 파초 스타일로 깎고 달모를 쓴 원나라 때 남성. 원나라 때 지순본至順本 《사림광기
事林廣記》에 의거

기의 머리카락을 깎고, 양쪽의 머리카락은 둥글게 말아 변발을 하여 양
쪽으로 늘어뜨린 모양의 머리다. 이것을 "불랑아不狼兒"라고 했다. 또한
"변발을 하나로 모아 옷의 뒤에 늘어뜨린 경우"도 있었다. 그들이 썼던
모자 중 모양이 둥근 것은 발립鈸笠이라고 하며, 사각형인 것은 와릉모瓦
楞帽, 통속적으로는 달모韃帽라고 했다(그림 3-25). 몸에 걸치는 두루마기
의 허리 부분에는 많은 선이 있었으며, 아래쪽으로는 주름이 있어 변선
오자辮線襖子라고 했다. 고위 관직에 있거나 귀족이 입는 옷은 "납석실納
石失(페르시아어 nasich를 번역한 것이며 금실로 문양을 장식해 짠 비단)"로 제작되
었다. 원래 남북송 시대, 심지어 이보다 훨씬 이른 시기에 만들기도 했
으나(주필대周必大 《친정록親征錄》, 주휘周輝 《청파잡지淸波雜誌》등 참조) 생산량이
적고 견직 공업의 아주 작은 일부분에 불과했다. 그러다 원나라 때에 최

고조에 이르러 비단에 금을 더하고 모직물에도 금을 더한 모단자毛段子
라는 것이 생겼다. 통치자의 옷에 금을 더했을 뿐만 아니라 3품 이상 관
리의 장막에도 금빛 직물을 더했다. 납석실은 원나라가 정권을 차지함
에 따라 100여 년 동안 흥했으며, 여행가 마르코 폴로의 눈을 통해 전
세계에 중국에 대한 금빛 인상을 남겼다. 원나라 때 몽골족의 복장은 겨
울에는 모피가 주가 되었으며, "답홀答忽"이라고 불렸다. 귀족 여성들은
고고관顧姑冠(고고뜸뜸·고고姑姑·고관뜸冠이라고도 함)을 썼다. 고고관은 세 부
분으로 나뉘어 있는데, 정수리 부분은 작은 쓰개를 둘렀고, 쪽을 튼 머
리를 그 안으로 밀어 넣고 갓끈으로 아래턱 밑에 묶었다. 쓰개의 아래로
는 장식용 머리띠를 둘렀는데 나사羅紗로 만든 것이었으며, "속하진速霞
眞"이라고 했다. 두포의 위쪽에는 속이 빈 원통을 세워 놓았는데, 원통
의 끝부분은 사각형에 가까웠다. 이것은 나무의 껍질을 말아 기본 뼈대
를 만들거나 대쪽을 엮어 원형을 만들었으며, 철사로 묶어 만든 경우도
있었다. 원통의 바깥 면은 검은 삼베나 붉은 생사로 짠 직물로 감쌌고,
높이 솟아 있어 매우 눈에 띄었다. 그 높이가 한 척(양위정楊衛禎《죽지가竹
枝歌》), 혹은 한 척 다섯 치라고 했으며(주유돈朱有燉《원궁사元宮詞》), 혹은 두
척이라고도 하고(구처기丘處機《장춘진인서유기長春眞人西遊記》, 정사초鄭思肖《심
사心史》), 세 척이라고 하는 경우도 있었으며(맹홍孟琪《몽달비록蒙韃備錄》),
혹은 1엘(1.14m, Jean-du Plan Carpinc《몽고행기蒙古行紀》참조)이라고 하는 경
우도 있었다. 관의 꼭대기 부분에는 할계(鶡鷄, 멧닭)의 깃털을 꽂았다.
라시드 알딘Rashid al-Din은 13세기에 자신의 저작인《사집史集》의 삽화에
툴루이 칸의 황후와 후궁의 모습을 그렸는데, 고고관에 모두 매우 긴 깃
털을 꽂은 것으로 표현했다(그림 3-26). 관에 꽂은 깃털은 매우 눈길을 끌
었으며, '고고'는 몽골어로 '꼭대기의 깃털'이기도 했다(《어제만주몽고한

그림 3-26 고고관. 탁뢰한
의 후비

자삼합절청문감御制滿珠蒙古漢字三合切淸文鑒》29권 참조). 훗날 그림에 등장하는
고고관은 어떻게 해서 이 부분이 생략되었는지 알 수 없다. 현실 생활
속에서 몽고의 귀부인 이외에 한족의 귀부인은 고고관을 쓴 경우가 없
다. 원나라 초기 수도의 벼슬아치들로 하여금 머리를 깎고 몽고의 복장
을 입으라고 요구한 바가 있었으나, 대덕大德 연간 이후에는 편의에 따
라 행하도록 했다. 그러므로 원나라 때의 한족, 특히 강남 지역에 거주
했던 이른바 "남인南人"의 복장은 기본적으로 송나라 때와 같았다.

　　명나라가 건국된 후, 호복 금지령이 내려졌고 의복과 관은 모두 당
나라 제도를 따를 것이 요구되었다. 그리하여 당나라의 법복과 상복이
함께 착용 되었던 현상이 다시 회복되었다. 그러나 상복 및 호복과 관련
된 역사적 인연은 사람들의 기억 속에서 옅어져 명나라 조정 사람들도

그들의 공복公服과 상복 모두 "옛 국가의 의관"이라 여겼을 뿐, 다른 의
미를 두지 않았다. 명나라 조정의 법복은 대체로 당나라 제도와 비슷하
여 단지 진현관을 양관梁冠으로 바꾸었고 충정관忠靖冠 등 관의 양식을
추가한 것일 따름이었다. 명나라의 공복, 즉 관복 또한 두건과 둥근 옷
깃이 있는 두루마기로 구성되어 있었으나 이 시기의 두건은 바깥 부분
을 검게 칠하고 밑동이 짧고 넓어 오사모烏紗帽라고 했다. 관직이 없는
평민은 절대로 관을 쓰지 못하도록 했다. 공복은 계급에 따라 옷의 색깔
을 정하는 것 이외에도 가슴과 등에 흉배를 꿰맸다. 흉배는 관직의 계급
을 표시하는 일종의 문장紋章이었으며, 문관은 새, 무관은 짐승, 간관諫官
은 해태로 표시했으며, 공후·부마는 기린과 백택白澤으로 표시했다. 관
원이 특별한 공훈이 있으면 본래의 흉복에 이무기·비어飛魚·투우가 있
는 두루마기를 더 입었다. 이무기는 네 개의 갈퀴가 있는 용(용은 다섯 개
의 갈퀴가 있음)이며, 비어는 지느러미가 있는 물고기 꼬리의 이무기이며,
투우는 이무기의 머리에 두 개의 구불구불한 뿔을 더 붙인 것이었다. 이
러한 종류의 두루마기는 황제가 입는 용포이므로 매우 귀한 것이었다.
명나라 공복은 허리띠 또한 매우 섬세히 표시했으며, 1품은 고리에 옥
을 차는 것이었으며, 2품은 화서花犀, 그 밑으로는 금·은·오각烏角 등으
로 각기 차등을 두었다. 그리하여 "이무기가 있는 두루마기와 옥띠"는
이 시기의 고관대작들에게는 가장 빛나는 복장이었다. 선비는 예살曳撒
혹은 직철直裰을 자주 입었다. 예살의 앞자락은 두 부분으로 나뉘며, 허
리의 중간에는 가로로 된 주름이, 아래에는 세로로 된 주름이 있어 원
나라 변선오자辮線襖子의 유풍이 남아 있었다(그림 3-27). 직철은 위아래
가 통하여 주름이 쌓이지 않았으며, 도포라고도 불렀다. 소철蘇轍의 시
의 한 구절에서 "쌍초雙蕉를 고쳐 직철을 꿰매니, 도읍 사람들이 모두 도

그림 3-27 변선오자와 예살
1 원나라 때 변선오자. 원간본
《사림광기》에 의거
2 명나라 때 예살. 산동성 추
현鄒縣의 명나라 때 주단朱檀
묘에서 출토

인으로 보는구나"라고 한 것으로 보아, 이러한 복장이 북송 때부터 유
행하기 시작했음을 알 수 있다. 명나라 후기에 사회의 풍조가 사치스럽
게 변해 직철은 너무 간소하다 여겨져 연회에서는 예살을 주로 착용했
다. 그들이 썼던 두건은 송나라 제도를 바탕으로 변형된 것으로, 일반적
으로 "평평하고 높고 크며", 사람들이 "머리 위의 책장"이라고 우스개
처럼 불렀다(청나라 호개지胡介祉《영사신악부咏史新樂府》) 명나라 초기의 사방
평정건四方平定巾은 전체적으로 은은한 빛이 돌았다. 후에 두건의 폭을
나누었다. 순양건純陽巾과 같이 앞부분에 폭을 나눈 것이나, 주자건周子巾
과 같이 뒷부분에 폭을 나눈 것도 있으며, 희지건羲之巾·화양건華陽巾과

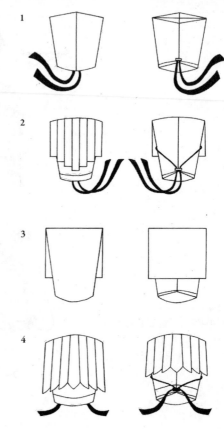

그림 3-28 명나라 두건(좌: 정면,
우: 후면). (명간본《여수건보汝水巾
譜》에 의거)
1 동파건東坡巾 (피폭披幅 없음)
2 순양건純陽巾 (앞쪽 피폭만 있음)
3 주자건周子巾 (뒷쪽 피폭만 있음)
4 화양건華陽巾 (앞뒤 피폭 있음)

같이 앞뒤로 모두 폭을 나눈 것도 있었다(그림 3-28). 노동하는 백성들은
평소에 짧은 옷과 작은 모자를 쓰거나 망건网巾을 썼다.

　　명나라 여성의 웃옷과 치마는 송나라와 원나라의 것과 비슷했으
나 내복은 작고 높은 깃이 있어 목 부분을 단추로 잠글 수 있었다. 외투
는 비교적 길었고, 옷깃에는 수를 놓았으며 아랫부분의 옷깃이 만나는
부분에는 금은으로 꿰매 만든 장식품을 달거나, 혹은 옥으로 만든 장식
품을 달기도 했다. 옷 위로 운견雲肩·비갑比甲(소매가 없는 조끼)을 걸쳐 입
었다. 치마는 마면군馬面裙·백습군百褶裙 등이 있었다. 쪽 머리 양식은 매

우 복잡했는데 쪽을 찐 다음에는 망으로 된 모자를 썼으며 이것을 적계 鬏髻라고 했다. 보통 머리카락, 추사綯紗로 엮었고 이외에 금실과 은실로 엮은 적계도 흔히 있었다.

만족滿族이 지배층이 되기 전의 복장은 "(붉은 술이 달린) 관모와 전의 箭衣를 입는 것"을 특징으로 했으며, 명나라 조정의 "사각형 두건과 큰 소매"(사인)·"사모紗帽와 둥근 깃"(관원)은 명백한 차이를 드러냈다. 만족이 지배층으로 군림한 후 한동안 한인이 명나라 복장을 하는 것을 허락한 적이 있었다. 순치順治 2년, 남경을 함락한 후,《엄행체발유嚴行薙髮諭》를 반포하여 "관민은 만주의 복식에 따라 한족 제도의 의관을 입지 않는다"라는 명이 내려졌다. 심지어 "따르는 자는 우리나라의 백성이요, 주저하는 자는 역모를 꾸미는 적이라 여길 것이다"라고도 했다. 이 규정은 한족 백성에게는 엄청난 충격을 주었고, 각지에서 항쟁이 일어나 많은 사람이 죽임을 당했다. 전통적인 법복으로 장기간 보존되었던 웃옷·치마·관·면류관은 이 시기에 모두 완전히 없어져 버렸다. 이런 거대한 복식의 변화는 전국 시대 후기부터 서한 시기에 이르기까지 심의와 장고를 주로 한 복장의 변화, 남북조 시대 후기부터 당나라 초기에 이르기까지의 두건의 발명과 둥근 깃과 결포를 주로 한 복장의 변화 과정, 훗날 20세기 전기 서양식 양복의 착용과 함께 중국 복식사에서 손꼽히는 4차례의 큰 변화 중 하나였다.

청나라의 관복은 두루마기 바깥에 자락이 트인 조괘朝褂를 입는 것이었다. 이것은 길이가 두루마기보다 짧았으며, 일반적으로 푸르스름한 회색이었다. 가슴과 등에도 흉배를 꿰매었으나 명나라의 것보다 작았다. 도안은 명나라와 유사하지만 명나라 문관의 흉배에는 새가 두 마리였는데 청나라 때에는 한 마리로 줄어들었다. 조괘는 단추로 자락을 채우기 때문에 가슴 앞의 흉배가 두 갈래로 갈라지게 되어 위쪽 새의 머리와 몸통이 서로 다른 곳에 놓이게 된다. 하나만 보다가 다른 것을 놓친 듯한 인상이 있다. 청나라의 관복은 품계에 따라 색으로 구분하는 제도가 없어서 흉배 이외에 모자의 꼭대기 부분에 품계의 차이를 반영했다. 1품은 모자의 꼭대기에 붉은 강옥(루비)을 달았고, 2품은 산호를, 3품은 푸른 강옥(사파이어), 4품은 청금석, 5품은 수정, 6품은 거거硨磲(남해에서 생산되는 조개껍질), 7품은 소금(素金, 순수한 금)을 사용했으며, 8품과 9품은 화금花金(세공한 금)을 사용했다. 무관 중 황제와 친분을 맺고 있는 자와 전공을 세운 자에게는 화령花翎(모자 뒤에 늘이는 공작의 깃)을 하사했는데, 단안單眼·쌍안雙眼·삼안三眼 세 가지로 구분되었다. 그리하여 청나라 때 "꼭대기에 화령을 꽂는 것"은 명나라 때의 "이무기 두루마기와 옥띠"와 같이 관료들이 가장 원하는 것이었다.

　　청나라의 여성복은 만족과 한족 양식으로 나뉘었다. 청나라 초기 제발령薙髮令을 내릴 때 한족 여성의 복장은 많이 건드리지 않아, "남자는 따르고 여자는 따르지 않았으며, 산 자는 따르고 죽은 자는 따르지 않았고, 나이 든 자는 따르고 어린 자는 따르지 않았으며, 창기娼妓는 따르고 배우는 따르지 않았다"라는 속담이 있었다. 순치 2년과 강희 원년·3년에 한족 여성들이 전족하는 것을 금지한 적이 있었으나 엄격히 시행되지는 않았으며, 강희 7년에 다시 금지하기 시작했다. 그리하여 청나라 초기 한족 여성은 여전히 명나라 복장을 입었으며, 위로는 웃옷·도포를 입고 아래로는 치마를 묶어 입었다. 청나라 후기에는 치마 대신 바지를 입었으며, 소맷부리와 바짓단에는 반복적으로 테를 둘러 "곤상滾鑲"이라고 했다. 심지어 "옷이 몸의 10분의 6을 차지하며, 테를 두른 선이 10분의 4를 차지한" 경우도 있었다.

청나라 만주족 여성은 기장旗裝을 입었으며, 전족을 하지 않고, 치마를 묶지 않았으며, 모두 기포旗袍(치파오)를 입었다. 조끼를 같이 입기도 했는데, 대금對襟·일자금一字襟·비파금琵琶襟·대금大襟 등의 스타일이 있었다. 건륭제乾隆帝가 등극한 후 만족 여성들은 굽이 높은 고저혜高底鞋를 신기 시작했다. 신발 바닥에 높이가 대략 4~5치 되는 나무 굽을 달았는데 위쪽이 넓고 아래쪽이 둥글어 "화분저花盆底"라고 불렀다. 굽이 비교적 납작하고 낮은 것은 "원보저元寶底"라고 불렀다. 청나라 초기 만족 여인의 머리는 변발辮髮을 하여 이마 앞으로 묶어 앞가르마를 나누어 뒤로 손질한 다음 머리를 싸매는 천으로 밖에서 묶는 모양이었다. 훗날 평계平髻로 빗는 것을 "일자두一字頭"라고 했는데, 함풍咸豊 황제 이후로는 "양파두兩把头(머리를 두 갈래로 나누어 묶는 모양)"로 빗었다. 우선 정수리 머리를 묶고 철사를 꼬아 만든 틀을 꽂아 양쪽의 머리카락을 틀에 교차시켜 쪽을 찌고, 위쪽은 "편방扁方"이라고 하는 큰 비녀를 꽂아 고정한다. 두 머리 토리 앞쪽에는 꽃을 꽂았는데, 가운데에는 큰 꽃인 "두정頭正"을, 좌측에는 "배화扒花"를, 우측에는 "착지화戳枝花"를 꽂았다. 뒤쪽에는 "압빈화壓鬢花"를 꽂았다. 그리고 측면에 술을 늘어뜨렸는데, 붉은색 술은 이미 혼인을 했다는 것을 표시하고, 흑자색 술은 배우자를 잃었다는 것을 표시했다. 양측에 모두 붉은 술을 늘어뜨렸다면 혼인을 하지 않았다는 뜻이다. 청나라 말기에는 또 두꺼운 천 조각을 준비해 검은 주단이나 검은 융단으로 밖을 싸서 양파두 모양으로 만들어 머리 위에 고정했는데, 진짜 머리카락 장식보다 훨씬 단정하고 품위가 있었다. 그러므로 단기간에 유행을 타게 되었고, 흔히 이것을 "대랍시大拉翅"라고 불렀다.

신해혁명 이후 비록 장포와 마고자는 계속 존재했으나, 중산복·학생복·양복이 나날이 유행했고, 여성이 입는 기포旗袍(치파오) 또한 청나라 때 양식과는 거리가 멀어지게 되었다. 중국의 복장은 서서히 세계의 주류 및 유행과 함께하며 새로운 시기에 들어섰다.

4

건축과 가구

중국 사람들은 집을 짓는 일을 속칭 "대대적으로 토목을 일으킨다大興土
木"라고 한다. 이렇게 말하는 것은 그 역사적 유래가 있다. 토土는 항토夯
土(땅을 다지다, 달구질하다)를 가리키며, 판축版築이기도 하다. 목木은 목구
조 트러스를 가리킨다. 예전에 어떤 대학에서는 건축과를 토목 공정과
라고 했다. 그러나 지금은 건축에서 토土(항토)는 그림자도 보이지 않을
뿐 아니라, 목조도 부차적 위치로 물러나게 되었다.

상고 시대 중화 문명의 중심은 황하 유역에 있었으며, 여기에는 바
람이 형성한 아주 두꺼운 황토층이 있다. 그러나 황하 중상류의 습함성
황토 지역에서 건물을 건축하려면 반드시 먼저 땅의 기초를 튼실하게
다져야 했다. 앙소 문화 시기에 이미 두드려 다진 주거 면이 나타나서
항토가 있었음을 알게 되었고, 이것이 지면 위까지 응용되어 판축이 발
명되었다. 같은 시기 북아프리카와 서아시아에는 진흙 벽돌만 있었고,
판축은 없었다. 판축은 중국 고대 건축 기술에서 독특하게 뛰어난 점이
다. 그러나 당시 집은 대부분 반혈거 형식으로, 지상 부분은 목조 뼈대
에 진흙 담장[木骨泥墙]인 것이 많았다. 그래서 원시 사회의 주거 유지
에서는 판축한 담이 비교적 적게 보이지만 성벽의 경우에는 판축이 사

용된 사례가 있다. 하지만 최초의 성벽은 다져서 축성한 것이 아니라 쌓아서 축성한 것으로, 마을을 빙 둘러 도랑을 파내고 나온 흙을 쌓아 만든 부산물이었다.

호남성 풍현澧縣의 성두산城頭山 대계大溪 문화의 성 유적지는 평면은 원형에 가깝고, 성 밖에는 파낸 물길이 있으며, 성벽은 지면에 쌓아서 완성했다. 북방 용산 문화의 성 유적지는 이와는 달리 다져서 축성한 것이 많다. 황토를 누르면 자연 상태의 미세 구조가 파괴되고 밀도가 높은 다진 흙이 형성된다. 다진 흙은 어느 정도 습기를 방지할 수 있었고 강도도 매우 높았다. 아울러 황토는 직립성을 지니고 있어서, 성벽을 상당히 가파르게 쌓을 수 있었다. 하남성 신밀新密 고성채 용산 문화 시기의 항토夯土 성벽이 그 대표적인 예다(그림 4-1).

판축 시공을 할 때는 우선 양쪽에 흙을 버티는 긴 나무판을 세운다. 이른바 판版이다. 양 끝을 막아 세운 나무 기둥은 정楨이다. 흙을 떠받치는 판이 이동하는 것을 방지하기 위해 판 밖에 세우는 버팀목을 간㭰이라고 한다. 또 양쪽 버팀목을 둘러 줄로 판을 단단히 묶는데 이 줄을 축縮이라고 한다. 다 다지고 나서 축승縮繩을 찍어 잘라 벽 판을 제거하는 공정을 참판斬板이라고 한다. 날짜가 지나서 다진 층 사이에 눌려 있는 축승이 썩어 사라지면 줄눈이 남는다. 만약 삽간揷竿을 사용하면 삽간 구멍이 남는다. 항축夯築은 현지에서 재료를 구하는 방식으로, 상대적으로 비용이 가장 절약되는 건축 방식이다. 또한, 그 견고한 정도가 상상을 초월하여 수천 년 전 항토가 자주 발굴된다.

《시경·대아·면緜》에서는 선주 시기 고공단보古公亶父가 주원周原에 와서 창업하며 도읍을 건립하는 상황을 묘사했다. 거기서 판축할 때 상황을 다음과 같이 묘사했다.

그림 4-1 하남성 신밀의 옛 성채. 용산 문화 시기의 다짐 공법 성벽

기준 줄을 곧게 하고, 판을 놓고 잘 다지고, 차근차근 사당 짓네

其繩則直, 縮版以載, 作廟翼翼.

투둑투둑 흙을 담고, 푸덕푸덕 흙을 쌓고, 타당타당 다진다네

捄之陾陾, 度之薨薨, 築之登登.

볼록한 곳 깎아내니, 모든 성벽 완성되어, 종고 소리 끝이 없네

削屢馮馮, 百堵皆興, 鼛鼓弗勝.

시공 장면이 위와 같이 즐겁고 열정적이다. 당시 달구질하는 사람들은 노래를 부르며 일을 했다(《순자荀子·성상成相》·《좌전·선공宣公 2년》). 고고鼛鼓는 특대형 북이다.《주례·지관地官·고인鼓人》에 "고고를 치면서 일을 했다"라는 기록이 있다. 그러나 "일꾼들의 소리가 일어나 고고 소리가 이겨내지 못했다"(유월俞樾《군경평의群經平議》1권)라고 했다. 종합하면 흥겨운 건축 현장의 분위기 속에서 큰 건축물 하나를 "서민들이 일

을 하여 며칠도 안 되어 완성한 庶民攻之, 不日成之 ”(《시경·대아·영대靈臺》) 것
이다.

당나라 이전 대형 건축물이 지금까지 남아 있지 않은 것을 우리는
늘 아쉬워한다. 서한 장안·동한 낙양 등 도성 유적지에서도 그저 흙을
다진 기초 몇 곳을 볼 수 있을 따름이다. 옛 이집트·로마처럼 크고 장
려한 석구조의 대형 건축이 지금까지 전해지지 않았다. 예를 들면, 카
이로 서쪽 기자 지방의 대형 피라미드는 높이가 147m, 바닥 변의 길이
가 230m이고, 약 300만 덩어리의 석재를 사용했다. 덩어리마다 평균
중량 2t 안팎이고, 피라미드 한 채 중량이 약 600만t이다(그림 4-2). 기
자 현지에서는 석재가 생산되지 않으므로 이 600만t 석재는 외지에서
운반해 와야 했다. 헤로도토스의 기록에 따르면, 재료를 운반하기 위
한 도로를 까는 데만 10만 명을 동원하여 10년 세월이 걸렸다고 한다.
이어서 피라미드 건축에 10만 명을 동원하여 30년 세월이 걸렸다. 건
축의 기적은 이 사람들의 거대한 고통과 맞바꾼 것이다. 석재를 캐고,
운반하고, 다듬는 엄청난 작업은 만약 고대 이집트가 소유했던 대규모
노예 노동과 극도의 종교적 열광이 없었다면 불가능했을 것이다. 당
시 종법 제도하에 있던 중국은 상황이 완전히 달랐다. 중국 사회는 상
대적으로 조금 더 조화로웠고 폭력의 압박이 적었으며 미신의 정도도
좀 옅어서, 이미 세상을 떠난 지도자를 위해 이토록 높고 큰 무덤을 건
축할 이유도 가능성도 없었다. 고대 중국에 비록 몇몇 석탑, 석패방 등
이 있었지만, 석구조 건축은 주도적 위치에 있지 않았다. 고궁의 세 대
전大殿 앞뒤의 어도석御道石은 길이 16m 무게 200여 t으로, 하북성 곡양
曲陽에서 생산된 것이다. 2만 명을 동원하여 끌어도 매일 5리 밖에 전진
하지 못하여, 거의 석 달이 지나서야 북경까지 운반할 수 있었으며, 백

그림 4-2 이집트 기자 피라미드 근경

은白銀 11만 냥을 소비해야 했다. 하지만 고대 이집트의 노예들은 돌을 끌어도 돈을 받지 못했다.

좀 과장해서 말하자면 판축, 즉 흙을 다지는 것이 중국 상고 시대 건축을 이해하는 열쇠다. 중국 고건축의 3단식 구조인 기단, 벽면, 지붕은 모두 판축과 뗄 수 없는 관계다. 기단은 흙을 다지는 것으로부터 발전한 것으로, 두껍게 다질수록 높아지고 습기를 막을 수 있었다. 그래서 높은 기단이 생겼다. 벽면은 말할 필요도 없고, 지붕도 흙을 다지는 것과 관련이 있다. 상고 시대의 지붕은 일반적으로 성냥갑 같은 6면체의 한쪽 면이 아니었다. "마치 새가 날개 펴고 나는 듯한如鸟斯革, 如翚斯飞"(《시경·소아·사간斯干》) 형태를 추구했다. 이 시구는 사람 인(人) 모양의 지붕 처마가 멀리 뻗은 모습을 묘사한 것이다. 이렇게 처마가 길게 뻗어나가야 했던 이유는 주로 흙을 다진 벽이 비에 젖지 않도록 보호하기 위해서였다. 다진 흙은 건조할 때는 아주 튼튼하지만, 비에 젖는 것에 가장 취약했기 때문이다. 전국 시대 청동기에 새겨진 무늬에서 묘사된 처마는 담장 높이보다 길고, 다진 흙담이 처마 밑에 숨어 보호를 받는 모습이다(그림 4-3). 그런데 판축에는 한 가지 제한이 따른다. 다진 흙담은 주로 강우량이 별로 많지 않은 북방 황토 지대에서 유행했다. 남방 아열대 지역은 비가 많이 오고 홍양紅壤의 직립성이 떨어진다. 그래서 고대에 이 지역은 간란식干欄式 건축이 많았고, 항토의 활용 범위가 좁았다.

멀리 뻗어나간 처마는 담을 보호했다. 하지만 이는 햇빛을 차단하여 실내가 어두워지는 결과를 가져왔다. 그래서 한나라 때에 이르면 지붕이 한 단계 아래로 내려와 마치 작은 이중 처마처럼 보이는 형태가 되었다. 깊이가 깊고 규모가 큰 전당의 경우에는, 지붕 중간을 한 차례 분

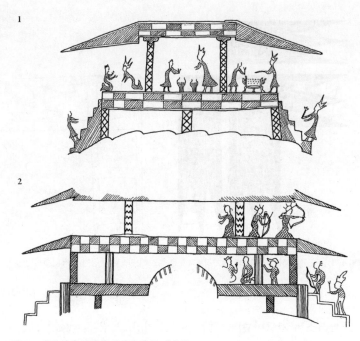

그림 4-3 전국 시대 동기에 새긴 문양 중 건축물
1 상해박물관 소장 동기
2 북경고궁박물원 소장 동기

리 처리함으로써 하단 경사도를 조금 완화하는 식으로 처마가 지나치게 낮게 드리우지 않도록 했다. 남북조 후기에는 생기生起·측각側脚·익각기翼角起翹 등의 제작법이 유행함에 따라 지붕에도 접혀 들어간 호선이 나타났다. 당나라 때에 이르러 요곡凹曲(오목하게 굽은) 형의 "반우反宇"식 지붕이 자리 잡았다. 지붕의 요곡은 트러스가 받쳐 들어주는 방식으로 형성되었다. 나아가 요곡형 지붕의 수요로 이런 형식의 트러스가 많이 사용되었다. 요곡형 지붕이 유행한 이후 처마 부분이 더욱 길어지고 경사도는 감소하게 되어, 담을 보호할 뿐만 아니라 채광과 통풍도 개선되었다.

그림 4-4 금공. 섬서성 봉상鳳翔의 요가강姚家崗 춘추 시대 진秦나라 궁전 유적지에서 출토

트러스는 기둥이 지탱했다. 섬서성 기산岐山 봉추촌鳳雛村 서주 초
기 건축 기초 터의 기둥에는 주망柱網(평면 기둥 배열)이 아직 완전한 대칭
으로 형성되지 않았고, 좌우측에 착동錯動(지층, 기단 등이 어긋나는 현상)이
생겨서, 당시에는 들보와 기둥이 아직 제대로 합쳐지지 않았음을 말해
준다. 심지어 이 건축은 아예 들보[梁]가 없고 도리[檁]만 있었을 수도
있다. 춘추 전국 시대 이후에는 들보와 기둥이 더욱 긴밀하게 결합되었
다. 동시에 더욱 단단하게 하기 위해, 다진 흙담 속에 벽주壁柱(벽속에 세우
는 기둥)와 벽대壁帶(벽에 띠처럼 가로지르는 나무)를 증설했고, 벽주와 벽대가
연결되는 곳에 때로 금공金釭(금속 클립)으로 장식하기도 했다(그림 4-4).
더욱 견고해진 담장은 하중을 떠받치는 기능이 눈에 띄게 높아졌다. 한
나라 때 북방 지역 건축물은 후장後墻과 산장山墻이 많은 하중을 떠받쳤
고, 앞 처마에 첨주檐柱(처마에 세우는 기둥)를 썼다. 어떤 건축의 담장은 아
주 두꺼웠다. 한나라 때 장안성의 무기고였던 제6호 기지基址는 사방 담

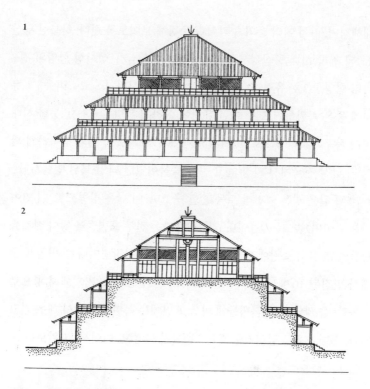

1

2

그림 4-5 하북성 평산의 전국 시대 중산왕릉 형당亨堂 복원도 (양홍훈楊鴻勳에 의거)
1 외관
2 단면

장이 모두 약 6m였다. 군사 보호 시설이라는 의미도 있었지만 동시에 하중을 떠받치기 위해서이기도 했다.

달구질한 담장은 하중을 받는 데에도 쓰였지만, 항토와 돈대墩臺(평지보다 조금 높은 평평한 땅)가 결합되면 새로운 건축적 효과를 가져왔다. 초창기의 고층 건축들은 이 항토대夯土臺에 의지했다. 높고 큰 계단형 토대土臺의 꼭대기 부분에 청당廳堂을 세우고, 사방 주위에 낭옥廊屋을 세운 뒤, 이들 단층 혹은 2층 건물을 토대를 통해 함께 연결한다. 이렇게 해서 주主와 종從이 있는 배치를 드러내고, 전체 건축의 몸체가 눈에 띄게 거

대해지며, 마치 여러 층의 누각처럼 웅장해 보이도록 한다. 하북성 평산
平山의 전국 시대 중산왕릉中山王陵 왕당王堂 유적지·섬서성 함양의 진秦
나라 함양궁 1호 유적지·섬서성 서안의 서한 시대 명당明堂 벽옹辟雍 유
적지 등은 복원하면 모두 이런 유형에 속하게 된다(그림 4-5). 동한 시대
이래 목구가木構架(목조로 건물의 뼈대를 만드는 것) 기술이 점차 성숙하게 되
지만, 당시 전국에서 가장 높고 큰 건축물이었던 낙양 북위 영녕사탑永
寧寺塔과 같은 것은 여전히 토목 혼합 구조다. 이 탑은 방형으로, 매 면이
아홉 칸이며, 높이는 9층이다. 가운데 5칸은 전부 흙벽돌을 쌓아 실체를
만들었고, 유적 측량에 따르면 대략 둘레 20m 정방형이다. 흙벽돌체 중
에서 밀집된 16개 기둥이 중심 주속柱束을 구성하고, 거기에 수평으로
임목紝木을 깔았으며, 흙벽돌체 바깥 표면에는 목판을 붙여서 매우 견고
하다. 흙벽돌체는 탑의 6층 혹은 7층까지만 쌓고, 이어서 그 위로는 중

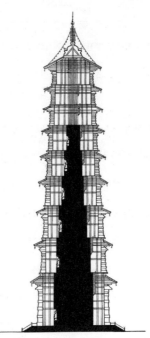

그림 4-6 영녕사탑 복원도(양홍훈에 의거)

심 기둥이 지탱한다(그림 4-6). 이리하여 이 탑은 이전에 없었던 높이에 도달했다.《낙양가람기》에서는 그 높이가 "90장까지 올라갔다"라고 했고,《수경주水經注·곡수谷水》에서는 "금로반金露盤으로부터 아래로 땅에 이르기까지 49장이다"라고 했으며,《위서魏書·석로지釋老志》에서는 그 높이가 "40여 장"이라고 했다. 북위 1척은 30.9cm로, 90장은 278.1m이다. 사실일 가능성은 당연히 별로 없다.《위서》에 기록된 수치를 지금의 도량형에 맞게 환산해도 130m 즈음이다. 중고 시대 세계 7대 불가사의 중 하나로, 명 나라 초기 유리 벽돌을 쌓아 완성한 남경의 대보은사탑大報恩寺塔(높이 32장 9척 4촌 9푼, 약 100m)보다 30m 크다는 말이다. 높고 큰 목구조의 건축에서 중심 기둥으로 건물을 지탱하도록 하는 방법은 당나라 때에도 아직 사용되고 있었다. 하지만 이미 흙벽돌체를 쓰지 않고 큰 나무 기둥을 쓰는 것으로 바뀌었다. 측천무후 때 지은 명당은 높이 294척(약 86m)이다. "안에 열 아름 되는 큰 나무가 있어, 위아래로 관통하였는데, 두공[枓櫨]이 이것을 빌어서 뿌리로 삼았다."(《구당서舊唐書·예의지禮儀志》) 당나라 때의 목탑 역시 이와 같다. 탑 가운데에 있으며 탑의 심주心柱(찰주刹柱라고도 함. 줄곧 탑 꼭대기까지 뚫고 나와 윗면에 탑찰塔刹을 설치)라고 부른다. 이런 종류의 실례는 중국에는 이제 존재하지 않지만, 일본에서는 유적을 찾아볼 수 있다. 나라[奈良] 시대에 건축된 법륭사法隆寺 오중탑五重塔(그림 4-7)·법기사法起寺 삼중탑三重塔·약사사藥師寺 동탑東塔 등의 목탑들은, 탑 속에 모두 높고 큰 찰주가 있다. 앞 두 가지는 많은 사람이 아스카[飛鳥] 시대 후기 풍을 띠고 있다고 본다. 즉, 중국 수나라 때 혹은 더욱 이른 시대의 양식이라는 것이다. 하지만 약사사 동탑은 천평天平 2년(730년, 개원開元 18년)에 지은 것으로, 당대 전기의 목탑 형식을 보기 위해 대조해 보기에 알맞다.

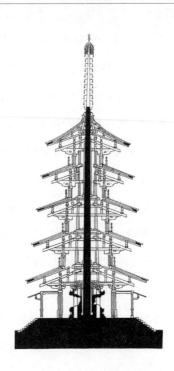

그림 4-7 일본 나라 법륭사 오층석탑 단면도

벽돌과 기와가 널리 사용되고, 트러스 구조의 단계적 완비에 따라 항토의 사용 범위는 점차 축소되었다. 그러나 아주 오랫동안 성벽은 여전히 항토하여 축성했다. 하남성 언사의 시향구尸鄕溝 상성商城은 초기 상나라 도성으로, 성벽 기초부의 넓이가 약 18~19m다. 시공할 때 우선 기초 홈을 아래로 파내고, 홈 바닥을 충실하게 다진 후 이어서 층을 나누어 다져 쌓았다. 다진 층 하나의 두께가 겨우 8~12cm인데 상당히 튼튼하다. 성 밖에는 사방으로 주위를 둘러 성을 보호하는 해자를 팠다. 너비는 약 20m이고, 깊이는 6m 전후다. 이것이 바로 고문헌에서 말하는 "지池"다.

중국 옛 속담에 "성문에 불이 나면 해자 사는 물고기에 재앙이 미친다城門失火, 殃及池魚"라고 했다.

"지어池魚"는 해자에 있는 물고기를 가리키는 것으로, 일반 연못에 있는 물고기가 아니다. 성과 해자는 중국에서 처음으로 나타났던 시기부터 서로 연계되어 있었다. 방어 능력을 강화하기 위해, 춘추 시대에 이미 성벽 꼭대기에 치첩雉堞을 증축했다. 치첩은 성가퀴로, 옛날에는 비예埤堄라고도 불렀다. 《좌전·선공 12년》에 최초로 등장한다. 《묵자·비성문備城門》에서 "50보마다 첩堞 하나"라고 했으니, 이때만 해도 성가퀴는 아직 드물었다. 그러나 녹로轆轤(도르래)로 승강을 조절하는 "현문懸門"과 해자 위에 설치한 "발량發梁(올리고 내리는 다리)"이 있었다. 역시 《비성문》에 나오는 기록이다. 전국 시대 말기에 또한 성문루城門樓가 있었다. 《한서·진승전陳勝傳》에서 "초문譙門"이라고 하고, 안사고 주석에는 "초문은 문 위에 높은 누각을 지어서 망을 보는 곳이다"라고 했다. 마왕퇴 3호 묘에서 나온 서한 초기 장사국 남부 주군도駐軍圖에는 지휘 중심부 "전도성箭道城"에 세 성문루가 묘사되어 있다. 동시에 성각城角에 건축한 각루角樓 역시 전도성에 나타났다. 성각은 판축의 접합부로, 취약한 부분이어서 강화할 필요가 있었다. 《고공기·주인명당周人明堂》에서 "왕궁 문아門阿의 규격은 5치, 궁우宮隅의 규격은 7치, 성우城隅의 규격은 9치"라고 했다. 치雉는 흙을 다진 성벽의 기초 수를 세는 단위로, "5판版(판版은 다져 쌓을 때 흙을 막는 판으로, 높이는 약 3척)이 도堵이고, 5도가 치이다"(《시경·홍안鴻雁》정전鄭箋). 따라서 성각은 다른 곳보다 훨씬 높다는 것을 알 수 있다. 《시경·정녀靜女》에는 "어여쁜 저 우리 정녀, 성우城隅에서 날 기다리네"라는 구절이 있다. 평화로운 시기 청년들은 이 외지고 조용한 곳에서 데이트를 했다. 또한 《설원說苑·입절立節》에서 기량杞梁의 처가 기량이 전사했다는 소식을 듣고 울어서 "성城이 조금 무너지고 우隅가 많이 무너졌다"라고 했다. "크게 무너지는 것을 붕崩이라고 하고,

작게 무너지는 것을 타他라고 한다."(《국어·주어》위소韋昭의 주석) 성이 무
너지면 타他라고 하고 우隅가 무너지면 붕崩이라고 하였으니, 성각은 높
을 뿐만 아니라 훨씬 견고하게 다져 쌓았음을 말해준다.

또한, 한나라 때는 벽돌을 쌓은 성벽이 나타나기 시작했다. 고고학
자들이 사천성 광한廣漢의 동한東漢 낙현雒縣 유적지에서 벽돌 성벽을 발
견했다.《수경주·탁장수濁漳水》에서 "업성鄴城의 표면을 벽돌로 꾸몄다"
라고 했다. 벽돌 제조업이 발달해야 벽돌로 성벽을 쌓을 수 있게 된다.
중국의 벽돌은 서주 시기에 이미 나타났는데, 바닥에 까는 얇은 벽돌이
먼저 등장했다. 당시 벽돌을 바닥에 깔면 미끄러울까 염려하여, 벽돌 네
귀퉁이에 도순陶榫을 만들었다.

서한 때는 벽돌 종류가 많아져서, 바닥에 까는 벽돌 이외에 공심
전空心磚·이형전異形磚·화상전畵像磚 등이 있었다. 그중 어떤 것은 예술
적 수준이 상당히 높았다. 하지만 생산된 벽돌의 주류는 길이·너비·두
께 비율이 4:2:1에 가까운 것들로 벽을 쌓을 때 맞추며 쌓아올리기 좋
은 조전條磚(직사각형 벽돌)이었다. 이 벽돌이 세상에 나오고 나서 생산 규
모가 신속하게 확대되었다. 요녕성 요양의 삼도호 서한 시대 촌락 유적
지에서 발견된 벽돌요는 당시 기술 수준으로 계산하면 매년 벽돌 약 60
만 개를 생산할 수 있었다. 조전 규격의 정형화와 생산량 증가로 드디
어 벽돌로 성을 쌓는 발상이 실현될 가능성이 생겼다. 물론 당나라의 도
성이었던 장안은 여전히 항토성夯土城이었다. 정치 중추 대명궁大明宮 궁
성 역시 항토장夯土墻이었다. 다만 성문의 돈대와 성각만 벽돌로 쌓았다.
반면 당나라 때 동도 낙양의 궁성과 황성은 안팎에서 모두 벽돌로 쌓아
서 화려했으며, 부유함과 지위가 높음을 과시했다. 오대십국 때도 몇몇
벽돌성이 있었다. 이를테면 왕심지王審知가 쌓은 복주성福州城은 "바깥

을 벽돌로 쌓아서, 모두 1500만 편이 들어갔다"(황도黃滔《황어사공집黃御史公集》5권)라고 했다. 송나라 때 벽돌성은 점점 많아져서, 양주揚州·초주楚州·광주廣州·성도成都 등 지역도 모두 벽돌성을 쌓았다. 그러나 수도 변량汴梁은 여전히 항토 성벽이었고, 마찬가지로 여전히 성문 돈대와 성각만 벽돌로 쌓았다. 〈청명상하도淸明上河圖〉에서는 성문과 성벽이 뚜렷하게 표현되어 있다. 그러나 북송 전기 100년 동안 전쟁이 없어서 "머리 땋아 늘어뜨린 아이는 북 치고 춤추는 것만 익숙하고, 반백의 노인도 전쟁이 무엇인지 몰랐다"(《동경몽화록》)라고 했다. 성벽 방어가 해이해지고, 특히 변량의 내성內城은 "무너지고 틈 생겨도 대비하지 않고"(《송회요집고宋會要輯稿·방역方域》)라 전해지는데, 그림에서도 항토 성벽 위에는 온갖 나무가 무리 지어 자랐다(그림 4-8). 심지어 어떤 학자는 성벽을 그린 것인지 알아보지 못하여 "성문은 보이지 않고 성벽만 이어져 있네"(목전지생木田知生《송대개봉여장택단〈청명상하도〉宋代開封與張擇端〈淸明上河圖〉》,《사림史林》61권 5기 ; 양관楊寬《중국고대도성제도사연구中國古代都城制度史研究》제342쪽)라고 했다. 사실 원나라 때에 이르러도 대도大都의 성은 여전히 항토 성벽이었다. 다만 더욱 단단하게 하기 위해 항토 중 영정주永定柱(수직 기둥)와 임목紝木을 묻었다. 북원北垣은 지금도 여전히 "토성"이라고 부른다. 그러나 발굴된 대도大都의 화의문和義門과 돈대는 벽돌을 쌓아 만들었다. 그 전체 규격은 송나라 변량의 외라성外羅城과 비슷하다. 대도의 궁성은《철경록》의 기록에 따르면 이미 "벽돌 건축"이었다. 하지만 벽돌로 성벽을 쌓는 것은 어마어마한 공사라서, 처음 등장한 이후 전면적으로 널리 퍼지기까지 아주 오랜 시간이 걸렸다. 명나라 초 북경 성을 쌓을 때도 단지 성벽 외측만 벽돌을 쌓았고, 정통正統 연간에 이르러서야 성벽 내측을 벽돌로 쌓았다. 청대에 이르면 현성縣城 이상의 성벽은 전

그림 4-8 〈청명상하도〉에서 보이는 성벽과 성문(아래 잡목이 우거진 곳이 성벽)

표토심磚表土心, 즉 표면은 벽돌로 안쪽은 흙으로 하였고, 항토로만 쌓은 흙 성벽은 매우 드물었다.

지금까지 말한 것은 성을 쌓는 것이다. 건물을 건축할 때는 항토를 하는 것이 이미 전통이 되었고 항토장 안쪽에도 벽주壁柱·벽대壁帶 등의 구조로 더욱 견고해지기 때문에 고대 건축에서 벽돌담으로 무게를 떠받아야 할 필요는 그리 크지 않았다. 한나라 시기 낙양의 하남현성을 발굴할 때 드러난 서한 때의 민간 거주지는 아직 반지하 형식이었고, 단지 벽주혈 바닥 부분에만 작은 벽돌이 깔려 있었다. 이곳의 동한 지면 건축

역시 항토장을 사용했고, 벽 두께는 1.2~1.8m, 그 가운데 26cm×26cm
의 벽돌 기둥이 있었다. 나무 벽주의 대용품이 분명하다. 당나라 때 장
안의 대명궁 인덕전麟德殿에는 여전히 동서 담벽 부분에 두께 약 5m의
항토장이 있었다. 하지만 묘실을 건축할 때는 벽돌을 사용하는 것으로
목곽木椁이 오래 버티지 못하는 문제를 해결할 수 있었다. 서한 초기에
이미 공심전으로 묘실을 쌓은 것이 있었고, 서한 중기에 사각 벽돌로 쌓
아 완성한 권정전실券頂磚室가 있었다. 처음에는 병렬법으로 반달 쌓기
[起券]를 하여 , 각 사각 벽돌이 반달형으로 함께 지탱하게 했다. 서한
말기가 되면 세로로 이어진 반달형으로 바꾸고, 권정券頂(반달형 정상부)
의 벽돌 역시 착봉錯縫하여, 각 반달형이 종횡 양방향으로 고르게 서로
맞물리게 하여 견고함이 크게 향상되었다. 동한 때 사각 벽돌 묘가 빠르
게 확산되어, 전실前室은 돔형 정頂이고 후실後室은 반달형 정頂인 것이
흔히 보는 형식이 되었다. 아치를 만드는 기술은 이미 상당히 숙련되었
다. 벽돌·돌의 쌓는 법은 서로 통한다. 그러나 나중에 다리를 만드는 것
을 제외하면 전석磚石 건축은 분묘 혹은 종교 방면의 탑·기둥류에 많이
사용되어, 지하 세계 혹은 귀신 세계에 봉사했다. 세간의 주택·청당廳
堂·궁전 등은 여전히 토목 구조를 활용했다. 오랜 시간이 흐르자 마침내
전자는 음기를 지닌 것으로 인식되기 시작했다. 남경 영곡사靈谷寺에서
전권磚券으로 구축한 높고 큰 무량전無梁殿 안에 서 있으면, 마치 정릉定
陵 지하 궁전에 들어간 것 같다. 더욱 심한 경우, 어떤 벽돌 석재 건축은
도리어 목구조 제작법을 모방한다. 묘실 내부를 생전에 머물던 거실의
모양을 모방하여 지은 것은 그래도 이해할 수 있다. 그러나 전석탑도 왕
왕 누각을 모방하여 문창門窗·양방梁枋·평좌平座·두공斗栱·도첨挑檐 등을
쌓는 것은 지나치게 작위적이다. 그러나 이런 것은 모두 부가 장식으로,

그림 4-9 산서성 오대산의
용천사 석패방

탑신의 구조에 영향을 주지는 않는다. 하지만 석패방은 그렇지 않다. 그
기둥과 횡목은 순묘榫卯(장부와 장부 구멍)로 이은 것으로, 완전히 목구조
방식을 따라서 처리한 것이다. 이것은 석재의 특성에 맞지 않는 것이어
서 손상되기 쉽다. 특히 산서성 오대산五臺山의 용천사龍泉寺에 있는 석
패방은 목구조를 모방하는 것에 있는 힘을 모두 쏟아부어, 방자枋子(횡
목) 위의 두공斗栱 앞뒤가 튀어나와 첨름檐檁(처마 도리)을 떠받치고, 액방
額枋 아래에 괘락挂落이 있고, 심지어 중앙에 칸을 내서 석구조용으로 전
혀 적합하지 않은 수화주垂花柱를 추가하는 등, 마치 돌로 조각한 목패방
모형처럼 되었다(그림 4-9). 이런 방법은 전석 건축의 정상적 발전에 매
우 불리하다. 서양의 벽식건축壁式建築에서, 고대 로마인이 돌 아치를 발

명한 후 통형 아치·십자 아치·돔형 지붕 등이 이어서 나타났다. 중세기 이래 늑공肋拱·범공帆拱·능공稜拱 등 방법이 성행하여, 몇몇 대성당 내부 는 마치 돔형 악보로 완성한 교향악 같다. 그러나 중국 건축사는 돔형이 발휘하는 효과를 전혀 중시하지 않아서, 점점 벽식 구조 건축과 다른 길 로 가게 되었다.

벽식 구조 건축이란 담이 지붕의 무게를 떠받는 것이다. 중국 고건 축도 처음에는 벽식 구조를 사용했다. 나중에는 주로 양주식梁柱式 구조 를 채택하면서 무게를 떠받는 벽을 쓰지 않아도 되었다. 건물 한 동의 담을 해체하여 정자亭子를 만들어도 그 자리에 그대로 서 있다. 한나라 시기에는 목구조 프레임의 몇 가지 기본 형식인 태량식抬梁式·천두식穿 逗式·간란식干闌式·정간식井榦式이 모두 이미 정형화되었다. 그중 태량식 프레임이 설계 수요에 맞추기 쉬워서, 더욱 보편적으로 사용되었다. 천 두식 프레임은 일종의 도리 - 기둥 구조 시스템으로, 도리마다 아래에 고르게 기둥이 있고, 기둥 사이에 추가로 횡목을 끼워 넣어 서로 연결한 다. 기둥 사이 거리가 바로 도리 사이 거리이므로 기둥이 상당히 촘촘하 다. 그러나 기둥 지름이 너무 두꺼울 필요가 없어, 건축할 때 큰 목재가 필요 없다(그림 4-10). 간란식 프레임의 특징은 기둥을 세운 뒤 건물 하부 를 텅 비게 하고, 상부는 태량식 혹은 천두식을 모두 적용할 수 있다는 것이다. 습기가 많고 비가 많이 오는 지역은 이런 형식의 프레임을 채택 하는 경우가 비교적 많았다. 정간식 프레임은 긴 나무 양쪽 끝에 장부를 만들어 조립하여 나무틀을 형성하고 이것을 중첩하고 합쳐 벽체를 만 드는 것이다. 모퉁이 부분의 목재가 서로 교차하여 머리를 내밀어 "우 물 위 네 목재가 교차한"《한서·매승전枚乘傳》안사고 주석에서 진작의 설 인용) 모습과 비슷하여 이런 이름을 지었다. 이런 형식의 프레임은 재료 소모

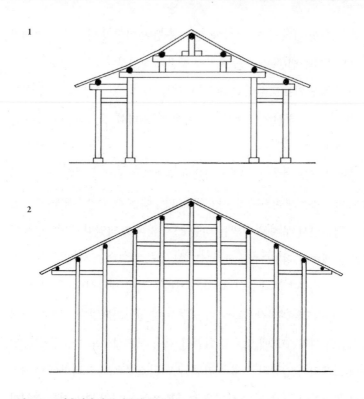

그림 4-10 고건축에서 자주 사용한 목구조
1 첩량식 구조
2 천두식 구조

량이 많아서 별로 널리 사용되지는 않았다. 대표적으로 한 무제 때 건장궁建章宮에 정간루井幹樓가 있다. 다른 사례는 운남에서 출토된 전국 시대 동명기銅明器에 많이 보인다.

태량·천두·간란 등 프레임을 채택할 때 지붕의 중량은 최후에 모두 기둥으로 떨어진다. 이에 도리와 기둥이 연결되는 곳에 두공을 사용하여 이곳이 받는 전단 응력(물체의 표면에 평행한 방향으로 작용하는 응력)을 분산시킨다. 이밖에 두공은 외첨外檐·내첨內檐·누층평좌樓層平坐 및 천화조정天花藻井 등에도 쓸 수 있었다. 그러나 가장 주된 용도는 역시 처마

부분을 받들어 고정하는 것으로, 처마가 더 많이 튀어나오게 할 수 있었다. 처음에 이들 작용은 각각 기둥의 머리에 설치된 노두櫨斗와 자경첨주自擎檐柱로부터 변하여 이루어진 사탱斜撑(삽공揷栱의 전신)이 맡았다. 노두는 서주 초기의 열령궤矢令簋에서 보이고, 삽공은 전국 시대에 중산왕묘에서 출토된 동룡봉안좌銅龍鳳案座에 이르러서야 볼 수 있다. 한나라 때 두공은 우선 평첩공平疊栱(지박공實拍栱이라고도 함)을 썼다. 1두斗 1승升짜리도 있었고, 1두 3승짜리도 있었다. 평첩공에서 사용하는 두는 평반식平盤式이 많았고, 홈을 파지 않아서 그 자체 및 기둥과의 결합이 충분히 긴밀하지 못했기 때문에, 큰 수평 추력을 견디지 못했다. 그래서 나중에는 난형공欒形栱을 채택했다. 난欒은 양쪽 끝이 치켜 올라가 대략 활 모양처럼 된 구조이다. 그것이 장치된 두는 대체로 홈을 팠고, 전체 두공이 장부를 통하여 함께 맞물린 구조로 성능이 평첩공 보다 크게 개선되었다. 난형공은 좌우로 당겨서 교수공交手栱이 될 수 있었고, 상하로 중첩하여 중공重栱이 될 수도 있었다. 그러나 각 지역 기술 수준과 풍격風格의 선호도가 달라서 왕왕 여러 형식의 두공이 유물 속에서 동시에 존재한다. 한나라 말기에 이르러서도 구조가 완전하지 않은 평첩공을 사용한 사례를 여전히 볼 수 있다.

도첨挑檐의 기능을 말하자면, 화공華栱은 출도出跳, 청식규교淸式叫翹가 일으키는 작용이 가장 직접적이다. 북위가 낙양으로 천도한 후 개착한 용문龍門 석굴의 고양동古陽洞 안 불전 조각에서 이미 화공이 나타난다. 북제北齊때 천통天統 연간에 깎은 하북성 한단邯鄲의 남향당산南響堂山 제1,2굴 굴첨窟檐의 노두에도 두 번 솟은 화공이 나타난다. 초당 시대 건축에도 일반적으로 한두 번 정도만 나타난다. 그런데 성당 시대의 돈황 막고굴 172굴 벽화에 그려진 전당에서는 외첨이 도는 모퉁이 부분에

그림 4-11 막고굴 172굴 벽화에서 볼 수 있는
당나라 때 두공 (소묵蕭默에 의거)

이미 네 번 솟은 칠포七鋪를 설치하여 두공으로 만들었다(그림 4-11). 실
물을 볼 수 있는 것으로는 만당 시기 대중大中 11년(857)에 건조한 오대
산 불광사佛光寺 대전의 외첨주두外檐柱頭 두공이 바로 네 번 솟은 쌍초쌍
하앙雙抄雙下昻이다. 그것은 노두로부터 위로 화공이 2도跳로 나오고, 제
3도, 제4도 두 층이 하앙下昻이다. 제2층 하앙의 후미는 천화天花(평암平
闇) 위의 초유복草乳栿 바닥 아래 눌려 있고, 주두방柱頭枋을 통해 앞으로
처마와 도리를 들어올린다. 이것은 지렛대 작용을 하는 긴 나무로, 후미
가 힘점이며, 지붕으로부터 전해 내려오는 압력을 받는다. 주두방 위는
받침점이다. 처마와 도리를 들어올리는 곳이 무게중심점이다. 이런 설
비가 있게 됨으로써 드디어 건물의 처마가 앞으로 4m 남짓까지 뻗어나
가게 할 수 있었으니, 처마 시작부터 기초면까지의 고도의 1/2에 해당
된다. 중국 고건축으로 말하면 불광사 대전에서 볼 수 있는 것이 하앙의
가장 이른 사례이지만, 일본이 759년 세운 당초제사금당唐招提寺金堂은

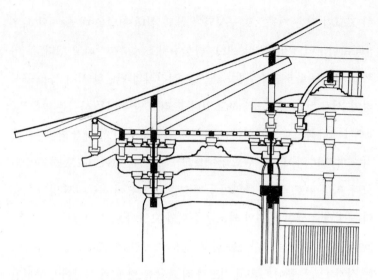

그림 4-12 당나라 때 일본 초제사招提寺 금당金堂 양가樑架에서 볼 수 있는 하앙

이미 하앙을 사용하였으니, 그것이 중국에서 나타난 것은 더욱 이를 것임을 간접적으로 말해준다(그림 4-12). 그러나 기둥에 지금같이 복잡한 포鋪를 추가하여 층을 만들고, 현도懸挑와 외탐外探도 해야 했으며, 또한 각 부품 사이에는 모두 교탑삽접交搭揷接의 방법을 썼으므로, 건물의 정체성을 강화하는 쪽으로 노력을 기울여야 했다. 그렇지 않으면 건축물의 안정성을 장담할 수 없었기 때문이다. 그리고 이런 측면에서 불광사 대전은 우리에게 아주 좋은 실례를 제공해준다.

중국 당나라 때 목구조 건축이 지금까지 보존되고 있는 것은 겨우 네 개이며,《영조법식營造法式》에서 말하는 전당형殿堂型은 불광사 대전 하나 뿐이다. 나머지 세 개 산서성 오대산 남선사南禪寺 대전·평순平順 천태암天台庵 정전·예성芮城 오룡묘五龍廟 정전은 모두 청당형廳堂型에 속하여, 등급이 한 단계 낮다. 불광사 대전은 전면 7칸(34m), 깊이 8연椽(17.66m), 단첨무전정單檐庑殿頂이다. 대전 몸체의 주망柱網은 안팎 두 바퀴 고도가 같은 기둥으로 구성되어 있고, 실내 평면을 내조內槽와 외조外槽로 나누어,《영조법식》에서 "금상두저조金廂斗底槽"라고 했다. 두 바퀴 기둥에는 4, 5층 주두방柱頭枋으로 정간식의 단단한 사각 틀을 구성하여, 서로 당겨 합하도록 하고 있다. 그리고 안팎 기둥 사이는 명유복明乳栿과 초유복으로 연결했다. 명유복의 양쪽 끝은 또한 각각 외첨주두포작外檐柱頭鋪作과 내조주두포작內槽柱頭鋪作에 끼워 넣어, 제2도 화공이 되었다. 따라서 포작층과 주망이 함께 연결되었다. 이 전당에서 양권 기둥이 분할하고 있는 내조와 외조는 용도와 모양이 매우 다르다. 외조주外槽柱와 내조주內槽柱 사이에는 한 칸 정도의 공간밖에 없고, 양측 주두에는 각각 1도 두공이 나와서 비교적 작고 좁은 한 바퀴 회랑이 만들어진다. 신도들이 우측으로 돌면서 예배하는 용도의 환형 통로이다. 내조의 공간은 매우 커서, 5칸×2칸이다. 기둥에는 4도 두공이 나와 있다. 두공은 명복明栿을 받치고, 명복의 위에는 타봉駝峰·영공令栱으로 천화를 받쳐 올려서, 내조 공간을 현저하게 넓고 높게 탁 트이도록 만들었다. 이곳이 부처에게 공양하는 장소다. 두공이 반복하여 중첩되고, 차지하는 면적이 크다. 그래서 명복이 상대적으로 짧아 보이며, 대전 안의 우거진 숲 같은 두공 조직이 눈에 띄게 돌출되어 보인다. 각자 맡은 기능이 있어서, 각자 쓰임을 다하고, 각자 있어야 할 자리에 있다. 구조상 기능과 장식적 효과가 모두 매우 뛰어나게 발휘된 중국 목구조 건축 성숙 시기의 전형적 작품이다. 이 대전 건물의 경사도는 완만하여, 거고擧高는 약 1/4.77이다. 당송 시기 건물의 거고는 일반적으로 그다지 가파르지 않아서, 진심進深의 1/5에 이를 만큼 낮다. 명청 때는 약 1/2 정도로 높아져서 전척殿脊 부근에는 심지어 45° 경사도가 나타나기도 하여, 기와를 깔거나 사람이 서 있기조차 어렵다. 그런데 불광사 대전은 느긋하게 펼

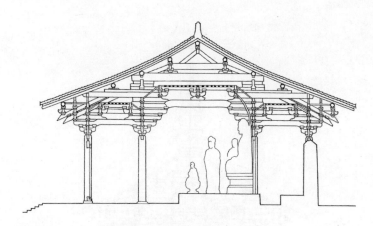

그림 4-13 당나라 때 오대산 불광사 동대전 단면도

처진 평면, 균형 있는 기둥, 깊고 멀리 뻗은 처마, 웅대한 두공 등이 서로
어울리게 호응하여 유기적 전체를 구성했다. 보는 이에게 이 대전이 그
윽하고 우아하면서도 웅혼한 두 가지 기질을 겸하고 있음을 느끼게 하
여, 확실히 중국 고건축 중의 보배라고 할 수 있다(그림 4-13).

불광사 대전은 단층 건축이지만, 이 시기 고층 목구조 건축의 기법
또한 나날이 완벽해졌다. 산서성 응현應縣 불궁사佛宮寺의 석가탑이 그
예이다. 이 탑은 관습적으로 응현목탑이라고 부르며, 요나라 청녕淸寧 2
년(1056)에 건축되었다. 중국에서도 세계에서도 현존하는 가장 높은 고
대 목구조 건축이다. 목탑은 8변형으로, 기좌 바닥에서 탑 꼭대기까지
높이가 66,67m이고, 목구조 부분 높이가 51.14m이다. 외관은 5층 6첨
檐이다. 주망은 내조와 외조로 되어 있고, 각 층 기둥 꼭대기에 많은 목
방木枋을 연결시켜, 제작법이 불광사 대전과 같다. 탑신 내조는 5층으로
나뉘고, 저층 불단에 높이 11m의 석가 좌상이 있고, 위쪽 네 층에도 각
각 불상을 안치했다. 그런데 외조 안에 4개 평좌암층平座暗層을 추가했
고, 각 암층 안 기둥 사이를 모두 다른 방향으로 비스듬히 지탱하여, 현

그림 4-14 산서성 응현의 불궁사 석가탑(진명달陳明達에 의거)

대 건축물의 권량鬭梁과 유사한 4층짜리 단단한 고리가 형성되었다. 그래서 이 탑은 총 9개의 구조층이 있다. 동시에 내조와 외조를 설치하여 탑신이 중층형 통 구조가 되게 했고, 그 안으로 기둥을 빙 둘러 형성된 통체가 상하 각 층을 관통하여, 당대 목탑의 탑심주塔心柱를 대체한 것과 같게 되었다. 다시 말하자면, 이때 이미 목재 트러스로 육중하고 구하기 어려운 거대 나무 기둥을 대체한 것으로, 중국 고대 목구조 기술의 중요한 성취임이 틀림없다(그림 4-14). 건축 완성 이후 950년 동안 이 탑은 지진·폭풍, 심지어 포격의 액운을 당하기까지 했지만 지금까지 의연하게 서 있다.

목구조의 높은 탑 이외에도, 당대보다 늦지 않은 시기에 이미 평면 구성이 더욱 복잡해진 조합체가 나타났다. 예를 들면 당나라 장안의 대명궁 안의 인덕전麟德殿은 전殿·각閣·누樓·정亭을 함께 조합한 큰 건물이다(그림 4-15). 그것은 예당禮堂으로 쓰일 뿐 아니라 대소 연회장 및 기타 생활 시설도 포함하고 있다. 송나라 회화 〈등왕각도滕王閣圖〉·〈황학루도

그림 4-15 당나라 장안의 대명궁 인덕전 복원도

그림 4-16 송나라 〈등왕각도〉

黃鶴樓圖〉에서도 이런 큰 건축을 볼 수 있다(그림 4-16). 그림에 나타난 건축물은, 몇몇 동반 건물로 중심의 건물을 촘촘하게 둘러쌌다. 예를 들면 헐산정歇山頂(팔작지붕 옆에서 볼 때 팔八자 모양으로 보인다) 누각 두 채를 정척正脊 10자 교차 형식으로 조합시켜, 사방 주위에 운치 있게 들쭉날쭉 건물을 세웠다. 내부 구조는 비록 자세히 모르지만, 외부 윤곽은 매우 장관이고 개성이 풍부하다. 그러나 송나라 사람들은 종종 그것을 유람지의 경관 건축으로 간주했고, 정식 전당殿堂이나, 아서衙署(관청)에는 이 체제를 쓰지 않았다. 이런 큰 건물을 건조할 때에는 예상치 못한 새로운 문제들을 피할 수 없기 때문이다. 응현목탑만 해도 54종의 두공을 사용했고, 장인의 독창성이 담긴 많은 창조적 기법들이 쓰였다. 더욱 복잡한 목구조 대형 건축은 설계 과정에서는 생각하지 못했던 문제가 나타날 수도 있어서, 별도의 해결책을 마련하지 않으면 극복할 수 없는 곤란함을 겪게 될 가능성도 있었다. 중국 고대 건축이 걸어간 길은 이 길이 아니었다. 숭녕崇寧 2년(1103) 간행된《영조법식》은 북송 장작소감將作少監 이계李誡(일설에는 이성李誠)가 칙령을 받아서 편찬한 것으로, 건축 기술을 논한 관찬 서적이다. 책에서는 목구조 건축의 규범을 전당殿堂·청당廳堂·여옥餘屋·두첨정사斗尖亭榭 네 종류로 나누었다. 등급이 제일 높은 곳은 전당이다. 앞에서 말한 송나라 그림 속 등왕각과 같은 건축물은 확실하게 전당의 대열에 들어설 수 없다. 그리고 책에서 강조한 것은 "재材 – 분分" 모수제模數制로, "건축 구조의 체제는 모두 재료를 비조로 한다"라고 했다. 이때 공栱의 단면 고도를 1재材로 정한다. 또한, "재료에 8등급이 있어, 모든 건물 크기가 이를 따라 이용했다." 일을 주관하는 사람은 건축 등급과 칸수에 의하여 어떤 재료를 쓸 것인지 결정한다. 재료 높이의 1/15이 1푼이다. "모든 건물의 높이와 깊이, 각각의 길이, 곧기와 굽기, 곧은 자, 굽은 자 등의 크기와 규격을 사용하는 목재의 치수에 따라 제도화하였다." 그리하여 너비, 깊이, 양주梁柱, 두공의 치수는 모두 "분分"을 기수로 하였다. 건축물의 규격과 규모를 확정하고 몇 등급의 재료를 쓸 것인지 선정하면, 그 길이, 너비, 높이, 나무 부품의 치수가 모두 이 "재"의 "분"의 배수로 구해지는 것이다. 기술자는 이 만들어진 수치에 따라 미리 부품을 만들면, 반복하여 계산할 필요 없고, 심지어 더는 종이에 그림을 그릴 필요도 없다. 재 – 분 제도는 건축업이 통일된 규격과 간단한 공정을 확보하는 데 공을 세웠다. 그러나 이 제도는 시공을 강화하였지만 설계는 약화했다. 표준화 시공 방법에 지나치게 의존하여 송나라 이후 건축 형식이 대체로 계속 이것을 이어받았으므로, 문제점을 극복하고 발전하는 과정이 부실해지게 되었다.

본래 중국의 건축은 상주 시기부터 단독 건물이 조합되어 원락院
落(하나의 뜰에 여러 단독 건물이 딸린 건축물)이 만들어지고, 이어 몇몇 원락이
조합되어 군락이 만들어졌다. 큰 토대에 의지하여 건축된 토목 혼합의
높은 누대 건축은 비록 한때 흥성하긴 했었지만 동한 시기부터 점점 쇠
퇴의 길을 걷게 된다. 그리고 중축선을 따라 세로 방향으로 깊이 확장
된 건축 배치는 고대의 예법 관념 및 사회 풍속과 서로 어울려서 마침내
광범위하게 받아들여졌고 그에 맞는 제도가 형성되었다. 이는 또한 〈등
왕각도〉에서처럼 조합체 유형의 큰 건축이 충분히 발전되지 못한 원인
중 하나가 될 것이다. "성을 쌓아 왕을 보위한다築城以衛君"(《오월춘추》)라
고 했으니, 성은 바로 통치자가 집정하고 생활하는 장이자 터전이다. 도
성의 배치는 반드시 제왕의 안전을 우선으로 보장해야 했다. 성안에서
주민의 작은 주택은 춘추 전국 시대 이래로 여리閭里 안에 배정되었다
(《주례·지관·이재里宰》). 서한의 장안성은 면적이 35km²에 달하는 대도시
였지만(로마 성은 13.68km²) 궁전·관서·저택이 거의 4/5를 차지했고, 게
다가 관부 수공업 용지를 빼면 겨우 남은 유한한 공간에 주민이 거주하
는 160개 여리를 수용했다. 그리고 이들 여리는 모두 담을 쌓아 차단했
고, 이문里門에는 감문사監門司를 두어 감독했다. 밤이 되면 대로는 야간
통행금지를 시행하여, 주민은 여리를 나와 밤에 다닐 수 없었다. 서한
의 명장 이광李廣은 전투에 실패하고 면직당하여 집에 있을 때, 야간에
패릉정霸陵亭을 지나다가 정위亭尉에게 저지당했다. 이광의 수행자가 이
사람이 바로 "옛날 이장군"이라고 말하자, "정위는 '지금 장군도 밤에
다니지 못하는데, 옛날 장군은 무슨 소용이냐?'라고 했다."(《사기·이장군
열전李將軍列傳》) 그 엄격한 정도를 상상할 수 있다.

당나라 때도 이것은 조금도 느슨해지지 않았다. 당나라 장안성은

더욱 커서 84.1km²에 달하여 고대 세계에서 면적이 가장 큰 도성이었다. 도시 구획도 더욱 규범적이고, 궁전·관서·민거·시장 등이 명확하게 분리되어 있었다. 장안성 동쪽·남쪽·서쪽 3면에 각각 세 성문이 있어서, 남북방향대로 14개와 동서방향대로 11개가 있었다. 남쪽 성벽의 정문인 명덕문明德門으로부터 황성 정문 주작문朱雀門으로 통하고, 이어 궁성 정문·승천문承天門까지 이어지는 대로가 도시의 중축간도中軸干道로 천가天街라고도 했으며, 길이는 약 7km, 너비는 약 150m였다. 하지만 당나라 고종 이후 성의 동북쪽 금원禁苑 안의 대명궁에서 정사를 듣는 것으로 바뀌었고, 대규모 조회에 쓰였던 함원전含元殿은 동쪽으로 중축선을 벗어났으며, 대명궁의 정문인 단봉문丹鳳門 밖에도 전체 도성을 관통하는 대로가 하나도 없었다. 이 점에서 말하자면, 중축에서 대칭되는 도시 배치가 당나라 때의 장안에서는 철저하게 시행된 것은 아니었다. 그러나 성안에서 바둑판식 거리로부터 종횡으로 분할되어 나온 방坊(한나라 때의 리里를, 진晉 이후에는 방坊이라고 부름)은 매우 가지런했다. "수십만 가구는 바둑판 같았고, 열두 개 거리는 채소밭 같았다百千家似圍棋局, 十二街如種菜畦."(백거이白居易) 당나라 300년 동안 장안의 방은 비록 몇 번의 변동을 겪었지만 대체로 108방 수준에서 안정되어 있었다. 대방大坊 안에는 십자로를 열고, 소방小坊에는 횡방향 도로를 열고, 더욱 좁은 골목은 곡曲이라고 했다. 방에는 방장坊墻이 있고, 담의 기단 너비가 2.5~3m다. 대방은 사방 문을 설치하고, 소방은 문이 두 개이고, 성문은 아침저녁 정해진 시간에 개폐했다. 방문을 여닫는 신호가 궁성 앞에서 나왔으니, 날이 밝을 때 승천문에서 북을 치면 각 대로에 있던 북(또는 동동고鼕鼕鼓라고도 함)이 따라서 600번을 치고, 이후 방문이 열리고 대로 통행이 허락된다. 해가 져도 마찬가지로 북을 치고, 방문을 닫고, 행인이 끊어진다. "범야犯夜" 즉 야간 통행금지를 어기면 징벌을 받아야 했다. 당나라 백행간白行簡이 《이와전李娃傳》에서 "날이 저물자 북소리가 사방에서 울렸다. … 어머니가 '북이 이미 울렸으니, 속히 귀가해라. 금법을 어기면 안 된다'"라고 묘사한 것이 바로 이런 상황이다. 만약 밖으로 나가야 하는데 날이 아직 밝지 않았고 방문이 아직 열리지 않았다면 "앉아서 북 치기를 기다리는" 수밖에 없었다. 만약 담을 기어올라 넘어 나간다면 "방시坊市의 담장을 넘었다"라고 하여 "곤장 70대"를 맞아야 했다. 대부분의 사람은 이 곤장 70대를 감히 경솔하게 시험해 볼 수 없었다. 밤이 되면 대로는 텅 비어, 오직 금오위金吾衛 소속의 야간 순찰 기병만이 어쩌다 지나갔다. 현대 국가에서 계엄을 선포한 때의 상황과 마찬가지다. 낮에는 대로를 지나는 마차와 행인을 볼 수 있었지만, 길가에는 회나무를 심은 것 이외에는 온통 다진 황토 방장 일색이어서 단조롭기 짝이 없었다. 오늘날 사람들이 당나라가 얼마나 개방적이었나에 대해 항상 말하곤 하지만 수도의 모습을 보면 개방의 그림자는 조금도 볼 수 없었다. 당대 장안은 여전히 폐쇄된 도시였다.

이런 도시에서는 우선 황가의 존엄이 두드러져야 했다. 그래서 궁전 건축은 할 수 있는 한 장려壯麗해야 했다. 대명궁 함원전의 너비는 67.33m, 깊이는 29.2m이다. 면적은 거의 2,000m²에 달하여, 북경 고궁의 태화전에 가깝다. 함원전에서 단봉문까지의 거리는 615m이고, 그 사이에 있는 전정殿庭은 조회 때 백관이 모이는 대광장이다. 함원전 기단은 지면으로부터 높이 15.6m이고, 전당은 높은 곳에서 아래를 내려다보아, "고개를 우러러 왕좌를 보자면 마치 하늘 끝 은하수 저편에 있는 듯仰瞻王座, 如在霄漢"(강병康駢《극담록劇談錄》)했다. 그런데 고궁 태화전은 태화문까지 186m이고, 기단의 높이도 7.12m밖에 안 된다. 함원전과 비교하면 훨씬 규모가 작고 높이도 낮다. 당나라 관원의 주택의 규격을 보자면, 품계에 따라서 달랐고 평민이 가장 낮았다. "3품은 당堂이 5간間 9가架, 문門이 3간 5가였다. 5품은 당이 5간 7가, 문이 3간 양하兩下였다. 6품·7품은 당이 3간 5가였고, 서민은 4가였고, 문은 모두 1간 양하"였다.(《신당서·거복지車服志》) "架(가)"의 본래 글자는 "駕(가)"였다.《회남자·본경本經》에 고유가 단 주석에서는 "가駕는 재목이 서도 얽히는 것이다"라고 했다. 동한《장경조토우비張景造土牛碑》에서는 "5가 기와집 2간五駕瓦屋二間"이라고 했다. 깊이가 도리 다섯 개인 기와집 두 칸을 가리킨다. 상술한 "5간 9가"·"5간 7가" 역시 세로 방향 깊이로 구별한 것이다. "양하"는 지붕의 형태와 체제를 가리킨다.《예기·단궁檀弓》에 대한 공영달의 소에서 "은나라 이래로 집은 4아阿로 짓기 시작했다. 하나라 때 집은 양하 뿐이었고 4아가 없었다. 한나라 때 처마가 없었던 것과 같다"라고 했다. 4아는 4주注라고도 했으며, 무전정廡殿頂(가장 높은 등급의 지붕)을 가리킨다. 양하는 현산정懸山頂(박공 지붕)을 가리킨다. 서교 중보자촌中堡子村의 당나라 때 묘에서 나온 건물 모형 중의 문옥門屋이 현산정懸山頂으로, "양하" 체제의 규정에 딱 부합한다. 낮은 품계 관원 및 평민은 오로지 낮은 규격의 작은 방에서만 거주할 수 있었으며, 국가가 제도적으로 건축물 규모를 제한했음을 말해준다. 서민이 만약 규정을 초과하는 큰 집을 지으면 참월僭越이라고 하여, 허가하지 않았다.

송나라 때 변량汴梁의 상황은 달랐다. 이곳은 변하汴河·황하黃河·혜민하惠民河·광제하廣済河 네 강이 모이는 수로 교통의 중추로, 강남의 식량이 뱃길을 통하여 도착한다. 당나라 때 장안에 도읍을 정해놓고서도 흉년이나 기근을 만나면 황제가 백관을 거느리고 낙양에 식사하러 가야 했던 상황과는 달랐다. 그래서 오대십국 때는 그중 4대가 여기에 도

읍을 세웠다. 군벌 출신 제왕은 모두 무력을 맹신하여, 병사를 거느리
고 스스로를 엄중하게 지켰다. 그래서 변량에는 주둔군이 언제나 많았
다. 북송 때 "천하 군사 수십만 명과 전마 수십만 필이 수도로 모여들었
고, 일곱 망국의 사민이 모두 수도로 모였다."(《송사宋史·하거지河渠志》) 송
태종도 말했다. "동경東京에서는 병사 수십만을 양성하고 거주 인원이
100만이다."(《속자치통감장편續資治通鑑長編》32권) 현대 사학자들의 연구 결
과에 따르면, 이곳 인구는 심지어 100만에서 그치지 않아서, 변량은 당
시 세계에서 인구가 가장 많았던 도시였다고 한다. 그 당시 유럽의 대
도시는 일반적으로 아직 10만이 되지 않았다. 그러나 변량의 옛 성(이성
里城)은 원래 당나라 변주汴州의 주성으로, 규모에 한계가 있었다. 후주
後周 때 비록 새로운 성(외라성外羅城)을 증축했지만, "집들이 연이어 붙
어 있고, 거리에는 물이 차고 좁은"(《오대회요五代會要》26권) 상황은 기본
적으로 바뀌지 않았고, 도로를 침범하여 건물을 세우는 것이 일반적이
었다. 이어서 통치자는 백성이 집의 문을 거리를 향하여 내는 것과 점포
를 개설하는 것을 허락했다. 당나라 때 형성된 이방제里坊制 도시 구조가
결국 붕괴된 것이다. 송나라 왕조는 처음에 어쩔 수 없이 이 현실을 받
아들였다. 어쩔 수 없다고 한 것은 송나라 태종 지도至道 원년(995)과 진
종 함평咸平 5년(1002)에 두 차례 가고街鼓, 즉 야간 통행금지를 회복한 적
이 있었기 때문이다. 그러나 이때 변량의 주민은 이미 작은 흙담으로 막
힌 방 안에 살지 않았기 때문에 야간에 방문을 폐쇄해 그들을 단속할 방
법이 없었다. 주택의 문은 이미 대로를 향하고 있었고, 가고를 치고 난
이후라고 해도 사람들 출입을 제한하기 어려웠다. 결국 인종 때가 되자
이 제도를 포기하지 않을 수 없었다. 그리고 변량의 경제 명맥은 조운
에 의지하고 있어서 네 강에 걸쳐 조운이 통행하는데, 그 중 변하의 조

운만 해도 매년 결정액이 이미 600만 석에 달했고, 변하에서 왕래하는 조운선만 해마다 통상 6천 척에 달했다. 운반해온 물자를 저장하기 위해 성안에는 강을 따라 많은 창고를 지어서, 매번 짐을 풀고 파견할 때마다 "창고 앞이 시장을 이루었다."《동경몽화록》 북쪽으로 올라온 "회수 절강 지역 거상巨商"들을 접대하기 위해 옛 송문 안쪽 변하가 보이는 곳에 저명한 객사인 "13칸 건물"을 지었다. 호텔과 상점을 한 짝으로 개설한 것이다. 이런 건축은 강을 따라 늘어서 있어서 방장으로 둘러싸기 더욱 어렵다. 당시 영호희令狐熙가 변주자사를 맡을 때 집행했던 "주민 중 거리를 향하여 문을 열면 막고, 선객은 성문 밖에 머무른다民有向街開門者杜之, 船客停于郭外"《수서隋書·영호희전令狐熙傳》)와 같은 융통성 없는 장정章程은 시대와 동떨어지지 않기가 더 어렵다. 변량은 성안에서 상업이 번영하고 동업 상인이 행회行會를 조직하여, 예를 들면 곡행斛行(쌀 밀가루 업계)·채행菜行(채소 업계)·과자행果子行(과일 업계)·우행牛行(소 업계)·마행馬行(말 업계) 등이 있었다. 각 행은 고정 장소에 행시行市를 설치했다. 이밖에 또한 묘시廟市가 있었다. "대삼문大三門"·"이삼문二三門"·"육십여원六十餘院"《청파별지淸波別志》)을 소유한 대상국사大相國寺는 "매월 다섯 차례 개방했고", 판매 상품은 "없는 것이 없었다."《동경몽화록》 또한 와시瓦市가 있었으니, 오락 예술을 중심으로 하는 시장이었다. 가장 큰 상가와자桑家瓦子는 "그중 크고 작은 구란勾欄(공연장)이 50여 좌座 있었다." 또한, 가시街市는 술집을 중심으로 하는 시장이었다. 변량의 큰 술집은 "화려한 누각이 서로 마주 보며", 거리에 개설되어 있었다. 어떤 거리는 술집에 따라 이름이 붙기도 했으니, 반루가潘樓街가 그것이다. 이밖에 또 효시曉市·야시夜市·교시橋市 등이 있었다. 심지어 궁성 정문 선덕문宣德門 남쪽에서 1,000보 거리의 주랑처럼 엄숙한 곳조차 "시장 사람들이 그곳에서 물건을 팔았다." 중국 도시 건설 역사상 북송의 변량은 폐쇄된 이방 제를 처음으로 벗어나, 비교적 개방적인 가항제街巷制를 세우고, "아홉 도시의 부유함과 100점포의 웅장함"(왕명청王明淸《옥조신지玉照新志》)을 모 두 가진 소비형 상업 도시가 되었다.

변량 시가의 모습은 〈청명상하도〉에 생생하게 묘사되어 있다. 우 리가 앞에서 언급한 성문을 들어서고 나면 떠들썩한 대로가 나온다. 그런데 그다지 넓지는 않다. 변량 외성 서쪽 성벽 신정문新鄭門을 발굴 할 때 본 것에 의하면, 문 아래 도로는 너비 20m이다. 건물이 도로를 침범하고 있었던 것 등을 고려하여 그림 속의 거리 너비를 비례에 따 라 추산하면 대략 10여 m에 불과하다. 게다가 양옆에는 상점이 줄줄 이 늘어서, 방장은 그림자도 보이지 않는다. 현존하는 〈청명상하도〉의 뒷부분이 온전하지 않아 성문 안 멀지 않은 곳에서 화폭이 갑자기 끝 나기 때문에, 이제 막 클라이맥스에 들어가려는데 다음이 없다고 할 수 있다. 이 작은 부분에 묘사된 거리 모습에서 가장 눈에 띄는 것은 "손양점孫羊店" 주루酒樓이다. 이것은 2층 건물로, 문 앞에 채루환문彩 樓歡門이 연결되어 있으며, 팻말에 "정점正店" 두 글자가 쓰여 있다(그림 4-17).《동경몽화록》에서는 "수도에 정점 72집이 있고", "나머지는 모 두 각점脚店이라고 했다." 정점·각점의 구분은 오늘날 호텔을 별 개수 로 등급을 나누는 것과 약간 비슷하다. 그러나 변량의 각점은 사실 조 금도 허름하지 않다. 〈청명상하도〉 중 무지개다리 끝부분의 "십천각 점十千脚店" 역시 높디높은 환문歡門을 세워놓은 2층 건물로, 다만 문 앞 이 조금 작을 뿐이다. 그러나 손양점도 십천각점도 변량에서 최상급 주점으로 치기에는 훨씬 부족하다. 반루潘樓·백반루白礬樓 와 같은 대주 점 정도는 되어야 진정 대단하다고 할 수 있다. 백반루는 "3층 높이에

그림 4-17 〈청명상하도〉에서 손양점 주루

다섯 누각이 서로 향하고 있고, 각각 비교난함飛橋欄檻이 있어서 명암이 서로 통한다."《동경몽화록》》 "마시는 사람이 항상 천여 명이다"(주밀周密《제동야어齊東野語》)라고 했다. 주보주周寶珠 선생이 말하길, 주점은 "동경에서 최대 업종 중 하나였음이 틀림없다." 그래서 정부에서도 상당한 특혜를 주었다. 송나라 때 인종이 경우景祐 3년(1036)에 반포한 조서에서 "모든 건물은 저점邸店, 누각, 거리 시장에 임한 것이 아니면 사포작四舖作, 요두팔闘斗八로 할 수 없다"《송회요집고·여복輿服》)라고 했다. 사포작 두공과 두팔조정斗八藻井은 모두 고급 건축 구조에 속하는 것으로, 거리에 임하여 있는 점포의 누각에만 시공이 허용되었으니 중시된 정도를 알 수 있다. 그러나 일반 주민에게는 갖가지 제한이 있었다. "서민 집은 중공重栱·조정藻井·오색 문채로 장식할 수 없었고, 사포작과 비첨飛檐도 여전히 할 수 없었다. 서민 집은 5가架를 허락하여, 문門 1간 양하일 뿐이었다."(《송사·여복지興服志》) 이것이 바로 〈청명상하도〉에서 그린 비늘처럼 즐비한 작은 기와집이었으며, 그림에 나타난 교외 지역에 있는 초가집은 말할 필요도 없었다.

중국 고대 도성 배치는 남북조 이후 줄곧 중심축 대칭을 중시했다. 변량 궁성 남면의 어가御街 즉 선덕문宣德門으로부터 성 중심의 주교州橋를 지나, 대상국사大相國寺를 지나, 내성 주작문朱雀門을 나와, 용진교龍津橋를 건너, 외성의 남훈문南薰門에 이르기까지는 길이 약 4km로, 중심축 선으로 볼 수 있다. 그러나 변량의 세 둘레 성벽은 똑바르게 둘러쳐지지 않아서, 거리 동서 양측이 그다지 대칭을 이루지 않는다. 궁성에 들어가면 대내후大內後로, 선덕문으로부터 북쪽으로 정전正殿 대경전大慶殿에 이르기까지 부분은 그래도 중심축 선에 있다고 할 수 있으나, 다른 중요한 대전 예를 들면 문덕文德·수공垂拱·자신紫宸·집영集英 등은 위치가 모두 서쪽으로 치우쳐서, 상술한 원칙을 따르지 않았다. 송나라 초기 궁전을 건축할 때는 "모든 문과 전殿이 서로 바라보여야 하고, 들쭉날쭉하면 안 되며", "궁성의 경우는 태조가 복녕침전에 앉아서 앞뒤를 트이게 하도록 하고 근신을 불러 들어와 보게 했다. '내 마음이 마침 이처럼 단정하고 곧으니 조금이라도 치우거나 굽은 곳이 있으면 반드시 봐주기 바란다'"(섭소온葉少蕴《석림연어石林燕語》)라고 했다. 그러나 주관적으로는 단정하고 반듯해야 하겠지만, 이들 궁전은 당나라 변주 주아의 옛터에 건축한 것으로, 많은 측면에서 이미 존재하는 기초와 지형의 제한을 받았기 때문에 통치자가 원한다고 해도 어쩔 도리가 없었다.

변량 궁성 안의 궁궐터가 황하가 범람한 진흙 밑에 깊이 파묻혀 있고, 지면에는 현대의 도시 건축이 존재하고 있기 때문에, 발굴을 진행하기 어려워 아직은 구체적인 상황을 정확히 알 수 없다. 지금까지 보존되

어온 송나라 때의 대형 건축으로로부터, 예를 들면 태원 진사晉祠에 있는
성모전聖母殿, 정정正定 융흥사隆興寺 마니전摩尼殿, 복주 화림사華林寺의 대
전大殿, 소주蘇州 현묘관玄妙觀 삼청전三淸殿 등의 사례를《영조법식》의 내
용과 결부시켜 고찰해 보면, 그 총체적 추세는 전우殿宇(전당)가 갈수록
커지고, 지붕이 갈수록 가팔라지고, 기둥은 높아졌으며, 두공은 축소되
었음을 알 수 있다. 예를 들면 당나라 때 불광사 대전 외첨 두공과 첨주
檐柱의 비율은 1 : 2이고, 송나라 때 건축은 일반적으로 1 : 3.5이고, 청
나라 때에 오면 1 : 6이 된다. 두공이 작게 변한 것은 새로운 문제에 맞
닥뜨렸기 때문이다. 즉 유리 기와의 사용이다. 본래 중국 서주 초기에
이미 기와를 사용하기 시작했다. 서주 중기와 말기의 부풍扶風 소진召陳
의 유적지에 이미 온전한 기와집이 있었다. 유리 기와의 출현은 남북조
시대보다 이후는 아니어서, 대동大同 방산方山에서 북위의 유리 기와가
나온 적이 있다. 그러나 당나라 대명궁 함원전 지붕에 깐 것은 여전히
전변유리剪邊琉璃로, 옥척屋脊과 첨구檐口부위에 유리 기와를 사용하고,
나머지 부분은 도기 기와를 썼다. 그러나 송나라 때에는 온통 유리 기와
를 깐 전殿 지붕이 있었다. 유리 기와는 도기 기와보다 훨씬 무겁다. 량
가梁架가 매우 무거운 유리 기와 지붕을 떠받쳐야 하기 때문에, 결국 작
은 나뭇조각을 꽂아 이어 완성한 두공은 구조상 약한 부분이 되었다. 그
리하여 양두梁頭 앞에서 도첨을 뻗어 쓰는 방법을 채택했다(그림 4-18).
송나라 때에는 청당형廳堂型 건축建築이 이 방법을 썼을 뿐만 아니라 전
당형殿堂型의 진사 성모전에도 그 사례가 있다. 양두가 직접 도첨과 접
하고, 두공은 점차 실제 기능은 하지 않고 장식으로 설치하는 것이나 마
찬가지가 되었다. 이 경향은 계속 진행되어, 청나라 때에 이르면 두공은
사실상 이미 대형 건축 첨부의 작은 장식이 되었다. 돌이켜 살펴보니,

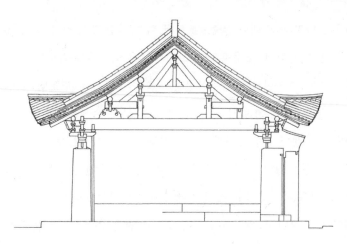

그림 4-18 양두도첨. 산서성 평순平順의 순화사淳化寺 대전(송나라·금나라 시기)

평요平遙 진국사鎭國寺의 오대십국 때의 만불전萬佛殿에서 기둥 높이의
7/10에 달하는 큰 두공은 도리어 비례에 균형을 잃어서 마치 객이 주인
보다 목소리가 큰 듯 한 느낌이다. 두공이 축소되면 처마는 자연히 너무
멀리 뻗지 않게 된다. 하지만 이때 벽돌 담장이 이미 보급되어, 더는 항
토장처럼 처마에 의지하여 보호받을 필요가 없었다. 누경서樓慶西 선생
이 말하기를 "이렇게 복잡한 두공을 채택하여 도출挑出한 옥첨屋檐을 지
탱하는 것은 상당히 힘들고 우둔한 방법이라고 하지 않을 수 없다. 사실
나무 막대 하나를 기둥에서 빗겨내기만 해도 옥첨을 지탱할 수 있어서,
간단하고도 힘이 덜 드는 방법이다"(《중국고대건축이십강中國古代建築二十
講》제11쪽)라고 했다. 이전에 양홍훈楊鴻勛 선생도 말했다. "처마를 받는
고급 구조 —앞뒤로 현비출도懸臂出跳한 두공— 은 처마를 받는 저급 구
조—낙지지승落地支承하는 경첨주擎檐柱—로부터 진화한 것이다. 즉 앞
뒤로 도출한 두공의 전신은 가는 기둥이다."(《건축고고학문집建築考古學論文
集》제257쪽) 가는 기둥에서 나무 막대로, 몇천 년간 변화해온 두공에 대

한 인식이 한 바퀴를 돌아서 다시 돌아온 것이다. 마치 신석기 시대 도
기에 문자와 유사한 부호를 새길 때 사용한 경필을 현대에 들어 다시 사
용하고 있는 것과 같다. 물론 그렇다고 해서 몇천 년간 붓으로 쓴 서예
의 역사를 그저 한 바퀴 헛돌았다고 말할 수는 없다. 마찬가지로, 중국
목구조 건축에서의 두공 조직은 못 하나 사용하지 않았음에도 그것이
지탱하는 대전과 고탑은 천 년 동안 쓰러지지 않았다.

　　송·금나라와 비교하면 당나라의 큰 건축은 사용한 재료가 비교적
적다. 함원전과 인덕전의 공간은 평균 5m 남짓을 넘지 않으며, 가장 큰
량복梁栿 과거跨距는 4연椽을 넘지 않는다. 그런데 송나라의 화림사華林寺
대전은 중심 사이 넓이가 6.5m다. 진사 성모전은 육연六椽 복통량栿通梁
을 설치했다. 융흥사隆興寺에서 금나라 때 건축한 자씨각慈氏閣의 내주內
柱는 심지어 상하를 관통하는 통주通柱이다. 동시에 지속해서 평면 대칭
을 추구한 종심포국縱深布局으로 말미암아, 모수제模數制(모듈, 표준 척도)를
더욱 추진함으로써, 중심 전당은 다시 단층 단좌의 큰 건축으로 회귀했
다. 송나라 변량 대경전大慶殿의 기초 터는 아직 발굴할 수 없지만, 기록
에 따르면 평면 너비 9칸의 대전이라고 하며, 당나라 장안 함원전의 복
잡한 구조와 상당히 다르다. 원나라 대도大都 대내大內의 주전主殿인 대
명전은 글자 '공工' 모양을 하고 있는데, 앞부분 대전大殿과 뒷부분 침전
寢殿이 가운데에서 천랑穿廊으로 이어지고 있어, 송나라 축심사軸心舍의
형식을 따랐다. 그러나 전전前殿은 여전히 평면 너비 11칸의 단층 건축
이다. 명나라 초기 북경의 궁전을 건축할 때 외조外朝의 정전正殿인 봉천
전奉天殿의 평면 너비는 9칸 뿐이었다. 금나라와 원나라가 대전의 크기
를 11칸으로 정해놓았던 제도를 바꿔 9칸으로 줄였다. 이는 한편으로
주원장朱元璋이 검소와 소박을 표방하여, 남경의 봉천전의 평면 너비가

겨우 9칸이었기 때문에 영락제의 북경 궁전은 감히 이를 뛰어넘을 수
없었기 때문이었다. 그밖에 "용비구오龍飛九五(《주역周易》건괘乾卦에 나오
는 말로 왕위에 오르는 것을 의미)" 등과도 관계가 없지 않았다. 황권 전제 시
대에는 생활의 각 방면에서 등급의 제약을 받아서, 설령 재력이 있다고
해도 집을 마음대로 지을 수 없었다. 북경에서 당시 평면 너비 9칸의 전
당은 겨우 세 개여서, 봉천전 이외에 나머지 둘은 태묘太廟 정전과 13릉
장릉長陵 능은전祾恩殿이다. 봉천전은 영락 18년(1420) 완성되었다가 다
음 해 대화재가 발생했다. 가정 36년(1557) 또 불이 나서 중건한 뒤 황극
전皇极殿이라고 고쳐 불렀다. 만력 25년(1597) 실화한 뒤 다시 중건했다.
청나라 순치 2년(1645)에는 태화전太和殿이라고 고쳐 불렀다. 태묘 역시
가정 연간에 화재를 당해서 가정 24년(1545)에 다시 건축했다. 그래서
이 두 전은 모두 원래 모습을 유지하지 못했고, 오직 능은전만 원래대
로 보존되었다. 능은전은 평면 너비 66.75m로, 현존 태화전의 평면 너
비 63.96보다 넓다. 능은전은 명나라 국력이 극성했을 때 정성을 다하
여 건축한 것으로, 안팎 처마에 도합 62개 금사남목金絲楠木 기둥을 이용
했다. 중심 명간明間은 너비 10.34m로, 명청 시대 건축에서 겨우 보인다.
그중 가장 큰 네 기둥은 높이가 약 23m이고, 기둥 지름은 1.17m에 달하
여, 두 사람이 함께해도 다 끌어안을 수 없다. 그리고 전내殿內 기둥에는
호두 기름만 한 번 칠하고, 피마착회상칠披麻捉灰上漆을 전혀 하지 않아
서, 나무 무늬가 아직도 뚜렷하게 보였다. 그 품질은 중국 고대 건축 목
구조의 극치에 도달했다고 할 수 있다. 그러나 차마 손으로 건드리지도
못했던 이토록 진귀한 유적이 몇 년 전 드라마 〈마르코 폴로〉의 촬영지
로 사용되었고, 조명을 위해 전선을 끌어오면서 기둥에 무수한 쇠못을
박았다. 듣기만 해도 피부가 찢기는 아픔이다.

너비 9칸인 태화전은 청나라 때 11칸으로 바뀌었다. 청나라는 다시 너비 11칸을 최고 규격으로 삼았기 때문이다. 이전에는 또 강희康熙 18년(1679)에 불이 나서 강희 34년(1695) 중건되었다. 당시에는 거목이 부족해서 대전 기둥은 작은 목재를 이어붙이고 철제 조임쇠로 단단하게 고정하여 만들었다. 비록 기름을 바르고 곱게 가루를 내 금을 붙였지만 철제 조임쇠의 볼록한 흔적을 여전히 볼 수 있다. 단순히 기둥만으로 논하면, 태화전은 능은전과 비교하여 훨씬 못 미친다. 하지만 건축의 총체적 효과로 보자면, 능은전 앞의 뜰이 너무 작아 충분히 탁 트여있지 않다. 그리고 태화전은 중화전中和殿·보화전保和殿 등 앞 3전과 함께 '공工' 모양 백석白石 기단 위에 높이 자리 잡고 있으며, 기단 앞에는 3만여 m²의 뜰이 있고, 뜰 안에는 좌우로 홍의각弘義閣·체인각體仁閣 두 누각이 마주하고 있고, 뜰 밖에는 좌우로 문화전文華殿·무영전武英殿 두 전이 채우고 있어서 기상이 완전히 다르다. 장엄하고 웅장하여 유아독존의 분위기가 물씬 풍긴다. 비록 태화전의 규모는 당나라 때 함원전 만큼 크지는 않지만, 장안의 빼어났던 자취는 지금으로서는 흙을 다진 기단만 남아 있는 반면에, 태화전은 의연하고 금빛 찬란하게 우리 앞에 우뚝 서 있다. 이것은 많은 측면에서 중국 역대 궁정 건축의 성공적인 면모들을 집대성한 것이라고 볼 수 있다. 보화전으로부터 걸어 내려가면, 내정의 건청궁乾淸官·교태전交泰殿·곤녕궁坤寧宮으로 들어간다. 이것이 후삼전後三殿이다. 북쪽으로 가서 어화원御花園을 지나, 궁성 북문 신무문神武門을 나서서, 기망루綺望樓를 지나면 경산景山 가장 높은 곳에 있는 만춘정萬春亭에 올라 북경 성을 내려다볼 수 있다. 산 아래에는 너비 9칸인 수황전壽皇殿이 있다. 이어서 북쪽으로 가면 황성의 후문인 지안문地安門이다. 태화전 뜰로부터 남쪽으로 가서 태화문太和門을 나서면 깊이 130m의 문원門院이다. 문원 안의 내금수하內金水河는 활 모 양이고, 아치형 돌다리 다섯 개가 놓여 있어, 문원에 유난히 생기가 넘 치게 한다. 그 전방은 궁성 정문 오문午門이다. 이어 남쪽으로 단문端門 을 통과하면 황성 정문 천안문天安門이다. 현재의 천안문 광장은 청나 라 때는 봉쇄된 공간으로, 양측에 천보랑千步廊이 있었고, 맨 끝이 대청 문大淸門이었다. 천안문으로부터 지안문까지 건축물이 직선을 따라 배 열되어, 황성의 혁혁한 주축선을 이루었다. 그리고 외성의 영정문永定 門으로부터 전문대가前門大街를 따라 정양문正陽門으로 들어가 곧장 내 성 북쪽 종고루鐘鼓樓에 이르는 약 7.6km 길이 도시의 축선이다. 행정 중추가 되는 황성 축선이 도시 축선 위에 겹쳐짐으로써 성 전체의 모 든 건축이 마치 수많은 별이 달을 에워싸고 받들어 따르듯, 황제의 일 체를 능가하는 지고무상의 권위를 두드러지게 한다.

　　1955년, 막 북경대학에 들어갔을 때, 학교에서 신입생을 맞이하는 활동 중 하나로 역사지리학을 연구하는 어느 교수가 북경의 도시 내력 을 소개하는 강좌를 한 차례 진행한 일이 있다. 강연에서 교수는 건륭 제 시기에 영국의 사신이었던 매카트니 백작이 중국에 파견되었던 일 을 이야기해주었다. 영국의 예법이 청나라와 달랐기 때문에 영국 사신 이 황제를 알현할 때 어떻게 예를 행해야 할지가 문제가 되었다. 영국 측은 그저 무릎을 한 번 굽히는 예 정도는 행할 수 있다고 보았다. 청나 라 측에서는 반드시 삼궤구고三跪九叩(세 번 절하고 아홉 번 머리를 조아리는 의 례로 조공을 바치는 속국에 요구되었다)를 해야 한다고 보았다. 이른바 "예의 지쟁禮儀之爭"이 벌어진 것이다. 이것은 각자 국가의 존엄에 관계된 것 이어서 양쪽 모두 서로 양보하지 않았다. 교수가 이야기한 취지는 이러 했다. 매카트니 백작이 영정문으로부터 번화한 거리를 지나 전문前門에

이르기까지 화려한 오패루五牌樓와 높게 솟은 전루箭樓와 웅대한 정양
문正陽門을 보면, 저 문 안쪽에 바로 황제가 있다고 생각했을 것이다. 문
을 들어서니 가까운 곳에는 별로 크지 않은 홑처마에 아치문이 세 개이
고 유리 기와를 가득 깐 대청문大淸門만 있었을 것이다. 문 안에는 앞으
로 쭉 뻗은 길이 500여 m에 이르는 돌로 깐 어로御路가 있고, 양옆은 가
지런한 천보랑千步廊이라, 황제의 그림자도 전혀 보이지 않았으리라. 천
안문 앞에 도착하자 큰 길은 가로 방향으로 바뀌고, 금수하金水河에 놓인
다섯 돌다리는 돈대 가운데 활짝 열린 다섯 곳의 아치형 문[券門]으로
곧바로 통하고, 꼭대기는 너비 9칸·겹처마에 헐산정歇山頂 모양이며 높
이가 33.7m인 성루이고, 양쪽에는 한백옥漢白玉 화표華表와 위풍당당한
돌사자가 우뚝 솟아 있고, 붉은 기둥 높은 건물 등이 기세 등등 수도 없
이 서 있을 것이다. 영국 사신으로서는 이번에야말로 황제가 안에 있겠
지 생각할 것이다. 그러나 문 안쪽 멀지 않은 곳에 형체가 비슷한 단문
端門이 또 있다. 단문 안쪽에는 또한 좁고 기다란 광장이고, 양측에 두 줄
로 낮은 조방朝房을 건축하여, 알현하는 자를 속칭 오봉루五鳳樓라고 불
리는 독특한 조형의 높고 큰 오문午門까지 줄곧 향하도록 한다. 이어 태
화문에 들어서야 태화전 앞에 도착한 것이다. 가는 도중 각종 성문·궁
문·광장·어로 등이 어떤 것은 높게 어떤 것은 낮게, 어떤 것은 멀리 어
떤 것은 가까이에, 어떤 것은 열려 있고 어떤 것은 닫혀 있고, 어떤 것은
트여 있고 어떤 것은 막혀 있어 변화무쌍한 수법으로 연출해낸 공간의
분위기에 매카트니 백작의 심리적 방어선도 풀어지기 시작할 것이다.
대전 뜰에는 백관들이 엄숙하게 서 있다. 황제의 어가가 도착했다는 전
갈을 듣자마자 뜰에 가득한 사람들이 천둥을 치는 듯 소리 높여 만세를
부르며 산이 무너지듯 일제히 꿇어 엎드린다. 매카트니는 자기도 모르

게 무릎을 꿇고 머리를 부딪칠 수밖에 없었으리라. 교수는 소리도 표정도 실감 나게 묘사하며 재담이 꼬리에 꼬리를 물었다. 신입생들은 모두 매우 즐거워했으며 분위기가 뜨거웠다. 그 후 오문을 지날 때 여러 차례 이 말을 떠올리곤 했다. 50여 년이 지났지만 기억 속의 모습이 아직도 매우 생생하다. 하지만 북경대학이라는 곳에는 사람도 많고 책도 많다. 나중에 알게 되었는데, 매카트니가 건륭황제를 만난 장소는 피서산장避暑山庄으로, 북경의 중심축 선과는 아무 관계가 없었다. 하지만 교수는 배경을 바꿔서, 행동에 호기심이 가득한 실제 사람을 등장시켜, 모든 것이 이에 따라 활기를 띠게 했다. 매카트니가 어떤 예를 행했는지 영국왕 조지 3세에게 보고한 것을 보면 "마차가 제 앞을 지나가자 저희는 무릎을 한 번 굽혀 예를 표했습니다"라고 했다. 사실 그는 1793년 9월 14일·17일 두 차례 건륭제를 만났다. 앞의 한 번은 피서산장 만수원萬樹園의 어악御幄(황제의 천막)에서였다. 매카트니의 수행원 웬델의 원고에 기록된 상황은 "우리는 그곳 방식에 따라 예를 행했다. 즉 바닥에 무릎을 꿇고, 머리를 부딪치는 것을 아홉 차례 했다"라고 했다. 뒤의 한 번은 산장 담박경성전澹泊敬诚殿에서 건륭의 "만수성전"을 축하할 때였다. 화신和珅이 나중에 상소에서 말하기를 "신 화신이 영국 국왕 부사 등을 데리고 와 표문을 올리도록 하여…그러하니 그들로 하여금 황상께 삼궤구고의 예를 마치도록 했습니다"라고 했으니, 교수가 말한 내용은 기본적으로 틀림이 없다. 다만 그는 사실을 서술하는 수법으로 북경 중심축선이라는 이 거대한 용의 몸에 눈동자를 그려넣었을 뿐이다. 당시 청나라 사람들이 아직 천조天朝(천자의 조정을 제후의 나라에서 일컫는 말)·사이四夷(한족 이외의 변방에 이민족을 일컫는 말) 등의 관념을 품고 있었느냐, 세계의 대세 및 정상적 국제 관계에 대해 무지했던 문제를 어떻게 처리해야 하는

가 등은 여기서는 말하지 않겠다.

송나라 이후 도시는 이미 가항제街巷制 시대로 접어들었다. 원나라 대도大都는 아무것도 없던 땅에 미리 정한 기획대로 건설한 것으로, 길이 특히 가지런했었다. 성 전체에 세로 방향 대로 7개와 가로 방향 대로 4개가 있었다. 대로에 의해 분할되는 구역 중 평행으로 배열된 가로 거리를 '호동胡同'이라고 한다. 이 명칭은 몽고어 quduq 즉《지원역어 至元译語·지리문地理門》의 "홀도忽都"에서 기원했다. "우물"·"우물이 있는 곳"을 가리키며, 작은 거리의 뜻으로 변했다. 호동 사이의 거리는 약 70m이다. 그중 주된 곳은 주민의 사합원四合院이다. 북경 내성內城의 거리는 대체로 옛 대도의 체제를 이어받은 것이다. 하지만 청 왕조에 이르러 호동 입구에 책란柵欄(울타리)을 설치하여, 도시 전체에 책란이 1,746곳으로 늘어났다. 밤이 되어 야경을 돌기 시작한 뒤에는 책란 문을 잠근다. 내성의 앞 세 문도 이때는 닫는다. 밤이 끝나갈 무렵에 관원들이 조회에 나오기 편하게 하려고 문을 연다. 그래서 야간에 외성에 머무르던 자가 내성으로 돌아가려면 반드시 성문이 다시 열리기를 기다려야 들어갈 수 있다. 이것을 속칭 "도간문倒赶門"이라고 한다. 마치 서주 시대 이방제가 정말로 돌아온 듯하다.

사합원은 멀리 섬서성 기산의 봉추촌에서 발견된 서주 마을에서 이미 그 구조가 나타났다. 명청 시기 북경의 사합원은 전통 주택 중에서도 특히 대표성을 띠고 있다. 중소 가구형을 예로 들면 사면을 둘러싼 마당으로, 북쪽에 자리 잡고 남쪽을 향한 것이 많으며, 동남쪽 모퉁이에 대문을 낸다. 이것을 풍수에서는 "감택손각坎宅巽角"이라고 하며, 아주 길한 것으로 여긴다. 문에 들어가서 서쪽으로 방향을 돌리면 가로로 긴 외원外院이다. 외원에서 남쪽에 기대어 늘어선 집을 도좌倒座라고 하

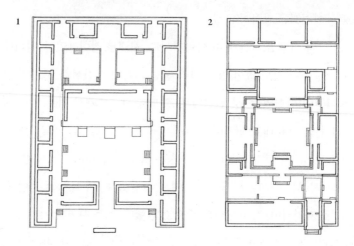

그림 4-19 사합원 평면도
1 섬서성 기산의 봉추촌 서주 사합원
2 북경시 삼진三進의 사합원

며, 햇빛이 적게 보이고, 주로 외객청外客廳·서숙書塾·장방賬房 등으로 쓰
인다. 양쪽 끝 방은 남자 노복이 묵는 하방下房이다. 외원과 내원 사이는
담장으로 격리하고 중간에 문 두 개를 냈는데, 수화문垂花門이 많았다.
현산懸山 구조의 지붕이 이어지게 했으며, 앞 처마에 수련주垂蓮柱 두 개
가 튀어나오도록 했기 때문에 "수화문"이라는 명칭이 생겼다. 뒤 처마
기둥 있는 곳에 병문屏門을 세우고, 녹유綠油 양식에 붉은 두방斗方을 붙
였으며, 평소에는 열지 않고 좌우로 돌아서 다녔다. 이 문은 안팎을 나
누는 경계로, 식구 중 젊은 여성은 일반적으로 이문二門으로 나가지 않
았으며, 남자 종복들은 이문으로 들어가지 않았다. 외부 손님들은 초청
이 없으면 들어가지 않았다. 이문 안쪽이 내원이고, 내원 북쪽 방을 정
방正房 혹은 상방上房이라고 하며, 연장자들이 거주하는 곳이다. 상방廂房
은 나이가 많지 않은 사람들에게 거주용으로 제공된다. 정방 뒤에 좁은
후원後院이 하나 또 있다. 그 북쪽이 후조방後罩房으로, 여자 종복이 묵는

방과 주방·변소 등으로 사용되었다. 지붕은 일반적으로 경산硬山이며, 다음 등급 방에도 단파單坡(단비單庇) 혹은 평정平頂(박자拍子)을 쓸 수 있었다(그림 4-19).

사합원 배치는 존비尊卑의 구분과 내외內外의 구별을 강조했다. 종법적 예절 제도가 민간 주거지에 구현된 것이다. 대외적 폐쇄성과 대내적 격리성은 사합원 각각이 모두 하나의 독립된 작은 세상이 되도록 했다. 상방上房에서 거주하는 주인은 "작은 마당에 들어서기만 하면 독립된 세상의 통일 군주나 마찬가지였지만", 상방廂房은 방향 때문에 일조량이 모자라서 주거 환경이 그다지 이상적이지 않다. 도좌나 후조에서 거주하면 그 갑갑함은 이루 말할 수 없다. 호동을 걸으면 오직 양쪽 사합원의 잿빛 담장 표면과 푸른 기와지붕만 볼 수 있을 뿐, 길을 지나는 사람은 마당 안의 꽃과 나무를 감상할 길이 없다. 사합원은 밖으로 나 있는 창이 아주 적다. 모든 가구가 단지 대문만 노출할 뿐이다. 문의 형식에 따라 대문은 또 몇 가지 등급으로 나뉜다. 황가 일족의 집인 왕부王府의 대문은 5칸 혹은 3칸이다. 일반 관원과 서민은 단칸 문만 사용했다. 그중 문짝을 중주中柱가 있는 곳에 설치한 것을 광량대문廣亮大門이라고 한다. 문짝을 금주金柱(첨주의 안쪽·중주의 바깥쪽에 세운 기둥)가 있는 곳에 설치한 것을 금주대문金柱大門이라고 한다. 첨주가 있는 곳에 설치한 것을 만자문蠻子門이라고 한다. 세 번째 종류는 남방에서 온 상인이 북경에서 돈을 벌어 건물을 지으면서 경성 진신지가縉紳之家와 구별하려고 설계한 것이다. 나중에 이런 문이 상당히 자주 보였고, 그 명칭의 유래는 별로 관심을 받지 못했다. 더욱 간단한 것은 첨주 위치에 벽돌담을 하나 추가하고, 담에 좁은 문을 하나 내는 것이다. 여의문如意門이라고 한다. 문이 좁아서 문잠門簪을 네 개 설치할 수 없기 때문에 두 개밖에 설치

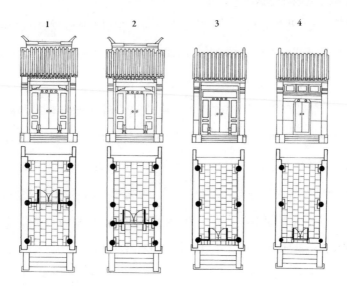

그림 4-20 사합원 대문
1 광량대문
2 금주대문
3 만자문
4 여의문(후유빈侯幼彬 등에 의거)

하지 않았고, 그 위에 늘 "여의如意"라는 두 글자를 새겼기 때문이다(그림 4-20). 더욱 간단하기로는 아예 문을 세우지 않고, 직접 담에 문을 내는 것이다. 수장문隨牆門이라고 한다. 하지만 위쪽에 피조척皮條脊의 작은 문을 설치할 수도 있다. 만약 어떤 사람이 오직 재력만 믿고 큰 저택을 샀다면, 자신의 신분에 따라 문을 다시 세워야 했다. 일반적으로 높은 등급에서 낮은 등급으로, 즉 광량대문에서 여의문으로 고치는 것이었다. 종합하면, 청나라 때에 이르기까지 대문은 여전히 그 집의 사회적 지위를 나타내는 것이었다. 대문 입구를 바라보면 주인의 신분을 알 수 있었다. 그러나 지금은 시대가 변했고, 북경 인구가 급격하게 증가했기 때문에, 많은 사합원이 이미 독채에서 대형으로 변화하였고 다양한 계충들이 입주하여 살고 있다. "하늘에 친 차양, 금붕어 항아리, 석류나무 등이 있고, 집사도 어른도 하인도 모두 살이 통통하고"와 같은 곡조는 이미 자취를 감추었고, 오래된 주택의 구조는 현대 생활 다방면의 요구를 모두 만족하게 하기 어려웠다.

대부분 건축물은 사람이 거주해야 하고, 사람은 실내에서 활동해야 한다. 이제 실내의 가구를 살펴보자. 일찌감치 원시 사회에서는 이미 실내에 백회 가루를 바르고, 백회 가루 위에 자리를 깔았다. 이것은 중국의 오래된 방법이다. 거친 자리를 거저籧篨라고 불렀는데, 이것을 가장 바닥에 깔아서 안감으로 했다. 그 위에는 초석草席을 깔았는데, 초석에는 인석藺席과 왕석莞席이 있었다. 인은 연미과鳶尾科 마린馬藺(붓꽃)으로, 마란馬蘭이라고도 불렀다. 왕은 향포과香蒲科 향포香蒲(부들)이다. 이것들은 모두 좁고 질긴 잎이 있어, 자리를 짜기에 적절했다. 옛날 왕석, 즉 포석蒲席(부들자리)은 인석보다 귀했다. 그래서 한나라 때 궁중에서는 포석을 깔았다. 《한서·사단전史丹傳》에는 "청포靑蒲 위에 엎드려 머리 조아린다"라는 문구가 있다. 파란 비단으로 테두리를 두른 포석 위에 엎드린다는 말이다. 마왕퇴 1호 서한 시대 묘에서 바로 이런 포석이 출토되었다. 이밖에 죽석竹席도 있었다. 가느다란 죽석을 담簟이라고 했는데, 가장 정성 들인 죽석을 도생桃笙이라고 한다. 이것은 "활경滑勁"한 도지죽桃枝竹의 껍질로 엮은 자리다.

옛날 사람들은 실내에 꽉 차게 자리를 깔지 않고, 앉는 자리에만 자리를 깔았다. 《논어·향당鄕党》에서는 "자리가 바르지 않으면 앉지 않았다"라고 했다. 자리를 깔아야 할 곳에 단정하게 깔아야 했음을 알 수 있다. 공경을 표시하거나 미안한 뜻을 표시할 때, 자리 위에 앉아 있던 사람이 자리를 피해 땅에 엎드리기도 했다. 옛날 사람들이 앉는 '좌坐'

를 현대에는 통칭 "궤좌跪坐"라고 한다. 엄격히 말해서 '좌'와 '궤'는 자세가 다르다. 《예기·곡례》에서 말하기를, 손님이 오면 "주인은 '궤'하여 자리를 바르게 하고, 손님은 '궤'하여 자리를 어루만지면서 사양한다. 손님은 상석을 떠나고, 주인은 고사固辭한다. 손님이 자리를 밟고 앉는다." 주인과 손님이 양보할 때 모두 '궤' 자세를 취한다. 양보가 끝나고 나서야 모두 앉는다. '궤'에는 '위危(높다)'의 뜻이 있다. 《석명·석자용釋姿容》에서 "'궤'는 '위'이다"라고 했다. 그래서 '궤'를 "위좌危坐"라고도 한다. "염슬경요斂膝傾腰", 즉 두 무릎이 바닥에 닿고 엉덩이 부분을 발뒤꿈치에 떨어뜨리지 않는 것이다. 만약 "굴슬강요屈膝降腰"라면, 두 무릎이 바닥에 닿고, 양발의 발등이 아래로 향하고, 엉덩이를 발뒤꿈치에 떨어뜨리면 '좌'라고 한다. '궤'할 때 윗몸을 일으켜 상당히 힘이 들게 되므로 경의를 표할 때 사용한다. 양梁나라 소명태자昭明太子가 부름을 받고 궁에 들어가 "동이 틀 때까지 위좌했다"(《양서·소명태자전昭明太子傳》)라고 한 것이 바로 이 뜻이다. 만약 "굴슬직요屈膝直腰"하면, 즉 두 무릎이 바닥에 닿고 몸체를 일으켜 곧게 세웠다면 '기跽'라고 한다. 가장 공경과 근신을 표시하는 것이다. 하지만 곧바로 일어서려고 한다는 뜻도 있다. 이들 자세는 모두 긴장이 완전히 풀린 편한 자세가 아니다. 일본어에 "좌변지坐胼胝"라는 단어가 있다. 발등에 생긴 굳은살을 가리킨다. 위에서 말한 '좌'로 앉는 자세로 인하여 발등이 늘 바닥에 붙어 압력을 받아 생긴 것이다. 오랫동안 앉아 있으면 또한 《한비자·외저설좌상外儲說左上》에서 말한 것처럼 "비통腓痛·족비足痺·전근轉筋" 등의 현상이 생길 수도 있다. 당나라 때 실화가 있다. 어사중승御史中丞 경우敬羽가 종정경宗正卿 이준李遵의 부정부패 사건을 심문하려고 이준을 찾아오게 하여 이야기를 나누었다. "경우가 이준을 맞이하여 각각 작은 침상에 위좌했다. 경우는 작고 수척했고, 이준은 크고 풍만했다." 그런데 대화를 나누는 과정에서 "이준이 여러 번 쓰러졌다"(《구당서·경우전敬羽傳》)라고 했다. 인격을 모독하지도 않고, 고문을 하면서 자백을 강요하지도 않고, 그저 예에 따라 "위좌"했을 뿐인데도, 이준의 신체에 《한비자》에서 말했던 것과 같은 증상이 나타나, 갑갑함을 견디지 못하고 결국 모든 것을 있는 그대로 털어놓을 수밖에 없었다.

왜 고대 중국에 이렇게 불편하게 앉는 자세가 유행했을까? 최초의 원인은 하의가 완비되지 않았기 때문이다. 한나라 이전에는 합당고合襠褲를 입는 것이 유행하지 않아, 고간股間에는 곤禪만 둘렀다. 만약 자리에서 기거箕踞(두 다리를 뻗고 앉음)하면 두 다리가 좌우로 벌어져 필시 매우 보기 좋지 않은 모습이었을 것이다. 그런데 위좌할 때는 상裳이 하체를 완벽하게 가려서 훨씬 보기 좋았을 것이다. 갑골문에서는 '人(인)'을 𠂊로 썼다. 이 모습을 중국인의 눈으로 보면 생물학적으로 사람일 뿐만 아니라, 무릎을 굽히고 허리를 숙일 줄 아는, 예의를 아는 문명인일 것이다. 그 후 이것을 기초로 읍양기복揖讓起伏·돈수고배頓首叩拜 등 예절이 생기고, 나아가 관습이 되어 일정한 구속력을 지니게 되었으며, 쉽게 바꾸기 어렵게 되었다.

앉을 때 좀 더 자유롭게 하도록, 춘추 전국 시대에 이미 빙궤凭几가 나타났다. 궤几 아래에 무릎을 집어넣고, 궤 위에 팔꿈치를 대고 엎드리면 상반신에 의지할 것이 생겨서, 하반신에 가해지는 압력도 많이 줄어든다. 이렇게 앉는 법을 "은궤隱几"라고 한다. 《장자·서무귀徐無鬼》에 나타난다. 겨울철이 되면 궤면几面에 또한 부드러운 깔개를 깔았다. 《서경잡기》에서 "공후公侯 모두 죽목竹木으로 궤를 만들었고, 겨울에는 세계細罽(융단, 양탄자)로 탁낭橐을 만들어 기대게 했다"라고 했다. 이밖에도 처음

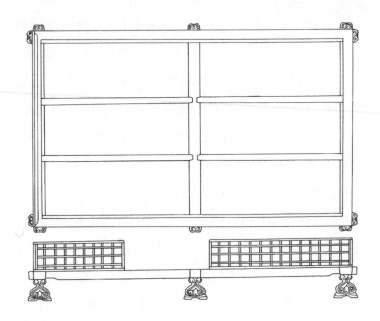

그림 4-21 전국 시대 칠기 침상. 하남성 신양의 장대관에서 출토

에는 아마도 습기를 방지하기 위해서, 앉고 눕는 곳에서 왜상矮床을 사용하기 시작했다. 갑골문에 이미 글자 ⼌(牀床)이 있고,《시경》에서도 상을 언급했다. 1957년 하남성 신양信陽의 장대관長臺關 1호 전국 시대 묘에서 출토된 흑칠상黑漆床은 길이 2.18m·너비 1.39m로, 고고학 발굴에서 발견된 목상木床의 가장 이른 사례 중 하나다(그림 4-21). 이것은 키가 상당히 낮아서, 상의 다리 높이가 겨우 17cm밖에 되지 않는다. 자리에 앉는 시대의 가구는 일반적으로 모두 높지 않다. 그리고 이 시기의 상은 침구 전용이 아니었다.《설문》에서 상은 "몸을 편안하게 앉는 것"이라고 했다.《석명》의 해석은 더욱 명확하여, "사람이 앉고 눕는 것을 상이라고 한다"라고 했다. 한나라 때 상은 당堂 위의 눈에 띄는 위치에 진열하는 가구였다. 높은 사람이 상에 앉아있었으며, 침실에 놓는 수면용 침

그림 4-22 당 위에 놓인 큰 침상. 막고굴 217굴 당나라 때 벽화

상과 달랐다. 송나라의 왕관국王觀國은《학림學林》에서 특히 "옛날 사람
들이 상床·탑榻이라고 한 것은 오직 눕기만 하는 가구가 아니었고, 앉아
있을 때가 많았다"라고 지적했다. 이런 상황은 당나라 때에 와서도 큰
변화가 없었다. 돈황에 있는 당나라 때 벽화에 그려진 인물을 보면, 거
실 가운데 상에 앉아 있는 주인을 뜰에서 첨주를 투과하여 볼 수 있다
(그림 4-22). 오대십국 때 위현衛賢의〈고사도高士圖〉에서도 이와 같다. 그
래서 이백의 시〈침상 앞 달빛이 밝다床前明月光〉에서 상은 이런 상을 말
한다. 그가 본 것은 상 앞, 즉 당 앞의 지면에 비친 달빛이지 뜰에서 달을
바라본 것이 아니다. 어떤 사람은 여기서의 상은 호상胡床이라고 하기도
하는데, 정확하지 않다. 호상, 즉 마찰馬扎은 특수한 가구로, 형상과 용도

가 일반 상과 달라서 상이라고 줄여서 말할 수 없다. 마치 현대의 장갑차나 방탄복을 차나 옷이라고 줄여서 말할 수 없는 것과 같다.

중고中古 시기에 이르기까지 상은 여전히 당 위의 중요한, 심지어 유일하게 앉을 수 있는 가구였다. 등급이 높은 상은 때로 몇몇 부속 물건을 갖추어야 했다. 대상大床은 항상 한쪽 옆에 병屛을 설치하고, 뒤에 의庡를 설치하여, "병의屛庡(병풍)"라고 통칭했다. 산동성 안구安丘 한나라 때 묘의 화상석에서 보이는 상은 뒤쪽에 의를 설치하고 좌측에 병을 설치하고, 우측은 넓게 비어 있었다. 《예기·곡례》에서 말한대로, 당에 오를 때는 "무적석毋蹋席(자리를 밟아선 안됨)"해야 할 뿐 아니라 또한 "구의추우抠衣趨隅(옷자락을 들어올리고 모퉁이로 가는 것)"해야 해서였다. 한나라 때 정현은 주석에서 "자리에 오를 때는 반드시 아래에서부터"라고 했다. 또한 《의례·향사례鄉射禮》에서 "손님이 자리에 오를 때는 서쪽부터"라고 했다. 정현은 주석에서 "손님의 승강은 아래에서부터"라고 했다. 좌측은 동쪽을 대표하고, 위가 된다. 우측은 서쪽을 대표하고, 아래가 된다. 안구에서 출토된 화상석에서 상의 빈 곳 우측은 서쪽이다. 바로 "구의추우", 아래로부터 오르기 위하여 공간을 남겨놓은 것이다(그림 4-23). 하지만 남북조 때에 이르면, 예를 들어 동진의 고개지顧愷之가 그린 〈열녀인지도列女仁智圖〉에서는 앉는 곳 3면을 막아 세운 위병圍屛을 볼 수 있고, 같은 인물의 〈여사잠노女史箴圖〉에서는 많은 폭의 병풍으로 두른 곤문족壼門足, 즉 공문 모양 다리를 설치한 대상大床이 나타났다. 이때 이미 춘추 전국 시대의 낡은 풍속을 다 따르지는 않았다는 것을 볼 수 있다. 그리고 후자의 사례에 나오는 대상은 거의 정강이의 절반 길이만큼 높아져서, 춘추 전국 시대의 키 작은 왜상과는 상당히 달랐다는 것을 알 수 있다.

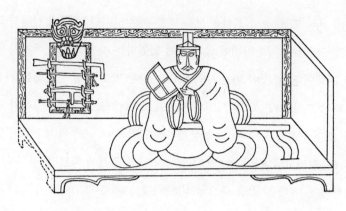

그림 4-23 병풍이 딸린 큰 침상. 우측은 탁 트임. 동한 화상석, 산동성 안구의 왕봉촌王封村에서 출토

상다리가 높아진 것은 하나의 신호로, 중국 중고 시기의 기거 방식에 중대한 변화가 발생할 것임을 말해준다. 제도화 되었던 '궤좌'가 이 시기부터 느슨해지기 시작하여, '수족좌垂足坐(발을 늘어뜨리고 앉기)'와 높은 가구가 유행하고 있었다. 수족좌와 궤좌의 차이는 아주 컸다. 전자는 과거에 사람들이 안 좋게 보았던 거좌踞坐(걸터 앉음)에 가까웠다. 그래서 비록 추세를 거스를 수는 없었다고 할지라도 변화하기 까지 상당히 오래 걸렸다. 그것이 최종적으로 확립된 것은 생산 기술·사회 풍속·문화 교류 등 다중적인 요소의 상호 작용의 결과이다. 그리고 앉는 자세의 변화를 가져온 동인은 불교의 전래다. 제나라 왕염王琰이 《명상기冥祥記》에서 말하기를, 한나라 명제明帝 때 "사자 채암蔡愔이 서역 사문沙門 가섭마등迦葉摩騰 등을 데리고 와 우전왕優塡王 석가釋迦가 의자에 앉은 상을 선물했다", "그래서 화공을 보내 몇 부 그리도록 해서 남궁 청량대 그리고 고양문 현절수릉에 공양하도록 했다"라고 했다. 이 기사는 그 후 양나라 혜교慧皎의 《고승전高僧傳》·《양서·부남국전扶南國傳》·당나라 도선道宣의 《집신주삼보감통록集神州三寶感通錄》등의 책에서 또 등장한다. 비

록 우전왕 조상造像의 전설을 모두 믿을 수는 없지만, 초기에 전해진 불상 중 "의상倚像" 즉 기대어 앉은 상이 있었다는 것은 의심의 여지가 없다. 기대어 앉는 것이 바로 수족좌이다. 돈황 막고굴 중 현존하는 가장 오래된 조상造像은 16국 시기의 것으로, 268·272·275굴의 사례가 있다. 그중 수족의좌垂足倚坐의 불상과 수족교각좌垂足交脚坐의 보살상이 있다.《돈황막고굴내용총록敦煌莫高窟內容總錄》의 통계에 따르면, 북위부터 서위까지 18좌 동굴 중 주요 소상塑像(찰흙으로 만든 형상)에도 수족좌 자세인 것이 많다. 이렇게 앉는 자세는 본래 한나라 이전에는 점잖은 자리에서는 불가능했다. 그런데 불교의 전파가 날로 흥성해지고 신도가 많아진 이후 사람들이 불상을 숭앙하고 공경함에 따라, 수족좌를 보고 느끼는 것도 점차 변해갔다. 물론 때로 불교와 함께 들어온 서양 풍속은 저지당하기도 했다. 남조 송나라 때 승려가 서양을 모방하여 "작은 상에 걸터앉아", "두 발로 땅을 디딘"(의정義淨《남해기귀내법전南海寄歸內法傳》) "편좌기거偏坐企踞" 자세로 밥을 먹다가 국자좨주國子祭酒 범태范泰 등이 불만을 품어서 "걸터앉아 밥을 먹는 것踞食"에 대한 한바탕 비판을 불러 일으키기도 했다(견見《홍명집弘明集》12권). 같은 시대 정도자鄭道子는 "머리를 조아려 바닥에 닿아야 하며, 기거企踞의 예를 허용하지 않는다"라고 했고, 고환顧歡은 "이족의 풍속은 장기長跽(길게 무릎을 꿇는 것)하는 것이어서 법칙이 중국과 다르다. 교좌기우翹左跂右하여 모두 준거蹲踞(웅크리고 앉음)한다"라고 했다. 그가 지은《이하론夷夏論》에서는 더더욱 중국과 이족의 습속의 차이를 대대적으로 차단해야 하는 걸로 보아 "황류지숙荒流之肅(두 손을 모으고 궤배跪拜하며 허리를 굽히는 것은 경기京畿 중에서 가까운 후전侯甸 지역에서 지키는 예이고, 여우처럼 쪼그리고 앉고 개처럼 발을 내밀어 걸터앉는 것은 머나먼 황荒 지역에서 하는 행동)"이라고 하였으니, 그야말로 작정하고 욕을 한 것이다.

그렇지만 현실 생활에서는 많은 새로운 상황이 나타났다. 앞에서도 말했듯이, 화하華夏족이 자리에서 무릎 꿇고 앉는 자세를 채택한 중요한 원인 중 하나는 하의가 완전하지 않아서였다. 그러나 기원전 4세기 말부터 조나라 무령왕이 "호복기사胡服騎\射(유목민 복장인 호복을 입고 말을 타고 활쏘기 함)"의 군사 개혁을 실시한 이래 무사들이 합당고를 입는 일이 갈수록 많아졌다. 위·진·남북조 때는 고습장袴褶裝이 남북에서 널리 유행했다. 수당 때 남자의 평상복이 이미 복두幞頭(관모의 일종)·결포缺袍, 섭대鞢帶(허리띠)·합당고와 장화로 구성되었다. 춘추 전국 시대에 무릎을 꿇고 앉아야 했던 이유가 이미 더 이상 존재하지 않게 된 것이다. 게다가 이 시기 건축물의 양가梁架와 두공이 개선되어서 실내가 더욱 높고 탁 트이게 되었기 때문에, 높이가 있는 가구를 배치하는 데 더욱 적합했다. 그밖에도 4세기에 중국에서 말등자가 발명되어 신속하게 보급되었다. 말을 타고 등자를 밟으면 신체의 자세가 곧게 되고 행동 또한 민첩하고 편해져서 과거에 귀족이 마차만을 타고 다녔던 전통을 완전히 바꿔놓았다. 당나라 남자들은 융숭하게 행차할 경우 모두 말을 탔다. 중종 이후 여성들도 말을 타는 사람이 적지 않아서 "궁녀들이 황제의 행차를 수행할 때 모두 호모胡帽를 쓰고 말을 타고 다녀, 온 세상이 따라했다"(《신당서·거복지》)라고 했다. '과마跨馬'(말에 올라타다)를 '거안踞鞍'이라고도 하였으니, 수족좌에 매우 가깝다. 이것이 보급됨으로써 이후 앉는 자세의 변화에 따르는 심리적 장벽을 한층 더 낮춰주었다. 위에서 말한 변화는 의衣·주住·행行 세 방면에서 사람들의 생활 방식을 이전과 다르게 바꿨다. 심지어 16국 이후에는 북방 민족이 대대적으로 중원에 들어와 살게 되었고, 그들은 원래부터 춘추 전국 시대 예속에서 요구했던 앉고, 꿇고, 걸터앉는 방식에 대한 부담이 없었다. 이후 호胡와 한漢이 융합하여 형성된 시대의 새로운 기풍은 높은 가구와 수족좌 보급에 더욱 큰 문을 활짝 열어주었다.

중국의 수족좌가 불상의 의좌倚坐에서 시작됨으로써 가장 먼저 등장한 대표적인 높이 앉는 가구는 의자椅子다. 의자는 기대앉는 용도로 공급되었기 때문에 초기 명칭이 "의자(의지할 의倚 자를 사용)"였다.《당어림唐語林》에서 안로공顏魯公이 "등나무 의자 두 개를 서로 등지게 세워놓아", 그것을 쥐고 몸을 위로 수백 번 늘일 수 있다고 했다. 이것은 의자에 관한 가장 이른 문헌 기록이다. 그 뒤《금석췌편金石萃編》103권에 수록된 당나라 때《제독묘비濟瀆廟碑》·같은 책 119권에 수록된 후당 때《정진선원비定晉禪院碑》, 또한《오대사기五代史記·경연광전景延廣傳》·도원道原의《경덕전등록景德傳燈錄》11권 등에서 이 기물을 언급할 때 모두 '의자'라고 했다. 심지어 일본에 전해질 때에도 처음에 의자라고 했다.《연희식延喜式》41권에서 "등청해서 앉을 때 친왕 및 중납언中納言 이상 지위는 의자에 앉았고, 다섯 번째 지위 이상은 칠을 바른 상에 앉았다"라고 했다. 나중에 의자椅子라는 명칭이 나타났지만, 의견을 보류한 사람도 있었다. 예를 들면 송나라 때 황조영黃朝英은《정강상소잡기靖康緗素雜記》에서 "지금 사람들이 의倚·탁卓 글자를 목木을 편방偏旁(한자의 왼쪽인 편과 오른쪽인 방을 아울러 일컬음)으로 쓰는 경우가 많은데 특별한 뜻은 없다"라고 했다. 그의 주장은 어원상 그렇게 잘못된 부분은 없지만 너무 새로운 것을 받아들이려고 하지 않는 것이다. 하지만 이상의 것들이 바로 의자와 의좌의 관계가 본래 분리할 수 없이 밀접하다는 것을 말해준다. 의자의 도상은 돈황 막고굴 285굴의 서위 때 벽화에서 가장 먼저 보인다. 이것만이 불화에 속한다. 속세 인물이 의자에 앉은 것은 섬서성 서안에

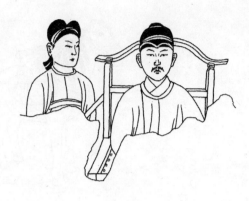

그림 4-24 의자에 앉아 발을 드리운 사람 형상. 서안 당나라 때 고원규 묘 벽화

있는 당나라 천보 15년(756)에 만들어진 고원규高元珪 묘의 벽화에서 가장 먼저 보인다. 이 사람은 당나라의 대환관 고력사高力士의 동생으로, 관계는 종4품이다. 그의 화상은 의자에 수족단좌垂足端坐하고 있다. 높이 앉는 가구가 이때 이미 상류사회에서 받아들여졌음을 말해준다(그림 4-24).

의자가 유행하기 훨씬 이전, 서양의 호상胡床(등받이가 있는 의자)과 남아시아의 전제筌蹄(등돈藤墩, 등나무 의자) 등 기물이 이미 중국에 전해졌다. 이런 기물들을 사용하는 그림이 고고학 자료 중 발견되기도 했다. 전쟁을 할 때 장령들은 항상 "호상에 걸터앉아 지휘하고 처분했다."(《진서晉書·장중화전張重華傳》) 강도들은 때로 관병의 위세를 모방하였는데, 돈황 막고굴420굴에 있는 수나라 때 벽화인 〈상인우도商人遇盜(상인이 강도를 만나다)〉 속의 비적 두목도 호상에 앉아있는 모습을 볼 수 있다. 그리고 이런 것이 이어진 시간이 꽤나 길어서, 산서성 우옥 보녕사

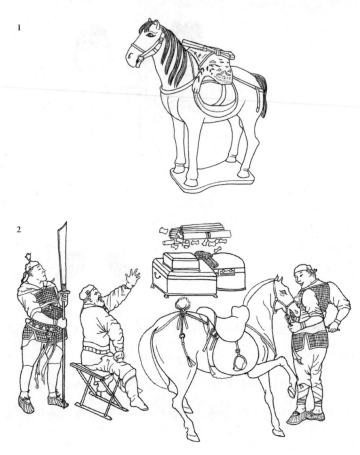

그림 4-25 마찰馬繁
1 말 등에 맨 마찰. 서안 원나라 때 왕세영 묘에서 출토된 도용
2 마찰에 앉아서 노략질을 지휘하는 강도 두목. 산서성 우옥의 보녕사 명나라 때 수륙화水陸畫

寶寧寺의 명나라 때 수륙화水陸畫 제 168폭 〈병과도적제고혼중兵戈盜賊諸
孤魂众(무장한 도적이 사람을 죽이고 재물을 빼앗다)〉 그림에서 강도 두목이 여
전히 호상에 걸터앉아 지휘하고 있다(그림 4-25 : 2). 그의 곁에는 또 말
이 한 필 있어서, 이들은 일이 성공한 뒤 말에 올라 호상을 가지고 귀
중품을 단단히 묶어서 달아나려고 했던 것이 분명하다. 그리고 서안

의 원나라 때 왕세영王世英 묘에서 출토된 도마陶馬(도자기로 만든 말)에
는 마침 호상 하나가 묶여 있다(그림 4-25 : 1). 호상의 또 다른 명칭이 마
찰馬扎인 건 아무래도 그것을 말 위에 묶어서 휴대할 수 있는 물건이었
기 때문인 듯하다. 송나라 때 호상의 앞발이 뒷부분까지 교차되고 다
시 위로 비스듬히 뻗어나가 등받이가 되어, 조형이 이전보다 신기해졌
고 교의交椅라는 이름으로 불렀다. 송나라의 장단의張端義는《귀이집貴耳
集》에서 "지금의 교의校(交)椅는 옛날의 호상이다"라고 했다. 군사 행동
도중 장령들은 장막에 올라갔을 때 항상 교의에 앉아서 신분을 드러
냈다. 내몽고 흑수성黑水城에서 출토된 서하西夏의 판화〈의용무안왕도
義勇武安王圖〉에서 볼 수 있는 것과 같다. 나아가 교의는 또한 청당廳堂의
정면 위치에 놓을 수도 있었다. 그런데 이전에 이곳에 오랜 기간 놓여
있던 것은 상床이다. 당나라 황제의 전당에 놓은 것도 역시 상으로, 어
상이라고 했다. 당나라 왕건王建은《궁사宮詞》에서 "오문 열고 멀리 북
쪽 바라보니, 자황색 새 휘장 두른 어상 높이 놓여있네開着午門遥北望, 柘黃
新帕御床高"라고 했다. 다만 의자가 광범위하게 사용된 후, 그 설계 이념
의 영향을 받아 병풍을 두른 대상大床에서 출발하여 일종의 새로운 앉
는 가구인 중식보좌中式寶座가 개발되었다.

중식보좌中式寶座의 기본 원소는 상床이었으므로, 그 체면屉面의 길
이와 너비의 비례가 의자와는 달랐다. 보좌의 위병圍屛 역시 의자의 등
받이나 손잡이와는 달랐다. 사실상 보좌는 단순히 앉는 가구가 아니라
전당 안의 의식 시설이었으며, 그 효과는 권위와 존엄을 표현하는 것이
우선이었다. 현존하는 가장 이른 보좌의 실례는 산서성 태원의 진사 성
모전 중 성모의 좌상을 받치려고 사용한 것이다. 위에 송나라 때 사람
여길呂吉이 쓴 제기題記에 "원우元祐 2년(1087) 4월 10일 성모에게 헌상"

그림 4-26 태원 진사 성모전의 성모상과 보좌

이라고 되어 있어, 송나라 물건으로 보인다(그림 4-26). 아랫 부분에는 수

미좌須弥座 형상이 보인다. 13릉 정릉定陵 지궁地宮의 한백옥漢白玉 명기明

器 보좌와 고궁 태화전 보좌의 조형 역시 이와 같아서, 바닥은 모두 수미

좌다. 이처럼 안정되어 보이는 거대한 물건은 사람에게 함부로 움직일

수 없을 듯한 느낌을 준다. 하물며 태화전 보좌는 자신의 투조透雕(재료의

면을 도려내어 형상을 새기는 기법) 반룡蟠龍(땅에 서려있어 승천하지 않은 용) 병풍

뒤에 거대한 용을 조각한 금칠 7폭 병풍이 또 있고, 보좌 자신의 수미좌

아래에 계단이 있는 높은 기단이 있으며, 양측에 향궤香几 등이 진설되

어 있어 비할 데 없이 존귀하다. 명청 시대 북경성의 가운데 축의 중심

선을 따라 지어진 건축물들은 그것이 얼마나 많든 상관없이 통과할 수 있는 하나의 통로가 된다. 오직 보좌만이 문을 마주하고 남쪽을 향하여 정위치에 단정하게 있어, 의젓하게 9주를 통솔하고 6합을 조절하는 하나의 틀을 갖추고 있다. 이 각 양식은 중국 건축이 황종黃鐘(십이율의 첫 번째 음계) 대려大呂(십이율의 두 번째 음계)의 음으로 교차하여 소리내고 반향하는 천하제일선으로 보아 오직 이런 조형의 보좌만이 어울릴 듯도 하다. 하지만 사용되는 때에 따라 어떤 보좌는 구조가 간략화되었고, 체면屈面 아래에 나한상羅漢床과 유사한 고퇴팽아鼓腿膨牙(가운데 부분이 부푼 것처럼 나오게 하여 활 모양이 되고 발은 말굽 모양으로 처리하여 지탱하는 힘을 최대화한 가구 다리 모양) 다리 네 개를 설치하여 마치 확대한 태사의太師椅(북송 때 만들어져 청대까지 유행한 등받이가 있는 의자)같기도 하고 기세가 많이 손색 된 것도 있다. 원세개袁世凱가 등극하여 황제가 되려고 했을 때, 태화전 안에 있던 보좌를 철거하고 높은 서양식 등받이 의자로 바꾸게 했다. 그런데 원세개는 다리가 짧았다. 그래서 유난히 등받이가 높은 그 의자의 다리가 몹시 짧아져 버리는 바람에 원숭이가 모자를 썼다는 말과 너무나 잘 어울렸다. 결국, 그 의자는 명기가 되지 못했다. '홍헌절국洪憲竊國(홍헌년에 나라를 훔치다. 홍헌洪憲은 원세개가 황제가 되려고 선포했던 연호로, 1916년 1월 1일 선포하여 3월 22일 취소)'이라는 한차례 소동과 너무나 잘 맞아떨어졌다. 한 마디 더 덧붙이자면, 13세기 이후 몽골인이 차가타이 한汗국과 킵차크한국을 건립함에 따라 중국식 보좌가 중앙아시아·서아시아로 전해져, 그곳의 회화에도 각지의 색채와 혼합된 각종 보좌가 나타나게 되었다.

포석·왜상·위병을 거느린 대상에서 보좌에 이르기까지, 발전 추세는 대체로 바닥에 깔린 자리에 앉기 위한 용도의 낮은 가구에서 발을 드리우고 앉는 용도의 높은 가구로 발전했다. 가구는 하나의 대가족으로, 지파가 어지러이 널려 있어 아직 바닥 자리에 앉는 것이 일반적이던 머나먼 한나라 때부터 이미 탑榻·평枰·안案·정桯·원시적 탁자·의항衣桁·상箱·거柜 등의 기물이 있었다. 발을 드리우고 앉는 것과 함께 딸려온 변화를 받아들여 가구들은 끊임없이 새로이 만들어지고 모양도 계속해서 바뀌었다. 송나라에 이르면, 구성이 모두 갖추어졌을 뿐 아니라 구조가 합리적이고 조형이 우아해져서, 이후 명청 시대 경목硬木 가구 흥성의 기초를 다져주었다. 명청 때의 경목 가구는 중국 공예사의 진주다. 세상에 남아 있는 수량이 아직 많고, 관련된 내용을 쉽게 찾아볼 수 있기 때문에 여기에서는 자세히 이야기하지 않겠다.

언급하고 싶은 점은 한 가지뿐이다. 명청 시대 경목 가구를 대량으로 제작할 수 있게 된 것은 목공 공구의 개선과 뗄 수 없는 관계가 있다. 중국 고대에는 가거架鋸(톱)와 대패가 없어서, 큰 나무를 해체할 때 설자楔子(쐐기) 한 줄을 때려 넣어 갈라지게 했다. 나무를 평평하게 하려면 근斤(분자錛子, 나무를 깎아 다듬는 연장, 자귀)을 이용하여 판재를 대강 평평하게 다듬고, 사鐁(괄도刮刀, 대패)를 이용하여 긁고, 여석礪石(숫돌)을 이용하여 갈았다. 호북성 수주隨州 증후을曾侯乙묘를 발굴하였을 때, "곽실에 사용된 긴 방목은 모두 부斧·근斤·분錛·착鑿으로 가공하여 완성했고 거鋸와 포刨의 흔적은 없다는 것을 발견했다."(《증후을묘》 상책 제12쪽) 하남성 휘현輝縣 55호 전국 시대 묘를 발굴할 때에도 곽판은 "넓은 면을 끌을 사용하여 한 땀 한 땀 망치로 쳐 평평하게 깎아내서 끌 흔적이 아직도 그대로 있음"(《산표진여유리각山彪鎭與琉璃閣》 제57쪽)을 발견했다(그림 4-27). 이런 방법으로 경목 가구를 제작할 수는 없다. 가거는 중국에서 북송 때 나타났다. 〈청명상하도〉에서 처음 등장한다(그림 4-28). 대패는 원나라 때 처

그림 4-27 하남상 휘현의 유리각 55호 전국 시대 묘에서 출토된 목곽 판의 깎은 흔적

음 등장했다. 산동성 하택荷澤에서 발견된 원나라 때 침몰선에서 나온 것이 중국에서 알려진 가장 이른 실례다. 대패가 나타난 이후 여러 가지 유형이 빠르게 발전했다. 예를 들면 추포推刨·기선포起線刨 그리고 《천공개물》에서 말한 "나무를 긁어서 매우 빛이 나게 하는 것", "한 나무에 마치 지네 발처럼 10여 개 작은 칼을 꽂은" 오공포蜈蚣刨 등이 있다. 이리하여 경목 가구 제작에 득심응수得心応手(마음먹은 대로 재료를 가공할 수 있음)의 공구가 있게 되었다. 하지만 또 되돌아가 이야기하자면 명청 시기 경목 가구, 특히 명나라 때 명품은 그저 "좋은 도구"에만 의지해서 만들어낸 것은 아니다. 비록 장인의 재주가 뛰어나고 재목을 살펴서 도구를 운용하고, 전심전력을 다 했더라도, 사용자가 정갈함, 편안함, 명쾌함 등의 미감을 얻을 수 있어야 하늘이 완성한 것과 같다고 할 수 있다. 예를 들면, 늘 보는 관모의官帽椅(의자의 등받이 부분이 관모처럼 생긴 의자) 하나에서도 탑뇌搭脑(등받이)·부수扶手(팔걸이)·아발鵝脖(팔걸이를 지탱하는 부분)·연방곤聯帮棍(팔걸이 가운데 부분에서 아래로 기둥처럼 세워 넣은 버팀목) 등 부속이 얼핏 보면 둥근 나무 같은데 사실은 그렇지 않다. 그것들은 선반으로 돌

그림 4-28 〈청명상하도〉에서 보이는 가거

려 가공한 것이 아니라 테두리를 긁어내어 만든 것이다. 이처럼 둥근 듯
하면서 둥글지 않고 타원인 듯하면서 타원이 아니고 매끈하게 손에서
미끄러지며 쾌적하고 마음에 딱 드는 호도弧度가 촉각과 시각에 가져다
주는 것은 만족감뿐만이 아니다. 그 심층에는 마치 "한 글자라도 더하
거나 뺄 수 없이 풍류를 모두 얻은" 시와 같은 흥취가 있다. 시공할 때
한 칼 한 칼 댈 때마다 예술적 고려를 하지 않은 것이 없음을 알 수 있다.
바로 이렇기 때문에 세상에 전하는 훌륭한 작품은 몇 배로 귀중하게 여
겨지는 것이다. 그리고 이런 결과를 얻은 것은 "톱과 대패 이전 시대"에
오랜 기간 동안 긁고 갈던 공예가 축적되어 온 것과 떨어질 수 없는 사
실이다.

5

교통수단

중국 옛 수레의 성능은 세계적으로도 매우 오랜 기간 우위에 서 있었다. 조지프 니덤Joseph Needham의 《과학사에서 중국과 서양의 교류 The communication History of Science Between China and the West》라는 글에 따르면, 서기 1세기부터 18세기에 이르기까지 중국으로부터 외부에 전해진 26가지 중요한 발명 중 11번째가 바로 수레를 움직이는 도구다. 그러나 그는 단지 기원후 상황을 논한 것이었으며, 사실 이미 기원전 수천 년 전부터 중국 고대의 수레는 이미 매우 우수한 수준에 도달해 있었다.

원시 시대에는 무거운 물건을 옮길 때 땅 위에 놓고 끌고 다녔다. 그러다가 물건을 당기는 썰매를 발명했다. 후에 썰매 앞부분에 굴러가는 구동 장치를 설치했고, 개선을 거쳐서 수레가 되었다. 그러나 이런 수준에 이르기까지의 과정은 험난했다. 1492년 콜럼버스가 신대륙에 오르기 전까지 그곳에는 수레가 없었다. 미국 원주민들은 보통 행군할 때 군수 물자를 여성이 어깨에 메고 갔다.

중국의 수레는 하나라 때 해중奚仲이 만든 것이라고 전해진다. 《좌전》 등 많은 고서에서 그렇게 전한다. 하남성 언사의 이리두 유적지 12구역 하나라 때(이리두 3기)에 해당하는 지면에서 이륜차 바퀴의 흔적이 발견된 적이 있었다. 고고학적으로 하나라 때 이미 수레가 있었음이 증명된 것이다.《상서·감서甘誓》는 하나라 왕조 초기 하후계夏后啓가 유호씨有扈氏를 토벌하면서 군대에 맹세한 말로, 하나라 때의 신빙성 있는 사료다. 여기서 언급하고 있는 군사들에게 요구된 작전상의 지시 사항을 보면 "좌측 적을 좌측에서 공격하지 못하면 너희들은 명을 받들지 않은 것과 같으며, 우측 적을 우측에서 공격하지 못하면 너희들을 명을 받들지 않은 것과 같으며, 전차를 모는데 말을 바르게 몰지 못하면 너희들은 명을 받들지 않은 것과 같다"라고 했다. 이 말은 당시 수레만 있었던 것이 아니라 전차전을 할 수 있었다는 것을 말해준다. 전차 한 대에는 거좌車左·거우車右·어수御手 등 3명의 갑사甲士가 배정되어, 하나의 전투 단위를 이룬다. 하나라의 전차병은 이미 업무를 명확히 분담하였으며 전차전의 전술이 규범화되어 있음을 알 수 있다. 만약 전차 성능이 좋지 않다면, 정상적으로 전투력을 발휘할 수 없을 뿐만 아니라 군사 수칙으로 정착될 정도의 전투 훈련 경험을 쌓을 수 없다. 이미 출토된 고대의 수레 중 가장 오래된 것은 상나라 후기의 것이다. 차의 형태는 이륜·독주獨輈가 있었으며, 말의 목 부분에 멍에를 씌우고 멍에를 가로대에 매어 가로대를 끌채 앞부분에 장착했다. 끌채와 축의 십자 교차 부분에는 찻간을 장착한다. 넓이는 일반적으로 0.75~0.8m×1~1.3m다(그림 5-1). 찻간은 비록 크지 않았으나 바퀴는 비교적 높았고 지름은 평균 약 1.35m였다. 두 바퀴 사이 간격은 2m 이상이었다. 상나라의 수레는 말 두 마리를 매서 사용했는데, 말 네 마리를 매서 사용하기도 했다. 수레는 가볍고 몰기 편리했으며, 속도가 비교적 빨랐다. 수레의 중요한 부위인 발판·굴대 머리·고삐 고리·멍에 등은 모두 구리로 된 부속품으로 더욱 강화했다. 그밖에 장식 목적의 동채銅軑와 동양銅錫 등도 나타났다. 이

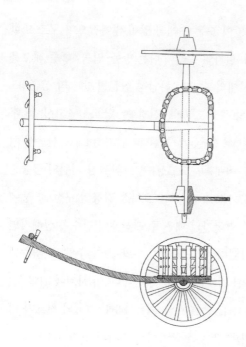

그림 5-1 상나라 수레. 안양 소둔小屯 40호 상나라 때 묘에서 출토된 것에 의거하여 복원(장장수張長壽·장효광張孝光)

두 가지 거마 도구는 모두 주나라로부터 전해 내려온 것이었다.

1928년 은허殷墟에서 고고학 발굴을 시작한 이래로 상나라의 거마 갱車馬坑이 끊임없이 발견되었다. 1949년 중화인민공화국 수립 이전에는 기술 수준의 한계로 이미 부패해 사라진 나무 수레의 전체 모습을 정확하게 밝힐 수 없었다. 중화인민공화국 수립 이후, 1950년 겨울 하남성 휘현의 유리각琉璃閣 전국 시대 묘 거마갱에서 흙 색깔이 다른 것에 근거하여 처음으로 온전한 고대 수레 유물을 발견했다. 이 기술은 고고학계에서 널리 알려져 이후 중국 전 지역에서 수레가 다수 출토되었다. 서주 시기의 수레는 섬서성 장안의 장가파張家坡·풍수灃水 동쪽 화원촌花園村·기산 하가촌賀家村·보계寶鷄 죽원구竹圓溝·감숙성 영대靈臺의 백초파白草坡·산서성 홍동洪洞의 영응보永凝堡·산동성 교현膠縣의 서암西庵·북경시 창평昌平의 백부白浮·방산房山 유리하琉璃河 등의 지역에서 출토되

었다. 이 시기에 네 마리 말이 모는 수레의 양이 많아졌으며 구조 또한
더욱 개선되어, 수레 덮개·천자의 수레에 다는 방울·입곡笠轂 등 새로운
부속품이 나왔다. 춘추 시대의 수레는 하남성 삼문협三門峽의 상촌령上
村嶺·석천하사淅川下寺·낙양 중주로中州路·신정新鄭 당호唐戶·고시固始 후
고퇴侯古堆 및 섬서성 호현戶縣 송촌宋村·농현隴縣 변가장邊家莊·산동성 치
박淄博의 후이관장後李官莊·곡부曲阜 노고성魯故城·산서성 태원의 금승촌
金勝村·후마侯馬 상마上馬·임의臨猗 정촌程村·호북성 강릉의 구점九店 등에
서 출토되었다. 이 시기에 열국간의 패권 주도 전쟁이 갈수록 심해지면
서 전차의 숫자 또한 증가했다. 상나라 말기 무왕武王이 주왕紂王을 주벌
한 목야의 전쟁에서 사용된 전차는 300량에 달했다. 이 시기에 이미 "천
승지국千乘之國(일천 수레의 나라. 대 제후가 다스리는 나라라는 뜻)"의 칭호가 나
타났으며, 제나라·진나라와 같은 큰 국가에서는 각각 전차가 3천 량, 4
천 량이 있었다. 전차의 수량이 국력을 상징하는 표지가 된 것이다. 전
국 시대의 수레는 하남성 휘현 유리각·낙양 중주로·회양淮陽 마안총馬鞍
塚·호북성 의성宜城 나강羅崗·감숙성 평량平涼 묘장廟莊 등 지역에서 출토
되었다. 전국 시대의 수레는 바퀴 자국의 거리가 짧고 끌채의 길이가 짧
아 더욱 민첩하게 몰 수 있었다. 어떤 전차는 찻간 사방에 대형 구리 갑
편을 설치했으며, 수레를 끄는 말에게는 가죽으로 만든 마갑을 씌워 방
어와 보호에도 더욱 면밀하게 신경을 썼다. 이 시기에 네 마리 말이 모
는 전차가 차지하는 면적은 9m²였으며, 이처럼 질주하며 앞으로 나가
는 거대한 물건은 그것이 지니는 운동 에너지로 수레에 탄 전사의 무기
가 더욱 큰 위력을 발휘하게 했다. 《시경·소아·채기》에서 묘사한 것처
럼 "우릉우릉 쿵쾅쿵쾅 마치 천둥과 번개가 치는 듯한" 기세를 만들어
준다.

그러나 옛 수레의 성능을 가늠할 때 중요한 문제는 수레를 매고 모는 계가법繫駕法이었다. 다시 말하자면 어떻게 가축을 수레에 매서 수레를 끄는 능력을 충분히 발휘하고 수레를 모는 사람의 지휘를 쉽게 받아들이게 할 것인가에 대한 방법이다. 중국에서 출토된 대부분의 옛 수레는 동물을 매고 모는 구조를 말해줄 밧줄 등이 이미 부식되어 사라졌다. 게다가 수레의 적지 않은 부품이 수레를 매고 몰아야 할 필요에 따라 설치된 것이었는데, 방법이 명확하지 않아 부품과 방법의 연관성과 작용을 설명하기 어려운 상황에 이르렀다.

고대 서아시아·북아프리카의 이륜차는 중국에서보다 일찍 나타났다. 기본적인 구조는 모두 두 개의 수레바퀴·하나의 끌채·가로대·멍에 등 부품으로 이루어져 있었으며, 처음 볼 때는 동양과 서양의 옛 수레의 근원이 하나인 것처럼 보인다. 그러나 수레를 다루는 방면에서 고찰해 보면 두 가지는 매우 다르다. 서양의 옛 수레는 경대頸帶를 사용하여 가축의 목 부분을 가로대에 고정했다. 가축이 수레를 끌 때 수레 목 부분에 힘을 받게 되어 가로대와 끌채를 통해 수레를 나아가게 하므로 "경대식 계가법"이라고 했다. 그런데 이 방법으로는 수레 목이 가축의 기관을 압박하여 빨리 달릴수록 호흡을 하기가 어려워졌다(그림 5-2). 1947년 조지프 니덤은《중국 고대의 과학과 사회》를 연설하는 과정에 중국 고대 수레의 계가법과 고대 서아시아에서 사용했던 방법을 비교했다. 서아시아에서 사용한 것은 "경부와 복부에 만구輓具를 채운 것"이라고 했으며 시기는 한나라 초기보다 이르지 않다고 했고, 중국에서는 "흉부에 만구를 채운 것"이라고 했다. 그가 설명한 전자의 방식으로는 가축이 "500kg 이상의 물건을 끌 수 없다. 이유가 명백하다. 견인력이 주로 경부에서 나오니, 말이 질식할 우려가 크다"라고 했다. 그러나 춘

1

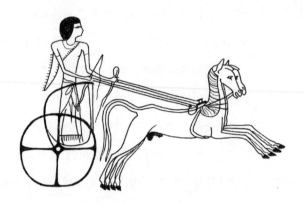

2

3

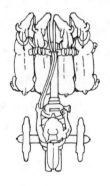

그림 5-2 이집트와 두 강 유역의 옛 수레
1 고대 이집트 신 왕국 시대 벽화
2 두 강 유역 우르에서 출토된 상감 그림
3 두 강 유역 특륵아격랍포特勒阿格拉布에서 출토된 동마차 모형

그림 5-3 진시황릉에서 출토된 2호 동마차

추 전국 시대에 어떻게 수레를 몰았는지 니덤은 설명하지 않았다. 일본 학자 하야시 미나오林巳奈夫가 1959년 발표한《중국 선진 시대의 마차》 와 1976년 발표한《서주금문西周金文에서 볼 수 있는 거마와 관련된 어휘》두 글 속에서 중국 춘추 전국 시대의 옛 수레를 몰 적에 사용한 방법 또한 경대식 계가법이라고 했다. 그러나 5년이 채 지나지 않아 하야시의 이러한 의견은 발굴을 거쳐 출토된 실물로 인해 효력을 잃게 되었다.

1980년 섬서성 임동臨潼 진시황릉 봉토封土의 서쪽에서 구리로 된 두 량의 수레가 출토되어, 수레를 매고 끄는 것과 관련된 도구인 만구輓具 일습 전체를 모두 금속으로 생생하게 복제했다(그림 5-3). 이 수레는 수레를 끄는 두 마리의 말이 맨 멍에의 내구內軥에서 각기 하나의 가슴걸이를 당겨 수레를 끌도록 했는데,《좌전·애공 3년》에 이른바 "양인兩鞦(두 개의 가슴걸이)"이었다. 양인의 뒷부분을 수레 앞부분의 고리에 걸어, 굵은 밧줄로 고리와 축의 중심을 연결했다(그림 5-4). 여기에서 정말 힘을 받는 부품은 말의 어깨 앞에 번갈아 놓은 멍에이고, 힘을 전달하는

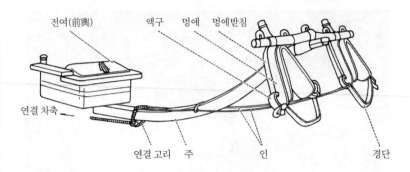

전여(前輿)　　　액구　멍에　멍에받침

연결 차축

연결 고리　주　　　　　인　　　　　　경단

그림 5-4 액인식 계가법 약도. 진시황릉 2호 동마차에 근거

것은 가슴걸이이기 때문에 말이 호흡하는 데에는 전혀 지장이 없었다.
비록 두 개의 멍에 사이는 경단頸靼으로 이어져 있었으나, 그것은 단지
말에게 씌운 멍에가 벗겨지는 것을 방지하기 위한 것이었으며 수레를
끄는 것은 이러한 것과는 관련이 없었다. 멍에가 받는 힘이 너무 커서
말의 피부가 쓸려 다치는 것을 막기 위해 멍에 밑에 부드러운 패킹도 만
들었다. 하남성 준현浚縣의 신촌辛村 2호·북경시 방산의 유리하 202호·
섬서성 장안의 장가파 170호 등 서주 시대 묘에서 출토된 수레에서도
이러한 흔적이 발견되었다. 이 물건은《설문》에서 이른바 "박鞃은 멍에
를 싸는 것"이라고 할 때의 액박軛鞃이었다. 멍에가 받는 힘이 커서 상나
라 수레의 멍에는 구리로 된 덮개가 함께 있는 것도 있었다. 이것은 매
우 힘이 들어가서 확실히 고정해야 하는 부품임을 의미하는 것이었다.
이러한 정황은 진시 황릉의 구리로 된 수레가 보여주는 "액인식軛靷式
계가법"이 당시에 새로 나타난 것이 아니라 더욱 깊고 오래된 뿌리가
있음을 의미한다. 상나라 때 금문의 "車" 자는 〔그림〕 등의
모양이었으며, 윗부분 수레의 끌채는 위에서 내려다볼 때와 옆에서 볼
때의 구별이 있으나, 옆에는 모두 두 개의 사선이 멍에부터 수레까지 연

결되어 있으며, 두 개의 사선은 바로 두 개의 가슴걸이였다. 위에서 언급한 상나라·주나라 시기 수레에서 멍에 위의 구리로 된 덮개와 멍에 아래의 패킹과 액박을 생각해 보면, 당시 적용했던 계가법은 진시황릉의 구리로 된 수레와 기본적으로 똑같았으며 모두 액인식 계가법을 적용한 것이었다. 그것은 경대식 계가법과는 완전히 다른 것으로, 서양의 영향을 받은 흔적이 전혀 보이지 않았으며 더욱 선진적이었고 수레를 끄는 말이 원활하게 호흡하는 상태에서 힘을 발휘할 수 있었다.

근래 몇 년간 중국의 몇몇 학자들은 마차가 중국에서 나타난 것은 서양의 영향을 받은 것이라고 여겼으나, 이는 동양과 서양의 옛 수레의 전체적 구조와 성능의 큰 차이를 전혀 고려하지 않은 것이었다. 대략 기원전 20세기 하나라 초기에 중국은 이미 수레를 사용하여 전쟁터에 나갈 수 있었으나, 당시 서양의 옛 수레는 수레를 끄는 짐승의 호흡과 관련된 문제도 제대로 해결하지 못한 상태였다. 로마 제국 후기인 서기 438년에 반포한 《테오디시우스 법전》에서 규정한 바를 살펴보면, 이륜마차에 실을 수 있는 무게를 오늘날의 제도로 환산해 보면 birota(비로타)는 66kg, vereda(베레다)는 99kg, carrus(카루스)는 198kg이었다. 전차병 한 명의 몸무게가 대략 70kg이라면, 3명이 탔을 때는 대략 210kg이 되니 카루스가 그들을 태우면 이미 과부하가 걸려 용맹하게 전투를 치를 여력이 없었다. 이러한 서양의 옛 수레가 실크로드가 개방되기도 전에 높은 산과 넓은 사막을 넘어 중원에 도달했을 가능성은 거의 없다.

고대 서양에는 중국에서처럼 수레와 수레 사이에 간격을 좁게 하여 격투를 할 수 있는 전차가 없었으며, 서양의 전차는 일반적으로 멀리서 적을 급습하거나 추격하는 데 사용했다. 바퀴의 지름은 일반적으로 90cm를 넘지 않았으며 찻간이 지면과 비교적 가까이 있어 적군에게 접

근할 때 무사들이 수레에서 내려와 땅 위에서 싸우는 데 지장이 없도록
했다. 그리스 병화瓶畫에는 영웅 시대 무사들이 수레에서 내려와 창을
던져 전쟁을 하는 장면이 매우 생동적으로 그려져 있다. 동시에 서양의
옛 수레는 바퀴의 지름이 작아 축과 말이 힘을 받는 부위 사이에 지면과
평행으로 한 밧줄로 연결할 수 없어서, 힘이 전달되는 것은 위로 솟은
끌채뿐이었다. 이것은 서기 8세기 이전 서양의 옛 수레에 가슴걸이가
전혀 없었다는 것을 의미한다. 중국은 이와 달랐다. 옛 수레의 바퀴 지
름이 비교적 커서 평균 약 1.33m였다. 멍에에서 축까지 연결선이 수평
에 가까워 가슴걸이를 여기에 매서 말의 힘이 집중적으로 발휘되게 할
수 있었다. 또한, 수레를 끌고 전진하는 데 별 작용이 없는 분산력을 줄
일 수 있었다.

춘추 전국 시대에는 말을 매는 전차에 하나의 끌채만을 달았으며,
"평지에서 싣는" 소달구지가 최초로 두 개의 끌채를 갖추었다. 전국 시
대 초기 섬서성 봉상鳳翔 팔기둔八旗屯 BM103호 묘에서 두 개의 끌채가
있는 도기로 된 소달구지가 출토되었다. 전장 형세의 변화에 따라 보병
과 기병의 중요성이 부각되어 전차병은 점차 치중병輜重兵(군수품을 실어
나르던 병사)이 되었다. 수레의 주요 기능은 점차 작전에서 운송으로 변했
고 속도에 대한 요구도 줄어들어 방어용 시설 또한 까다롭게 갖출 필요
가 없어졌다. 초기에 사용되었던 전차는 엎어지는 것을 방지하고 지탱
하는 면을 넓히기 위해 큰 바퀴를 달았으며, 곁마가 안쪽으로 쏠리거나
복마服馬가 바깥쪽으로 벗어나는 것을 막기 위해 각종 가죽으로 된 띠
로 묶고, 모서리가 튀어나온 네모난 멍에도 달았다. 이러한 방식은 운송
용으로 쓰이는 마차에서는 거의 흔적을 찾아볼 수 없게 되었다. 두 개의
끌채로 한 마리 말을 모는 수레는 전국 시대 후기 하남성 회양의 마안총

그림 5-5 흉대식 계가법을 채택한 한나라 때 마차. 산동성 복산福山의 동쪽 유공촌留公村에서 출토된 한나라 화상석

1호 거마갱과 감숙성 진안秦安의 진秦나라 때 묘에서 발견되었다. 이 수레는 단주單辀 수레와 달리 말 한 마리마다 하나의 가슴걸이만 사용했던 것이 아니라 반드시 한 마리의 말이 두 개의 가슴걸이를 착용해야 했다. 한 마리 말이 두 개의 가슴걸이를 착용하는 방식의 수레 중 가장 오래된 것은 가슴걸이를 멍에의 좌우에 있는 두 개의 막대에 걸었다. 이는 강소성 양주 요장姚莊의 서한 시대 '첩막서' 묘에서 출토된 칠렴漆匲의 채색 그림을 통해 볼 수 있다. 서한 때 묘의 공심전 수레 무늬에는 가슴걸이와 멍에가 이미 분리되어 있었으며, 두 개의 가슴걸이는 말의 가슴을 감는 흉대로 연결되었다. 동한 시기에는 후자의 방식이 널리 알려졌고, 말이 수레를 몰 때 흉대가 힘을 받기 때문에 "흉대식胸帶式 계가법"이라고 했다(그림 5-5). 이러한 방법을 사용하기 시작한 뒤, 멍에는 가로대와 가슴걸이를 받치는 정도의 역할만 남게 되었다. 멍에의 역할이 변했기 때문에 한나라 때의 마차에는 액박과 구리로 된 멍에의 덮개도 보이지 않게 되었다.

그림 5-6 흉대식 계가법으로부터 안투식 계가법으로의 변천
1. 4 동한 때 무씨사武氏祠 화상석
2 동한 때 기남沂南 화상석
3 동한 때 비성肥城 화상석
5 동한 말 – 삼국 초 요양遼陽 봉태자둔棒台子屯 대묘 벽화
6 서위西魏 대통大統 17년 석조상
7 막고굴 156굴 만당 벽화
8 〈청명상하도〉
9 북경고궁박물원 소장 송나라 때 참화연관鏨花鉛罐

서양의 옛 수레는 기원후에 이르러서야 개선의 기미를 조금씩 보이기 시작했으며, 로마 제국 시대에는 끌채가 하나인 수레에는 경대를 이용하여 가축을 매는 방법이 여전히 통용되었다. 수레 위에 두 개의 끌채를 다는 현상은 3세기가 되어서야 그레이브스 서클 에이(A)에서 출토된 조소에서 발견할 수 있었으며, 이는 중국보다 600여 년 후의 일이었다. 그러나 두 개의 끌채는 여전히 경대와 함께 사용되었다. 서양의 옛 수레에 흉대식 계가법이 반영된 시기는 8세기보다 이르지 않았다. 이 시기에 중국의 옛 수레는 또다시 안투식鞍套式으로 변하고 있었다.

안투식 계가법으로 변하는 역사적 과정은 상당히 길었다. 중국에서 흉대식 계가법을 적용한 수레가 처음 나타났을 때, 비록 수레의 앞부분의 받침점과 수레를 끄는 데 힘을 받는 점이 분리되어 각기 말의 기갑의 앞부분과 흉부에서 힘을 나누어 받아, 말의 몸의 일부분이 받는 힘이 줄어들었다. 그러나 수레 멍에의 위치는 여전히 높았고 이에 따라 수레의 중심도 높았다. 이렇게 되면 고속으로 달리는 도중 모퉁이를 돌 때 원심력이 작용하여 전복하는 힘의 모멘트 또한 커져, 수레가 뒤집힐 확률이 커졌다. 그리하여 2세기부터 끌채의 위치를 점차적으로 낮추어, 《회남자·주술主術》에서 말하는 바와 같이 "말의 신체를 수레에 맞추는" 목표를 향하여 나아갔다. 심지어 몸체를 낮추는 데 소달구지를 본받기도 했다. 동한 말기부터 위·진·남북조 시대까지는 소달구지가 두각을 드러냈다. 십육국 시대 이래로 대묘에서는 외출 행렬을 표현하는 토용陶俑 무리나 벽화에서 우차가 주가 되는 경우가 많았다. 왕개王愷·왕도王導 등도 소달구지와 관련된 이야기를 남겼다. 고급 소달구지는 수레 앙장仰帳을 통해 드나들었고, 긴 선반이 있어 높고 크며 구조가 엄밀하고, 수레 안에는 방석과 은낭隱囊이 있어 마음대로 앉거나 누울 수 있었다.

게다가 이전의 말을 매는 수레는 대부분 사방이 확 트여 있었으며 귀족들은 수레를 탈 때 자세를 중시했다. 《논어·향당鄕黨》의 "수레를 탈 때에는 반드시 바르게 서서 고삐를 잡으며, 수레 안에서는 주위를 둘러보지 말 것이며, 말을 빨리 하지 말 것이며, 직접 손가락으로 가리키지 않는다"라는 구절은 단지 말뿐이었던 것이 아니라 당시에 이렇게 행동하는 사람이 확실히 있었다. 역사서에는 서한의 성제成帝가 이러한 경우에 속하여 그는 수레를 탈 때 "용모를 잘 다듬고, 수레에 올라 바르게 서서 주위를 둘러보지 않았으며, 말을 빠르게 하지 않았으며, 직접 손가락으로 가리키지 않았다"라고 한다. 그러나 항상 이처럼 신중하고 조심스러운 태도를 유지하는 것은 매우 힘든 일이었기 때문에, 이 또한 소달구지 유행의 계기가 되었다. 더욱 중요한 것은 소달구지의 큼직함과 매우 작은 둘레의 끌채가 수레를 안정적으로 운행할 수 있게 해 주었기 때문에 마차에도 이러한 효과를 기대한 것이다. 하지만 이것은 소에게만 적용할 수 있는 것이었다(그림 5-6:1-5). 서위 대통 17년(551) 석조상을 보면 마차가 소달구지와 같이 끌채 앞의 저울과 멍에를 하나로 합쳐 바로 말의 어깨에 걸치고 있다(그림 5-6:6). 그러나 말의 기갑鬐甲은 소의 견봉肩峰보다 낮기 때문에 이러한 방식은 말의 신체적 특징에 맞지 않았다. 당나라 후기 돈황 막고굴 156굴 벽화의 마차 한 대에는 말의 목 부분에 부드러운 재료로 원래의 어깨 덮개를 보충한 것이 보이는데, 말의 기갑 부위의 높이를 높여 수레가 앞으로 나아갈 때 어깨뼈에 놓은 멍에가 쉽게 벗겨지지 않도록 했다. 그러나 이러한 어깨 덮개는 충격을 완화하는 작용만 하는 패킹이었을 뿐, 정말 힘을 받는 부품은 아니었다. 정식으로 어깨 덮개가 나온 것은 송나라에 이른 후부터였다. 〈청명상하도〉에는 네 마리 당나귀가 어깨 덮개를 사용하여 수레를 끄는 모습이 나와 있다. 가로대 형식과 같은 멍에를 완전히 배제하고 수레를 끄는 도구를 간소화한 모습이다. 그러나 간소화한 정도가 조금 지나친 면이 있었다. 이러한 수레에는 태안駄鞍(길마. 소의 등에 짐을 싣기 위해 얹는 일종의 안장)이 없었기 때문이다. 이 수레는 가축의 신체에는 수레의 끌채를 댈 수 있는 받침점이 없었기 때문에 수레를 모는 사람이 직접 몰아 수레의 평형을 유지하는, 사람과 가축이 함께 모는 수레였다(그림 5-6:8). 소안小鞍(등 보호대)은 남송 시대에 발명된 것일 가능성이 있으나 연대가 기록된 명확한 예시는 아직 찾지 못했다. 북경고궁박물원에 소장된 송나라 항아리의 무늬를 통해 소안을 장착한 소달구지의 모습을 확인할 수 있을 따름이다(그림 5-6:9). 어깨 덮개와 소안이 다른 방면에서 마차에 적용된 시기는 원나라 초기보다 늦지 않다. 섬서성 서안의 곡강曲江 원나라 지원至元 2년 (1265) 단계영段繼榮 묘에서 출토된 도정자차陶亭子車 는 중국에서 알려진 제일 오래된 "안(소안)투(어깨덮개)식 계가법"을 응용한 수레였다. 이러한 방식은 말이 나무 가로대와 멍에의 마찰로 인하여 상처를 입는 것을 방지하고, 받침점을 낮추어서 수레의 끌채를 평평히 하여, 부드러운 덮개를 깐 말의 양쪽 어깨와 소안을 장착한 등 부위가 말이 힘을 받는 부위다. 이 방식은 목 부분에 힘을 받는 것보다 훨씬 효과적일 뿐만 아니라 흉대식 계가법보다 더 합리적이었다(그림 5-8:3). 이러한 방법을 응용하면 수레를 끌 때 안정감을 유지할 수 있고, 말의 신체적 특징에도 잘 맞아 말이 수레를 끄는 힘을 충분히 발휘할 수 있었다. 이 시기 즈음에 근대식 계가법의 기본이 완성되었고, 오늘날까지도 적용되고 있다.

지금까지 말한 것을 정리하면, 중국 고대에 마차에 말을 매는 방법으로는 액인식·흉대식·안투식 세 가지 방법을 응용한 바가 있었으며, 사용되었던 시기는 상나라·주나라부터 진나라까지, 한나라부터 송나

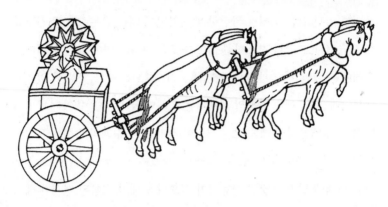

그림 5-7 어깨 틀을 사용한 유럽 마차(13세기)

라까지, 원나라 이후 이렇게 세 시기로 나뉜다. 모두 중국에서 독립적으로 발명되고 창조된 것이었다. 모두 끊임없이 문제를 제기하고 해결하는 과정을 통해 경험이 어느 정도 쌓인 후에 획기적인 발전을 이루어낸 것이었다. 맹아기부터 성숙기까지의 과정은 고고학적 자료를 통해 단서를 찾을 수 있다.

서양의 고대 수레는 소륜거와 경대식 계가법에서부터 시작하여 8세기에 이르러서야 흉대식 계가법을 적용한 대륜거가 나타났는데, 중국보다 1000여 년이 더 지난 후였다. 대략 13세기 초가 된 후에 유럽의 만구 중 부드러운 재료를 채운 어깨 덮개가 발견되었으나 소안이 없었으며, 발전 단계가 〈청명상하도〉의 상황과 비슷했다(그림 5-7). 유럽에서 소안은 말을 몇 줄 맨 사륜거의 마부가 뒷줄 말에 안장을 설치하고 올라타서 앞줄 말을 조종하는 방법에서 변화한 것으로 보인다. 그러나 어깨 덮개와 소안이 결합되었던 과정이 상당히 짧았으며 유럽에서는 13세기 중기에 안투식 계가법을 응용한 수레가 나타났다. 동서양은 각기 다른 경로를 거쳤으나, 기본적으로 같은 시기에 각각 축력거에 가장 합리적

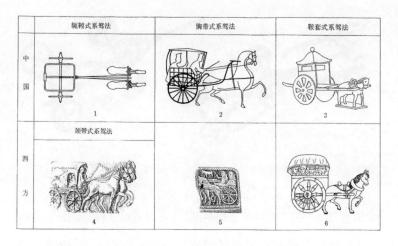

그림 5-8 중국과 서양의 계가법(말과 마차를 매는 법) 비교
1 진시황릉 2호 동마차(약도, 기원전 3세기)
2 하남성 우현禹縣의 공심전(기원전 1세기)
3 서안 원나라 때 단계영 묘에서 출토된 도기마차(1265년)
4 로마 제국 시대 부조(1세기)
5 후기 로마 마차(8세기)
6. 유럽 중세기 이륜차(1250~1254년)

인 계가법을 완성했다(그림 5-8).

　유럽에서는 상고 시대에 사륜거의 앞바퀴 회전 장치를 발명했다. 스웨덴 남부 기원전 2000년대 암화巖畵에서 이러한 종류의 장치가 그려진 그림이 나타났다(그림 5-9). 만약 이러한 장치를 사용하지 않으면 이륜차에 바퀴를 두 개 더 설치해야 하는데, 방향을 바꾸는 데 어려움이 있어 실용적이지 못했다. 그러나 중국에서는 오래전부터 이러한 기술을 발전시키지 못했으므로 사륜거가 중국 고대 수레의 주된 모델이 되지 못했다. 중국 고대의 특대형 마차는 바퀴를 두 개만 달아 놓았기 때문에 균형을 잡는 데 불편함이 있었다(그림 5-10). 송나라 황제가 탔던 대형 마차 옥로玉輅에서 "끌채 나무 위에 가로 막대 두 개를 올려놓아, 앞

그림 5-9 유럽 암화에 나오는 4륜 우차牛車(기원전 2,000년대, 스웨덴 남부)

에 있는 것을 봉원鳳轅이라고 하여, 말이 지고간다. 다음 것을 추원推轅
이라고 했으며, 반직班直이 밀어 말이 힘을 내도록 했다. 끌채의 뒷부분
에 가로놓인 것을 압원壓轅이라고 하며, 사람이 뒤에서 눌러 평평하게
하려는 것이다"라고 했다(《송사·여복지輿服志》). 남송 시대의 옥로는 사람
이 직접 밀고 누르는 것뿐만 아니라 철을 이용하여 누르고 사람이 당기
기까지 해야 했다. 앞에서 당기고 뒤에서 누르는 과정은 매우 번거로웠
다. 게다가 끌채를 누르는 것은 "옥 뒤에 네 명이 타고 올라가는 것이 아
이가 나뭇가지를 잡고 올라가는 것"과 같아서 보기에도 좋지 않은 면이
있었다. 이것은 모두 이륜차가 매우 무거워 균형을 잡기 어려웠던 때문
이며, 이렇게 "아래로 기울어지지 않고 수축되지 않으려면" 개선하는
방법을 찾아야 했다. 명나라 때에 이르러 관원은 자주 가마를 타고 다녔
다. 명나라 만력 6년(1578) 조정의 수보首輔(재상) 장거정張居正이 북경에
서 강릉으로 분상奔喪을 하러 돌아왔을 때 탄 것은 32명이 들었던 큰 가
마였다. 청나라 왕조의 장군 복강안福康安이 "출병하여 전투를 지휘할
때도 또한 가마를 탔다. 가마꾼은 한 사람당 좋은 말 네 필이 필요하여,
일을 교대할 때 말을 타고 따라갔다."(《청패류초清稗類鈔》제13권) 인력을 남
용하는 정도가 이처럼 황당무계한 지경에 이르렀으니 수레의 성능을

그림 5-10 송나라 때와 금나라 때의 로輅
1. 마화지馬和之의 〈효경도孝經圖〉에서의 로
2. 금나라 때 노부鹵簿 문양 동종에서의 로

개선하는 일은 홀대받을 수밖에 없었다. 그리하여 유럽에서 17세기부터 발전했던 용수철[車簧]을 설치한 대형 사륜마차는 고대 중국에서는 매우 낯선 물건이었다(그림 5-11).

　중국이 고대에 육지 교통의 발전을 위해 세계적인 공헌을 한 또 한 가지가 있다. 말의 등자를 발명한 것이다. 고대 그리스 사람들은 등이

그림 5-11 유럽의 사륜차

드러난 말을 타고 다녔는데, 로마인 또한 서기가 된 후에야 말안장을 사
용하기 시작했다(그림 5-12). 중국의 상고 시대에도 안장 없이 말을 탔으
며, 육경六經에는 "騎(기)"자가 없었다. 노나라 소공昭公 25년(기원전 517)
이 되어서야《좌전》에 처음으로 귀족이 "말을 탔다"라는 기록이 남아
있다. 고대《좌전》을 연구했던 대가인 두예杜預·육덕명陸德明 등은 모두
이것이 말을 타는 것이라고 했다. 진·서한 때 진시황릉 병마용갱兵馬俑
坑과 섬서성 함양의 양가만楊家灣 서한 시대 묘에서 출토된 도기로 된 군
마에는 이미 안장이 있었으며, 모양이 낮고 평평하여 방석과 같았다. 말
을 타는 자가 낙마하는 것을 막기 위해 안장의 앞부분과 뒷부분에는 모
두 안장 다리를 추가하여 설치되어 있었다. 삼국 시대에 이르러 "고교
안高橋鞍"이라는 전문적인 명칭이 마침내《위백관명魏百官名》에 기재되
었다(《초학기初學記》22권 인용). 안장의 다리가 높아짐에 따라 말에 오르는
데 따르는 어려움 또한 늘었다. 문제를 더욱 심각하게 만들었던 것은 당
시의 고교안 뒤쪽의 안장 다리가 앞쪽의 안장 다리보다 높았던 것이다.

그림 5-12 고대 그리스 도기에 그려진 안장 없이 말을 탄 무사

이것이 말에 오르는 동작을 번거롭게 했다. 바로 이 시기에 중국은 말에 오르는 데 사용했던 단등자單鐙子를 발명했다. 단등자와 관련된 가장 이른 실례는 감숙성 무위의 남탄南灘 위·진·남북조 때 묘에서 출토된 사례였다. 말을 타는 데 쓰였던 철로 된 등자 하나였는데, 보관 기관이 어떻게 한 것인지 지금은 실물의 행방이 묘연해졌다. 엄밀히 말하면, 단등은 단지 상마등上馬鐙이라고만 할 수 있으며, 쌍등雙鐙과는 작용이 달랐다. 이런 의미에서 보면, 마등은 고교안을 사용하는 것을 전제로 발명된 것이었으며, 세계의 다른 곳들과는 상황이 달랐다. 무위의 사례보다 조금 늦은 것으로, 호남성 장사의 금분령金盆嶺 21호 묘에서[서진 영녕永寧 2년(302)] 유명한 단등기용單鐙騎俑이 출토되었다(그림 5-13:1). 단등은 말안장의 왼쪽 앞 측면에 매달려 있으며, 등자는 비교적 짧게 매어져 있어 무위 시에서 출토된 것과 같이 말을 탈 때 받치고 올라가기 위한 만구인 듯하다. 말을 타고 난 후에는 차버리고 사용하지 않았다. 중국에서 단등을 사용한 역사는 매우 짧아, 금분령 서진 시대 묘보다 불과 20년 뒤의

그림 5-13 홑등자에서 쌍등자까지
1. 홑등자 기마용. 호남성 장사의 서진西晉 영녕永寧 2년 묘에서 출토
2. 쌍등자 기마용(말의 몸체 다른 쪽에 등자 하나 더 있음). 강소성 남경의 상산象山 동진東晉 때
묘에서 출토

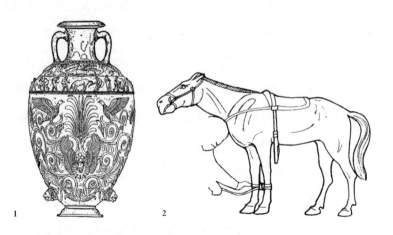

그림 5-14 스키타이인이 말을 탈 때 사용했던 발걸이
1. 계이탁모리극契爾托姆雷克 거대 무덤에서 출토된 은병
2. 은병 문양에서 보이는 발걸이를 매고 있는 말

강소성 남경南京의 상산象山 7호 동진 시대 영창永昌 원년(322) 왕이王廙의 묘에서 두 개의 등자가 달린 도마용陶馬俑이 출토되었다(그림 5-13:2). 견고한 재료로 제작한 두 개의 말등자를 사용해야 말을 타는 사람이 말 위에서 안정되게 앉아 말을 조종할 수 있었다. 요녕성 북표北票 서관영자西官營子의 북연北燕 때 풍소불馮素弗 묘(415)에서 나무 심에 금동金銅을 입힌 말의 등자 한 쌍이 출토되었는데, 이것은 이때 중국의 말등자가 완성에 가까운 형체를 갖추었음을 뜻한다. 5세기 이전 서양에서는 말의 등자가 나타나기 이전의, 가죽으로 만든 신발에 거는 디딤쇠가 발견되었을 뿐이었다. 드네프르 강 하류 지역의 치얼투어무솽커契爾托姆雷克 거총에서 출토된 스키타이 대형 은병과 인도 산치의 대탑 부조를 통해서도 이와 같은 신발에 거는 도구를 확인할 수 있다(그림 5-14). 가죽으로 만든 발걸이는 비교적 부드러웠다. 서양의 과학 기술자는 "말에 올라탈 때 만약 가죽으로 만든 발걸이에 걸린 발을 재빨리 움츠려 빼내지 못하면, 매우 위험할 수 있다"라고 했다(《옥스포드 과학기술사》 2권). 자칫 안장에서 떨어질 때 발을 빼내지 못하면 머리가 땅에 닿은 채로 말이 달리는 대로 끌려다니게 된다. 그러므로 발걸이는 진정한 의미의 말등자라고 할 수 없었다. 6세기에 이르러서야 말등자가 헝가리에 전해지게 되었다. 헝가리는 동유럽 국가이며, 흑해로부터 동쪽으로 뻗어나간 유라시아 대초원과 경계선이 닿는 위치에 있었다. 중국에서 발명한 말등자는 이 대초원에서 활약했던 각 민족 마부의 발자국을 따라 점차 유럽으로 전해진 것이었다. 데이비드·비바는 "말등자와 같은 보통 기구는 모든 고대 로마 민족으로서는 처음 듣게 된 것이나 다름없으며, 이란의 사산과 같이 말을 기르고 타고 활을 쏘며 지내는 사람들도 말등자에 대해서 아는 바가 없었다. 이것은 확실히 사람들을 놀라게 했다"라고 했다. 이란에는 말

등자가 사산 왕조(10세기)가 성립된 후에야 전해졌으며, 초기에는 말등
자를 "중국의 신발"이라고 불렀으니, 이것이 중국에서 전해진 것임은
의심할 바가 없다.

물론 서양의 마구 또한 그들만의 장점이 있었다. 말의 편자는 기원
전 1세기에 로마인이 비교적 보편적으로 사용했는데, 중국에서는 비교
적 늦게 나타났다. 어떤 사람은 두보의 시 〈고도호총마행高都護驄馬行〉에
서 "발목이 좁고 발굽이 높은 것이 말굽이 단단하여 땅을 딛고 서 있는
것이 마치 철과 같구나"라고 한 구절을 통하여 당나라 때에 이미 편자
가 있었을 것으로 추측했으나 이것은 잘못된 생각이었으며, 단지 시 구
절의 비유일 뿐이었다. 서비徐悱의 〈백마白馬〉에서 "굽 갈고 누안鏤鞍(새
김 무늬 안장) 장식하여, 안장이 나는 듯 마른 강 건너다研蹄飾鏤鞍, 飛鞍度河
幹"라는 구절에서 '연제研蹄'란 결국 '마제磨蹄(말굽을 매끈하게 가는 것)'다.
두보의 시 〈송장손구시부어무위판관送長孫九侍赴御武威判官〉의 "총마는
새로 말굽을 파고 은 안장 덮어서 좋아졌네驄馬新鑿蹄, 銀鞍被來好"라는 구
절에서 '착제鑿蹄'는 '수제修蹄(가축의 발굽을 손질하다)'다. 남송 때 육유陸游
의 《노학암필기老學庵筆記》 1권에서는 "이민족 지역에 사신으로 가면 옛
날에는 정사와 부사만 수레를 탔고 세 명의 수행원은 모두 말을 탔다.
말이 사나우면 발굽이 닳아서 탈 수가 없었고, 말이 둔하면 갈 수 없어
서, 정말 고생이 심했다"라고 했다. 이 구절은 편자를 쓸 줄 몰랐던 때의
상황이다. 훗날 조여적趙汝適의 《제번지諸蕃志》에서 대식국大食國의 말을
소개하며 "말의 키가 7척이며 철을 신발로 삼는다"라고 한 것이 자못
이상하다. 고대 중국인이 편자를 막 보았을 때와 서양 사람이 등자를 막
보았을 때의 표정은 비슷했을 것이다. 피차 상대방이 발명한 것에 신기
함을 배로 느꼈을 것이며, 찬양을 아끼지 않았을 것이다.

 이제 배에 대해 말해 보겠다. 헤겔은 중국과 중국인을 두고 "바다
는 육지가 중단된 곳이며 육지의 천성적 한계다. 그들은 바다와 적극적
관계가 생성되지 않았다"라고 말했다. 이 말은 극단적인 몰이해나 오만
과 편견에서 비롯된 것이다. 중국은 해안선이 1만 8,000km에 달하고,
좋은 천연 항구가 셀 수 없이 많은 곳이다. 또한, 내륙에는 강이 여기저
기 흐르며 강 유역 넓이가 100km²가 넘는 큰 강도 2만 곳이 넘는다. 이
런 땅에 사는 중국인이 물만 보면 뒷걸음질을 친다는 것은 말이 되지 않
는다. 사실 7,000년 전의 절강성 여요의 하모도 신석기 시대 유적지에
서 나무로 된 노 6개가 출토된 바가 있다. 이 6개의 노는 카누를 탈 때
사용되었던 듯 하다. 만약 대나무로 된 뗏목에 사용하는 것이었다면 노
가 아니라 삿대가 나왔을 것이다. 하모도 유적지에서 발견된 나무로 된
노는 한 토막의 목재로 제작된 것이었으나, 어떤 부분은 상당히 신경 써
서 제작하여 자루와 노깃을 연결하는 곳에 무늬를 새기기도 했으니, 사
람들이 이것을 중요하게 여겼음을 알 수 있다. 하모도 유적지 이외에도
신석기 시대의 나무로 된 노는 절강성 오흥의 전산양 유적지·항주 수전
판 유적지 등에서도 발견되었다. 카누의 가장 오래된 실례는 항주 소산
蕭山의 과호교跨湖橋 신석기 유적지에서 발견되었는데, 불을 붙여 태워
구멍을 만든 후 석기로 후벼 파서 만든 것이었다. 주변에는 나무로 된
노 반제품도 있었다. 역사 시기에 접어들어 산동성 영성榮成의 모자구毛
子溝에서는 상나라와 주나라 시대 사이에 만들었던 카누가 발견되었다.
강소성 무진武進의 엄성奄城에서는 서주 시대와 전국 시대의 카누 한 척
씩이 발견되었다. 이외에도 사례는 많다.《주역·계사繫辭》에는 "나무를
후벼서 배를 만들고 나무를 깎아 노를 만든다. 배와 노를 만들어 통하지
않는 것을 통하게 한다"라고 했다. 카누는 나무를 후벼 파서 만든 것이

었다. 카누는 노로 저어 나아갔으며 장樂이 곧 집輯이었다. 카누와 노의
조합은 중국 상고 시대의 수상 교통의 전통을 확립했고, 그 전통은 한나
라까지 이어졌다. 한나라의 누선수군樓船水軍은 "집탁사楫濯士"라고 불렀
으며, 노를 젓는 자라는 뜻이었다.

카누의 길이는 4m 정도였다. 엄성에서 출토된 전국 시대 카누는
11m에 이르렀으며, 가장 훌륭한 것이라 할 수 있다. 배의 크기를 늘리
고자 하면 더욱 굵고 큰 목재를 찾아야 했으며 가공의 난도 또한 크게
높아졌다. 상나라 때부터 목판선木板船을 만들기 시작했으며 갑골문에
서는 舟(주)를 ㅍ로 썼다. 목판선 모양을 본뜬 것이다. 물결이 올라오
는 것을 막기 위해 뱃머리와 꽁지 부리를 살짝 휘게 했으나, 그다지 효
과적이지는 않았다. 고대 이집트에서 배를 처음 사용할 때는 지초紙草
(갈대와 비슷한 식물)를 한데 묶어서 만들었으며, 뱃머리와 꽁지 부리의 호
도弧度가 매우 컸다. 이러한 배 모양은 훗날의 그리스·로마에도 영향을
미쳤으며, 그리스 사람은 뱃머리의 곡선을 매우 중시하여 바이올린 모
양의 뱃머리, 클리퍼 모양의 뱃머리 등 다양한 양식이 있었다. 그러나
이러한 모양은 상선商船에만 국한된 것이었다. 전선戰船의 모양은 상대
적으로 평평하고 곧았으며, 많은 사람들이 노를 저어 사용했다. 중국의
상황 또한 비슷했다. 춘추 시대 오나라에는 대익大翼·소익小翼·돌모突帽
등의 전선이 있었다. 대익은 길이가 12장이 되었으며, "전사 26명과 노
젓는 사람 50명이 탈 수 있었다."(《월절서越絶書·병법》일문,《어람》315권 인용)
50명의 노 젓는 자들이 배를 젓고, 전사들은 "긴 갈고리·창·긴 도끼"와
석궁 등 병기를 손에 들었다. 하남성 급현汲縣의 산표진山彪鎮 전국 시대
묘에서 출토된 수륙공전도감水陸攻戰圖鑑과 사천성 성도成都의 백화담百
花潭 전국 시대 묘에서 출토된 연악공전문호宴樂攻戰紋壺에도 이러한 전

그림 5-15 전국 시대 선박 문양
1. 사천성 성도의 백화담에서 출토된 동호
2. 하남성 급현의 산표진에서 출토된 동감

선의 모양이 그려져 있다(그림 5-15). 백화담에서 출토된 그림의 화면은 비교적 완전히 표현되어 있으며, 전선의 노 젓는 자들은 배 안에서 노를 젓고 있으며, 전사는 갑판 위에서 적을 막고 있다. 두 대의 배가 가까워 졌을 때 전사들은 적군 배의 갑판에 올라가 길고 짧은 병기로 교전을 벌 였다. 해전을 치를 때 이러한 방식으로 싸우는 것은 한나라 때가 되어서 도 크게 달라지지 않았다. 호남성 장사의 오가령伍家嶺 서한 시대 묘에서 출토된 나무로 된 배장용陪葬用 배에는 16개의 노와 긴 막대기가 있었다 (그림 5-16). 16개의 노는 모두 비교적 길이가 길어, 노를 젓는 사람은 전 국 시대 구리 기물에 새겨진 무늬에 그려진 것처럼 서서 노를 저어야만 힘을 쓰기 편했을 것이다. 뱃전의 선반에 있는 노의 구멍으로 노를 빼어

냈기 때문에 이 배의 모양을 두고 당시 "노요露橈"라고 불렀던 듯 하다.
오가령에서 출토된 이 배장용 배 한 척은 비록 전형적인 전선은 아니었
으나, 일반적인 여객 화물선도 아니었다. 왜냐하면 배 위의 공간은 거
의 노를 젓는 사람들이 차지했고, 승객이나 화물을 실을 공간은 별로 없
었기 때문이다. 호북성 강릉의 봉황산 서한 시대 묘에서 출토된 견책에
서는 "큰 배는 모두 23개 노를 ( ) 한다"라고 했다. 노는 짝을 지어 젓기
때문에 배는 11쌍의 노를 설치했고, 나머지 하나는 방향키와 노를 움직
이는 작용을 하는 긴 막대기였을 것이다. 중국의 옛 전선에서 노를 젓는
사람을 제일 많이 둔 예는《양서·왕승변전王僧辯傳》에 게재된 후경군侯景
軍의 쾌속선일 것이다. "양쪽에 80개의 노를 두었고, 노를 젓는 자들은
모두 월나라 사람이며, 오고 가며 급습하는 것이 바람이나 번개보다 재
빠르다." 이러한 종류의 배에는 160개의 노를 설치했다. 고대 서양에서
는 낮은 곳에서 높은 곳까지 2~3층을 이루는 노 젓는 자리를 만들어, 수
백 명의 노비로 하여금 노를 저어 배를 움직이게 했는데, 고대 중국에는
이러한 상황은 나타나지 않았다.

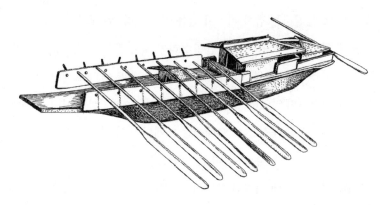

그림 5-16 한나라 때의 명기 목선 - 노요. 호남성 장사의 오가령에서 출토

민간용 선박은 상황이 달랐으며, 어떤 때에는 한 명만이 노를 저었다. 한나라 유희劉熙의《석명·석선釋船》에서 "옆에 있는 것을 노櫓라고 한다. 노는 척추이며, 척추의 힘을 이용하여 배를 움직인다"라고 했다. 한나라 때 배에 이미 노를 사용했음을 의미한다.《삼국지三國志·오지吳志·여몽전呂蒙傳》에서는 여몽이 기병을 보내 관우를 습격하려 했을 때 "모든 정병을 구록艜艫(배의 일종)에 잠복하게 한 후 흰 옷을 입은 자에게 노를 젓게 하고 상인의 옷을 입게 했다." 이 부분에 언급된 행군은 기밀을 유지해야 했기 때문에 일부러 민간의 배에서 쓰는 것과 같은 특징이 있는 노를 사용했다. 한 줄 한 줄 노를 저어가는 전선에 비해서는 훨씬 사람들의 인상에 남지 않았다. 광서성 서림西林의 보태普駄에서 출토된 구리로 된 북과 광주의 남월왕南越王 묘에서 출토된 구리 통에 있는 배 무늬는 모두 한 사람이 배의 꼬리 부분에서 노를 젓고 있다. 모양이 비록 매우 정확하지는 않지만, 그것이 노라고 할 수는 없을 듯하다. 노 하나로는 큰 배를 움직여 앞으로 나아가게 할 수 없기 때문이다. 노의 손잡이를 흔들면 노의 끝부분은 물속에서 좌우로 반복해 움직인다. 저항력이 작고 양력이 크면, 연속하여 노를 저었을 때 효과가 높아져 추진력과 함께 앞으로 나아갈 방향을 조정할 수 있는 기능을 갖추게 된다. 이렇게 하여 "하나의 노櫓가 세 개의 장樂과 같다"라거나 "가벼운 노가 말보다 튼튼하다"라는 말이 생겼다.

배를 만드는 역사에서 한나라 때에 제일 크게 기여했던 것은 방향키의 발명이었다.《회남자·설림》에는 "부서진 배로 방향키[杕]를 만들다"라고 언급한 바가 있으며, 고유의 주석에는 "체杕는 배의 꼬리 방향 타이다"라고 기록되어 있다.《염철론·형덕편型德篇》에는 "고삐를 잡는 사람이 적절한 사람이 아니면, 말이 폭주한다. 축을 잡은 사람이 적절

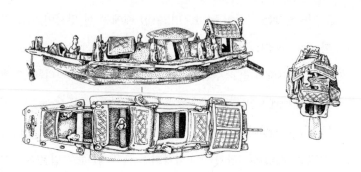

그림 5-17 키를 장착한 도기로 만든 한나라 때의 배. 광동성 광주의 동교 동한 때 묘에서 출토

한 사람이 아니면 배가 엎어져 다친다"라고 기록되어 있다. 유월의《염철논교鹽鐵論校》에는 "軸(축)은 舳(축)으로 써야 한다"라고 기록되어 있다.《방언》에는 "(배의) 뒷부분을 축舳(고물)이라고 한다. 축은 물을 제어한다"라고 기록되어 있다. 곽박郭璞의 주석에는 "오늘날 강동江東에서는 타柁(키)를 축이라고 부른다"라고 기록되어 있다. 서한 시대에 이미 방향키의 초기 형태가 갖추어졌음을 증명하는 것이다. 그러나 호북성 강릉의 봉황산과 광동성 광주 황제강皇帝崗 두 곳의 서한 시대 묘에서 출토된 나무로 된 배장용 배는 긴 막대기를 이용해 배의 방향을 조절했다. 1955년 광주 동쪽 근교 선열로의 동한 시대 묘에서 출토된 도선陶船은 내수의 전형적인 나룻배이며, 세 칸의 선실이 있었고 방향키는 배의 끝부분 정중앙에 고정되어 있었다. 이 방향키는 막대의 축을 따라 회전할 수 있지만, 끝부분에 막대기에서 변화된 흔적이 남아 있어 초기의 방향키임을 확인할 수 있다(그림 5-17). 판의 끝부분은 넓고 크며 물을 막는 힘이 있고 키의 하단은 배의 바닥 밑으로는 내려가지 않아 물이 얕은 곳에서 방향키를 올릴 필요가 없었다. 광동성 덕경德慶의 한나라 때 묘에서 출토된 도선은 타루舵樓의 뒷벽에 키 구멍을 뚫었고 구멍의 양측에

받침대가 있었다. 비록 방향키와 받침대 위의 물건은 출토될 때 이미 없었으나, 구조를 살피면 수직형 방향키일 수 있다. 배가 운항될 때 물이 방향키 앞에서 흐르면 타압舵壓이 발생한다. 비록 타압이 작아도 배의 중심과는 어느 정도 거리가 있기 때문에 지렛대의 원리로 방향을 돌리는 작용점이 비교적 크게 생긴다. 이리하여 《석명》에서 이른 바와 같이 "배를 바르게 하는 데 도움이 되어 순조롭게 물 위에서 흘러 방향이 어긋나지 않도록" 했다. 송나라 주거비의 《영외대답》에서도 방향키는 심지어 "하나의 실이 산과 언덕이 흔들리고 무너진 곳에서 천 균鈞(무게의 단위. 1균은 30근)을 끄는 것과 같으니, 물 위를 걷는 뛰어난 보배이다"라고 기록한다.

중국이 세계적으로 먼저 배 뒷부분에 설치하는 방향키를 발명한 것은 중국 옛 배의 구조와 관련이 있다. 중국 옛 배의 양쪽 끝에는 배의 꼬리가 나와 있는데(뱃머리와 배의 꼬리가 바깥으로 뻗어 있음) 목판으로 가로막아 놓았으며, 배의 꼬리 부분이 위로 치켜 올려진 경사가 비교적 완만했다. 게다가 양쪽 뱃전의 대렵大櫂(뱃전 가장자리에 있는 세로로 된 판자. 대근大筋이라고도 함)이 배의 꼬리 부분에 튀어나와 있으며, 안쪽으로 오목하게 들어간 빈 부분은 방향키를 설치하기에 알맞았다. 서양의 옛 배의 꼬리 부분은 비교적 날카롭게 치켜세워져 있어 방향키를 설치할 공간이 부족했다. 처음에 서양에서는 두 개의 방향키와 노를 사용해 배가 나아갈 방향을 조절했으나, 나중에 방향키와 노를 배의 꼬리 부분의 오른쪽 뱃전에 놓았기 때문에 오른쪽 뱃전을 "타현舵舷"이라고 습관적으로 부르게 되었다. 1200년 전후 네덜란드의 한 사공이 배의 꼬리 부분에 설치하는 방향키를 만들었다. 이런 상황에도 13세기 말기 윈첼시에서 사용한 인장에 새겨진 범선 문양을 보면 여전히 오른쪽 뱃전에 달린 방향키

그림 5-18 윈첼시의 인장에
새겨진 선박 문양. 우현 키
가 보임. 13세기

와 노를 사용한다(그림 5-18).

　위에서 언급된 중국의 옛 배들은 모두 강에서 쓰는 배였다. 그러면
헤겔의 말대로 중국의 배는 바다와는 아무런 연관이 없었던 것일까? 물
론 그렇지 않다.《신자愼子》에서 "항해자는 앉아서 월나라에 당도했다.
배가 있었다"(《어람》768권 인용)라고 했다. 이 구절은《여씨춘추·귀인貴因》
에서도 보이니, 확실히 춘추 전국 시대 사람이 쓴 듯하다. 그러나 "항해
자"가 어디서부터 출발한 것인지 원문에 설명이 되어 있지 않은데,《관
자》에 나온 "바다의 왕의 국가"인 제나라인 듯하다. 제나라와 월나라
사이에 항선은 이미 오래전에 개통되어 있었다. 춘추 시대에 오나라 왕
부차夫差가 "바다 위에서 제나라를 공격하라"라고 했으며(《사기·오태백세
가吳太伯世家》), 훗날 범려範蠡는 월나라 왕 구천句踐과 지내기 어려워 "배
를 타고 바다 위로 떠나가서 … 제나라로 갔다."(《사기·월왕구천세가越王句
踐世家》) 원봉元封 5년(기원전 106)에 한나라 무제는 배를 타고 순유巡遊 했
으며, 심양潯陽부터 물결을 따라 내려와 장강長江의 입구로 나왔다. 또한

이 노선을 따라 해상으로 낭야琅邪에 이르렀다. 그러나 동시에 한나라 때에는 외해로 뻗어나갔다.《한서·지리지》에 기록된 바로는 해선이 이미 중국의 중남반도中南半島까지 항해했으며, 심지어 먼 바다까지 나아가 인도에 도달하기도 했다. 한나라 때 대해선大海船은 발撥이라고 했다. 《설문》에서는 "발은 바다 위에 있는 큰 배다"라고 했다. 撥(발) 자는《광아》에서 艐(발)이라고 했으며 나중에는 舶(박)으로 통용되었다. 해박海舶에는 누선樓船을 많이 사용했으며, 한나라 때 누선은 "높이가 10여 장" 되었고(《한서·식화지》), 어떤 것은 윗부분에 "적루赤樓가 10개의 층으로 되어 있었다."(《후한서·공손술전公孫述傳》) 1985년 강소성 의정儀征의 신성진新城鎭에서 동한 시기의 구리 술잔이 출토되었다. 이 기물의 바닥에는 누선이 새겨져 있었다. 정밀하지 않아 세부적인 것까지 정확히 알 수는 없으나 적어도 배 위에 여러 개의 층이 있는 것을 알 수 있다(그림 5-19). 이처럼 크고 높은 배는 노를 젓는 것만으로는 움직일 수 없으며, 출항할 때 돛을 펴고 바람의 힘을 이용해 원거리 항해를 할 수 있었다.

고대 이집트의 배는 이미 매우 오래 전에 돛을 사용했다. 중국은

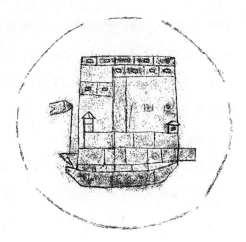

그림 5-19 동한 때 누선 문양. 강소성 의정의 신성진에서 출토된 동한 때 동준에 의거

상고 시대에 노를 사용했으며, 돛이 나타난 시기는 비교적 늦었다. 그러
나 적지 않은 학자들이 갑골문의 **님**를 "凡(범)"으로 해석하며 이것이 바
로 돛이라고 여겼다. 중국항해학회에서 편집한《중국항해사中國航海史》
등을 포함한 권위 있는 저작에서도 이러한 견해에 대하여 확신하고 있
다. 당연히 다른 의견도 있다. 문상광文尙光 선생은《중국 돛단배가 출현
한 시대中國風帆出現的時代》의 일부분에서, "갑골문의 '凡'은 '帆'으로 해
석할 수 없다"라고 했다. 그는 또 갑골문의 "凡"은 "日·月·水·舟"와 같
이 실물 형상의 특징을 나타내는 것이 아니라고 보았으나, "凡"자가 과
연 어떤 사물을 뜻하는 것인지 답을 내놓지 않아 여전히 수수께끼로 남
아 있다.《돛을 달고 아메리카 대륙에 간 지 삼천년-은나라 사람이 태평
양 건너간 행적 1차 탐사揚帆美洲三千年──殷人跨越太平洋初探》·《2차 탐사 再
探》등의 문장에는 먼저 "상나라 때에 이미 목숨을 부지하기 위해 바다
로 도망갔으며, 마침내 아메리카 대륙에 도달했다"라고 했으며, 계속해
서 태평양을 건너기 위해서는 배에 반드시 돛이 있어야 한다고 했다. 그
리하여 다시 갑골문에는 이미 '帆'자가 있었다고 했으며, "돛을 펼쳐 홀
로 아메리카 대륙으로 간 선박에 대해서는 이미 실제 증거가 있다"라고
도 했다. 사실 상나라 사람들이 아메리카 대륙에 간 적이 있는지 본래
는 정확한 증거가 없고 신뢰도 또한 극히 낮아서 갑골문에 '帆'자가 있
는 것인지는 고문자학적 관점으로도 더욱 증거가 없는 입장이다. 그러
나 앞에 언급한 논문은 두 종류의 가설을 전제로 반복해서 논증하고 있
어 문제를 해결할 수 없는 상태에 이르렀다. 그런 이유로 여기서 한 가
지 의견을 내고자 한다. 독자 여러분의 가르침을 기다린다.

갑골문의 '前(전)'자는 **봉**(《을乙》7661)·**셔**(《후하》11.10)으로, 길에서

한 사람(발뒤꿈치 ✔으로 대표)이 ㅂ앞에서 걷고 있는 것을 의미한다. 이 글자는 판여板輿(오늘날의 들것과 비슷함)의 모양과 같은데, 여기서는 판여에 앉아 있는 귀인을 의미한다. 앞쪽의 ✔은 귀인을 앞에서 안내하는 사람이다. 이것이 '前'이 만들어진 유래다. 금문에서는 前자를 ㅂ으로 표시하는데, 아랫부분이 배의 모양처럼 변화했고,《설문》에서는 前을 "배 위에서 따르다"라고 했는데, 해석이 지나친 감이 없지 않다. 이효정李孝定은《갑골문자집석甲骨文字集釋》2권에서 이 글자는 발이 대야 안에 있는 것으로, 발을 닦는 의미가 있다고 했다. 그러나 발을 씻는데 왜 굳이 대로로 가야 하는가? 이에 대해서는 그가 설명한 바가 없다. 前자의 아랫부분 ㅂ는 확실히 판여의 모양을 하고 있다. 갑골문에 ✲《후상》26,6)·✲《갑甲》2030) 글자가 있어, 이 글자를 상승조商承祚는 興(홍)으로 해석했는데, 양수달楊樹達은 이것을 따랐다. 그 글자 중의 ㅂ은 여전히 판여였다. 상나라 때 금문에는 興자를 ✲으로 썼으며(홍호興壺), 판여의 모습을 더욱 명확히 표현했다. 하남성 안양의 후가장侯家庄 1001호 대묘의 곽실 꼭대기에서 발견된 칠기 중에는 세 개의 판여가 있는데, 직사각형에 네 귀퉁이에는 자루가 있었다. 3개 모두 총 길이가 2.3m이며, 수레의 판자는 길이가 1.7m였고 사람을 들어올리기에 알맞았다. 한나라 무씨사武氏祠의 화상석 "효손원곡孝孫原谷" 이야기에 나오는 판여의 모양은 위에 언급한 판여와 매우 비슷했다(그림 5-20). ✲자에서 여러 손으로 운반하고 있는 것이 판여이며 아랫부분의 "口"는 들라는 구령을 내리는 것을 의미한다.《설문》에서는 "홍興은 일으키는 것이다"라고 한 것이 이러한 뜻이다. 후마맹서侯馬盟書에서는 '興'을 ✲로 표시하고, ㅂ와 ㅂ를 가까이 붙여서 "同"자와 비슷하게 하였고, 나중에 소전小篆과 해서楷書도 이것을 따라 쓰게 되어 興이 만들어진 유래를 찾기가 쉽지 않

그림 5-20 판여
1 하남성 안양의 후가장 1001호 상나라 때 묘에서 출토
2 한나라 때 무씨사 화상석 '효손원곡' 이야기에서 판여를 쥐고 있는 사람

왔다. 그래서 갑골문의 'ㅓ'와 '帆'은 상관이 없는 것이며, 이것을 근거로 추측한 상나라 때에 돛을 단 배가 있다는 설은 성립되지 못하는 것이다. 이외에도 어떤 학자가 절강상 은현의 석독산石秃山에서 출토된 전국 시대의 구리로 된 도끼에 있는 무늬를 근거로 그림에서 배를 물 위에 띄우는 네 명이 머리에 쓴 우관羽冠은 "초창기의 돛"이라는 의견을 제시했다. 그러나 우관과 돛의 모습은 연관성이 없어 이 설은 그다지 상세히 살필 만한 것이 아니다(5-21).

그러나 어찌 되었든 한나라 때에는 이미 돛이 있었다. 《석명》에서 제시한 "바람 따라 장막을 펼친다"라는 구절은 돛과 돛을 거는 돛대였다. 이우李尤의 《주집명舟輯銘》에서 "바람을 맞고 파도를 보며 하천과 들

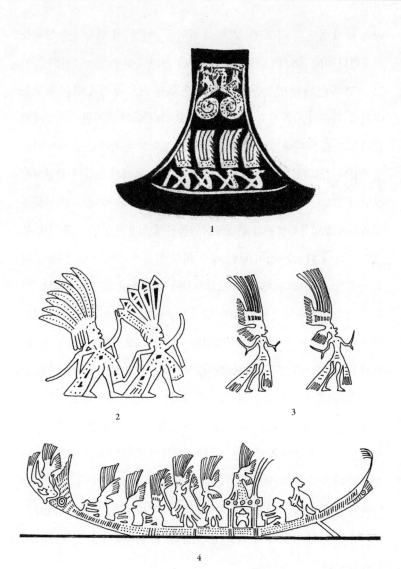

그림 5-21 풍범과 우관

1 절강성 은현의 석독산에서 출토된 전국 시대 도끼의 문양 장식에 그려진 돛

2 광서 장족 자치구 귀현貴縣의 나박만羅泊灣에서 출토된 동고銅鼓 문양 장식에서 우관을 쓴 사람

3 광서 장족 자치구 서림西林의 보태둔普馱屯에서 출토된 동고 문양 장식에서 우관을 쓴 사람

4 광서 장족 자치구 서림 보태둔 동고에서 선박 문양

판을 깊이 살핀다"라고 한 것 또한 풍력을 이용하여 배를 운항했음을
의미한다. 마융馬融의《광성송廣成頌》에서 "여황艅艎(옛날 목선의 이름)을 놓
고 크고 작은 배를 연결한다. 구름 같은 돛을 펴고 무지개 같은 휘장을
내린다. 폭풍이 사라지고 빠른 물살 타고 간다"라고 제시된 것은 2세기
보다 늦지 않은 때에 중국에 돛을 단 배가 있었다는 확실한 증거가 되는
셈이었다. 그러나 오랫동안 돛이 달린 한나라 때 배의 그림이 발견되지
않았다. 2001년 웅건화熊建華 선생이 돛이 달린 배를 주제로 한 논문을
발표하여 호남성박물관과 북경고궁박물원에 소장된 동한 시대 거울 두
개의 무늬에 나오는 돛이 달린 배에 대해 언급한 후에야 이 문제에 대
한 답을 얻게 되었다(그림 5-22). 그러나 이 두 거울에 있는 배 무늬는 비
교적 간소하여 한나라 때의 돛이 달린 배를 만든 수준이 어느 정도였는
지 알아보기에는 부족한 면이 있었다.《삼국지·오지·오주오자전吳主五
子傳》의 배주裴注가 인용한《오서吳書》부분에서 "(손화가) 장사에 가는 길
에 무호蕪湖를 지나는데 돛의 돛대에 까치의 둥지가 있었다((孫)和之長沙,
行過蕪湖, 有鵲巢于帆檣"라고 했다. 檣(장)은 돛대이다. 돛대 위에 둥지를 틀
정도면 높이가 낮지 않았다는 것이다. 장사의 주마루走馬樓에서 출토된
삼국 시대 오나라 죽간에 "커다란 돛대 하나의 길이가 7장이 된다"라는
기록이 있다. 왕자금王子今 선생이 계산한 바에 따르면 7장은 16.75m 정
도이며, 상당히 크고 높아 혹 마융이 말한 "운범雲帆"의 돛 기둥과도 비
슷한 듯하다.

　중국의 돛은 서양보다 늦게 등장했지만, 더 단단했다. 중국의 돛을
만드는 재료는 대쪽·창포잎 등이었는데,《천공개물》에 이른 바와 같이
"대쪽을 쪼개어 조각을 낸 다음 짜 만든다"는 과정을 거쳐 "범석帆席"이
라고도 부른다. 복건성 천주의 법석法石에서 출토된 송나라 때의 해선

그림 5-22 한나라 때 거울에 그려진 범선 문양

에서는 대나무로 된 돛이 발견되었다. 대나무로 엮은 직물 사이에 대나무 잎이 끼어 있었는데 양측의 가장자리를 죽관으로 밀봉하여 매우 튼튼했다. 중국의 돛에는 가로질러 묶어 배치한 죽간竹竿이 있는데 단단히 고정시키는 데 쓰이는 것이었다. 죽간의 간격이 넓지 않아 돛의 전체적인 면을 균형 있게 받치게 되어 강풍에 찢어지는 것을 방지하도록 했다. 또 죽간으로 구성된 골격이 있었기 때문에 돛을 접을 수 있었고, 각도를 조절하기 편리하여 옆바람을 이용하기도 했다. 동시에 골격과 삭구索具의 배치 또한 교묘하고 합리적이어서 선원이 갑판 위에서 돛의 오르내림을 조절할 수 있었으며, 풍력의 크고 작음을 이용하여 "절정에서 돛을 펴" 돛을 돛대의 꼭대기 부분에 올리거나 혹 "한 두 장만", 즉 일부분만 펼 수도 있었다. 서양의 부드러운 돛은 전부 걸거나 전부 걷을 수밖에 없어서 돛을 올리고 내리는 것을 모두 돛대 위에 올라가 직접 작업을 해야만 했다. 더욱 중요한 것은 중국의 배가 돛을 달기 시작했을 때, 이미 배의 꼬리 부분에 설치하는 방향키를 발명했다는 것이다. 풍력과 풍향의 상황에 따라 돛의 각도와 방향키의 각도가 변하여 두 가지가 바

그림 5-23 쌍동선
1 수나라 때 쌍체 돈선廐船. 산동상 평도平度의 하천에서 출토
2 동진 때 쌍체방선雙體舫船. 고개지의 〈낙신부도〉

람과 물결에 따라 효율적으로 배의 방향을 조절할 수 있었고 배의 속도
와 운항의 안전 또한 보장되었다. 중국의 속담에 이른바 "바람을 만나
면 방향키를 돌린다"라는 말이 있다. 그러나 배의 꼬리 부분에 방향키
를 설치하지 않은 서양의 옛 배는 노로 물을 젓는 것만으로는 돛과의 조
화가 이루어지기 어려운 면이 있었다.

　　고대 중국에는 쌍동선双体船(선체가 둘인 배)이 있었다. 그와 관련된
최초의 그림은 진晉나라 고개지의 〈낙신부도洛神賦圖〉다(그림 5-23:2). 사
실 쌍동선이 나타난 시기는 그보다 더 빠르다.《이아·석언釋言》에는 "방
舫은 배이다"라고 했고, 곽박의 주석에 따르면 "두 척의 배를 나란히 놓

은 것이다"라고 한다. 舫(방)은 方(방)이라고도 하는데, 《설문》에서는 "방方은 배를 나란히 놓은 것이다"라고 했다. 모두 쌍동선을 말한 것이다. 전국 시대에는 장강에서 이미 방주를 운항했고, 적재량이 매우 많았다. 《전국책·초책楚策》에 기록된 장의張儀의 말에 따르면 "방주에는 곡식을 넣고, 문산汶山에서 출발하여 강을 따라 내려가며, 영郢(초나라의 수도)에 도달하기까지 3천 리 길을 간다. 방주에 병사를 태우는데, 방주 한 척에 병사 50명과 석 달치 곡식을 함께 두며, 물길을 따라 하루에 300여 리를 간다"라고 기록되어 있다. 서한 초기 역이기酈食其 또한 "촉한蜀漢의 곡식을 방주에 싣고 서쪽으로 내려간다"(《사기·역생육가열전酈生陸賈列傳》)라고 했다. 동한 시대 초기 공손술의 병사 또한 "방비舫箄를 타고 강관江關으로 내려간다"(《후한서·잠팽전岑彭傳》)라고 했다. 배를 타고 간 수로는 장강수도長江水道였다. 위·진·남북조 시대에 왕준王濬이 오나라를 멸망시키고 "큰 배를 연결지어 놓으니 길이가 세 개의 산을 만들 정도이네"(《진서·왕준전王濬傳》), "왕준이 누선을 타고 익주益州를 떠나니 근엄하던 왕의 기색이 막연해지네"라고 했다. 현재 보존되어 있는 쌍동선의 사례 중 가장 오래된 것은 수나라 때 것으로, 산동성 평도平度의 신하향新河鄉에서 출토된 것이다. 오늘날의 발해만渤海灣에서 불과 15km 정도 떨어져 있으며, 수나라 때에는 해변의 모래사장이었을 것이다. 그것은 두 척의 좁고 긴 단체선單體船에 목판을 끼워 넣어 연결한 것으로, 판 아래를 나무로 된 들보로 받쳐 놓았으며, 나무로 된 들보의 양쪽 끝으로 각기 두 척의 배의 선체를 지나가게 하여 못으로 고정한 것이다. 배의 한쪽 끝에는 봉려篷廬(배 위에 간단히 집처럼 설치한 구조물)·선창의 흔적이 남아있다(그림 5-23:1). 이 배의 총 길이는 20.22m이며 너비는 2.82m 적재량은 약 23t이며 거룻배로 사용했던 듯하다. 윗부분에 인용한 문헌에 기록된 큰 규모의 배와는 비교할 수 없다. 돈황 막고굴 98굴의 5대 벽화 중에는 서너 척 정도로 규모가 작은 배가 그려져 있는 것이 있다. 크고 작은 것과 관계없이 이러한 배가 가진 장점은 두 척의 단체선이 차지한 넓이가 비교적 넓어서, 두 척의 배가 서로를 견제할 수 있다는 점이다. 가로로 기울어지는 각도를 줄여 안정성이 커지기 때문이다. 배 아랫부분의 밑바닥은 떨어져 있어, 운항 시 저항력이 작아 운항 속도를 높일 수 있었다. 이것은 현재의 조선업에서 주목을 받아 더 높은 발전 단계를 거쳐 새로운 스타일의 쌍동선이 만들어졌다.

　수나라가 지속된 시기가 짧아 선박과 관련된 유품이 매우 적었다. 당나라 때의 것도 많지 않아 강소성 여고如皋의 포서향蒲西鄉과 양주의 시교진施橋鎮에서 출토된 당나라 배 두 척 또한 그다지 크지 않았다. 복원을 한 것도 길이가 18m에서 24m에 불과하다. 그러나 이 배 두 척은 모두 방수용 칸막이가 있고 배의 판자는 쇠못으로 박았으며 판의 틈새는 석회와 기름을 섞어 문질러 바르는 법을 알고 있었다. 당시 이러한 기술은 모두 시대를 앞서가는 것이었다. 더욱 중요한 것은 당나라 때 차선車船이 발명되었다는 것이다. 차선은 복륜蹼輪(수차 바퀴)으로 구동하는 것으로, 노를 사용하는 간헐성間歇性 패들링을 바퀴를 이용한 연속적 회전 운동으로 바꾼 반 기계화의 성과를 이루었다. 당나라 덕종德宗 재위 기간에 강서성 절도사 이고李皋는 "일찍이 전함戰艦을 운항할 적에 두 개의 바퀴를 끼워 밟게 했더니 바람을 이기고 파도를 돌파하여 빠르게 나아가는 것이 범석을 단 것과 같다"(《책부원귀》908권, 《구당서·이고전李皋傳》, 《신당서·조왕고전曹王皋傳》에서도 제기됨)라고 했다. 700년 후 이탈리아의 예술가이자 과학자인 레오나르도 다빈치는 윤장선輪槳船의 기본 원리를 설계한 바 있는데, 이것이 이고의 차선과 매우 비슷했다. 그러나 레오나르도 다빈치가 설계한 것은 도면으로만 남아 있을 뿐이었고, 중국의 차선은 실제로 응용이 되었다. 남송 시대 유명한 조선사이자 원래 송나라 정부 도수감都水監의 도료장都料匠이었던 고선高宣이 소흥紹興 원년(1131)에 전선 8대를 만들었다. 계속하여 차선 20대를 만들어냈으며 병사 200여 명을 태울 수 있었다. 고선은 훗날 양요楊幺가 주도했던 동정호 농민군에 참여하여 24척의 큰 전선을 만들었으며, 위쪽에는 박간拍竿(지렛대 원리를 응용한 타격 병기)을 설치하여 적의 배를 격파할 수 있게 했다. 서양에서는 수전을 할 때 배의 가장자리에 접근하여 공격하는 방법 이외에도 뱃머리에 충각衝角을 설치하여 적의 배에 충격을 주는 공격법을 썼다. 박간은 중국에만 있었던 것이며, 수나라 때 이미 발명되었다(《수서·양소전楊素傳》). 구조는 포석기와 비슷했는데 포석기는 위쪽으로 던지는 것이고, 박간은 아래로 깨뜨리는 것이다. 소흥 31년(1161) 채석采石 전쟁에서 송나라 장수 우윤문虞允文이 차선을 지휘하여 1만 8천 명으로 장강을 강제로 건넌 금나라 군사 40만 명을 상대로 싸워 승리를 거두었으며, 차선은 이 전장에서 거대한 위력을 발휘했다.

　　송나라 때 배의 역사에 있에 중요한 유물이 하나 더 있다. 1978년 천진天津시 정해靜海의 원몽구元蒙口에서 출토된 송나라 때 배에서 온전히 보존된 균형키가 발견되었다(그림 5-24). 이러한 종류의 방향키는 자루 앞부분에 균형을 잡는 공간을 두어 배를 회전할 때 힘의 모멘트를 줄여 조종하는 데 힘이 덜 들도록 했다. 〈청명상하도〉에서 변하汴河의 항선에 설치했던 것은 모두 균형키였다. 정해에서 옛 배가 출토되어서 이 그림이 송나라 때 그려졌던 것임이 더욱 확실히 증명되었다. 그림 속의 내용은 있는 그대로를 묘사한 것이다. 1979년 절강성 영파의 동문구東門口에서 출토된 송나라 배에서는 용골龍骨이 발견되었다. 용골은 반원

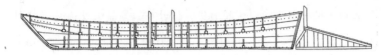

그림 5-24 정해의 송나라 배

형 나무로, 배 밑 만곡부에 설치했으며, 비용골舭龍骨이라고도 했다. 이 용골은 배의 가장자리 아랫부분에 있어, 선박에 실은 물건이 없을 때는 물속에 가라앉아 있다. 용골은 큰 배의 진동을 감쇠減衰시키는 모멘트를 증가시켜 선박에 풍랑이 닥쳤을 때 흔들림을 줄여준다. 서양에서는 19세기에 이르러서야 용골을 사용할 줄 알게 되었다.

송나라의 배가 남긴 것 중 가장 중요한 것은 1974년 복건성 천주의 후저항後渚港에서 출토된 해선이다. 석룡비席龍飛·하국위何國衛 선생이 측량한 바로는 복원한 배의 길이는 30m이며 갑판의 너비는 10.5m, 흘수 깊이는 3.75m이며, 배수량은 454t에 이른다. 후저항에서 출토된 해선의 크기는 콜럼버스의 함대에 있었던 28m 기함과 길이가 비슷했다. 이것은 사각형의 뱃머리, 높은 배의 꼬리, 예리한 바닥으로 구성된 복선형福船型의 배였으며, 뱃전 측면의 판자는 삼중으로 된 목판으로, 배의 외판은 이중으로 된 목판으로 만들었다. 이것은《선화봉사고려도경宣和奉使高麗圖經》에서 기록하고 있는, "(큰 배는)나무 한 그루를 통째로 사용하여 거대한 각재를 포개어 만든다"와《마르코 폴로의 여행기》의 "중국 배는 측면을 더욱 견고하게 만들고자 하면 이중으로 된 목판을 사용할 수 있다"라는 기록과 부합한다. 이 배 안에는 모두 32개의 선실이 있다.《송회요집고》등에 기록된 바에 따르면, 당시의 해선은 일반적으로 10개가 조금 넘는 칸막이용 벽이 있었다.《마르코 폴로의 여행기》에도 또한 "(중국의) 비교적 큰 배는 배 안에 13개의 욕실 혹은 선실이 있었으며,

견고한 목판을 사용하여 매우 단단히 박아놓았고, 매우 좋은 칸막이용 배가 간격을 조절하고 있었다"라고 기록된 바가 있다. 많은 수의 방수용 칸막이를 설치한 방식은 효율적으로 해상 사고를 방지하고, 중국 배의 선박 설계에 크나큰 기여를 했다. 그러나 이러한 칸막이는 완전히 방수됐던 것이 아니었다. 천주에서 출토된 해선은 객실 바닥 중앙선의 용골과 가까이 있는 부분에는 작은 구멍이 있으며 이것을 과수안過水眼이라고 한다. 바다 위에 바람이 세게 불고 파도가 세면 평소에도 바닷물이 갑판 위로 흐르는데, 결국에는 선실 바닥으로 스며든다. 만약 이렇게 스며든 물이 하나의 칸막이 안에 모두 모이게 되면 배의 균형에도 영향을 미친다. 과수안이 물을 흐르게 하면 자동으로 조절을 하는 효과가 있다. 과수안 구멍의 지름은 작아서 만약 사고가 생기더라도 제때 막는 것이 어렵지 않다. 천주에서 출토된 해선에는 두 개의 돛대가 있는데, 돛대의 머리 부분과 중심 부분의 위치로 보아 이 배에는 세 개의 돛대가 있었을 가능성이 있다. 마르크 폴로는 중국의 배는 보통 네 개의 돛대를 달며 다섯, 혹은 여섯 개의 돛대를 달았던 경우도 있다고 했다. 게다가 천주에서 출토된 해선의 돛대를 고정하기 위해 사용되었던 협주夾柱와 돛대를 거꾸로 놓기 위해 남겨둔 객실 벽 위의 네모난 구멍을 보아 이 배에는 돛대를 누이고 거두는 기술이 있었다. 〈청명상하도〉에 다리를 건너기 위해 돛대를 누이는 긴장감 있는 장면이 그려져 있는데, 이 해선의 상황과도 일치한다.

천주에서 출토된 해선의 적재량은 200t에 달하며, 대략 송나라 배의 3,600료料와 비슷하다. 송나라 조선업에서는 료[1료는 갱미 1석, 송근宋斤 (송나라 시대에 통용되었던 근의 단위) 92.5근, 약 55kg]라는 단위를 배의 제작과 운영의 기본 단위로 삼았는데, 이것은 제조업의 과학적 수준의 향상을 의미한다. 당시 대해선의 적재량은 이 천주에서 출토된 배보다 컸으며, 《몽량록》12권에 제시된 바와 같이 "큰 것은 5천 료에 달한다"라고 했으니, 적재량이 약 30t이 되는 배는 당시 이미 대단하다고 말할 수 있었다.

	대선이 바다에서 운항할 때 "밤에는 별을 관찰하고 낮에는 해를 관찰하여, 어두운 경우에는 나침반을 본다."(송나라 주욱朱彧의 《평주가담萍洲可談》, 1119년 완성) 또한 《선화봉사고려도경》에서는 "만약 어두컴컴하면 나침반의 침을 띄워 남과 북을 찾는다"라고도 했다. 나침반과 관련된 초기 기록은 송나라 양유덕楊維德의 《영원총록塋原總錄》(1041)에 보인다. 나침반은 항해를 할 때 쓰였으며 11세기보다 늦지 않았을 것으로 추정된다. 송나라 배에서 사용되었던 나침반의 실물은 발견되지 않았다. 그러나 하북성 자현磁縣·강소성 단도·요녕성 여대 등의 지역에서 원나라 때의 나침반이 출토되었는데, 어떤 것은 그릇의 중심 부분에 수면 위에 떠다니는 3개의 자침磁針을 그렸고, 어떤 것은 그릇 바닥에 "침針"이라는 글자를 써 '방향을 가리키는 뜨는 침'으로 쓰이는 나침반용 그릇이라는 것을 표시했다. '밤에 별을 관찰한다'는 것은 별자리를 확인한다는 것이었다. 대부분 북극성과 기타 천체의 수평의 고도를 측정하며 그것에 따라 남과 북의 방향의 위도를 측정했다. 《한서·예문지藝文志·수술략數術略》에 《해중성점험海中星占驗》·《해중오성경잡사海中五星經雜事》 등과 같은 천문과 항해에 관련된 책이 수록되어 있고 그 숫자가 136권에 달한다. 14·15세기에 이르러 남중국해와 인도양에서 운항되었던 해선에서는 별을 관측하는 도구인 견성판牽星板이 있었고, 견성판을 이용하여 측량하는 방법을 견성술牽星術이라고 했다. 명나라 이후 이후李翊의 《계암노인만필戒庵老人漫筆》에서 "견성판은 한 폭이 열두 개의 조각으로 되어 있으며 오목으로 만들었고, 작은 것부터 큰 것까지 있다. 큰 것은 길이가 칠 촌 정도 되며, 표지가 한 마디 혹은 두 마디부터 열두 마디에 이르며 세밀히 알맞게 조각되어 있다"라고 제시되어 있다. 현재 학술계에서는 견성판의 사용 방법에 대한 통일된 의견을 내놓지 못하고 있다. 대략 말하자면, 사용할 때 왼손으로 목판을 쥐고 오른손으로 목판의 중심에 뚫어 걸어놓은 밧줄을 끌면서 시선을 밧줄의 끝부분에 두어 목판 윗부분의 가장자리를 성체에 맞추고, 아랫부분의 가장자리는 수평선에 맞추면 성체의 높이를 측정할 수 있다. 이러한 방법은 예전에 아랍의 항해가가 발명한 것이다. 성체의 높이를 측정하는 단위는 "지指"였는데, 아랍어의 Issaba(손가락)에서 비롯된 듯하며 1 Issaba =1°36' 이었다. 그러나 화동사범학원과 북경천문대 등의 기관으로 구성된 항해 천문 연구팀에서 각도를 측량하는 '지'라는 단위는 호남성 장사의 마왕퇴 3호 한나라 때 묘에서 출토된 비단으로 된 책인《오성점五星占》에서 이미 사용된 것이 확인되었다. 당나라《개원점경開元占經》에서 인용한 한나라 때 저작《무함점巫咸占》에서는 금성과 달의 위도가 가장 멀 때의 기록을 5지(합9.5도)라고 한 것 또한 발견되었으며, 1지는 1.9도이다. 이런 이유로 학술계에서는 견성법이 중국 전통의 측천測天 계량법과 아랍 항해의 측천기술이 서로 융합하여 개선된 이후 형성된 것이라고 했다. 나침반과 견성판은 당시 항해를 하는 데 빼놓을 수 없는 것이었다. 나침반은 항로를 가리켰으며 "어느 해안선으로 가서, 어느 문을 돌아서, 바다로 나가고, 암초를 피하고, 얕은 곳을 피하고 하는 것을 모두 침으로 정했다."(《송강부지松江府志》) 나침반이 가리키는 항로를 침로針路라고 했으며, 침로를 기록한 전문 서적을《침경針經》이라고 했다. 그리고 견성판을 사용하여 천문관측을 한 결과는 과양견성도過洋牽星圖, 즉 천문 항해도로 엮어 편집되었다. 명나라 때의 과양견성도 중 네 폭의 그림은〈정화항

해도鄭和航海圖〉에 보존되어 오늘날까지 남아 있다. 정화鄭和가 항해할 때 "침로와 견성도 모양을 누차 교정했다."《순풍상송順風相送·서序》《침경》과 〈견성도〉는 항해할 때 매우 중요한 역할을 했던 것으로 배의 선장이 보관했다. "침경과 그림을 보며 항해하고, 오직 이것에 의하여 처리한다. 일이 크고 중요하니 어찌 게을리하고 소홀히 할 수 있겠는가?"《서양번국지西洋番國志》 두 가지를 바르게 사용하여 항로가 어긋나는 일이 없었던 것이다.

　　명나라 때 정화의 함대가 서양까지 내려간 것은 중국 항해 역사에서 손에 꼽히는 중요한 사건 중 하나다. 그러나 정화의 함대 중 제일 큰 보물선의 크기가 과연 어느 정도였는지는 완전히 풀리지 않은 문제다. 《명사明史·정화전鄭和傳》에는 "44장 되는 것을 고쳐 18장을 더 넓혔다"라고 기록되어 있다.《국각國榷》에도 "길이가 44장 되는 것을 18장 더 늘린다"라고 했다. 길이 44장, 18장을 늘리는 것은 숫자로 따지면 이상하게 들리지 않지만, 공식으로 환산하면 길이 150m, 너비 61m에 배수량은 3만에 이른다. 중화인민공화국이 설립된 후 1979년에 건설된 원양과학遠洋科學 해양관측선 향양홍向陽紅 10호는 총 길이가 156.2m에 이르며, 배수량은 1만 3,000t에 이른다. 당시에는 전 세계의 같은 유형 선형 중에서는 제일 큰 규모를 자랑한 것이었으며, 2006년 "중국 십대 명선"이라는 영광의 칭호를 받았다. 그러니 명나라 때 만들어진 목선이 향양홍 10호보다 더 컸다는 기록은 사람들에게 의문을 품게 했다. 옛 문헌에 기록된 과학 기술과 관련된 숫자는 신중히 점검해 보아야 할 것이다. 예를 들어《진서·왕준전》에는 "큰 배를 이어놓으려면 넓이 12보, 2,000여 명의 사람이 탑승할 수 있어야 한다. 나무로 벽을 쌓고, 망루를 만들고, 네 곳의 출구를 만든다. 배의 모든 부분은 말을 타고 왕래한다"라는

기록이 있다. 일부 역사적 사실을 제시하고 있으나, 여기서 말하는 숫자
는 모두 믿을 만한 것은 못 된다. 당시 120보는 170m를 조금 넘는 정도
였다. 길이와 너비가 각각 170m가 넘는 연결된 배라면 장강에서조차
돛을 펼치는 것, 나무 장대를 받치는 것, 노를 젓는 것, 밧줄을 당기는 것
모두 하기 힘든 동작이었다. 이와 같이 하여 순조롭게 물길을 따라 내려
간다 하더라도 항해를 하는 도중에 배가 좌초하거나 해안에 부딪치는
사태가 벌어졌을 것이다. 이와 관련하여 송나라 소박邵博 또한 의심한
바가 있었다(《소씨문견후록邵氏聞見後錄》8권). 게다가 구조적 강도의 관점에
서 분석해 보면, 대형 목선을 파도 위에서 운항할 때는 배의 길이가 길
면 길수록 배가 받는 견인력과 압력이 더욱 커진다. 앞에서 언급한 척도
로 계산하면 보물선은 두께가 340mm가 되는 바닥판과 두께가 380mm
가 되는 갑판이 있어야 이러한 굴곡을 감당할 수 있다. 그러나 이렇게
두꺼운 판재는 실제로 만들어낼 수 없으므로,《명사》에 기록된 척도에
대해서는 반드시 재고해 보아야 할 것이다.

　　1957년 남경시 문물관리위원회는 명나라 때 보선창寶船廠 유적지
에서 길이가 11.07m에 이르는 두메밤나무로 만든 키 자루를 발견했다.
이 키 자루는 앞에 언급한 척도를 다시 점검할 수 있는 증거가 될 것이
다. 상해교통대학 조선학과의 양유楊柤 교수 등은 이 키 자루가 포함된
방향키는 햇빛을 가리는 용도로 사용되었으며, 방향키의 면적이 비교
적 크다고 했다(그림 5-25). 게다가 나무로 된 해선을 만드는 작업자의 계
산 방식에 따르면 면량面梁(격창판 위쪽에 설치하는 가로 방향의 두꺼운 들보. 우
리나라에서는 한판큰명에라고 함)은 일반적으로 키 자루의 길이와 비슷하여,
이러한 방향키를 설치한 배의 길이는 60m 정도다. 이 길이에 따라 이방
언李邦彦 선생이 계산한 배의 길이는 57.8 m이다. 또 남경의 정해사비靜

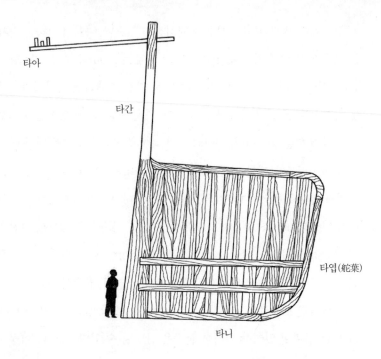

타아

타간

타엽(舵葉)

타니

그림 5-25 명나라 때 대형 항해선의 키. 강소성 남경의 중보촌에서 출토된 명나라 때 철력목 타간鐵力木舵杆에 의거하여 복원

海寺碑에 기록된 바에 따르면, 정화가 타고 간 배는 "2,000료의 해선"과 "1,800료의 해선"(《동방잡지東方雜志》제3권 제1호)이라고 했다. 그렇다면 배의 길이는 10여 장을 넘기지 않은 것이니 작은 쪽에 속한다. 그러나 위에 언급한 두 종류의 키 자루 길이가 비슷하다면 배의 길이도 상당히 비슷할 것이므로 참고할 만하다. 배의 배수량은 1,200톤 정도였다. 포르투갈의 항해가 바스코 다 가마가 운항한 300t의 배와 콜럼버스가 운항한 280t의 기함과 비교하면 당시 세계 각국의 항해가들이 깜짝 놀랄 만큼 큰 배였을 것이다.

6

야금
冶金

야금을 말하려면 우선 구리 제련부터 말해야 한다. 이 기술은 중국보다 서양에서 먼저 등장했다. 그러나 서양의 초기 동기銅器는 홍동紅銅(적동) 제품 이외에는 주로 비소동[砷銅]과 니켈동[鎳銅]을 썼다. 중국은 그렇지 않았다. 초기 동기, 예를 들면 섬서성 임동의 강채姜寨 앙소 문화 유적지의 황동 조각은 아연 함량이 25%에 달했으며, 지금으로부터 6,000년 이상 전에 만들어진 것이다. 감숙성 동향東鄉의 임가마가요林家馬家窯 문화 유적지의 청동 도刀는 주석 함량이 6~10%였으며, 지금으로부터 거의 5천 년 전에 만들어진 것이다. 감숙성 영등의 장가평蔣家坪 마창馬廠 문화 유적지의 동도銅刀 잔해 역시 주석 청동으로, 지금으로부터 4,000여 년 전에 만들어졌다. 중국 구리 제련은 시작 단계에서 합금 비율이 서양과 뚜렷하게 달라서 외부로부터 방법을 취득하지도 취득할 곳도 없었음을 말해준다. 그러나 3천여 년 전 감숙성 서북부의 사패四壩 문화 유적지에서 청동 등 다양한 합금은 아직 제련하지 못하고 단순히 비소 동을 제작했던 시기가 있었다. 이런 현상을 재촉한 원인은 그곳에서 나오는 광석의 성분과 관계가 있을 수도 있고, 서쪽에서 온 제련 기술의 영향을 받았을 가능성도 배제할 수 없다. 감숙성 옥문玉門의 화소구火燒

溝 사패 문화 유적지에서 양의 머리 네 개가 장식된 구리로 만든 지팡이 머리가 하나 출토되었다. 고대 중국에서는 이런 물건을 사용하지 않았고, 서아시아 색채가 짙다. 이런 기물 형태는 비소동을 따라 함께 들어왔을 가능성이 있다. 하지만 중국 입장에서 비소동의 출현은 비주류 합금 품종이 하나 늘어난 것에 불과했다. 중국에서는 구리 제련 기술이 이미 독립적으로 발명된 이후여서 영향이 그다지 크지는 않았다. 그밖에 19세기 전기 덴마크의 톰슨이 유명한 3기론을 제시했다. 인류의 주요 생산 도구와 무기는 석기, 청동기, 철기 등 세 기술 단계에 따라 차례대로 발전했다는 것이다. 19세기 후기에 이르러 이탈리아의 지예릭은 석기와 청동기 시대 사이에 동석銅石 병용 시대를 추가하자고 제시했다. 그가 말한 구리는 주로 홍동을 가리킨다. 그러나 홍동은 물러서 석기보다 특별히 우월한 재료는 아니었다. 그런데 이 홍동에 주석을 섞으면 청동이 되어 경도는 올라가고 융점이 낮아져, 석기와는 비교할 수 없는 뛰어난 재료가 된다. 중국은 마가요 시기에 청동을 사용했기 때문에 중국에는 명확한 동석 병용 시대가 없다.

하나라 이리두 유적지에서 출토된 청동기로는 정鼎·작爵·가斝·화盉·영鈴·과戈·척戚·도刀·촉鏃·추錐·착鑿·어구魚鉤 등이 있다. 그중 예기禮器와 병기兵器에 특별히 주의를 기울일 필요가 있다. 이리두에서 출토된 작은 주형을 합해 주조한 것이고, 동령銅鈴(구리 방울)은 기물 형체가 왜소하고 입이 크다. 안휘성 비서肥西에서 유사한 기물이 출토된 적이 있다. 그런데 안휘성 선성宣城의 손가부孫家埠에서 출토된 서주 시대 동종銅鐘의 형태가 바로 이것에 가깝다. 그러므로 이리두의 동령은 나중의 종 등 악기와 관련이 있는 것이 틀림없다. 동시에 이리두에서는 또한 각종 동병기가 출토되었다. 특별히 주의를 기울여야 하는 것은 전촉箭鏃(화살촉)이다. 화살촉은 소모성 군용 물품이다. 만약 청동 생산이 발달하지 않았다면 청동 촉으로 돌촉을 대신했을 리가 없다. 서북 지역에서 출토된 동기와 비교하면 이곳에는 소형 도구와 장식품 위주인 것이 많다. 기원전 2000년대 이후 촉과 모矛(창) 등 병기가 나타났다. 그런데 이리두 문화에 속하는 하나라 때에는 예기와 병기가 모두 중시되었다. 그들은 가장 선진적 기술과 재료를 "예악정벌禮樂征伐"에 응용했다. 군사적 우세를 차지하고 예악을 만드는 것을 추구했으니, 중원 지역이 당시 문명과 권력의 중심이었음을 말해주는 것이다.

　상·주나라 때 이미 청동기는 생산력 발전의 지표가 되었다. 이때에는 하나라의 전통을 계승해, 국가 대사의 제례에서 한 벌로 구성된 구리 예기를 사용했다. 세계 다른 지역에도 청동기가 있었지만, 상주의 동예기는 당시 의식 형태의 상징이 되어, 조상 숭배의 정신적 역량에 의해 추동되었을 뿐 아니라 귀족 계층의 사회적 지위를 대표하는 부호가 되었다. 상주 때는 주로 진흙 주형을 이용해 동기를 주조했다. 주형의 표면 진흙은 물로 씻어낸 징니澄泥로, 가소성과 강도가 모두 좋았다. 산서성 후마에서 나온 주형 덩어리들을 보면 모두 세련된 공예품 같다. 주형의 뒷면 진흙은 거친 재료를 사용하고 모래 혹은 식물 섬유를 섞어서 통기성이 좋게 했으며 주조하기 전에 주형을 데워서 냉기로 인한 격리가 일어나지 않게 했다. 주조할 때 주형을 함께 붙여 주조하기 위한 것이었다. 은허에서 출토된 후모무정后母戊鼎은 솥귀까지의 높이가 1.33m, 길이 1.16m, 너비 0.79m로 20여 조각의 주형을 이어 붙여 주조한 것이다. 정이 크면 주형 덩어리 역시 커야 했다. 그런데 하남성 안양의 묘포苗圃 북지北地에서 길이가 1.2m에 달하는 도기 주형이 나왔으니, 이 방면은 문제가 되지 않는다. 이 정은 중량이 832.84kg으로, 주조할 때 주물 입구에 주입하다가 묻은 것, 주물 입구에 부어 넘친 것, 외부로 튀어 흩어진 것, 주물 주변에 튄 것, 불에 타서 손실된 것 등을 더하면, 사용한 금속 원료는 원래 1000kg 이상일 것이다. 과거에 이렇게 큰 정을 주조하려면 70~80개 도가니를 써야 했을 텐데, 이것은 기술상 불가능한 일이다. 그런데 상술한 묘포 북지에서 지름이 약 80cm인 용동로熔銅爐가 출토되었다. 이런 용동로를 사용하면 6개면 충분하다. 6개의 용동로를 주형 밖에 배치하고, 차례대로 구리물 출구를 열어, 구리물을 바닥 홈을 통해 틀 안으로 주입하면 주조할 수 있다. 솥귀는 솥의 몸체가 다 주조된 후 주형을 안정시킨 뒤 뒤집어 주입해 완성했다. 이 정에는 "后母戊(후모무)"라는 세 글자가 주조되어 있다. 중화인민공화국 성립 초기 어떤 학자가 이것을 "司母戊(사모무)"라고 해석했는데, 이 해석은 맞지 않다. 상나라 때 어떤 글자는 쓰는 법에 좌우 구별이 없었다. 예를 들면 "好"를 "㚸"로 쓰기도 했고, "游"를 "汸"로 쓰기도 했다. 이런 예는 아주 많다. 후모무정의 이름에서 "后(후)"를 "司(사)"로 쓴 것도 그런 예다. 그리고 부호묘에서 출토된 원준圓尊과 방준方尊에도 모두 "后些母"라는 명문이 있다. 하지만 그중 "后(후)"는 두 개의 준에 쓰는 법이 각각 반전된 모양으로 새겨져 있는데, 같은 글자가 아니라고는 할 수 없다(그림 6-1). 부호婦好는 상왕商王의 배우자로, 복사卜辭에서 "后帚好"라고 했다(《합집合集》2672). 상나라 때 청동기에 새겨진 명문들을 더 살펴보면, 그중 주인 이름이 "亞아무개"인 것이 드물지 않게 보인다. "亞弜鐃(아강뇨)", "亞启方彝(아계방이)"등이 그 예다. "亞(아)"는 작위 호칭으로, 《신사이辛巳彝》의 "王飮多亞(왕음다아)" 등이 그 증거가 될 수 있다. "后아무개"라고 한 것과 같은 사례다.

상주 시대의 주조 공예에 대해 말하자면, 많은 책에서 분리 주조

그림 6-1 "后㚸母" 원준과 방준의 명문
1 원준
2 방준
모두 안양 소둔小屯 상나라 때 부호婦好 묘에서 출토

를 칭송한다. 먼저 몇몇 부분을 주조한 다음 기구 몸체와 이어서 주조하는 것을 말하는데, 정미精美한 사양준四羊尊이 바로 분리 주조한 작품이다. 사실 주형을 합쳐서 주조하는 것 역시 높은 기술이 필요하다. 예를 들어, 종을 주조할 때 음질이 순정하고 듣기 좋게 하기 위해서는 분리 주조 이후 주접鑄接 혹은 용접하는 것은 적절치 않으며 한 번에 성형해야 한다. 특히 체형이 큰 종은 층을 나누어 진흙 주형을 쌓아야 한다. 또한 그 층마다 많은 조각이 있어서 정확하게 장치하고 엄밀하게 이어 붙여야 한다. 이 많은 양의 진흙 주형은 말라 갈라지거나 변형되지 않아야 한다. 완성품 표면은 윤이 나고 깨끗해야 하며 무늬가 가지런해야 해서 매우 어려운 일이다. 나중에 이르기까지 중국의 몇몇 유명한 큰 종, 예를 들면 북경 대종사大鐘寺에 있는 무게 46t의 큰 종 역시 통으로 주조한 것이다. 하지만 이것은 도기 주형을 사용했고, 층마다 통으로 테를 둘러 합해 완성한 것이다. 그래서 주형 틈새의 흔적이 모두 가로 방향으로 나 있다.

중국 고대 주조 공예의 또 다른 성취는 첩주법疊鑄法을 발명한 것이다. 첩주疊鑄란 많은 주형 덩어리를 층으로 합해 한 벌로 구성하고, 하나의 주입구를 이용해 한 번에 수십 개 심지어 수백 개 주물을 주조하는 것이다. 이런 주조 방법은 효율이 높아, 조형 재료와 금속액을 절약해 원가를 낮출 수 있어서 소형 주물 대량 생산에 적합하다. 전국 시대 제나라에서 이미 첩주법을 사용해 도폐刀幣를 주조했으며, 한나라 때도 이런 방법으로 돈을 주조했다. 섬서성 서안의 곽가촌郭家村 신망 홍범요烘範窯에서 완정한 다섯 벌의 "대천오십大泉五十"도기 주형이 출토되었다. 타원 기둥체로 쌓은 도기 주형 20~30합(46개 주형 조각)으로 조성되어 있는데, 합合마다 화폐 8매를 주조해, 한 벌마다 한 번에 화폐 184매를 주조할 수 있어서 효율이 아주 높다. 이 기술은 동한 시기에 이르러 더 발전했다. 하남성 온현溫縣의 초현촌招賢村에서 발굴된 동한 시대의 홍범요는 약 9m²의 요실窯室에 500여 벌의 첩주 주형이 쌓여 있었다. 모두 금속 주형을 뒤집어 제작한 것으로, 주형 공간이 맑고 밝으며 구조가 근엄하다. 매 층 주형을 합한 사이에 모두 정해진 위치 기준이 있고, 접촉면은 윤기 나고 매끄럽고 평평했으며, 중심축이나 정위선定位線으로 보조해 엄밀히 짜 맞추어 합한 이후에는 쉽게 움직이지 않았다. 주입구의 직경이 어떤 것은 8~10cm밖에 되지 않고, 보조 주입구의 경우 어떤 것은 2~3mm밖에 되지 않아, 아주 얇은 주물도 주조할 수 있었다. 완성품

의 표면 광결도光潔度는 5급(총 14급)에 달할 수 있었고, 금속 수득률收得率
은 90%에 달할 수 있었다. 현대의 주조 기술자도 실물을 보았을 때 모
두 찬탄을 금치 못했다.

이제 제철에 대해 이야기 해보자. 중화인민공화국 성립 이후 과학
기술사 연구의 많은 영역에서 자료가 점차 쌓여나갔고 한 걸음 한 걸음
인식이 심화되었다. 그런데 특히 제철의 역사 방면에서는 새로운 발견
이 유정이 분출하듯 눈코 뜰 새 없이 쏟아져 나왔다. 이에 따라 전통적
인 낡은 시각들이 거의 전면 쇄신되었다.

중국에서 가장 먼저 이용한 철은 운철隕鐵이다. 문화 대혁명 기간
중 1972년에 하북성 고성의 태서촌台西村 상나라 유적지에서 철인동월
鐵刃銅鉞(날이 철로 된 청동 도끼) 하나가 출토되었다. 발굴 주체는 하북성박
물관이다. 그들은 이 월鉞을 야금 공업부 강철 연구원에 보내 분석하게
했다. 검사 결과 이것은 고대 숙철熟鐵이라고 했다.《고고考古》1973년
제5기 발표 간보에서 이 점을 긍정했을 뿐 아니라, 또한 이것을 곽말약
의《"반"의 재발견"班"的再發現》이라는 글에서 "주나라 초기에 이미 철광
의 제련과 철기의 사용이 있었다"라는 설과 연관지어 "태서台西 '철인동
월'의 발견은 곽말약의 논술이 정확함을 증명한 것이다"라고 했다. 실
물이 있고, 감정 결과가 있고, 또한 노학자 곽말약의 고견이 있으니 일
시에 흔들릴 수 없는 정론이 되었다. 그러나 상술한 간보가 발표된 그
《고고》에는 한편으로 하내夏鼐 선생의《독후기讀後記》가 있어서, 그 철
인에서 사용된 재료는 운철일 것이라고 했다. 이렇게 되자 대혼란이 일
어날 듯했다. 제철 방면에서 고대 노동 인민의 위대한 성취를 하 선생
이 깎아내리려 한다고 누군가 말했기 때문이다. 다행스럽게도 그 뒤 강
철학원의 가준柯俊 교수의 지도 아래 이 월을 다시 검사 분석했다. 철인

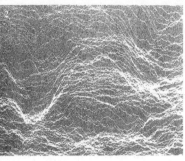

그림 6-2 고성에서 출토된 상나라 때 철인동월
1 출토될 때 외형 (동원銅援 앞부분에 주조하여 이어붙인 철인은 이미 대부분 부식됨)
2 동원에 끼어 있던 철인 잔류물의 니켈 분포 곡선

에 함유된 니켈이 6%에 달하고, 층에 따라 고도의 니켈 편취 현상이 나타난다는 것이 증명되었다. 이런 현상은 오직 냉각이 극히 완만한(백만 년마다 1~10℃ 냉각) 천체에서만 발생할 수 있으므로, 동월의 날에 사용된 것은 운철이라는 것이 인정되었다(그림 6-2).

사실 고성에서 나온 감운철인嵌隕鐵刃(감운철 날) 동병기銅兵器 같은 사례가 몇 가지 또 있다. 미국 워싱턴 프리어 미술관에서 1931년 하남성 준현에서 출토된 서주 시대 초기 운철인동월隕鐵刃銅鉞(날이 운철로 된 청동 도끼) 하나와 운철원동과隕鐵援銅戈(원援이 운철로 된 청동 과戈) 하나를 소장하고 있다. 1977년 북경시 평곡平谷의 유가하劉家河 상나라 때 묘에서도 운철인동월 하나가 출토되었다. 1991년 하남성 삼문협의 상촌령 서주 말기 2009호 대묘에서 또 운철원동과隕鐵援銅戈(운철로 된 청동 과) (그림 6-3)와 운철로 날을 만든 분錛(자귀)과 삭削(칼)이 출토되었다. 이상의 상황은 고대 중국에서 운철을 사용했다는 역사적 사실을 증명할 뿐만 아니라 운철 날이 있는 두 가지 도구를 통해 당시에는 오직 운철만을 우량 금속 재료로 보았음을 말해준다. 고대 이집트에서처럼 운철을 "하늘

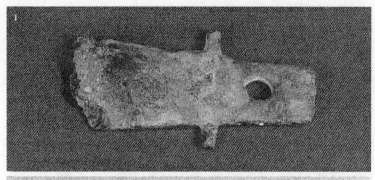

그림 6-3 운철인을 새겨 넣은 동병기
1 북경시 평곡의 유가하에서 출토된 상나라 때 운철인동월
2 하남성 삼문협의 상촌령에서 출토된 서주 시대 운철원동과

에서 온 검은 구리"라고 하면서 신성한 금속으로 여겨 사용을 제한하지

는 않았던 것이다.

　중국 내지(신강위구르자치구 제외. 신강위구르자치구에서 발견된 철기는 내지

보다 이름―저자 주)에서 인공으로 철을 제련한 시기는 지금까지 알려진

바로는 서주 시대 말기쯤이다. 하남성 삼문협 상촌령 2001호 괵계묘虢

季墓에서 옥병철검玉柄鐵劍(손잡이가 옥으로 된 철 검) (그림 6-4) 하나와 동내

철원과銅內鐵援戈(자루와 만나는 부분은 구리이고 가로날 부분은 철로 된 과) 하나

가 출토되었다. 2009호 괵중묘虢仲墓에서는 동교철엽모銅骹鐵葉矛(자루

와 만나는 부분은 동이고 날 부분은 철로된 모) 하나가 출토되었다. 검사를 거친

결과 과원戈援은 괴련철塊煉鐵로 만든 것이었고, 검劍과 모矛는 괴련침탄강塊煉浸炭鋼이었다. 인류의 제철은 모두 괴련철로부터 시작되었다. 철광석과 목탄을 화로에서 가열해, 화학상의 환원작용을 통해 금속 철이 나왔다. 다만 철광석은 용화 후 환원 과정에서 온통 성기고 기공이 많은 해면 모양 물질로 변하고, 환원되어 나온 작은 철 구슬은 찌꺼기 덩어리에 섞여 응고된다. 이것을 괴련철, 혹은 해면철海綿鐵이라고도 하며, 탄소 함유량이 낮고 매우 부드럽다. 그런 다음 반복 가열하고 두드리면서 찌꺼기를 제거하고, 아울러 석탄불에 접촉시켜 탄소가 스며들면 단단하게 변해 괴련강塊煉鋼이 된다. 고고학에서 증명한 바에 의하면 중국은 서주 시대 말기에 이미 이런 철과 강을 생산하고 있었다.

그림 6-4 옥병철검. 삼문협 상촌령에서 출토

　　과거에는 이 문제를 토론할 때 대부분 문자 자료에 의존했다. 혹은 《반궤명班簋銘》 중의 "戜人"라는 글자를 근거로 서주 시대 초기에 이미 철을 사용했다고 보기도 했다. 혹은 《숙이종명叔夷鐘銘》 중의 "戜徒"라는 글자와 《시경·대아·공류公劉》 중의 "취려취단取厲取鍛"과 《좌전·소공 29년》 중의 "결국 진晉 나라로부터 철 1고鼓를 징수해, 형정刑鼎을 주조하고, 범선자가 작성한 《형서刑書》를 드러냈다"라는 기록을 근거로, 춘추 시대에 이미 철이 있었다고 여겨지기도 했다. 그러나 이들 설에는 모두 살펴볼 부분이 있다. 예를 들면 《반궤명》에서 분명히 말하기"를, "戜

人"은 "동쪽 나라 융을 정벌하는"데에 쓰인다고 했다. 그들은 모두 병사일 가능성이 높고 제철 기술자는 아니라는 것을 알 수 있다. 하물며 앞에서 말한《숙이종명》에서 말하기를, 이번에 하사한 "戜徒"의 사람 수가 4천에 달한다고 했다. 만약 이 4천 명이 모두 제철에 종사한다면, 숙이叔夷가 관장한 철공업의 규모는 쉽게 상상할 수 없을 만큼 컸을 것이다. "取鍛(취단)"이란 단어에서 '鍛'은 초기 훈고학자들은 모두 동사로 보지 않았다.《모전毛傳》에서 "단鍛은 석石이다"라고 했고,《모전》의 정현 주석에서 "鍛은 단철에 사용하는 돌이다"라고 했다.《석문釋文》에서는 "鍛은 본래 碫으로도 썼다"라고 했으며, "厲(려)"는 "본래 礪로도 썼다"라고 했다. 礪와 碫를 모두 조석粗石(바위를 부순 돌덩어리)이라고도 말했다. 한 걸음 양보해, 鍛이 동사라고 해도, 그 원시적 의미는 오로지 단철만을 가리키는 것은 아니었다. 금문에서는 鍛(段)을 𣪘으로 쓰는데(단궤段簋), 어떤 사람이 집 안에서 손에 도구를 쥐고 ꞉를 가공하는 모습이다. 이 ꞉는 "황려黃呂"의 呂로, 금문의 금자金字 ꭸ(맥정麥鼎)·꭫(사정師鼎)의 생략형일 가능성이 있다. 종합하자면 모두 구리를 가리켜 말한 것이다. 북경 고궁박물관에서 소장하고 있는 상주 시대 청동기와 병기를 검사한 결과 그중 대부분이 단타鍛打 과정을 거쳤음을 알 수 있었다.《상서·비서費誓》에서 "단鍛은 과모戈矛이다"라고 한 것이 그 증거가 될 수 있다. 그러므로 鍛은 단동鍛銅을 가리키며, 鍛이라는 글자가 단철鍛鐵과 필연적 관계가 있는 것은 아니다.《좌전》중의 기록을 보면, 비록, 철 사용에 대해 토론한 문장에서 여러 차례 인용된 적이 있기는 하지만,《공자가어孔子家語·정론해正論解》에서 이것을 언급할 때 "일고철一鼓鐵"이라고 하지 않고 "일고종一鼓鐘"이라고 했다. 고鼓와 종鐘은 모두 도량형 명칭으로, 여기서 말하는 것은 도량형 통일 조치다.《관자·군신

君臣》에서는 "형衡, 석石 등 무게를 재는 단위가 하나로 통일되었고, 두斗, 곡斛 등 부피를 재는 단위가 하나로 통일되었다"라는 기록이 있다. 《주례·하관夏官·합방씨合方氏》에의 "일도량一度量"이라는 기록이, 진秦나라 낭야각석琅邪刻石(진시황제의 순행을 기록하여 산동 낭야대에 세운 비석)의 "기계 일량器械一量"이라는 문구가 바로 같은 사례다. 조앙趙鞅이 진晉나라에서 세제를 건립하고 도량형을 통일한 뒤 "형정刑鼎"을 주조해, 범선자范宣 子가 기초한 성문법을 공포했으니, 바로 서로 연관된 조치다. 이와 반대 로 만약 정말로 전국에서 철 1고鼓(즉 1곡斛)를 징수했다면, 가구마다 징 수한 양이 너무 적어서 말이 되지 않는다. 하지만 상술한 기사가 나타났 던 연대에 중국이 아직 철을 사용할 줄 몰랐다는 것은 아니다. 내지에서 만 출토된 춘추 시대 철기가 이미 80여 건 아래로 떨어지지 않는다. 백 운상白云翔 선생이 말한 대로, 이 시기 철기 발견 지점은 "서쪽으로 롱동 隴東(감숙성 동쪽에 있는 도시로 공식 명칭은 경양慶陽)에서 시작해 동쪽으로 강 소성 육합六合에 이르기까지, 북쪽으로 산서성 장자長子에서 시작해 남 쪽으로 호남성 장사에 이르기까지이다." 특히 바다에 인접한 산동 지역 에서도 발견된다. 최근 학술계는 치박淄博 부근의 품질도 뛰어나고 캐기 쉬운 노천 철광과 고대 제철 유적지에 주의를 기울이고 있다. 중국 초기 제철을 연구하는 데 있어 치박은 소홀히 할 수 없는 지역으로 여겨진다. 다만 이들 새로운 발견과 앞에서 언급한 문자 자료가 아직 맞아떨어지 지 않고 있다.

　　중국은 서주 시대 말기에 괴련철과 괴련침탄강이 나타났고, 춘추 시대 초기에 이르러 주철이 나타났다. 산서성 천마天馬—곡촌曲村 유적 지에서 춘추 시대 초기와 중기의 막대 모양 주철이 출토되었다. 호남성 장사의 요령窯嶺 15호 묘에서 춘추 시대 말기의 주철 정鼎이 출토되었다. 중량은 3kg이 넘었다. 주철은 수로竪爐 속에서 고온 액체 상태 환원법으로 제련한다. 철의 녹는점은 1,536℃이다. 그러나 이때 이렇게 높은 온도는 낼 수 없었다. 우선 1,200℃가 될 때까지 가열하면 목탄에 의해 환원되어 나온 고체 상태의 철이 신속하게 탄소를 흡수한다. 탄소 함유량이 2%를 넘었을 때 1,146℃까지 불을 때면 철이 용화된다. 고대 서양에서 동을 제련할 때 노 안의 온도는 동의 녹는점인 1,083℃를 넘었을 것이다. 여기서 120여 도 더 올리기만 하면 주철을 제련해낼 수 있다. 그러나 서양은 오랫동안 이 난관을 돌파하지 못했다. 서양 제철의 전통은 해면철을 단타하는 것이었으므로, 제철의 신 조각상의 손에는 단철을 상징하는 집게와 망치가 들려 있었다. 기원후 초기 로마의 연철로에서는 때로 과열로 인해 주철, 즉 생철이 나왔다. 그러나 생철은 한번 두드리면 부서져서 모두 폐기물로 버려졌다.

주철은 괴련철보다 비교적 순정하고 광석 속의 비금속 잡물질을 찌꺼기 형태로 만들어 배출할 수 있었다. 그런데 괴련철 중 규산염 등의 잡물질은 아무리 반복해 망치질을 한다 해도 철저히 제거할 수 없었다. 전국 시대 이후 중국은 주철 제련로에 석회석을 용제로 첨가하여 불순물의 녹는점과 불순물 중의 철 함유량을 더욱 낮추었다. 불순물은 가벼워 표층에 떠올랐을 때 제거하면 된다. 액체 상태의 중개 물질 중에서 무거운 것은 가라앉고 가벼운 것은 떠오르는 간단한 이치를 이용한 것이었다. 하지만 때로 우스운 일이 벌어지기도 했다. 민국 초기 청나라 역사 전문가 맹심사孟心史 선생이 한 문장에서 말하기를, 성선회盛宣懷가 서태후西太后에게 잘 보이려고 서태후가 이현易縣 능에 참배하러 가도록 하기 위해 철로를 가설하고 작은 기차 안 화장실에 "여의통如意桶"을 놓자고 했다. 통 안에 황사를 깔고 안에 수은을 주입하면 대소변이 떨어지고나서 수은에 덮여 냄새가 빠져나가지 않느니 어쩌느니 말했다고 한다. 만약 정말 이런 일이 있었다면 수은은 당연히 통 바닥으로 가라앉고 황사와 오물이 도리어 위로 떠오를 것이요, 수은이 증발한 독기는 서태후를 비롯한 기차 안의 사람들이 한바탕 들이마시기에 충분했을 것이다. 성선회가 물론 이렇게 할 리도 할 수도 없었다.

주철 불순물이 적어져 용기를 주조할 수 있게 된 것은 제철 기술의 역사에 있어 한 차례 큰 비약이었다. 서양이 철을 사용하기 시작한 시기는 중국보다 이르지만 14세기 이전까지 그들은 줄곧 괴련철을 사용했다. 주철을 사용한 시기는 서양이 중국보다 1,800년 늦다. 중국이 이렇게 일찍 주철을 제련해낼 수 있었던 까닭은 중국이 가장 먼저 고로高爐를 이용하기 시작했기 때문이다. 중국 제철의 고로는 동을 제련하는 수로竪爐에서 기원했다. 호북성 대야大冶에서 발견된 춘추 시대 동 제련 수로 3기는 복원 후 높이가 1.2~1.5m, 직경 0.7m였다. 중국 고대의 고로와 동 제련 수로는 기본적으로 동일한 유형이었다. 한나라 때의 고로는 하남성·강소성·북경시 및 신강위구르자치구 등지에서 계속 발견된다. 그중 구조가 상당히 선진적인 하나는 하남성 정주의 고영진古滎鎭 1호 고로로, 복원 후 높이가 4.5m이고, 단면에 타원형이 나타난다. 직경이 짧은 양측에서 바람을 불어넣어 풍력이 노항爐缸의 가장 긴 부분에 도달하지 못하는 어려움을 극복했다. 하부 노장爐墻은 바깥쪽으로 경사져 62°의 노복각爐腹角(노복의 가스가 순조롭게 상승 배출되어 노복의 열류 충격을 감소시키는 데 유리한 각도)을 형성해, 원료와 가스가 충분히 접촉할 수 있도록 했다. 노 전체에는 바람 구멍이 네 개 있고, 가죽 주머니 네 개로 바람을 불어넣었다. 고로의 용적은 약 44m³, 하루 생산량은 약 0.5~1t이었다. 2,000년 전으로서는 아주 뛰어난 성취였다.

주철을 기본체로 한 열처리 기술도 발전했다. 주철은 강도가 낮고 인성이 부족했다. 그러나 주철을 고온에서 오랜 시간 가열해 철 속의 탄소 화합물에 변화를 일으키면 그 품질과 성능을 바꿀 수 있었다. 그중 한 방법을 주철유화鑄鐵柔化(가단화可鍛化) 처리라고 한다. 이런 처리를 거친 후 생성된 가단주철可鍛鑄鐵(전성 주철展性鑄鐵이라고도 함)은 성능이 강과 주철 사이에 있어서, 비교적 높은 강도를 지니고 있었다. 중국에서는 철을 사용한 초기에 이미 이런 방법을 사용했다. 낙양의 시멘트 공장에 있었던 전국 시대 초기 회갱에서 출토된 철삽은 이미 가단주철로 처리되어 있었다.

불을 빼는 온도와 처리 방법의 차이에 따라 가단주철은 또한 백심白心가단주철과 흑심黑心가단주철 두 가지로 분류된다. 백심가단주철은 경도와 강도가 아주 높다. 흑심가단주철은 인장 저항 강도는 백심가단주철보다 작지만 충격에 더욱 잘 견디고 인성을 지니고 있다. 낙양 시멘트 공장에서 출토된 전국 시대의 철삽이 흑심가단주철이다. 백심가단주철도 전국 시대에 이미 출현했다. 하북성 석가장石家莊에서 출토된 전국 시대의 철부鐵斧, 호북성 이현易縣 연하도燕下都 44호 묘에서 출토된 연나라 철 등 주물은 모두 백심 가단 조직을 갖추고 있었다. 이 두 가지 가단주철은 각각 장단점이 있지만 종합적으로 보면 흑심이 백심보다 좀 낫고, 생산 주기도 짧고 원가도 낮았다. 하지만 기술적 측면에서 흑심가단주철의 생산이 백심보다 좀 어려웠다. 출토물의 금속 상태 감정을 통해 한나라의 가단주철 물건 다수가 흑심조직이라는 사실을 발견했으며, 이는 현대의 가단주철 발전의 경향과 일치하는 것이다.

왜 가단주철은 보통 주철보다 강인한가? 간략한 해석을 좀 더 해보도록 하자. 주철 중에서 백주철白鑄鐵은 탄화철을 기본 조직으로 하며, 잘 부스러지고 딱딱하다. 회주철灰鑄鐵은 규소 함량이 비교적 많아서 (0.5%~3%) 냉각 속도가 느릴 때 일부 탄소가 편상片狀의 흑연 형태로 분리되어 나오지만, 깨지기 쉬워 강도를 기대할 수 없다. 그런데 가단화 可鍛化(어닐링annealing, 풀림. 금속 재료를 적당한 온도로 가열한 다음 서서히 상온으로 냉각시키는 조작)를 거치면 주철 중의 흑연이 둥근 입자 모양으로 변해 아주 강해지며, 소성과 인성이 모두 크게 높아진다. 하남성 남양에서 나온 한나라 때 철 삽(그림 6-5)이 그렇다. 과거에 일찍이 백심가단주철은 프랑스 사람이 1722년에 발명한 것으로 알려져 "유럽식 가단주철"이라고 불렸고, 흑심가단주철은 미국 사람이 1826년 발명한 것으로 알려져 "미국식 가단주철"이라고 불렸다. 중국에서는 전국 시대 초기에 가단주철이 발견되었다는 것과 진한 시대 이래로 가단주철이 광범위하게 응용되었다는 것을 감안하면, 중국이 이 기술에서 서양보다 2천여 년 앞섰으니, 중국이야말로 가단주철의 고향이라고 할 수 있다.

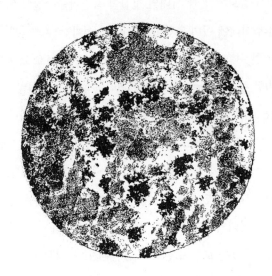

그림 6-5 솜뭉치 모양의 흑연을 함유한 가단주철. 하남성 남양에서 출토된 동한 시대 철 삽

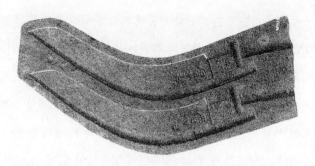

그림 6-6 전국 시대 철 낫 거푸집. 하북성 흥륭에서 출토

중국은 또한 가단주철을 만들어내는 것과 동시에 금속 주형을 사용하기 시작했다. 하북성 흥륭興隆의 화자현和磁縣에서 연나라와 조나라의 철 주형이 출토되었다. 이는 중국이 전국 시대보다 늦지 않은 시기에 이것을 발명했음을 말해준다(그림 6-6). 나중에 남양南陽·정주·만성滿城·내무萊蕪 등지에서 한나라 때 철 주형이 연이어 많이 출토되었다. 그중에는 비교적 복잡한 다중 복합 주형과 쌍형강雙型腔도 있었다. 주형 벽의 두께가 고르고, 주물 변형을 방지하는 강화 구조와 현대에도 그다지 쉽게 처리하지 못하는 금속형 심芯도 사용했다. 철 주형은 여러 번 사용할 수 있고, 주조된 물건이 규칙적이고 가지런해 뒤처리 가공이 줄어들어 원가를 낮출 수 있다. 그러나 무엇보다 가치가 있는 것은 철 주형을 사용하면 주물을 빨리 냉각할 수 있어 백주철을 얻는 데 유리하다는 것이다. 주철의 다음 단계로 가단화 처리를 할 때 백심가단주철을 생산하려고 하든 흑심가단주철을 생산하려고 하든 모두 백주철 물품을 원형 물품으로 해야 한다. 그래서 철 주형 주조는 당시 가단주철을 생산하는 공정 중에서 결정적으로 필요한 조치라 할 수 있다. 세계 다른 지역에서 주철도 생산하지 못하던 때 중국의 철 주형 주조는 기술 발전 단계를 몇 계단 뛰어넘은 선진적인 것이었다.

　　중국 고대에는 또한 가단화 기술에 의지해 구상 흑연 주철을 생산
해내기도 했다. 구상 흑연 주철의 흑연은 분산된 작은 공 모양인데, 이
로 인해 강인성强靭性이 향상된다. 그래서 매우 굳고, 심지어 부분적으로
주강鑄鋼을 대체할 수 있다. 하남성 공현鞏縣 철생구鐵生溝 제철 유적지에
서 출토된 서한 시대 후기의 철기 한 점을 검사해 본 결과 현대의 구상
흑연 주철에 상당하는 구상球狀의 흑연이 함유되어 있어, 모양이 아주
좋고 뚜렷한 흑연 코어와 방사상 구조가 있었다. 그 구상화球狀化 등급을
따지자면 중국의 현행 희토 마그네슘 구묵주철부球墨鑄鐵部(구상 흑연 주철
을 중국에서는 구묵주철로 표기—옮긴이 주)가 반포한 표준의 1~2급에 도달할
만했다. 고온에서의 금속 상태 연구 결과로 알 수 있는 것은, 비록 규소
함량은 현대의 구상 흑연 주철과 다르지만 그 흑연 결정이 치밀해, 액상
이 출현할 때까지 줄곧 가열해서 편취 현상이 일어나 구상화 흑연의 상
태가 안정성이 높아졌음을 보여주었다. 흑연을 구상화하는 현대적 기
술은 영국 학자 모로가 2차 세계 대전 이후 1947년에 제일 먼저 공포한
것으로, 회주철에 희토 금속 혹은 마그네슘·이트륨 등을 구화제球化劑로
넣어 만들어낸 것이다. 지난 세기 50년대 초, 필자는 북경 화북농업기계
공장 작업장 안에서 야간에 구상 흑연 주철을 제련하는 현장을 직접 보
았다. 쇳물에 마그네슘을 넣을 때 눈을 자극하는 빛이 하늘로 솟구쳐 어
두운 밤 구름조차 모두 빛이 반사되어 하얗게 되었다. 검은 하늘과 하얀
구름이 아주 깊은 인상을 남겼다. 철포鐵包 속의 구상화 반응이 얼마나
격렬한 지 잘 느낄 수 있었다. 비록 한나라의 장인이 어떻게 구상 흑연
주철을 생산했는지 그 세세한 기술까지는 아직도 분명하게 알 수 없지
만, 대체로 규소 함량이 낮은 백주철을 가단화 과정을 거치게 하는 방법
으로 만들었다. 가단화 과정은 위에서 말한 것과 같은 긴장된 분위기 없

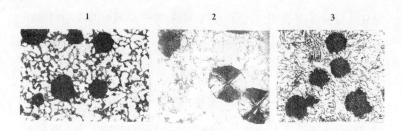

그림 6-7 구상 흑연 주철
1 하남성 공현의 철생구에서 출토된 서한 시대 철 괭이 중의 구상 흑연
2 철생구 철 괭이 구상 흑연의 편광 특징
3 하남성 민지에서 출토된 한위 시대 철 삽 중의 구상 흑연

이 조용하게 진행되지만, 길은 달라도 결과는 같다. 한나라 때 구상 흑연 주철을 만드는 공예는 정말 오묘하기 짝이 없다. 현대인은 구상 흑연 주철이 구상화하는 기계적 이치에 대해서 다른 관점을 가지고 있지만, 구상 흑연주철 중의 구상화 흑연은 마땅히 편광 효과를 지니고 있다는 것은 공인된 사실이며, 이것이 구상 흑연 주철의 중요한 특징이다. 그리고 철생구 유적에서 나온 서한 시대의 철물 중 구상화 흑연의 편진광이 이미 관찰·실증되어, 현대의 마그네슘 구철鎂球鐵·희토 마그네슘 구철 稀土鎂球鐵·이트륨 희토 구철釔基重稀土球鐵 중의 흑연 구조와 구별되지 않는다. 철생구 유적지의 철 이외에도 중국 고대의 구상 흑연 주철 제품은 하남성 남양의 와방장瓦房莊 한나라 때 제철 유적지와 하남성 민지澠池 의 한위漢魏 시대 철기요장鐵器窖藏 중에서도 발견된다(그림 6-7). 이미 검 사한 것이 다섯 사례가 있다. 한위 시기로부터 나온 다섯 개 제철 작업 장은 시간적으로는 서한 시대 후기부터 북위 시대까지로, 500여 년 정 도 차이가 있어 절대 우연히 나타난 것이 아니라는 것을 알 수 있다.

이어서 이제 연강煉鋼에 대해 말해 보기로 한다. 하남성 삼문협 상 촌령 괵국虢國 서주 시기 말년의 묘에서 괴련철이 나오고 또 괴련 침탄강이 나와서 철과 강이 중국 강의 제련 역사 첫 페이지에 함께 놓이게 되었다. 본래 강鋼 혹은 생철·숙철은 모두 순철과 탄소의 합금이다. 일반적으로 탄소 함유량이 0.1%보다 작은 것을 숙철이라고 하고, 0.1~2%가 강이고, 2~6.67%가 생철이다. 원시적 괴련철의 탄소 함유량은 숙철에 가깝고, 탄소를 침투시켜 경도가 증가되어야 강이 될 수 있다. 그러나 탄소를 침투시키는 것은 매우 힘들어서, 고온에서 반제품을 6~8시간 반복해 두드려도 겨우 2mm 안팎 정도 침투한다. 하북성 이현의 연하도 44호 묘는 전투에서 패한 군인의 합동 매장 갱으로, 무기들이 많이 출토되었다. 제12호 검을 예로 들면, 이 검은 동으로 된 검수劍首가 있고, 나머지 부분은 길이 98.5cm, 너비 4cm의 괴련철을 단조해 박편으로 만든 뒤, 가열하여 탄소를 침투시키고 접어 단타해 완성한 것이다. 날 부분에는 바늘 모양 마텐자이트martensite 구조가 있어, 이 검은 900℃ 이상까지 가열해 담금질한 것임을 알 수 있다. 마텐자이트의 경도가 높아서, 이 검의 철소체鐵素體(페라이트ferrite)부분은 현미 경도가 150~180, 담금질 부분의 경도는 530(kg/cm²)이다. 이런 무기들을 유해와 함께 황량한 교외에 매장하고 다시 회수하지 않았다. 전국 시대 말기 연나라는 국세가 비교적 약했다. 그런 연나라조차 이런 강 제품을 아주 진귀한 물건으로 보지 않았던 것이다. 만약 당시에 이런 검을 세계의 다른 지역으로 가져갔다면 얻기 힘든 보검으로 취급되었을 것이다.

괴련강으로 만든 도검은 경도가 상당히 높지만 탄소 증가 과정에서 균질화 처리를 하지 않아서 종종 탄소 함유가 고르지 않은 분층 현상이 나타나고, 때로는 대량 불순물이 함유되기도 했다. 그런데 하북성 만성의 서한 시대 유승劉勝 묘에서 출토된 패검은 금속 성분 검사 결과 역시 큰 공융 혼합물·불순물이 있었다. 따라서 괴련강으로 단조해 완성한 것이긴 하지만 강의 품질 면에서는 많은 향상이 있었음을 알 수 있다. 이는 공융 혼합물·불순물의 치수와 수량이 감소하고 있음을 보여주는 것으로, 강 중의 탄소 함유량 분층 정도가 감소하고 각 층 조직은 매우 고르게 되었다. 이는 제작 과정에서 반복해서 가열하고 단타하는 차수를 증가시킨 결과다. 초기 괴련강과는 품질과 제조법에 모두 다른 점이 있어 다른 종류로 여겨졌고, 속칭 "백련강百煉鋼"이라고 불렀다.

그러나 괴련철을 원료로 백련강을 단조하는 것은 작업량은 많고 효율이 낮아 힘든 일이었다. 서한 시대 중기 이후 생철을 "炒(초)"해서 숙철 혹은 강을 만드는 새로운 공예가 나타났다. 생철을 공기 중에서 가열해 1,200℃ 전후까지 온도를 올리고 바람을 불어넣어 반용융 상태에 도달하게 한다. 동시에 광석 가루를 넣어 생철에 탄화와 산화가 일어나게 한다. 섞는 과정에서 탄소 함량이 끊임없이 낮아짐으로 인해 최종적으로 숙철을 얻을 수 있다. 여기서 조절을 잘 해 탄소 함유량을 필요한 비례까지 낮춘 다음 적절한 시기에 섞기를 멈추면 강을 얻을 수 있는데, 이를 초강炒鋼이라고 한다. 그중 불순물 수량은 감소하면서 불순물 성분은 일반적인 강과 일치했다. 초강 기술의 출현은 생철·강·숙철 사이의 한계를 넘어, 탄소를 함유시키는 과정에서 적절히 조절하면 전자가 후자로 전환되게 할 수 있다는 것을 깨닫게 해주었다. 초강으로 간단한 방법을 사용해 강재를 대량 생산하는 것도 가능해졌다. 온도가 1,600℃에 도달하는 평로平爐를 발명해 액체 상태의 주철에서 산화와 탄소 제거 과정을 거쳐 강을 만드는 방법이 등장하기 전까지는 직접 제련법으로 강을 얻을 수 없었다. 그래서 1744년, 초강이 영국에서 응용되기 시작했을 때 "대지를 뒤흔든" 거대한 변화라고 말하기까지 했다.

초강이 생기면서 백련강을 만들 때도 이것을 원료로 했다. 이것은 괴련철에 들어 있어 강의 품질에 심각한 영향을 끼치는 공융 혼합물·불순물을 제거해, 단타 침탄浸炭의 번잡한 작업 순서를 더욱 간략화했다. 강소성에서 출토된 신망의 잔검은 이미 초강을 단조해 완성한 것이다. 산동성 창산蒼山에서 출토된 동한 시대 영초永初 6년(112)의 환수도環首刀 역시 탄소 함유량이 비교적 높은 초강을 원료로 단조하여 완성한 것이다. 각 부분의 탄소 함유량이 고르고, 불순물 길이는 유승검劉勝劍에 비해 매우 짧았다. 성숙 단계에 도달한 백련강의 초기 표본으로 간주된다.

하지만 백련강이라는 명칭은 사실 문헌과 구두상 습관이 된 용어에서 나온 말이다. 출토된 강철 제품을 대상으로 금속 성분 감정을 실시하고 명문에 기록된 공예 규격을 참고하기는 했다. 그러나 중국 초기 금속 제품의 명문에는 "煉(련)"이라는 글자를 쓴 적이 없고, 湅의 수만 기록되어 있다. 그리고 이런 명문이 가장 먼저 나타난 것은 강철 제품에서가 아니라 청동기에서다. 청동기의 명문에서 湅 자의 수가 가장 적은 것은 3련三湅이고, 4련四湅·5련五湅도 있다. 정성을 들인 동기는 10련十湅으로,《한원정정명漢元延鼎銘》같은 경우에는 "어용 기물 10련 동정銅鼎 용량 1두 중량 11근 3냥. 원연 3년(BC. 10), 공급기술자 공강 제조, 호무, 색부 팽겸, 연 풍, 주수 우승 방 수령 새 등이 살피다"라고 했다. 이어서《한건무노기명漢建武弩機銘》같은 경우에는 "건무 32년(56) 2월, 호분관이 10련 동으로 단기 110개 제조. 기술자 이엄 제조, … 우사 사랑 유백 기록하다."(《고고학보考古學報》1964년 제2기)라고 했다. 이상의 명문에서 "湅"은 동의 정련을 가리킨다. 거친 동에는 잡물질이 함유되어 있어서 주조와 기계 성능에 영향을 끼치게 되므로 노에 넣어 새로 용화해 잡물질을 찌꺼기로 만들어 제거해 품질을 끌어올린다. 하지만 "湅"

의 본래 뜻은 천을 세탁하는 것으로, 야금과는 무관하다. 그래서 여기서는 '煉'의 뜻과 상통한다. 경명鏡銘(동경銅鏡에 새기는 명문) 중 "구리와 주석을 제련해 찌꺼기를 제거하다涑冶銅錫去其宰(滓)"라는 말이 나오는데, 바로 이 뜻이다. 앞서 말한 10련정十涑鼎은 왕이 사용하는 그릇이다. 명문에는 련의 횟수만 기록한 게 아니라 그 그릇의 용량, 중량, 제조 년도, 장인 이름, 감독 관원 이름 등도 기록되어 있어 체제가 엄격함을 알 수 있으며 기록된 련의 횟수도 믿을 만하다. 건무노기建武弩機는 호분수위虎賁守衛가 궁정에서 사용하는 무기의 부속품이다. 품질이 높아야 했고 동재는 정련해야 했으니, 기록된 련의 숫자 역시 헛소리가 아닐 것이다. 그러나 3세기가 되면 동경의 명문에 "3련과 100련百涑"이 동시에 나타난다. 심지어 같은 장인(사진세師陳世)이 같은 해 (황룡黃龍 원년(229)) 주조한 거울 중 어떤 것은 3련이라고 했고, 어떤 것은 100련이라고 했다(《악성삼국육조동경鄂城三國六朝銅鏡》그림 111, 《한삼국육조기년경도설漢三國六朝紀年鏡圖說》제62쪽). 거울의 품질에는 별다른 변화가 보이지 않는데 련의 횟수는 느닷없이 수십 배 증가한 것이다. 건무호분노기建武虎賁弩機를 보면 겨우 10 련이다. 무기를 주조할 때도 이정도 숫자에 불과한데 거울을 주조할 때 100련이나 한다는 것은 말이 되지 않는다. 아무래도 후자는 상업적 목적을 위한 과장된 표현이 분명하다.

그 사례가 한 가지 경우에만 나온 게 아니어서, 강철 제품의 명문에도 련의 횟수를 기록한 것이 있다. 그러나 단타한 도검에서만 보이고 주조한 용기에서는 보이지 않는다. 그 숫자가 모두 비교적 커서, 몇 십 련인 것이 많다. 위에서 언급한 창산에서 출토된 도는 명문에서 30련 대도卅涑大刀"라고 표기되어 있다. 이 도에는 불순물이 뚜렷하게 분리된 층이 있다. 이것을 검사한 담당자의 말에 의하면 "동일한 평면에 위치한 연속된 혹은 단순한 성질의 불순물이 한 층을 이룬 지표를 가지고 세 관찰자가 100배 현미경 아래에서 전체 단면을 관찰한 결과, 평균 31층, 31~25층이다《고고학보》1975년 제2기)"라고 한다. 이런 현상이 관찰되는 것은 마땅히 반제품을 접어서 단타한 결과다. 련의 숫자와 강도鋼刀에서 관찰되는 분리된 층의 숫자가 기본적으로 일치한다. 따라서 련의 숫자 는 접어서 단타한 이후의 층수일 것이다. 하지만 강조하고 지적해야 할 것이 있다. 강도의 명문과 동기의 명문에서 똑같이 련의 숫자를 표시하 고 있지만 함의는 다르다는 것이다. 도명刀銘에 새긴 涑 자는 "漱"의 생 략형으로 보아야 한다.《설문·복부攴部》에서는 "漱, 辟漱鐵也"라고 썼 다.《문선文選·칠명七命》에서는 "만벽천관萬辟千灌"이라고 했고 이선의 주석에서는 "벽辟은 접는 것을 말한다"라고 했다. 그러므로 비록 강도 와 동기 모두 몇 번의 련을 거쳤다고 써 있지만, 각각 漱(접어 단타하다)와 煉(용화하고 정련하다)라는 두 가지 다른 공예를 말한 것이다. 반복해 접어 서 두드리는 과정에서 강 물품의 탄소 함유량은 끊임없이 변한다. 그래 서 초강할 때와 마찬가지로 장인이 적절한 때 판단을 하고 정확하게 파 악해야 하며, 고정된 단타 횟수로 품질 표준을 대표해야 한다는 어려운 문제를 해결해야 한다. 더욱이 청나라 때 주준성이 "단조할수록 더 좋 아진다愈鍛愈善"(《설문통훈정성說文通訓定聲·건부乾部》"漱"하단 내용)라고 말한 것처럼 무조건 접어서 두드린 횟수가 많을수록 도검의 품질이 좋다고 할 수는 없다. 반대로 지나치게 두드리면 탄소가 과량 탈루되어 마땅히 지녀야 할 경도를 잃게 되어 강재가 되지 못할 수도 있다.

중국에서 나온 한나라 도검의 명문에서 련의 숫자가 가장 많은 것 은 50련에 불과하다. 강소성 서주徐州에서 출토된 건초 2년(77) 때의 검 이다. 그러나 동한 시기 말년에 이르러 문학 작품에서 "백련정강百煉精

剛(鋼)"이란 말이 나타났다. 진림陳琳은《무고부武庫賦》에서 "갑옷은 동호의 궐공 제품으로, 백련정강이다"라고 했다. 부賦는 사치와 과장을 피하지 않았으므로 여기서 100련은 과장한 수식어가 분명하다. 마찬가지로 갑옷의 경우, 같은 시대 제갈량諸葛亮의 군사 훈령인《작강개교作剛鎧敎》를 보면 "칙령을 내려서 담당 부서에서 5절 강 갑옷을 제작하도록 했다"라고 했다. "5절五折"과 "100련"의 큰 차이가 마치 "3련" 경鏡과 "100련" 경만큼 상당하다. 강 갑옷이 이와 같았으니, 도검도 예외가 아니다. 조조는《내계령內誡令》에서 "100련 이기百煉利器"를 언급한 바 있다. 그가 말한 100련 역시 정밀하고 숙련되게 가공한 것을 범칭한 것이다. 여기서 "련"은 "벽"과 쓰인 뜻이 비슷하다. 조비는《전론典論·검명劍銘》에서 "나는 검술을 좋아해, 짧은 것으로 긴 것을 잘 이긴다. 좋은 강을 골라 나라 안의 장인에게 명해 정련하게 한다. 100번을 하기에 이르렀다"라고 했다. 하지만 실제 조작할 때는 꼭 100련할 필요는 없고, 100벽할 필요도 없다.《논형·솔성率性》에서 "날카로운 검은 천금의 값어치가 있다고 한다. … 본래 쇳덩이로, 산에서 나는 항철이었다. 제철공이 단련해 날카롭게 된 것이다. … 기술이 뛰어나 한 번 또는 몇 번 단련한다"라고 했다. 왕충王充은 항철恒鐵(상철常鐵)은 "한 번 또는 몇 번 단련"하면 "날카롭게 될 수 있다"라고 보았다. 그러니 하물며 동재에 100련은 더더욱 과장이다. 정련의 횟수는 개념상으로는 제한이 없지만, 강재를 접어서 단련하는 것은 반드시 적절한 선에서 멈춰야 한다.《책부원귀》 169권에 형남荊南에서 5대 나라에 공물로 바친 도검에 관한 기록이 있다. "구련순강수도九煉純鋼手刀(아홉 번 단련한 순수 강철 단도)"아니면 "구련순강금화수검九煉純鋼金花手劍(아홉 번 단련한 순수 강철 황금 무늬 단검)"이었다. 작은 나라가 큰 나라에 지방 특산물을 공물로 보내는 것은 아주 엄숙한 일로, 이들 작은 국가의 안위와도 연결되어 있다. 공물의 품질을 사실대로 보고하는 것이 당연하며, 허구로 꾸밀 리도 없고 용납하지도 않을 것이다. 그런데 9련과 100련은 차이가 너무 많이 난다. 기술 측면에서 말하자면 100회를 접어 두드리는 것을 불변의 규격으로 할 수 없는 것은 분명하다. 그러므로 백련강은 사람들을 끌어들일만한 매력적인 말이기는 하지만 과학적 술어로 볼 수는 없다. 절첩단타折疊鍛打만 강조하는 것은 중국의 강철 제련 기술 발전의 추세와 길을 달리하는 것이다. 백련강이라고 하는 것이 "벽련강辟煉鋼(절첩단타해 완성된 강)"이라고 하는 것만 못하다. 후자가 훨씬 명실상부해 보인다.

중국의 연강 기술이 단타를 강화하는 방향으로 발전하지 않았기에 힘도 덜 들고 더 유효한 방법이 나타났다. 1974년 북경시 풍대丰臺의 대보대大葆臺 서한 시대 연왕燕王 묘에서 출토된 환수도環首刀는 주철을 탈탄脫碳 처리해 만든 것이다. 저규소 주철물을 산화 환경에서 가열해 가단화하고 탈탄하면 탄소 함유량이 다른 고탄소강에서 저탄소강까지 얻을 수 있다. 이런 방법의 장점은 다음과 같다.

1. 주철을 성형하기 쉽다.
2. 주철 중 불순물이 괴련철보다 적어, 그것으로 탈탄 과정을 거쳐서 강철을 만들면 불순물이 적은 이점을 유지할 수 있다.
3. 상대적으로 낮은 온도에서 강을 생산할 수 있다.

그러나 반드시 조절을 잘 해 탈탄해야 한다. 이것과 가단주철의 구별은 기본적으로 흑연이 분리되어 나오지 않거나 아주 조금 분리되어 나오는 정도이기 때문이다. 만약 불을 잘 조절하지 못하면 다량의 흑연이 생성되어 가단주철로 변한다. 이런 방법의 출현은 당시 주철 열처리 영역의 기술이 얼마나 높았는지를 말해준다. 일반적 주철 열처리 공예를 제강 방법으로까지, 즉 직접 철을 강으로 바꾸는 방법으로까지 발전시켰다는 것이다. 검사를 거친 주철 탈탄 강 제품이 적지 않다. 하남성 정주의 동사마東史馬 동한 시대 묘에서 출토된 황전簧剪은 금상도金相圖에서 둥근 입자를 가진 탄화철이 철소제 기본형에 고르게 분포되어 있어, 갈아서 날을 세우기만 하면 사용할 수 있다. 또한 어떤 것은 생철을 박판으로 주조해, 탈탄 이후 강판으로 만들어서 단조하는 원료로 쓰기도 했다. 하남성 정주의 고영진 하남군河南郡 철관鐵官 1호 작업장 제철 유적지에서 이런 판재가 적지 않게 나왔다.

이처럼 갖가지 성취로 인해 중국 고대의 강철 제련 기술 수준은 세계에서 오랫동안 앞서 나갔다. 주변의 각 민족도 모두 직간접적으로 중원 지역으로부터 제철을 배웠다. 원래 북방 흉노 사람들이 먼저 사용했던 것은 "혁사목천革笥木薦(가죽 갑옷과 나무 방패)"(《한서·조착전晁錯傳》)·"소호골촉素弧骨鏃(칠을 하지 않은 나무 활과 뼈 화살촉)"(《염철론·논공論功》)이었다. 《한서·진탕전陳湯傳》에서 "호병胡兵 다섯이 한나라 병사 하나를 감당하니, 왜 그런가? 무기 날이 둔하기 때문이요, 활과 화살이 날카롭지 않기 때문이다. 이제 듣자 하니 한나라의 기술을 제법 얻었다고 한다"라고 했다. 흉노가 한나라의 기술을 얻었다는 것은 철제 무기를 사용하는 법을 알았다는 것이다. 출토된 유물을 관찰하면, 흉노의 도검은 한나라의 것과 유사한 것이 많다. 이 역시 흉노 지역의 제철 기술이 그들이 얻은 '한나라의 기술' 중 하나라는 것을 증명한다. 구소련의 학자 다비도바의 설에 따르면, 중국의 전쟁 포로와 도망자들이 흉노에서 철기 제작에 종사했다(《고대사학보古代史學報》 1953, No.2). 남방에서 반독립한 남월국

의 철기 역시 한나라에서 공급된 것이다. 그러므로 《한서·양월전兩粵傳》
에서 "고후高后 때 유사가 월粵과 철기를 거래하는 것을 금지하게 해달
라고 청해" 제철 자원이 남월로 유입되는 것을 방지하려고 했다. 파미
르 고원에서 서쪽으로는 "완宛으로부터 서쪽으로 안식국安息國에 이르
기까지 … 철기를 주조할 줄 몰랐다."《한서·대완전大宛傳》 즉 지금의 우즈
베키스탄의 페르가나 분지에서부터 이란에 이르기까지 모두 괴련철만
사용했고 주철은 제련하지 못했다. 한나라가 서역과 교통한 이후 중국
강철이 서양으로 전해졌다. 인도의 범문梵文 중 강을 가리키는 단어로
'cīnaja'(진 생산)가 있다. 고대 인도인의 눈에 중국이 강의 원산지였음을
말해준다. 서기 1세기 때 로마의 박물학자 대 플리니우스가 그의 명저
《자연사自然史》에서 "철의 종류는 아주 많지만 중국에서 온 강에 필적할
만한 것은 아무 것도 없다"라고 한 것은 역사적 사실이며, 그 설이 결코
허구적 칭찬이 아님을 알 수 있다.

  "이 드라마는 주로 《사기》와 《한서》를 저본으로 편집했다. 정사에
서 직접 취재하고 개편했으며, 역사 소설이나 연의를 개편한 것이 아니
다"(호매胡玫 《"신고전주의"예술의 선언"新古典主義"藝術的宣言》)라고 한 〈한무대
제漢武大帝〉라는 드라마가 있다. 극중에서는 흉노의 "정강精鋼"을 말하면
서, "단단하고 날카로워 금옥을 자를 수 있다", "이런 재료는 우리 왕조
(한)에서 지금까지 제련·제조하지 못했다"라고 말하는 부분이 있다. 극
중 한나라와 흉노 군대의 격투에서는 한나라 군대의 도검이 흉노의 무
기에 분분히 잘려나간다. 또한 장건張騫이 대월지大月氏 여왕에게 가서
"정강분精鋼粉", 즉 정강을 제련하는 데 쓰이는 첨가제를 달라고 해, 여
왕이 검은 가루를 조금 준다. 고대의 강은 모두 탄소강으로, 첨가제가
필요 없다. 합금강은 근대에 와서야 나타난다. 그리고 첨가되는 텅스

텐·몰리브덴·바나듐·티타늄 등은 잘 녹지 않는 금속으로, 고대에는 전
혀 이용하지 못했던 금속이다. 탄소강에서 철 원소 이외에 주로 함유된
것은 탄소다. 장건이 만 리를 멀다 않고 달려간 것이 설마 한나라에서
는 손에 침만 뱉으면 얻을 수 있는 목탄 가루를 얻기 위해서였을까? 기
원전 2세기 초, 흉노는 40만 기병을 거느리고 있었고, 고제·혜제·문제·
경제가 모두 감히 예봉을 맞서지 못했다. 만약 그들의 과학 기술 수준이
이처럼 앞서 있었다면 한나라 왕조에 활로가 있었을까? 역사 소설이나
연의도 이 정도로 역사적 사실을 무시하기는 어렵다.

　　위에서 여러 번 말했듯, 중국 고대 연강 기술의 간과할 수 없는 핵
심 중 하나는 불을 장악한 것이다. 예를 들면 초강의 경우 불을 지나치
게 초하면 중간재가 산화해 탄소 함유량이 낮아질 것이고, 다시 단타해
탄소를 증가시키려면 힘이 들 것이다. 그런데 여기에 새로 생철을 넣어
보충할 수 있다는 것을 발견한 것이다. 이 방법을 알게 되어 적극적으
로 운용했고, 결국 관강법灌鋼法의 탄생을 가져오기에 이르렀다. 양나라
의 도홍경陶弘景이 가장 먼저 관강법을 제기했다. 그가 말한 "생철과 숙
철을 섞어 제련"해 만들어진 강이 바로 관강灌鋼이다. 이것은 생철의 탄
소가 높고 숙철의 탄소가 낮은 특징을 이용한 것으로, 용화된 생철을 숙
철에 부어넣어, 설정한 수준까지 탄소가 도달해 강이 되게 하는 것이
다. 북제 때 기모회문綦母懷文이 "숙철도宿鐵刀"를 만들었다. "그 방법은
생철을 달구어 부드러운 쇳덩이를 무겁게 해서 여러 날 묵히면 강이 된
다"《북제서北齊書·기모회문전綦母懷文傳》)라는 것이다. 이런 도는 "갑옷을 베
면 30겹을 통과했다." 나중에 심괄沈括이 《몽계필담夢溪筆談》에서 "유철
柔鐵을 구부려 그 사이에 생철을 부어서 진흙으로 밀봉해 제련하여 서
로 침투되게 단련"한다고 말한 것, 이시진이 《본초강목》에서 "생철을

숙철에 끼워서 제련해 만든 것이 있다"라고 말한 것, 송응성이《천공개
물》에서 "철은 생철과 숙철로 나뉜다. 가마에서 나와 초하지 않았으면
생철이고, 초했으면 숙철이다. 생철과 숙철을 서로 섞어 제련하면 강이
만들어진다"라고 말한 것이 모두 관강법을 가리키는 것이다. 관강법은
고대 수공업 조건에서 연강 기술 최고의 성취다. 이후의 "생철임구生鐵
淋口"·"소강蘇鋼"등의 제강법의 원리가 모두 관강법과 상통한다.

　　제련 기술의 발전은 또한 풀무질의 강화, 노형의 확대, 연료와 용
제의 개선이 지표가 된다. 풀무질 방면을 보자면, 전국 시대에 이미 인
력으로 눌러 작동하는 가죽 주머니인 풀무를 사용했다.《노자老子》·《묵
자·비혈備穴》·《오월춘추》등의 책에 기록이 있으며, 그 도상은 산동성
등주滕州 굉도원宏道院의 한 화상석(그림 6-8)에서 등장한다. 동한 시대 초
기, 유럽보다 1,200여 년 앞서서 수력 풀무기인 수배水排를 발명했다. 이
때의 남양 태수 두시杜詩는 "수배를 만들어 농기구를 주조했다"(《후한
서·두시전杜詩傳》)라고 했다. 송나라 때에 이르러 피탁皮橐, 즉 피풍낭皮風囊
의 가죽 주머니가 활문식活門式 나무 풀무로 대체되었다. 증공량曾公亮의
《무경총요武經總要》에 이런 내용이 등장한다. 측면이 계단형으로 되어
있어서, 상문판箱門板의 열고 닫음을 이용해 풀무질을 했다. 원나라 때
의 목풍상木風箱 풀무도 이런 종류다. 왕정의《농서》와 진춘陳椿의〈오파
도熬波圖〉에 보인다. 명나라 때는 또한 피스톤식 목풍상 풀무를 발명했
다. 피스톤과 풍압으로 자동 개폐되는 작은 활문이 장치되어 있었는데
연속적인 압축 공기를 만들 수 있어 풍량이 더욱 증대되었고, 제련이 강
화되었다(그림 6-9). 현대 유럽 학술계에서 어떤 사람은 와트의 증기 기
관의 피스톤이 중국의 피스톤식 풀무로부터에 영향을 받았다고 보기도
한다.

그림 6-8 한나라 때 풀무의 가죽 주머니. 산동성 등주의 핑도원에서 출토된 화상석

제련 능력이 제고됨에 따라 연료도 이제 단순히 목탄에만 의지하
지 않게 되었다. 중국 한나라 때의 홍범요와 와요瓦窯 유적지에서 석탄
덩어리와 석탄 찌꺼기가 쌓여 있는 것이 발견됐다. 당시 요업에서 이미
부분적으로 석탄을 연료로 사용했음을 추측할 수 있다. 철생구와 정주
고형古滎의 한나라 때 제철 유적지에서도 석탄 덩어리가 발견되었다. 하
지만 그것들이 제련에 쓰였던 것인지 아직 명확한 증거는 없다. 그러나
송나라 때에는 확실히 이미 석탄을 사용해 철을 제련했다. 하남성 임현
林縣의 철로구鐵爐溝 송나라 때 제철 유적지 제8 지역의 한 연로 근처에
서 넓은 면적의 광물 가루와 석탄 가루가 발견되었다. 그중 석탄 가루가
산포된 면적이 약 150m²다. 소식은 〈석탄행石炭行〉이라는 시에서 석탄
으로 철을 제련하는 상황을 언급했다. "남산 밤나무 숲 점차 쉬어야 하
리니, 북산 광산 무쇠 만드느라 어찌 그리 애쓰는가? 그대 위해 백련도

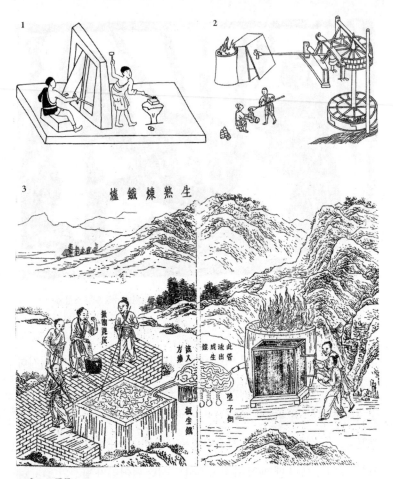

그림 6-9 풀무
1 돈황 유림굴榆林窟 서하西夏 벽화 중의 활문 풀무
2 원나라 왕정의《농서》중의 활문 풀무
3 명나라 송응성의《천공개물》중의 활문 풀무

주조해 주리니, 만단을 위해 장경長鯨을 참해야 하리라南山栗林漸可息, 北山
頑礦何勞鍛. 爲君鑄作百煉刀, 要斬長鯨爲萬段."이 시에는 "백련도"를 주조하려
한다면서 호방한 정이 가득 넘친다. 그러나 작자는 100년이 채 되지 않
은 이전에 형남荊南에서 바친 것이 단지 "구련도九煉刀"에 불과하다는 것

을 잊고 있다. 또한, 백련도라고 해도 단조로만 만들 수 있을 뿐 주물로
는 만들 수 없다. 그래서 시는 결국 시이자 문학 작품으로, 단어의 사용
이 반드시 엄밀하다고는 할 수 없다. 그러나 상황의 배경은 아주 분명하
다. 석탄으로 철을 제련한 것이다. 하남성 안양의 화로촌鏵爐村 송나라
때 제철 유적지에서 출토된 큰 철 덩어리는 유황 함량이 1.075%에 달했
다. 그런데 하남성 휘현에서 나온 전국 시대 철 삽의 유황 함량은 겨우
0.006%이다. 하남성 민지의 한위 시대 요장에서 출토된 낮은 유황 함유
량이 가까스로 0.019%였다. 전자의 유황 함량이 후자 두 경우의 몇 십
배에서 백여 배에 이른다. 유황은 석탄에서 나온다. 이로 말미암아 또한
송나라 때 이미 석탄으로 철을 제련했음을 증명할 수 있다. 하지만 석탄
은 노 안에서 열을 받은 뒤 쉽게 부서져서 노료의 투기성透氣性을 나쁘
게 만들고, 석탄 속의 유황 역시 철의 품질에 영향을 미친다. 그래서 남
송 말년에 이르면 석탄을 코크스로 제련한 다음 제철에 사용하도록 공
급하기 시작한다. 광동성 신회新會의 13세기 후기 제철 유적지에서 출
토된 코크스는 현재까지 세계에 알려진 가장 이른 실례다. 중국 고대에
는 코크스를 초礁라고 했다. 명나라 말기 방이지가《물리소식》에서 "석
탄은 각처에서 생산된다. 냄새나는 것을 태워 녹여 폐쇄하면 돌이 된
다. 이것을 다시 파내 화로에 넣은 것을 초라고 한다. 닷새 동안 불이 꺼
지지 않을 수 있다. 쇠와 돌을 녹이는 데 특히 힘이 절약된다"라고 했다.
코크스는 탄소 함량과 기공률이 높고 강도가 커서 고로 연철을 만드는
데 요구되는 사항을 만족시킬 수 있었다. 유럽에서는 중국보다 500여
년 늦은 1788년에서야 영국에서 코크스로 철을 제련하기 시작했다. 용
제의 경우 한나라 때 이미 석회석을 이용해 용제를 형성했고, 당·송나
라 때는 백운석白雲石을 추가했으며, 명나라 때는 형석螢石, fluorite(불석氟

石)을 용제로 쓰기 시작해, 슬래그의 유동성을 개선시키고 탈류율脫硫率
(황 성분의 제거율)을 높여서 효과가 더욱 좋아졌다.

명나라 때에 이르면 중국에서는 일곱 가지 유색 금속을 생산할 수
있게 된다. 구리·주석·납·금·은·수은·아연이다. 유럽은 14~17세기
에 9가지 유색 금속을 생산할 수 있었다. 방금 말한 일곱 가지 중 앞 여
섯 가지 이외에 비스무트·비소·안티몬을 더 생산할 수 있었다. 하지만
유럽에서는 아연을 제련하지 못했다. 중국에서는 아주 일찍부터 구리
와 아연의 합금인 황동을 사용했다. 하지만 명나라 때에 와서야 단질 아
연을 분리해낼 수 있었다. 당시에는 이것을 왜연倭鉛이라고 불렀다. 아
연 제련의 어려움은 산화 아연의 환원 온도와 아연의 비등점이 매우 근
접하다는 것에 있었다. 환원으로 얻는 것은 기체 상태의 아연이었기 때
문에, 밀봉 설비가 없으면 기체 상태의 아연은 공기 중에 흩어질 수밖에
없었다. 그리고 밀봉기 안에는 쾌속 냉각 응고 장치가 있어야 금속 아
연을 얻을 수 있다. 아연 제련의 조작 방법은《천공개물》에 간결한 서술
이 있다. 아연을 제련할 수 있었던 것은 명나라 때 등장한 중요한 금속
문물인 선덕로가 있었기 때문이다. 명나라 여진呂震 등이 편찬한《선덕
정이보宣德鼎彝譜》에 실려 있는 선로宣爐를 주조한 원료 중에 금속 아연
이 있다. 1605년, 이후 유럽은 동인도 회사를 통해 중국에서 아연을 수
입했다. 18세기에 1930년대의 영국 사람 로손이 중국에 가서 아연 제련
기술을 참관하고 학습했다. 그는 1738년, 영국 브리스톨에 아연 제련
공장을 건립해 유럽에서 아연을 생산하기 시작했다. 그러나 이후에도
중국의 아연괴는 여전히 유럽으로 운반되었다. 1745년, 광주에서 스웨
덴으로 가던 화물선 한 척이 예테보리 항구에서 침몰했다. 1872년에 이
배의 화물 일부가 인양되었는데, 그중에 순도 98.99%의 중국 아연괴가

발견되었다.

　고대 중국에서는 그밖에도 백동을 제련할 수 있었다. 백동은 구리와 니켈의 합금으로, 일정량의 아연도 함유하고 있다. 고서에서 언급되는 백동, 예를 들어 연구자들은《화양국지》에서 당랑현螳螂縣(지금의 운남성 회택會澤 일대)에서 "은·납·백동·잡약 등이 나온다"라고 했을 때의 "백동"이 황화구리(Cu₂S)를 말한 것일 수 있다고 여기기도 한다. 나중에 원나라 사람이 편집한《격물조담格物粗談》에서 "적동이 들어와 … 비석砒石으로 제련해 백동을 만들었다"라고 했다.《본초강목》에서도 "적동을 비석으로 제련해 백동을 만들었다"라고 했다. 이른바 비석은 백동白銅(NiAs₂)을 가리키는 것으로 보인다. 원나라 이후 언급되는 백동은 많은 경우 니켈 백동을 가리키는 것임을 알 수 있다. 프랑스 예수회 선교사 뒤알드가 저술한《중화제국전지中華帝國全志》(1735)에서는 백동의 빛깔이 "은색과 차이가 없다", "오직 중국에서만 나오고, 또한 운남 한 성에서만 보인다"라고 했다. 이때 동인도 회사 역시 중국에서 유럽으로 백동을 운반해 가서 "중국 은"이라고 했다. 1823년에 이르러 영국과 독일이 모두 니켈 백동을 모방해 만들어서, "독일 은"이라는 이름으로 세상에 퍼진 것이 많았다. 중국 고대에는 금속 니켈을 생산한 적이 없다. 18세기 중엽, 스웨덴의 광물학자 크론스테트가 비로소 니켈을 분리해냈고, 니켈을 공업에 사용한 것은 불과 근현대의 일이다.

　위에서 유럽이 17세기 전에 비스무트·비소·안티몬을 생산할 수 있었다고 했다. 고대 중국에서는 비스무트를 알지 못했고, 금속 비소를 제련해내지 못했다. 그러나 비소의 화합물, 예를 들면 웅황(雄黃, As₂S)·자황雌黃(As₂S3)·비상砒霜(As₂O3) 등은 약물에 늘 등장했다. 가장 재미있는 것은 안티몬이다. 중국은 세계에서 안티몬 저장량이 가장 많은 국가로, 호남성 냉수강冷水江의 신화新化 주석 광산은 세계에서 가장 큰 안티몬 광산이다. 그런데 오랫동안 주석 광산으로 오인되었다. 안티몬은 취약해 단독으로 사용할 수 없고, 연기鉛基 혹은 석기錫基 합금 중 경화제가 되는 것을 많이 첨가해야 한다. 현재 중국의 안티몬 생산량은 늘 세계 연 생산량의 50% 이상을 차지한다.

중국 고대 야금의 역사를 종합하면 홀로 길을 개척하고 새로운 의의가 계속 솟아나며 활력은 사방으로 뻗어가고 개선의 노래를 줄곧 불러왔다고 할 수 있다. 지혜와 경험이 만들어낸 세간의 기적이라고 할 수 있다. 다만 근대에 이르러 이전의 우월함을 모두 잃고 낙오된 이 거인은 앞서 달려가던 주자에서 뒤에서 따르는 주자로 변했다. 생산에 관련된 관계가 생산력을 속박하고, 정치가 경제의 길을 가로막았다. 중국 사람들은 물론 이것을 달가워하지 않았다. 이에 혁명을 일으켰고, 새로운 중국을 건립했다. 서둘러 일어나 앞으로 나아가고 있다. 이게 바로 중국 앞에 놓인 현실이다.

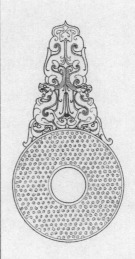

옥玉은 투섬석透閃石 - 양기석陽起石으로 이루어진 미세 결정 집합체로, 교직 섬유 현미 구조를 지니고 있으며, 세밀하고 매끈하고 따뜻하고 윤기가 나며 경도가 아주 높다. 옥의 모스Mohs 경도는 6~6.5도이다. 모스 경도는 총 10개 등급으로 나누며, 활석滑石이 1도이고, 다이아몬드가 10도다. 하지만 모스의 경도 등급 차는 별로 균등하지 않다. 석영石英이 7도인데, 석영의 경도는 활석보다 3,500배 크고, 다이아몬드의 경도는 석영보다 1,150배 크다. 옥의 경도는 석영에 미치지는 않지만 그래도 상당한 편이다. 유사 옥석의 경도는 많이 낮다. 예를 들면 호박琥珀은 겨우 2.5도, 수옥岫玉과 사문석蛇紋石은 4.5도, 송석松石은 3~5.5도다. 유사 옥석과 대응하여 옥을 진옥眞玉이라고도 한다. 옥의 원료 중에는 경도가 더 높은 취옥翠玉도 있으며, 모스 경도는 6.5~7도이다. 취옥과 대응하여 연옥軟玉이라고도 한다. 취옥은 경옥硬玉으로, 휘석족輝石族 광물 의 규산염硅酸鹽이다. 따라서 성분으로 말하자면 옥은 또한 섬옥閃玉이라고도 하고, 취옥은 휘옥輝玉이라고 한다.

　　옥은 경도가 높기 때문에 가공하기 어려워서, 고대에 옥기 하나를 제작하려면 오랜 시간을 들여서 반복해서 연마해야 했다. 현재까지 알

아낸 바에 따르면, 신석기 시대 선민들은 옥기를 제작할 때 원석을 준
비하든 성형을 하든 모두 선절단線切割 및 편절단片切割 기술에 의지해
야 했다. 선절단은 부드러운 실에 물을 묻히고 연마제를 묻힌 다음 옥
재를 절단하는 것으로, 랍사拉絲라고도 한다. 편절단은 부드러운 실 대
신 대나무 조각을 쓰는 것이다. 서한 시대《회남자》에 이미 이런 옥 공
예에 관한 기록이 있다.《설산說山》에서 "말 꼬리로 옥을 절단하다馬氂截
玉"라고 했고, 고유의 주석에서는 "리氂는 말 꼬리다"라고 했다. 말 꼬
리털을 선절단 도구로 썼다는 말이다. 여기서는 연마제를 묻히는 상황
도 언급하고 있다. "옥은 감제가 있어야 기물로 만들어진다"라고 했다.
고유의 주석에서 "감제礛諸는 옥을 다듬는 돌이다"라고 했다. 송나라
때는 감제를 해옥사解玉砂라고 했다.《송사·지리지》에 등장한다. 경도
가 진옥보다 높고 무른 성질이 있어서 가루로 부서질 수 있는 광석이
면 모두 옥을 다듬는 데 쓸 수 있다. 신석기 시대에 옥기를 제작하기 시
작할 때는 비교적 얻기 쉬운 석영 모래를 사용하는 수밖에 없었다. 송
나라 때보다 늦지 않은 시기에 이미 하북성 형대邢臺에서 나오는 석류
석石榴石 모래를 사용했다. 또한, 청나라 때는 하북성 내수淶水에서 나오
는 강옥剛玉 모래를 사용했다. 연마제의 경도가 높을수록 효과가 좋았
다. 하지만 원시 사회에 연마제를 묻혀서 옥을 가공하는 도구에는 실·
대나무 조각 이외에 타구砣具도 있었다고 주장하는 학자도 있다. 타구
란 원반 모양이고 등 쪽에 축을 장치한 종단면이 T 모양이어서 돌릴
수 있는 연마기다. 옥기에 남겨진 연마 흔적을 검사해 보면 타구를 사
용한 적이 있는지 알 수 있다. 하지만 오랫 동안 양저 지역에서 고고학
작업에 종사한 장위동蔣衛東 선생은 위와 같은 설이 "확실한 고고학적
증거가 부족하다"(《신성여정치神聖與精致》 제103쪽)라고 했다. 일본의 하야

시 미나오는 타구의 사용은 상나라 말기부터 시작되었다고 보았다(《중
국고옥기총설中國古玉器總說》제50쪽).

중국에서 지금까지 가장 이른 시기에 제작된 것으로 알려진 옥기
는 요녕성 부신阜新의 사해査海 유적지에서 발견된 것이다. 홍륭와 문화
에 속하며, 지금으로부터 약 8,000년 전으로, 기물의 형태는 부斧·비匕·
결玦 그리고 작은 관管 등이다. 감정 결과 이 옥기들의 재료는 모두 진옥,
즉 투섬석 연옥이었다. 재미있는 것이라면 중국을 비롯하여 세계에서
옥을 숭상하는 고문화, 예를 들면 아메리카 대륙의 마야 문화, 뉴질랜드
의 마오리 문화 등에서 주로 진옥을 개발하고 이용하였으며 다른 미석
美石은 종속적 지위에 머물렀다는 것이다. 인류가 심미적 취향 측면에서
미리 약속한 적 없이도 일치하는 점이 있었음을 알 수 있다. 그런데 사
해에서 출토된 옥기의 기능은 무엇이었을까? 일반적으로 부斧·비匕 등
은 공구이고 결玦은 장식품이라고 알고 있는 사람이 많다. 사실 모두 그
런 것은 아니다. 박옥璞玉 자체는 인성靭性이 있지만, 열문裂紋이 있을 수
도 있다. 예를 들면 태류胎綹가 있는 것이 적지 않게 보인다(형성, 채취, 가
공 등 과정에서 생긴 일종의 마찰 흔적으로, 규모가 큰 것을 열裂이라고 하고 규모가 작
은 것을 유綹라고 함). 이런 옥 재료로 도구를 제작하고 그 도구로 일을 하
면 갖은 고생과 고심 끝에 연마한 보물이 하루아침에 망가질 것이다. 고
대에 옥기는 매우 진귀했다. 진秦나라 소왕昭王이 15개 성과 화씨벽和氏璧
을 교환하고 싶다는 뜻을 보였을 때 비록 정말로 교환할 작정은 절대로
아니었겠지만(《사기·염파인상여열전廉頗藺相如列傳》), 정백鄭伯이 옥벽 하나
로 허許나라의 땅과 바꿨다는 것은 사실이다(《좌전·환공원년桓公元年》). 그
러므로 《월절서》에서 "황제黃帝 때 옥으로 무기를 만들어 나무 베고 집
을 짓고 땅을 팠다"라고 한 것은 믿을 수가 없다. 지금 어떤 사람들은 이

것을 근거 삼아 중국은 일찍이 "옥기 시대"를 거쳤다고 주장하기도 하
는데, 더욱 이치에 맞지 않는다. 이것은《회남자·설산》에서 말한 "연못
을 망가뜨려서 거북이를 잡고, 집을 뜯어서 삵을 찾고, 방을 파헤쳐 쥐
를 잡는"것과 같으니 얻는 것보다 잃는 것이 많을 수밖에 없고 또한, 투
입과 산출의 비례 관계를 너무 고려하지 않은 것이다. 그러므로 사해 옥
기의 성질을 탐구할 때 도구와 장식이라는 겉모습만 보아서는 안 된다.
그것들은 일상적이지 않은 경우에 사용한 일상적이지 않은 기물로, 매
우 깊은 뜻을 담고 있다. 당시에는 아직 설계할 수 없었던 범속을 초탈
한 "신기神氣"가 충만한 기물이었을 뿐이다. 뒤이어 일어난 홍산紅山 옥
기와 양저 옥기를 고찰해 보면 더욱 분명히 알 수 있는 부분이다.

　　홍산 문화는 주로 요녕성 서부와 내몽고 동남부에 분포되어 있다.
지금으로부터 5,000~6,000년 전이다. 홍산 옥기 중에서 각종 신격화된
동물 형상을 하고 있는 것들이 가장 눈길을 끈다. 특히 여기서 출토된
중국에서 가장 이른 시기 제작된 옥권룡玉卷龍은 더욱 대서특필할 만하
다. 중국 사람들을 흔히 "용의 후예"라고 한다. 그런데 중국의 용은 홍
산 문화에서 탄생되었다. 홍산의 옥룡 앞부분에는 큰 머리가 있고 몸체
는 둥글게 굽었으며 신체 자세가 갑골문 형상의 🐉(龍)과 일치한다.
그것이 용인 것에는 의문의 여지가 없다(그림 7-1). 하남성 복양濮陽의 서
수파西水坡 앙소 문화 유적지 대묘大墓에서 나온 조개무지나 악어 모양
동물 및 선사 시대의 기타 상술한 갑골문의 모양에서 전혀 어울리지 않
는 것을 용이라고 한 사례도 확인되지 않는다. 상고 시대 사람들은 용의
몸이 굽었다고 생각했다.《좌전·소공 29년》에서 "항룡유회亢龍有悔"라
는 괘가 나왔는데 항룡亢龍은 불길하다. 곡룡曲龍(굽은 용)이 정상적인 용
이기 때문이다. 항룡, 즉 직룡直龍은 정상이 아니다. 그래서 주나라 천자

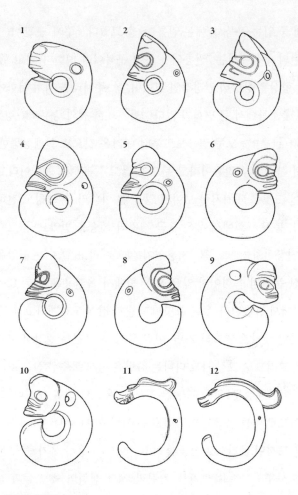

그림 7-1 홍산의 옥권룡

1. 길림吉林성 농안農安에서 출토
2. 내몽고 파림우기巴林右旗 양장羊場에서 출토
3. 7. 요녕성 건평建平 우하량牛河梁에서 출토
4. 하북성 위장圍場의 하화방下伏房에서 출토
5. 내몽고 파림좌기巴林左旗 첨산자尖山子에서 출토
6. 파림우기 나사대那斯臺에서 출토
8. 내몽고 오한기敖漢旗 대와大窪에서 출토
9. 공모품. 천진시天津市 문화국 문물처 소장
10. 요서遼西 지역 공모. 요녕성박물관 소장
11. 내몽고 옹우특기翁牛特旗 황곡둔黃谷屯에서 출토
12. 옹우특기 삼성타랍三星他拉에서 출토

가 제례 중 입는 곤복袞服에는 권룡卷龍을 그렸다.《주례·춘관春官·사복司服》정현의 주석에서는 "권룡의를 높여 곤복이라 칭한다"라고 했다. 옥권룡의 형상은 상당히 안정적인 편이며, 상·주나라를 거쳐 서한에 이르기까지 출토물에서 큰 변화가 없다(그림 7-2). 후세의 승룡升龍·항룡降龍·행룡行龍·반룡蟠龍 모두 권룡으로부터 내려온 것으로 일맥상통한다. 다만 어떤 사람은 옥권룡이라고 부르지 않고 "옥저룡玉猪龍"이라고 부른다. 사실 그것은 돼지처럼 보이지 않을 뿐 아니라 그 명칭도 전혀 전거가 없다. 봉건 사회에서 용은 줄곧 제왕의 존숭을 받았으니, 그때 속어에서 "진룡천자眞龍天子"를 "저룡천자猪龍天子"라고 할 수는 없었을 것이다. 홍산 문화의 움직이지 않은 묘장 중에서 옥권룡은 주로 묘 주인의 가슴 위에서 발견된다. 물론 그것이 단순한 장식 노리개라고 할 수는 없다. 머나먼 옛날로 거슬러 가면, 이런 류의 옥 물건은 굉장히 고귀한 것이었다. 그러므로 그걸 차고 다니는 사람은 필시 특수한 신분을 가진 사람일 것이다.《설문》에서 "영靈은 무巫로, 옥으로 신을 모신다"라고 했다. 그러므로 이들 옥룡은 마땅히 죽은 사람(무인巫人이든 추장이든)이 생전에 신을 모시던 물건으로, 영물靈物이다. 나아가 홍산 옥기 중 구운형勾雲形 패옥·사구통형斜口筒形 기물·쌍련벽雙聯璧·삼련벽三聯璧 등과 같은 것은 신을 모시는 데 쓰지 않았다면 다른 용도를 찾기가 매우 어렵다. 출토된 옥부玉斧·옥착玉鑿 등의 경우에는 비록 도구의 외형을 갖고 있지만, 당시에는 모두 매우 진귀하여 옥룡·옥패 등과 마찬가지로 역시 특수한 상황에서만 사용할 수 있었다.

양저 문화는 장강의 삼각주 태호太湖를 둘러싼 지역에 분포되어 있었으며, 연대는 홍산 문화와 대체로 같다. 양저의 옥기는 수량이 상당하여, 홍산 옥기를 훨씬 초과한다. 절강성 여항余杭의 반산反山 12호

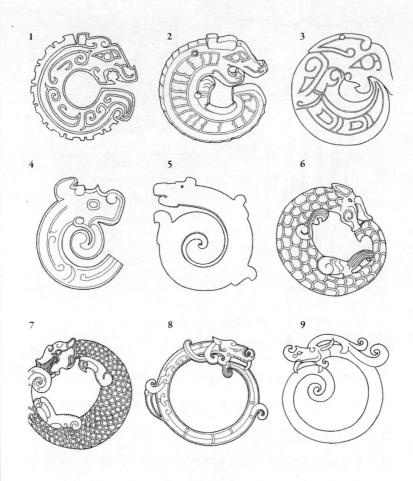

그림 7-2 상나라·주나라 때에서 서한 시대까지의 옥권룡
1 상나라 때. 하남성 안양의 부호 묘에서 출토
2 서주 때. 섬서성 장안의 장가파에서 출토
3 서주 때. 섬서성 보계寶雞의 죽원구竹園溝에서 출토
4 춘추 시대. 하남성 삼문협의 상촌령에서 출토
5 전국 시대. 호북성 수주의 증후을 묘에서 출토
6 서한 때. 강소성 의정儀征의 유집진劉集鎭에서 출토
7 서한 때. 안휘성 소호巢湖의 방왕강放王崗에서 출토
8 서한 때. 하북성 정현定縣의 40호 한나라 때 묘에서 출토
9 서한 때. 안휘성 천장天長의 삼각우三角圩에서 출토

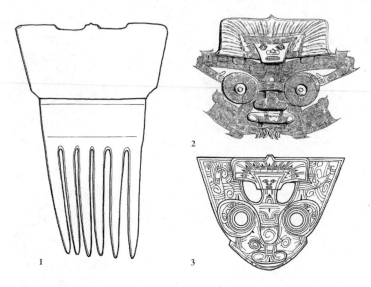

그림 7-3 옥배소와 신휘神徽
1 양저 문화의 옥배 상아 빗. 절강성 해염의 주가빈에서 출토
2 양저 신휘. 절강성 여항의 반산에서 출토된 옥종玉琮에 새김
3 옥패. 여항의 요산에서 출토

묘 한 곳에서만 옥기 647점이 출토되었다. 절강성 여항의 요산瑤山 12
좌 묘에서는 옥기 총 2,582점이 출토되었다. 그 종류 또한 매우 다양해
서 총 40여 종 이상이다. 삼지창형 기물·종 모양 관瓘 등은 지금까지도
그 사용법이나 패용하는 방법이 분명하지 않다. 어떤 것은 최근에야 알
게 된 것도 있다. 예를 들면 옥소배玉梳背(옥으로 된 빗등)는 과거에는 줄곧
관상식冠狀飾·도제형식倒梯形飾으로 일컬어졌고, 사전에서도 그 도상을
위가 아래로 가도록 거꾸로 배치해 두고 수장형식垂幛形飾이라고 했다.
1999년 절강성 해염海鹽의 주가빈周家浜 30호 양저 묘에서 상아 빗이 출
토되었다. 아랫 부분에는 빗살 여섯 개가 있었고, 윗부분에는 옥 관상
식이 상감되었다. 그래서 그것이 원래 빗의 등 부분이었음을 알게 되었
다(그림 7-3:1, 7-4:1). 옛날 사람들은 머리카락에 빗을 꽂는 풍습이 있었

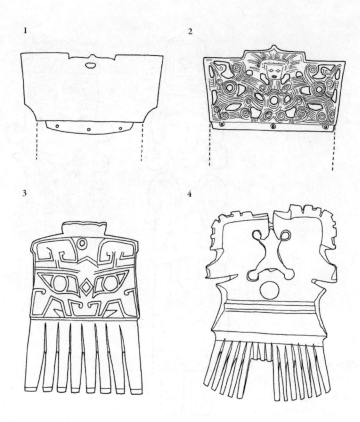

그림 7-4 옥소배와 옥소
1 옥소배. 양저 문화, 상해시 복천산福泉山에서 출토
2 옥소배. 양저 문화, 절강성 여항의 반산에서도 출토
3 4. 옥소. 상나라 때, 하남성 안양의 부호 묘에서 출토

다. 산동성 영양寧陽에서 출토된 대문구 문화의 상아빗은 너비 8cm, 높이 16.4cm인데 빗살 부분은 겨우 4.4cm만 차지하고 빗등 높이가 12cm에 달했다. 이 정도 크기에 구멍과 회선문回旋紋이 투각되어 있는 빗등이라면 머리에 꽂았을 때 특별히 사람들 이목을 끌었을 것이다. 양저 문화의 옥소배는 한 걸음 더 나아가 윗면에 당시 모시던 신의 모습을 새겼다. 빗등 꼭대기 부분의 곡선은 介(개) 자 모양으로, 신의 얼굴 부분에서

그림 7-5 빗을 꽂은 옥인
1 산서성 천마 - 곡촌 서주
때 진후 묘에서 출토
2 북경고궁박물원 소장

도가머리 위 테두리 곡선과 딱 맞물린다(그림 7-3:2, 7-4:2). 역사 시기에

들어와 빗등 꼭대기 부분은 물(政) 자 모양 혹은 아치 모양을 띠었고, 새

장식 형식도 있었다(그림 7-4:3·4) 산서성 천마 - 곡촌의 서주 시대 진후

晉侯 묘지 63호 묘에서 나온 옥인玉人은 정수리에 단정하게 이런 빗을 꽂

고 있어, 그 사용 방식을 분명하게 보여주었다(그림 7-5). 양저 문화에서

권세 있는 사람이 신의 표지가 있는 옥배 빗을 꽂고 있다는 것은 자기는

신을 모시는 영통한 사람이라는 것을 분명하게 선포하는 것과 같다. 게

다가 양저 문화의 옥월玉鉞 역시 양면 날 부분 위쪽에 신의 모습을 조각

했다(그림 7-6). 월은 살생과 징벌의 권력을 가지고 있음을 나타낸다.《예

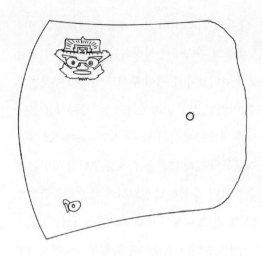

그림 7-6 신휘옥월. 양저 문화, 절강성 여항 반산에서 출토

기·왕제王制》에서는 "사용할 월을 하사받은 이후에 죽인다"라고 했다. 신의 표지와 옥월을 가지고 있어야 신의 권위를 빌려 적과 싸워 이길 수 있는 것이다. 물론 이것 역시 영물이다. 비록 각각의 작은 옥 제품은 간혹 도구로 쓰이기 위해 존재했을 가능성을 배제할 수 없지만, 그렇다고 해서 양저 문화 옥기의 정체성을 바꾸지는 못한다. 종합하면, 원시 사회 말기에 옥기는 이미 정신 영역에서 결정적 영향을 끼치는 중요한 존재였고 생산 영역에서의 용도는 뚜렷하지 않았던 특수한 기물이다.

이런 상황은 상나라 때에 와서도 큰 변화가 없었다. "은殷 나라 사람들은 신을 존중하여, 모든 사람이 신을 모셨고, 귀신을 우선시하고 예를 차렸다."《예기·표기表記》 상나라 묘에서 출토된 벽璧·종琮·규圭·장璋 등의 기물은 모두 어떤 신화의 배경을 기초로 인정된 영성을 지니고 있었다. 물론 원시 사회에서의 상황과 마찬가지로, 실용을 위해 공급된 옥각도玉刻刀·옥용기玉容器 등이 상나라 때에도 있었다. 그러나 대부분 옥기의 원형은 무당의 도구에서 변해온 것으로, 여전히 "영옥靈玉"이라고 불러도 무방했다.

주나라 때의 상황은 달랐다. 서주 시대 초기 주공은 예악을 제정하
는 일에 치중했다. "예는 대중의 관습에서 시작되는 것으로", 어느 날
갑자기 창조될 수 있는 것이 아니었다. 동시에 주례도 일찍이 부분적으
로 은·상나라의 옛 제도를 이어받았다. 그래서 공자는 "주나라는 은나
라 예를 참고했으니, 무엇을 더하고 뺐는지 알 수 있다"《논어·위정爲政》)
라고 했다. 그밖에 원고 시대부터 전해 내려온 습속을 주나라 사람들도
선택적으로 적절하게 보존했으며, 융합하고 변화시켜 각종 인간관계를
아우르는 종합적 예를 형성했다. 그 내용이 번다하고 등급 구분이 엄격
했으며 명물 제도名物制度(사물의 명칭과 사회 제도)와 읍양주선揖讓周旋(공손
한 행동거지)을 모두 명확하게 규정해 통치 계급 중 "사士 이상은 반드시
예악으로 조절했다《순자·부국富國》)." 길吉·흉凶·빈賓·군軍·가嘉 등의 전
례典禮에서 사회 엘리트들은 반드시 예에서 설정한 궤도를 따라 관성 운
동을 해야 했으며, 이탈을 허용하지 않았다. 이것은 당시 사회 질서를
유지하는 데 중요한 작용을 했다. 그리고 옥기는 바로 예가 실린 물체
중 하나였다. 예를 들면 주나라에서는 분봉分封(군주가 제후 등에게 토지와 작
위를 하사하는 것)할 때 "명규命圭"제도를 따랐다. "제후가 즉위할 때 천자
가 명규를 상서로운 물건으로 하사했다."《좌전·희공 11년》두예의 주석)"공
公은 환규桓圭를 가지고, 후侯는 신규信圭를 가지고, 백伯은 궁규躬圭를 가
져서, 끈은 모두 세 가지 색으로 세 번 나아갔다. 자子는 곡벽穀璧을 가지
고, 남男은 포벽蒲璧을 가져서, 끈은 모두 두 가지 색으로 두 번 나아갔
다."《주례·춘관·전서典瑞》) 제후가 천자를 알현할 때는 반드시 옥을 가지
고 조회해야 했다. 문을 들어설 때 규를 바치고, 자리에 앉을 때 규를 취
한다. 과실이 없으면 규를 돌려주고, 과실이 있으면 규를 두고 간다. 예
의로 제정한 숫자가 매우 번잡했다. 심지어 전혀 서옥으로 간주되지 않

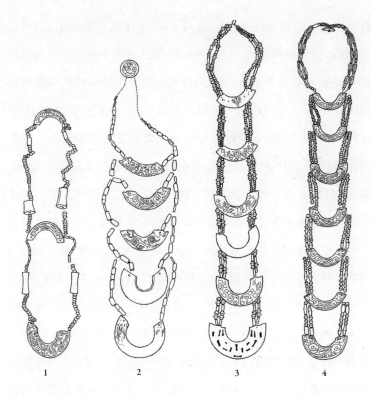

그림 7-7 주나라 때 조옥패組玉佩
1 삼황패三璜佩. 섬서성 장안의 장가파 58호 묘에서 출토
2 오황패五璜佩. 산서성 곡옥의 북조촌北趙村 91호 묘에서 출토
3 육황패六璜佩. 곡옥 북조촌 31호 묘에서 출토
4 칠황패七璜佩. 하남성 삼문협의 상촌령 2001호 묘에서 출토

은 패옥도 마찬가지로 예의 제약을 받았다. 당시 귀족의 패옥은 옥황玉
璜(반달 모양의 옥)과 옥관玉管(대롱 모양의 옥)·옥주玉珠(구슬 모양의 옥) 등을 함
께 이어 꿰었다. 신분이 높을수록 황璜의 수가 많아지고 옥패가 길어져
서, 걸음을 내딛기 불편하고 걸음걸이는 더욱 느렸다(그림 7-7). 그러므
로 "걸음을 바꾸려면 옥을 바꾸고" 혹은 "옥을 바꿔서 걸음을 바꿨다"
라는 말이 있었다(《좌전·정공定公 5년》,《국어·주어중周语中》).《예기·옥조》에서는 또 걸어갈 때 옥패가 내는 "옥의 소리"에 대한 요구 사항이 제시되어 있다. "우측은 치徵·각角 소리가 나야 하고, 좌측은 궁宮·우羽 소리가 나야 하고, 종종 걸을 때는 〈채제采齊〉 곡조 소리가 나야 하고, 다닐 때는 〈사하肆夏〉 곡조 소리가 나야 했다." 즉, 모든 옥 물품은 자기들끼리 부딪쳐 소리가 날 때도 음률에 맞아야 하고 화음을 형성해야 하며, 또한 각각 다른 걸음걸이마다 다른 악곡과 어울려야 했다. 그 규정이 이렇듯 불가사의할 정도로 세밀했다. 하지만 예를 지키고 존중하는 것은 결국 법률과 형벌을 사용하는 것과는 달라서, 인류의 양지 혹은 문화적 자각이라는 번듯한 겉모습에 그 강제성은 늘 가려졌다. 사상가들도 예옥의 성격에 이론적 가치를 더했다. 《순자·법행法行》에서 공자는 옥에 "7덕七德"이 있다고 했다고 했고, 《관자·수지水地》에서 옥에 "9덕九德"이 있다고 했으며 《예기·빙의聘義》에서는 옥에 "11덕十一德"이 있다고 했다. 여러 설마다 숫자는 각각 다르지만, 모두 옥의 물리적 속성과 유가의 도덕 신조를 대비시켜 예옥을 사용함으로써, 천리天理를 따르고 인정에 화합할 뿐 아니라 고상한 인격미가 충만하게 했다. 이에 "군자는 이유 없이 옥이 몸에서 떠나지 않으니, 군자의 덕은 옥에 비유되었다."《옥조》 하지만 이 모든 것은 예를 위한 것으로, 등급 제도를 공고히 하기 위한 것이었다. 그러므로 서주 시대의 옥 다수는 예옥이라고 할 수 있다.

전국 시대에 이르자, 열국 사이에 패권을 차지하기 위한 싸움은 통일과 천하를 독차지하기 위한 싸움으로 변했다. 군현제郡縣制·국가수전제國家授田制·군공작제軍功爵制·법가학파法家學派 등이 연이어 세상에 횡행했다. 구시대에 질서와 안정을 유지하는 데 사용되었던 예악 문명은 비록 찬란하게 꽃을 피우긴 했지만 이미 시의에 맞지 않는 것이 되었고, 마침내 예악이 붕괴되어 역사의 무대에서 내려왔다.

　　신을 존중하고 귀신을 모셨던 상나라나 봉건과 종법을 시행했던 주나라와 달리, 새로운 형세와 마주한 한나라는 새로운 노선을 채택했다. 이때는 겉으로는 유가를 내세웠지만 사실상 법가를 채택한 것이 적지 않고 왕도 정치와 패도 정치를 가리지 않아서 의례에 활용되었던 "영옥"과 "예옥"의 자리는 대대적으로 압력을 받아 줄어들었다. 한나라 때 종琮을 대하는 태도가 그 전형적 사례가 될 수 있다. 서주 시대에 종은 중요한 서옥瑞玉이었다. 비록 춘추 전국 시대에 이르러 이 물건은 점차 쇠미해졌지만, 호남성 장사의 유성교劉城橋 1호 묘와 호북성 수주의 증후을 묘 등의 대묘에서는 종이 여전히 묘 주인의 머리 주변에서 출토되어 계속 존중받았다는 것을 알 수 있다. 하지만 한나라 때가 되어, 강소성 연수漣水의 삼리돈 한나라 때 묘에서 본 것에 따르면 옥종玉琮 아랫부분에 은도금한 매 네 마리 모양의 바탕 받침이 장착되어서, 작은 장식품이 되어버렸다. 만성 1호 묘에서는 종이 더욱 경시되어 옥갑玉柙에서 생식기 덮개가 되었다. 다황조多璜組 옥패玉佩 역시 한나라 때 기본적으로 소실되었다. 후전국後戰國식으로 볼 수 있는 한나라 초기 남월 왕묘를 제외하면 다른 곳에서는 이 물건이 적게 발견된다. 대귀족은 반드시 작은 걸음으로 천천히 다녀야 한다는 주례를 받들고 따르는 사람은 이미 없었다. 고조高祖 때 "신하들이 술을 마시고 공을 다투어, 취하면 멋대로 소리를 지르곤 하면서 검을 뽑아 기둥을 치기도 하여", 그들에게 "접무接武" · "계무繼武"할 것을, 즉 앞의 발자국과 뒤의 발자국이 이어질 수 있게 차례와 질서를 지킬 것을 요구하였으나 이미 불가능한 것처럼 보였다. 비록 이후 조정의 의례를 제정하여 조정 신하들이 규칙을 지키기는 했지만, 기나긴 옥패로 걸음을 조절하는 일은 더 이상 필요 없었던 것이 확실하다.

벽의 몰락은 조금 늦추어져서, 서한 시대의 벽은 여전히 제사용 옥으로 쓰였다. 산동성 영성의 성산두成山頭에서 옥벽玉璧을 매장한 제옥갱祭玉坑을 발견했다. 어떤 것은 무제가 성산成山에서 해맞이 의례를 할 때 매장한 것일 수도 있다. 또한 주나라 때 옥으로 시신을 염하고 관을 장식하던 전통을 따라 한나라 때 대묘에도 벽으로 장례를 따랐다. 만성 1·2호 묘에서 옥벽 총 69개가 나왔고, 그중 26개는 2호 묘 관목 위에 상감되어 있었다. 몇몇 한나라 때 묘 중에는 "온명溫明(머리 덮개)"에도 옥벽이 상감되어 있었다. 이런 것은 하늘과 신에게 제례하는 것과 당연히 무관하고, 순수하게 망자를 위해서 사악한 기운을 물리치고 명복을 기원하기 위한 것이었다.

한나라 때에 구도가 가장 특별한 옥벽을 꼽자면 마땅히 "출곽벽出廓璧"이 되어야 할 것이다. 이것은 옥벽의 원형 윤곽 바깥에 무늬를 더한 것이다. 만성 1호 서한 시대 묘에서 출토된 옥벽 하나는 테두리 위쪽에 용 두 마리가 높이 자리 잡고, 용의 머리 꼭대기에 둘둘 말린 구름무늬를 새겼다. 그 아랫 부분의 원형 벽은 직경 13.4cm, 윗부분에 들어간 운룡 조각 장식은 16.5cm에 달하여, "벽환상천璧圜象天"의 전통 양식을 완전히 벗어났다(그림 7-8). 현실 생활에서 이런 종류의 옥벽이 지닐 가능성이 가장 높은 용도는 "벽삽璧翣"에 쓰이는 것이다. 《예기·명당위明堂位》정현의 주석에서 "주나라 때는 또 명주에 그림을 그려서 삽翣으로 만들고, 벽을 차게 하고, 그 아래 오색 깃털을 드리워서 종틀 뿔 위에 세웠다"라고 했다. 한나라 때 이 물건을 가지고 호화스런 실내 장식으로 사용했다. 《서도부西都賦》·《서경부西京賦》에서 장안 궁전의 실내 배치를 묘사할 때 "금함벽金銜璧"을 언급하며 "아름다운 옥으로 수를 놓았다"라고 했다. 《삼보황도三輔黃圖》에서도 미앙궁이 "황금으로 벽에 띠를 내

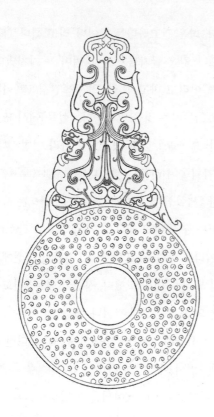

그림 7-8 출곽벽. 하북성 만성
1호 묘에서 출토

고 사이사이 화씨 진옥으로 장식하여 바람이 불면 소리가 영롱했다"라
고 했다. 한나라 때 방 안에 벽삽을 매다는 상황은 산동성 기남沂南의 화
상석 등에서 모두 볼 수 있다. 그중 곽벽廓璧을 묘사한 것은 없지만, 당시
걸려 있던 것들은 여기 있는 그림들과 비슷했을 것이다(그림 7-9).

이전 시기 영옥·예옥이 한나라 때에 이르러 점차 심드렁해질 때,
새로운 형식의 장옥葬玉이 나타났다. 옥 조각 수천 개를 엮어 만든 듯한
옥갑玉柙(玉匣이라고도 함)은 한나라 때 옥 사용량이 가장 큰 옥 제품이다.
옥갑은 사실 옥갑관玉柙棺, 즉 옥벽관玉椑棺의 준말이다. 벽은 관구棺具이
다. 《예기·단궁》에서 "왕이 즉위하면 벽을 만들어 1년에 한 번 칠을 한
다"라고 했다. 정현의 주석에서는 "벽은 관棺(단목椴木으로 만든 관)을 말한

다. 시신이 직접 닿는 곳이다. 벽은 견고하다는 말이다"라고 했다. "椑"
과 "柙"은 음과 뜻이 같았으니, 같은 글자를 쓰는 방법이 두 가지였다.
《설문》에서 '椑'은 "비성卑聲"이라고 하고, 또한 '卑'는 "갑성甲聲"이라
고 하여, '椑'을 "甲(갑)"으로 읽는다는 것을 말해준다.《설문》에서 또한
"역사는 손가락을 주리틀다栃樧, 柙指也"라고 했고, 진晉나라 여침呂忱은
《자림字林》에서 "역사는 손가락을 주리트는 것이다栃樧, 柙其指也"(《현응
음의玄應音義》)라고 했다. 또한《세설신어·첩오捷悟》에서 조조曹操는 죽편
竹片으로 "죽비순竹椑楯"을 만들 수 있다고 했다. 여가석余嘉錫의 전소箋疏
에서 "벽은 당나라 때는 갑이라고 했다"라고 말했다.《어람》357권에서
는《세설》을 인용하여 "죽갑벽竹甲椑"이라고 했다. 정현이 벽을 "견고하
다"라고 풀이한 것은 역시 갑의 재질을 말한 것이다. 옥갑玉椑 혹은 옥갑
玉匣은 바로 벽관椑棺, 즉 시신이 닿는 내관內棺임을 알 수 있다. 다만 대
귀족들이 이전 관습을 따라하면서 화려함을 더하여 단목椴木을 옥편玉
片으로 바꿔 사용한 것일 뿐이다(그림 7-10).《여씨춘추·절상節喪》에서는
"함주린시含珠鱗施"라고 하고, 고유의 주에서는 "린시鱗施는 망자의 신체
에 옥갑을 입히는 것으로, 마치 물고기 비늘 같다"라고 하였으니, 바로
이 뜻이다. "갑匣"이라고 한 것은 기물의 형태를 겸하여 착안한 것이다.
이 기물은 내관으로, 한나라 때 묘에서 출토된 장례 기구 중에서 증거를
찾을 수 있다. 만성 1호 묘를 예로 볼 때, 발굴 보고에서 옥갑 이외 단지
1관 1곽으로 추정된다고 했다. 하지만 이 묘의 주인인 유승은 제후왕으
로, 그의 신분으로 볼 때 결코 홑관과 홑곽만 썼을 리가 없다.《예기·단
궁》·《상대기喪大記》에서 모두 제후는 3관을 쓴다고 했다. 선선진單先進의
《서한西漢 "황장제주黃腸題湊" 장제초탐葬制初探》(《중국고고학회제삼차년회론
문집中國考古學會第三次年會論文集》게재)의 통계에서 밝힌 것에 따르면, 서한

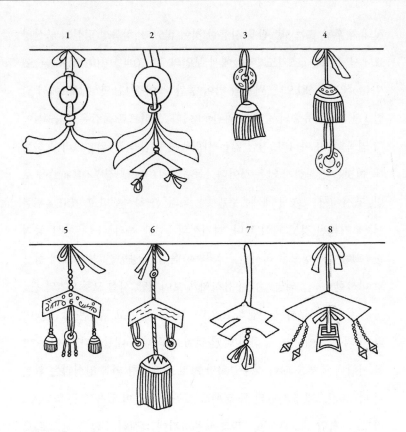

그림 7-9 벽
1 호남성 장사의 마왕퇴 1호 묘 붉은 바탕 채색 칠관
2 같은 묘에서 출토된 백화
3-6 산동성 기남의 한나라 때 묘 화상석
7,8 호남성 장사의 사자당沙子塘 1호 묘 외관 칠화

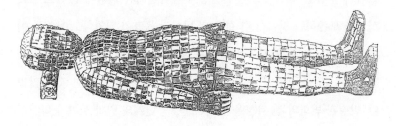

그림 7-10 옥갑. 하북성 만성 1호 한나라 때 묘에서 출토

시대 제후왕 묘는 3층 관을 사용한 것이 많았다. 하북성 평산의 중산왕 묘에서 출토된 〈조역도兆域圖〉에서 부인의 "椑棺(비관)·中棺視哀後(중관 시애후)"라고 하였으니, 벽관의 밖이 중관中棺이 된다. 만성 보고에서 말한 1관 1곽은 유승의 중관과 외관外棺이다. 그러므로 옥갑은 염구殮具이지 염복殮服이 아니다. 지금 많은 사람들이 옥갑을 "옥의玉衣"라고 하는데, 이것은 정확하지 않은 것이다. 《동관한기東觀漢記·경병전耿秉傳》을 보면, 조정에서 그(경병)에게 "주관朱棺·옥의"를 하사했다고 했고, 《후한서》에 기록된 것도 역시 같다. 여기서의 "주관·옥의"와 《후한서·등척전鄧隲傳》에서 상으로 하사한 "금의錦衣·옥갑", 《양송전梁竦傳》에서 상으로 하사한 "옥갑·의금衣衾"이 유사하게 보이지만, 사실 모두 의衣와 관棺 혹은 갑匣을 구분하여 언급하고 있다. "의"는 의이고 "갑"은 갑인 것이다. 옥의는 옷에 옥을 철하여 붙인 것이고, 옥갑은 내관이다. 후자는 비록 사람의 형체를 대략 갖추었지만 자르고 재단한 의복 양식과는 완전히 다르다. 고대에 사람의 몸 전체를 밀봉한 의복이 있을 수는 없다. 그러므로 "옥의"라는 명칭은 계속 사용하기에 적절하지 않은 것으로 보인다.

옥갑을 사용한 것은 시신이 썩지 않을 것을 바라는 의도에서였다. 얼핏 보면 영옥의 의미와 가까운 것으로 보인다. 하지만 한나라 때는 죽었다가 부활한다거나 영혼이 천당에 올라간다는 관념이 없었으므로, 시신을 보존하는 것에서 한 걸음 더 나아간 목표가 있었다고 보기는 어렵다. 그러므로 옥갑과 신을 모시는 물건은 전혀 같지 않다. 상나라 이전의 옥은 영옥을 위한 것이 많고, 서주의 옥은 예옥을 위한 것이 많았다. 발전과 변화의 전 과정을 통해 보면, 각 단계의 변화 시기가 확연히 구분된다기보다 옛 기풍이 새로운 시기에 정도가 다르게 잔류되어 있

었다. 그런데 한나라 때의 옥기, 예를 들면 옥검구玉劍具·옥대구玉帶鉤·
옥대구玉帶扣·옥이당玉耳璫·옥승玉勝·옥새인玉璽印·옥준玉尊·옥치玉卮·옥
연적玉硯滴 등은 극히 정밀하고 아름다운 것들이 많아 신령과 통하는 의
례와 전혀 관계가 없었다고 단정하기는 어렵지만, 영옥 혹은 예옥이었
다고 확정 짓기도 어렵다. 대다수가 높은 등급의 실용품이었을 뿐이다.
이로 인해 주류 입장에서 보면 한나라의 옥은 "세속의 옥"이라고 할 수
있다.

위·진·남북조 시기 옥 수공업은 사양길에 접어들었다. 위문제魏文
帝는 "주유珠襦·옥갑"의 사용을 금지하는 명령을 내렸다. 이로부터 이런
특이한 내관은 더 이상 만들어지지 않았다. 옥패를 매다는 제도도 이때
부터 사라졌다.《결의요주決疑要注》에서 "한나라 말기 동란이 터져 옥패
가 완전히 없어졌다. 위나라 시중侍中 왕찬王粲이 옛날 옥패를 알고 있어
서 다시 만들기 시작했다"(《삼국지·왕찬전王粲傳》 배송지裴松之의 주에서 인용)
라고 했다. 이후 옥패는 그 명맥을 간신히 유지하기는 하였으나 복식에
서의 주도적 위치로부터 멀리 떨어지게 되었다. 수·당나라 때에는 금은
기물을 더욱 중시하여 옥기는 별로 많이 출토되지 않는다. 장신구류에
서 잠簪(비녀)·채釵(비녀)·천釧(팔찌)·소梳(빗), 용기류에서 장배·잔·발 등
옥 물건도 모두 진귀한 일용 물품에 불과할 뿐이었다. 이 시기 가장 주
의를 기울일 만한 것은 옥대구玉帶具이다. 당대 전기 3품 이상 관원들은
금·옥 대구를 겸용할 수 있었고, 중당 이후에는 옥을 사용할 것을 강조
했다. 태화太和 6년(832) 제制에서 1품·2품은 옥과 통서通犀로 장식한 것
을 입는 것을 허용한다"(《당회요唐會要》 31권)라고 했다. 그러므로 달관귀
인達官貴人(고관과 귀인)들은 모두 옥대구를 중시했다. 당나라 때 옥기로
세상에 남아 있는 수량이 비록 많지 않지만 대구는 상당히 큰 비율을 차

그림 7-11 당나라 때 사자 문양 옥대구. 섬서성 서안의 하가촌에서 출토

지하며 섬서성 서안 하가촌何家村의 한 요장窖藏에서만 옥대구 9점이 출
토되었다. 면이 밋밋한 것도 있고 기악문伎樂紋이나 사자문을 새긴 것도
있다. 조형은 섬세하지는 않고 시원시원하고 생동적이고 재미가 있다
(그림 7-11). 옥대구에 어떤 문양 및 장식을 새겨야 하는가에 관해 당시
고정된 규정이 없었던 것은 분명하다. 그래서 조형 또한 준수해야 하는
예제禮制의 조문이 없다. 한나라와 비교하면 당나라 옥을 세속 옥이라
일컬을 만한 근거가 있는 셈이다.

　　하지만 옥은 극도로 정밀하고 세밀한 가공만을 받아들일 수 있다.
일찌감치 강서성 신간의 대양주 상나라 유적지에서 꼭대기에 개폐형
사슬이 뻗어 나와 있는 신상이 출토되었다. 사슬은 세 개의 고리로 연결
되었고, 자유롭게 움직였다(그림 7-12:1). 이것은 도조掏雕(쪼아서 조각하는
기법) 기법을 이용하여 완성한 것으로, 당시에는 창의적인 것이었다. 이

신상의 재질은 엽랍석葉蠟石으로, 경도가 그다
지 높지는 않았다. 그러나 호북성 수현隨縣의
전국 시대 증후을 묘에서 나온 진짜 옥을 쪼
아 만든 용봉옥패龍鳳玉佩는 다섯 조각의 옥 재
료를 16마디로 나누어 조각해 마디마다 투조
한 도형에 선각線刻을 추가하고, 이어서 둥근
고리를 이용해 하나로 꿰었다. 기물 전체가 자
유롭게 말리고 접히며, 영롱하고 투명해 평범
하지 않고 뛰어났다(그림 7-12 : 2). 조형이 판에
박힌 규·벽과 비교해 이전에는 없었던 기법이
다. 이후 오랫 동안 잘 보이지 않던 도조 옥기
의 상황과 비교하면 증후을 묘의 용봉옥패는
이전의 기술을 초월한다고 할만했다. 하지만
송나라 때에 이르러 개편이 있어서, 도조의 기
초 위에서 발전한 다공 투각 성형 기법 공예가
나타났다. 서안의 교통 대학 서쪽에서 출토된
송나라 때 "녹학동춘鹿鶴同春" 백옥패는 등 쪽
에 송죽을 엇갈리게 투각하고, 앞에는 사슴 한
마리와 학 한 마리가 자태를 뽐낸다. 북경고
궁박물원에서 소장하고 있는 송나라 때의 옥
공예품 중 소나무 아래에 선 신선과 수행원의
모습을 새긴 옥 상감 유물이 있다. 신선과 시
녀, 선학 등이 모두 높게 부조되어 있고, 등 뒤
에는 소나무가 구불구불 덮여 있고 상서로운

그림 7-12 투조하여 고리를
단 옥제품
1 고리를 단 옥우인玉羽人.
상나라 때. 강서성 신간의
대양주에서 출토
2 16마디 고리 옥패. 전국
시대, 호북성 수주의 증후
을 묘에서 출토

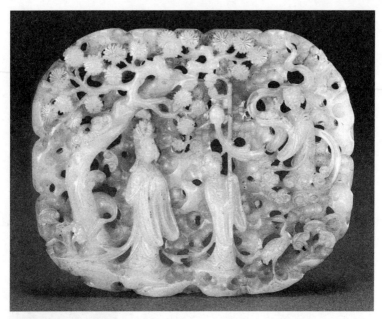

그림 7-13 옥에 상감한 송하여선도(松下女仙圖, 소나무 아래 여신선). 송나라 때, 북경고궁박물원 소장

그림 7-14 옥모정玉帽頂. 원나라 때, 상해시 청포靑浦의 임씨任氏 묘에서 출토

구름이 천천히 불어가는 모습이 새겨져 깊은 입체감이 드러난다(그림 7-13). 이런 기법이 나오자 옥 공예 기법의 선도적 조류가 되어 신속하게 전해졌다. 금나라 때의 각종 양식의 옥소요玉逍遙, 원나라 때의 모정帽頂·조환縧環등은 모두 이런 효과를 추구했다(그림 7-14). 심지어 "투박하고 크기만 한 명"이라고 비난받는 명나라 때에도 몇몇 작품, 예를 들면 북경 고궁박물원 소장품인 규식葵式 옥배玉杯는 외벽을 무성한 가지와 잎사귀로 한 바퀴 둘러 장식했다. 그러나 상당히 번잡한 느낌이고 잔으로 입을 댈 만한 곳은 거의 없다(그림 7-15). 지나치게 기려奇麗한 조형이 이미 실용성을 포기하고 오직 옥을 조탁한 기교를 자랑하는 것에만 집중하고 있어, 이런 것을 "관상옥"이라고 한다.

청나라 때 옥기는 남아 있는 양이 많아 뛰어난 작품도 있고 평범한 작품도 있다. 건륭 24년(1759) 반란을 평정한 이후 옥을 생산하는 남강南疆 일대가 영토로 편입되면서 옥 재료의 공급이 충분해져, 궁정에는 초대형 옥 제품이 더 많이 나타났다. 주된 것은 옥산자玉山子로, 대우치수

그림 7-15 규식옥배. 명나라 때, 북경고궁박물원 소장

그림 7-16 대우치수도 옥산
자. 청나라 때, 북경고궁박
물원 소장

도大禹治水圖 옥산·회창구로도會昌九老圖 옥산·단대춘효도丹臺春曉圖 옥산
등이 있다. 대우치수도 옥산에 사용된 옥 재료는 원래 무게가 5t 남짓이
고 완성품은 높이 2.24m·너비 0.96m로, 얼핏 보면 마치 입체적 산수화
같다(그림 7-16). 그러나 가급적 분량을 보존하고 손실을 줄이기 위해, 오
직 "재료를 따져서 내용을 결정하느라" 깎을 때 애초의 구상을 두 번 세
번 다시 재단하여 바꿔야 했다. 이런 류의 작품이 중요하게 여겨지는 것
은 주로 그 재료가 놀랄 만큼 크고 가격이 놀랄 만큼 높기 때문일 뿐이

그림 7-17 육형석(고기 모양
돌). 청나라 때, 타이완 고궁
박물원 소장

다. 가까이 다가가 감상을 해 보면, 각 부분의 인물들이 제각각 따로 놀
아 유기적이지 못하고 조직적이지 않다. 우왕禹王이 만약 이런 장인들을
거느리고 치수를 하러 왔다면 성공을 장담하기 어려웠을 것이다. 또한
어떤 궁정 옥기는 그저 몇몇 사람의 일시적 취미에 영합하기 위해 제작
되어서 속기를 벗어나지 못했다. 이를테면 현재 대만 고궁박물원에 소
장된 육형석肉形石은 층을 이룬 색 띠로 이루어진 유사 옥석 한 덩어리
를 가져다가 표면에 작은 구멍을 많이 내서 마치 피부의 모공처럼 만든
것이다. 게다가 꼭대기 층에 염색을 하여 익은 고기 같은 시각적 효과를
만들었다(그림 7-17).

　　이제 칠기를 소개하려 한다. 옻나무는 원산지가 중국이다. 특히 아
줄렌 우루시올 함량이 높은 우수한 품질의 생옻은 중국 특산이다. 절강
성 소산의 과호교 신석기 시대 유적지에서 출토된 칠궁漆弓은 감정 결
과 지금으로부터 약 8천 년 전 것으로, 지금까지 알려진 것 중 가장 이
른 시기에 만들어진 칠기다. 사해 유적지에서 출토된 중국에서 가장 이
른 시기에 만들어진 옥기도 지금으로부터 대략 8000년 이전의 것이다.

그림 7-18 목태주칠완木胎朱漆碗. 신석기 시대, 절강성 여요 하모도에서 출토

시간으로 말하자면 두 가지는 어깨를 나란히 하여, 백중지세라고 할 수 있다. 그 후 칠기 공예가 빠르게 발전했다. 절강성 여요의 하모도 유적지에서 출토된 두꺼운 목재 원형의 칠그릇에 바른 것은 조제한 주사朱砂 홍칠紅漆이다(그림 7-18). 상나라 때 묘장에서는 꽃을 조각하고 칠을 입힌 대형 관곽과 터키석을 상감하거나 금박을 붙인 칠 용기가 출토되었다. 서주 때 "신기屢器"가 나타나, 조개 거품을 상감한 것도 있고, 조개껍질을 상감한 것도 있었다. 전국 시대에는 촉鏃으로 만든 얇은 목재 원형과 나뭇조각으로 말아 만든 원형이 나타났다. 마포麻布(삼베) 원형은 이 시기 더욱 중요한 발명으로, 일이 수월할 뿐만 아니라 쉽게 변형되지 않았다. 더욱 견고하게 하기 위해 때로 기물 입구·바닥 둘레 등에 금속 조임쇠를 장치하기도 하여, 구기釦器(금테를 두른 그릇)라고 했다. 서한 때의 광택이 빼어난 칠기는 온 세상의 칭찬을 받았다. 청동기가 여전히 진귀하게 대접받는 것은 당연했지만, 식기로 쓰기에는 화학적 안정성이 칠기에 훨씬 못 미쳤다. 그래서 서한 시대 대묘에서 왕왕 많은 칠기를 함께

매장했다. 장사 마왕퇴 3호 묘에서 출토된 큰 칠쟁반은 직경이 72.5cm

에 달한다. 궁정에서는 더욱 많은 칠기를 사용했다. 낙랑樂浪(평양)의 한

나라 때 묘에서 출토된 칠 쟁반 하나는 바닥에 "상락常樂. 대관大官. 시건

국원년정월수始建國元年正月受, 제천사백오십第千四百五十. 지사천至四千."이

라고 새긴 글이 있었다. 이 쟁반은 신망의 상락실常樂室 안에 있던 그릇

으로, 모두 4,000벌이다. 이것 하나만으로도 이미 사람들을 놀라게 하

는 엄청난 재부였다. 사마천이 일찍감치 "칠이 천 말이면 천승의 집안

에 맞먹는다"(《사기·화식열전貨殖列傳》)라고 했다.《염철론》에서는 더욱 구

체적으로 말했다. "문양 있는 잔 하나로 구리 잔 열 개를 얻는다"라고

하여, 문양을 그려 넣은 칠 잔은 구리 잔 열 개에 맞먹는 가치가 있다고

밝혔다. 구리 잔 가격은 확실하지 않다. 그런데《진한금문록秦漢金文錄》

에 수록된 영원永元 6년 동 다리미의 명문에 "直四百(치사백: 400 가치가 나

가다)"이라고 했다. 다리미는 잔보다 크지만 구리 잔만큼 정밀하게 제작

하지는 않는다. 이에 근거하여 추측을 해 보면, 구리 잔의 가치가 300이

면, 구리잔 10개는 3,000으로, 이 돈이면 동한 때 밭 1무를 살 수 있다(왕

중락王仲犖《금니옥설총고金泥玉屑叢考》제38쪽). 칠 잔 하나가 이미 이 정도로

귀하다면, 칠 쟁반의 가격이 어느 정도였는지 상상할 수 있을 것이다.

　　한나라 칠기의 전체적 수준은 전국 시대보다 한 걸음 더 나아갔다.

전국 시대에 나타난 마포 원형 칠기는 이때 숫자가 크게 늘어나 "저기紵

器", 혹은 "협저기夾紵器"라고도 했다. 낙랑의 왕우王肝 묘에서 출토된 건

무 28년(52) "두 되 두 홉 용량 협저 국그릇侠紵量二升二合羹梧"이 바로 마

포를 붙인 목재 원형 칠기다. 같은 묘에서 나온 건무 21년(45) 마포를 붙

인 목재 원형 이배는 스스로 명칭을 "목협저배木侠紵杯"라고 하여, 내부

의 나무 원형을 특별히 표기하여 밝혔다. 또한《설문》에서 "저紵는 혹은

서緖의 획수를 간략히 한 것이다"라고 했으니, 협저의 원형은 또한 "서緖"라고 할 수도 있다. 호북성 운몽雲夢의 대분두大墳頭 1호 묘에서 출토된 협저 원형 칠배漆杯 20개를 목독木牘에서는 "서배입緖桮廿"라고 기록한 것이 증거가 된다. 목재 원형에 마포를 붙인 후에는 칠회漆灰를 칠한다. 왕우 묘에서 출토된 칠 쟁반 바닥 부분에는 붉은 글씨로 "협저행삼완夾紵行三丸"(그림 7-19)이라고 썼다. '丸(완)'은 '垸(완)'의 가차이다. 《설문》에서 "완은 옻칠에 재를 섞어 검붉게 칠한 것이다"라고 했다. 《현응음의》 18권에서 《통속문通俗文》을 인용하여 "옻칠로 뼈를 태우는 것을 완이라고 한다"라고 했다. 한나라 때 완을 할 때 뼈를 태운 재를 혼합제로 썼음을 말해주는 것이다. 명나라 때 황성黃成의 《휴식록髹飾錄》에서는 "완칠垸漆은 일명 회칠灰漆이라고도 한다. 각회角灰·자설磁屑을 사용하면 최상이고, 골회骨灰·합회蛤灰를 사용하면 그 다음이고, 전회磚灰·배설坯屑·지회砥灰가 아래이다"라고 했다. 후세의 정밀한 공예와 비교해도 한나라 때 칠회의 질은 낮다고 볼 수 없다. 그러나 후세에는 칠회를 입힐 때 조粗·중中·세細 작업 순서에 따라 세 번 발랐다. 왕우의 묘에서 출토된 칠 쟁반에서 말한 "행삼

그림 7-19 삼족칠반三足漆盤 (세 발 칠 쟁반) 바닥 부분의 붉은 색 명문. 낙랑 동한 때 왕우 묘에서 출토

완行三丸"이라고 한 것 역시 이런 방법인지도 모르겠다.

칠회를 바르고 고르게 갈고 난 뒤에는 또 칠을 발라야 한다. 즉
《휴식록》에서 "조칠髹漆"이라고 한 것으로, 한나라 때는 "포麨"라고 했
다.《설문》에서 "포는 그릇에 칠을 마치고 또 칠하는 것이다"라고 하
여, 이 작업 순서가 완성되면 위에 무늬를 그릴 수 있었다. 한나라 때는
칠 작업 글자를 "飽(포)"로 쓰기도 했다. 마왕퇴 1호 묘·3호 묘와 봉황
산 8호 묘에서 출토된 칠기는 모두 "성시포成市飽"라고 낙인이 찍혀 있
었다. 그것들은 촉군蜀郡 성도成都에서 만든 것임을 말해주는 것이다.
성도는 한나라 때 칠기의 산지로 가장 명성을 날렸다. 그러므로《염철
론》에서 "금착촉배金錯蜀杯"를 말할 때 자기도 모르게 부러워하는 어감
을 비쳤다. 이와 어울리는 제시법은 "촉한구기蜀漢釦器"로, 촉군에 이웃
한 광한군廣漢郡 낙현雒縣도 한나라 때 칠기의 중요한 산지임을 알 수 있
다. 촉한 때의 칠기 명문銘文에는 항상 기물을 제작한 갖가지 작업의 종
류를 기록했다. 이 진귀한 사료는 이미 오랫동안 주의를 끌었다(그림
7-20). 그러나 각 학자의 해석과 해설이 상당히 다르다. 예를 들면 극히
자주 보이면서 극히 관건인 "髤"·"洀" 두 글자에 대한 견해차가 너무
크다. 사실 출토된 한나라 칠기 명문에서 "洀"은 수호지睡虎地에서 나온
진간秦簡과 무위의간武威醫簡에서의 "丹(단)"과 글자 모양이 같아서, "洀
"로 풀이해야 하는 것은 의심의 여지가 없다. 그런데 어떤 학자는 "泪
(월)"이라고 보아, 이것은 칠기에 정성을 들여 연마하는 것을 가리키는
것이라고 하기도 하고, 그늘에서 말리는 공정이라고 보기도 한다. "彫
(조)"로 해석하기도 하여, 조각을 가리킨다고 보기도 했다. "汍"로 해석
하기도 하여, "浣"의 간략체이며, 垸과 통용된다. "羽(우)"로 풀기도 하
여, "羽觴(우상)"이라는 명칭의 유래라고 보기도 한다. "洀(주)"로 풀기

도 하여, "般(반)"으로 보기도 했으며, 연마하여 광을 내는 것을 가리킨다. "旬(순)"으로 풀기도 하여, 추화공錐畫工을 가리키는 것으로도 보았다. "涓(모연)"로 풀기도 하여, 조칠罩漆을 가리키는 것으로 알고 있고, 《휴식록》에서의 "조명罩明"과 유사하다. "髹"에 이르러서는 "髹(휴)"로 풀이된 것이 많다. 髹와 비록 서로 가차하지만 이것이 글자의 본래 뜻은 아니다. 《설문》에서 "髹는 桼(칠)이다"라고 했다. 즉 髹는 바로 칠이다. 《수호지진간睡虎地秦簡·공률工律》에서 "공갑의 병사는 각각 자기 관명을 새겼고, 새겨지지 않으면 붉은 칠 같은 것으로 썼다公甲兵各以其官名刻久之, 其不可刻久者, 以丹若髹書之"라고 했다. 이 髹도 칠로 풀이하는 수밖에 없다. 하지만 이 글자 역시 칠을 바르는 것을 뜻한다. 《설문》에서 "칠은 나무의 즙으로, 물건에 바를 수 있다桼, 木汁可以髹物"라고 했다. 옻나

그림 7-20 한나라 때 칠기의 명문
1 수화綏和 원년(기원전 8년) 칠이배명문漆耳杯銘文. 감숙성 무위의 마취자에서 출토
2 원시元始 원년(서기 4년) 칠반명문漆盤銘文. 낙랑 한나라 때 묘에서 출토

무 액은 공기 중에서 자연히 산화한 뒤에는 검은색을 띤다. 즉《시경·
용풍鄘風·정지방중定之方中》의 주희朱熹 집전集傳에서 말한 "칠은 나무의
액으로 검게 칠하는 것"이다. 옛날 사람들은 심지어 "검은색은 옻칠보
다 더한 것이 없다"라고 생각했다(《북제서·상당왕환환전上黨王渙渙傳》,《광홍
명집廣弘明集》6권). 그러므로 髹 글자가 칠을 바른다고 풀이되는 것은 처
음에는 오직 검은 칠을 바르는 것만 가리켰다. 강소성 한강의 보녀돈
寶女墩 신망 묘에서 출토된 칠 쟁반 명문에는 "칠 작업, 화공은 순 칠공
은 이관髹漆, 畵工順, 泔工姨舘"이라고 하여, 髹가 칠임을 분명히 밝히고 있
다. 이는《한서·효성조황후전孝成趙皇后傳》에서 중정中庭은 붉은 칠을 하
고 전상殿上은 검은 칠을 하고 〈중정동주이전상주칠中庭彤朱而殿上髹漆〉
의 안사고 주석에서 '髹'는 '鬃'로 쓰기도 하며, 음과 뜻은 같다고 조어
造語한 것과 일치한다. 반상盤上과 전상殿上에 바른 칠을 모두 따로 설명
하지 않은 것은 오직 검은 칠일뿐이기 때문이다. 髹를 칠을 바르는 것
으로 해석하고 어떤 색에도 한정되지 않는 용법은 한나라 이후에야 나
타난다. 그리고 출토된 견책에 적힌 수장품 명칭과 연계하여 보면 더
욱 분명하다. 예를 들면 마왕퇴 1호묘 견책에 "왕의 식사용 칠 잔 50개
髹泲幸食杯五十"이라고 적혀 있으니, 이 가나다라마바사아말이 가리키는
것은 출토물 중 안은 붉고 밖은 검고 안쪽 바닥에 "君幸食(군행식)"이라
고 써 있는 소면素面 이배 50개다. 대분두 목독木牘에 "붉은 칠 한 큰 잔
10개髹泲畵大婍十"이라고 적혀 있으니, 이 말이 가리키는 것은 출토물 중
안은 붉고 밖은 검고 채색을 한 큰 이배 10개다. 그러므로 "髹"은 검은
칠을 바르는 것이고, "泲"은 붉은 칠을 바르는 것이다. "髹泲"이 바로
중국 칠공예의 오래된 전통을 말해주는 것이다.《상서·재재梓材》공영
달 전에서 재인梓人이 그릇을 만들면 마땅히 "칠로 바르고 주사로 붉게

하여 완성한다"라고 했다. 《한비자·십과十過》에서는 "우禹가 칠기를 만
드는데 밖을 검게 물들이고 안을 붉게 그렸다"라고 했다. 검게 물들였
다는 것은 본래 검은 칠을 했다는 것이다. 《설원·반질反質》에서 "순이
천하를 벗어 우에게 전해주고 제기를 만드니, 밖에 칠을 하고 안을 붉
게 그렸다"라고 한 것이 증거다. 안이 붉고 밖이 검은 칠기는 이미 실
물로 출토된 춘추 시대 것이 있으며, 전국 진한 시대에 점차 제도로 정
착되었다. 하지만 "畵(화)"는 채색과 그림을 추가한 것으로 역시 중요
하다. 낙랑의 한나라 때 묘에서 나온 시원始元 2년(기원전 85) 칠 이배의
명문에는 관원의 서열 직함 이외에 "칠공 당 채색공 장부 화공 완이 제
造髤工當, 泙工將夫, 畵工完造"라고만 적었다. 바로 검은 칠을 바르고, 붉은
칠을 바르고, 채색을 추가한 세 가지 주요 작업만 기록한 것이다. 이밖
에 소공素工은 원형을 만드는 작업이고, 상공上工은 칠회를 바르는 작업
이고, 청공淸工은 칠회를 바른 뒤 표층 칠을 더 하는 작업이고, 황도공黃
塗工은 유금동이鎏金銅耳 혹은 동구銅釦를 설치하는 작업이고, 조공造工은
완성을 총괄하는 것이다. 하지만 몇몇 연구자는 명문 중 각 작업이 나
타난 선후에 주의를 기울여 칠기 제작의 공예 과정으로 보기도 한다.
다른 칠기마다 각 작업이 배열된 순서가 모두 일치하지는 않기 때문이
다. 하물며 명문 중에서 관원의 이름 배열은 직위의 높고 낮음에 따라
차례대로다. 마찬가지로 기술자의 등급도 높고 낮은 구분이 있었다.
각 작업별로 대우에 차별이 있을 뿐 아니라, 개인 자질과 경력의 요소
도 존재할 것이다. 만약 이름이 나열된 순서와 시공 순서를 함께 고착
화하면 해석이 어려운 부분이 있다.

　　동한 후기에는 칠기가 눈에 띄게 줄어들었다. 그 원인은 이 시기에
자기를 구워 만드는 것이 이미 성공하여 음식의 그릇에 주로 자기를 많

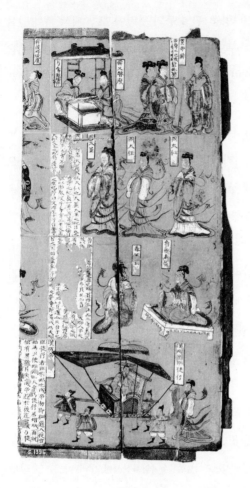

그림 7-21 채색 '열녀전도烈女傳圖' 칠 병풍. 산서성 대동의 북위 사마금룡 묘에서 출토

이 사용하게 되었기 때문이다. 자기는 가격이 더 싼 대용품이었기에 칠기 제조업을 위협했다. 하지만 결코 위축되지 않고 더욱 정예를 추구하는 길로 갔다. 하지만 이 부분은 위·진·남북조 시기에는 아직 뚜렷하지 않다. 이때 남겨진 칠기가 상당히 적기 때문이다. 하지만 안휘성 마안산馬鞍山의 오吳나라 때 주연朱然 묘, 산서성 대동의 북위 때 사마금룡司馬金龍 묘, 그리고 녕하회족자치구 고원固原의 뇌조묘雷祖廟 북위 때 묘 등 장

소에서 출토된 책상·쟁반·병풍·관널 등의 윗면에 모두 채색 회화 인물 이야기가 있다(그림 7-21). 구도와 용필이 호방하고 활발하여, 민간 예술의 기풍을 드러내고 있으며, 낙랑의 채협총彩篋冢에서 출토된 동한 남태칠협籃胎漆篋과 가깝다.

당나라 때에 이르러서야 칠기 공예의 면모가 일신되었다. 우선, 평탈平脫 칠기가 흥성하기 시작했다. 이전 한나라 때에는 금은 박편을 오려 무늬를 만들어 칠기에 붙여서 장식을 만들었다. 당나라 때의 평탈은 이런 기법에서 발전해 나온 것이다. 다른 점이라면, 한나라 때에는 단지 금은 조각을 칠기 표층에 붙였는데, 평탈은 그것을 표층 아래 칠회층에 붙인 뒤, 약간 칠을 발라 덮고 마지막으로 장식 조각을 갈아 무늬가 칠 바탕에 노출되면서도 용기 면은 그대로 매끄러움을 유지하게 한다는 것이다. 당나라 호족 집안에서 금은 평탈 기물을 사용한 기록이 적지 않은 문헌에 등장한다. 평탈 기법으로 만든 잔·쟁반·접시 등 집기와 호상胡床·병풍 등 가구를 언급했을 뿐 아니라 심지어 당나라 궁정에서 안록산에게 상으로 하사한 물건 중에는 금평탈 오두반옹五斗飯瓮 2구口·은평탈 도반괴淘飯魁 2구" 등을 포함해 본래 대아의 당에 오르지 않았던 주방 기구들도 포함되어 있었다(요여능姚汝能《안록산사적安祿山事迹》). 그러나 평탈 칠기는 보존이 쉽지 않다. 하남성 정주의 이리강二里崗 당나라 때 묘와 언사의 행원杏園 당나라 때 이경유李景由 묘에서 출토된 은평탈 칠합은 나무 원형이 이미 썩어 위쪽 은장식 조각만 남았다. 그러나 출토된 평탈 경鏡은 장식 조각이 직접 동경 뒷면에 붙어서 기대는 것이 있게 되어 그래도 대체로 원래 모양을 볼 수 있었다. 장안 위곡韋曲에서 출토된 금은평탈 보상화경·언사의 행원 당나라 때 정순 묘에서 출토된 금은평탈쌍원석류경金銀平脫雙鴛石榴鏡 등과 같은 것은 칠 바탕이 대부분 심각하

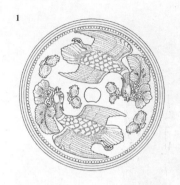

그림 7-22 당나라 때 평탈경
1 금은평탈쌍원경. 하남성 언사의 행원 당나라 때 정순 묘에서 출토
2 금은평탈상학무란경. 일본 나라 정창원 소장

게 박락되었다(그림 7-22:1). 그런데 일본 나라 정창원 소장 금은평탈상학무란경金銀平脫翔鶴舞鸞鏡은 땅속에 들어간 적이 없어서 지금까지 처음의 빛을 유지하고 있다(그림 7-22:2). 정창원에는 또 당나라 은평탈화조문원합銀平脫花鳥紋圓盒을 소장하고 있고, 미국 넬슨 박물관에도 당나라 때의 은평탈권초문원합銀平脫卷草紋圓盒이 하나 있으니, 이들 모두 그 진귀함은 말할 필요도 없다(그림 7-23).

평탈에 사용한 금은 박편 자리에 조개껍데기를 사용한 것을 나전칠기螺鈿漆器라고 한다. 당나라 나전 그릇 중 지극히 뛰어난 것 역시 일본 정창원에 수장되어 있다. 나전자단오현비파螺鈿紫檀五弦琵琶·나전자단완함螺鈿紫檀阮咸 등은 모두 당시 전해진 것이다(그림 7-23). 최근 소주 서광탑瑞光塔에서 나전 경상經箱이 하나 출토되었는데, 상당히 완정하지만 이미 5대 때 작품이다(그림 7-25). 하지만 평탈 기물과 마찬가지로 동경에도 나전으로 장식한 것이 있다. 낙양의 당나라 때 묘에서 출토된 고사음연도나전경高士飲宴圖螺鈿鏡에서 거울 뒷면 윗부분에 꽃나무 한 그루를 상감 장식하고, 나무 밑에는 두 고사가 마주앉아 술잔과 호리병을 가

그림 7-23 당나라 때 금은평
탈칠원합. 미국 넬슨박물관
소장

그림 7-24 당나라 때 나전
자단 완함(울림통 뒷면). 일
본 나라 정창원 소장

운데에 놓고 한 사람은 술잔을 들고 한 사람은 완함을 연주하며 유유자
적하고 있다(그림 7-26). 이 거울의 꽃나무 가지 사이 칠 바탕에는 상당수
의 작은 알갱이가 있다. 원래 채색 돌가루를 칠 안쪽에 깔고 갈아서 빛
이 나게 한 것이다. 이것을 칠공예 용어로 "가사加沙"라고 한다. 이런 방
법을 사용하면 마치 금은 기물에 어자문魚子紋을 바탕으로 장식한 것처
럼, 배경이 텅 비어 보이지 않고 중성 무늬도 더욱 두드러져 보인다. 일

그림 7-25 오대십국 때 나전 칠 경상

그림 7-26 당나라 때 나전 가사 평탈 고사음도경. 낙양 당나라 때 묘에서 출토

본 백학미술관에서 소장하고 있는 당나라 나전 화조경花鳥鏡은 칠 바탕에 녹색 송석松石 가루와 갈색 호박 가루를 가사하여 거울 뒷면에 가득 펼쳐서 그림과 무늬에 신비한 느낌을 더했다.

나전 기물에 상감하는 조개껍데기는 두꺼운 것이 있고 얇은 것이 있다. 전자를 경나전硬螺鈿이라고 하고, 후자를 연나전軟螺鈿이라고 한다. 앞에서 말했던 당나라의 고사음연도경高士飮宴圖鏡과 5대 경상經箱에

그림 7-27 원나라 연나전 광한궁도 칠반漆盤 잔편. 북경시 후영방後英房의 원나라 때 건축 유지 출토

그림 7-28 청나라 때 친색襯色 연나전 '서상기도' 칠 원합 뚜껑

사용한 것은 모두 경나전이다. 연나전은 종이처럼 얇고 투명하며, 비교적 늦게 사용했다. 북경시 후영방后英房 원나라 때 건축 유적지에서 나온 광한궁도칠반廣寒宮圖漆盤의 잔류 조각에서 처음 보인다(그림 7-27). 연나전에 상감한 그림과 무늬는 더욱 정교하여, 얇은 원형 칠기에 사용하기 적절했다. 그리고 연나전은 색을 투과할 수 있어서, 얇은 조각 뒷면에 다른 색 칠을 발라서 표면까지 투과하게 하면 도상이 더욱 실제 경치와

닭게 되어 훨씬 생동적이다. 색을 투과시킨 연나전 기물은 명나라 말기
이후에 가서야 세상에 나온 사례가 있다. 요녕성박물관 소장 청나라 나
전합은 합 뚜껑에《서상기西廂記》의 이야기를 장식하였는데, 앵앵鶯鶯의
홍유紅襦·장생張生의 청삼靑衫 등을 모두 아주 적절한 색으로 물들였다
(그림 7-28). 그림에 표현된 것은 극에서 가장 핵심이 되는 장면으로, 이
야기가 사람들을 끌어들이고 마치 부르면 나올 듯하다. 그런데 광한궁
도廣寒宮圖 조각의 연나전은 조개의 천연색을 이용했기에 색을 투과시
킨 나전만큼 다채롭지는 않다. 일반적으로 경나전은 큰 가구에 많이 시
공되지만 모두 그런 것은 아니다. 절강성박물관 소장 자단대원탁紫檀大
圓卓의 탁자 면은 연나전으로 복잡한 꽃무늬를 상감하여 세밀함이 극에
달했다(그림 7-29). 숙칠熟漆한 층을 덮은 자단紫檀 탁자면은 칠흑색을 띤

그림 7-29 청나라 때 자단 감연나전嵌軟螺鈿 원탁 탁자면

그림 7-30 남송 때 단색 칠합. 강소성 의흥의 송나라 때 묘에서 출토

다. 여기에 약동적인 진주빛을 비춰내, 주연의 촛불과 등불 아래 명암이 휘황하고 불빛이 반짝여 꿈처럼 아름답다.

평탈·나전 칠기는 화려하고 진귀하여 당시에 보통 사람들은 인연을 맺을 기회가 없었다. 그리하여 일반 군중의 요구를 만족시키기 위해 비교적 대중화된 일색一色 칠기가 등장했다. 예를 들면 강소성 양주·호북성 감리監利에서 나온 당나라 때의 빛과 무늬가 없는 나무 원형 칠 쟁반·칠 사발 등과 같은 종류다. 송나라 때에 이르러 일색 칠이 크게 성행해서, 강소성 상주·의흥·오현·회안淮安·무진武進 및 절강성 항주·온주溫州와 호북성 무한 등 지역에서 여러 차례 출토되었다. 흑색·자갈색의 일용 그릇이 많았다(그림 7-30). 이들은 윗면에 늘 표식을 적어서 생산자를 표시했다. 예를 들면 "임안부臨安府 부가符家"·"항주杭州 유국교油局橋 김가金家"·"양주襄州 형가邢家" 등이다. 이런 칠기를 제조하는 환경은 "부잣집에서 시일에 제한을 두지 않고"《격고요론格古要論》 비용을 따지지 않고 오로지 정밀하게 만들 것만 요구하던 때와는 달랐다. 그러나 상인도 신용을 유지해야 했으므로 비록 원형이 얇고 몸체가 가벼웠지

그림 7-31 북송 때 퇴칠묘금
堆漆描金 사리함舍利函. 절강
성 서안의 선암사 혜광탑에
서 출토

만 튼튼하고 오래 썼다. 출토 수량이 많기 때문에 송나라 때는 마치 일
색 칠의 천하인 것처럼 느끼게 한다. 사실 칠기 공예의 수준 향상 면에
서도 송나라는 크게 이룬 것이 있다. 예를 들면 퇴칠堆漆은 칠회를 기물
에 퇴적시켜 무늬를 빚어낸 다음 칠을 덮어 완성한다. 이 방법은 한나라
때 시작되었으나 당시에는 극히 드물었다. 북송 때 비로소 전체를 퇴칠
로 장식한 것이 보이기 시작한다. 절강성 서안瑞安 선암사仙巖寺 혜광탑
慧光塔에서 발견된 경력慶曆 3년(1043) 퇴칠 경함經函과 사리함舍利函은 모
두 융기한 퇴칠 무늬로 장식하여, 매우 입체적이다. 표면이 매끄럽고 빛
이 나는 것을 추구한 평탈칠기와는 완전히 다른 멋이 있다(그림 7-31). 또

그림 7-32 남송 때 12각형 삼당창금三撞戧金 주칠렴朱漆奩
1 몸체
2 뚜껑

한 창금칠기戧金漆器 같은 경우, 기법 자체는 한나라 때 나타났지만 이때
에 와서야 성숙한 단계에 들어갔다. 강소성 무진촌武進村 전향前鄕 남송
때 묘에서 출토된 창금십이릉원림사녀도戧金十二稜園林仕女圖 3당三撞('撞'
은 본래 '幢'으로 써야 함. 三撞은 접어서 3층으로 하였음을 가리킴)은 칠렴漆奩, 나
무 원형, 은구銀釦, 뚜껑면에 두 여성이 여름에 놀러 나간 모습을 창각戧
刻(칠기에 가늘게 문양을 새긴 다음 새긴 부분에 색을 입히는 방법. 주로 금을 입혔기 때
문에 창금戧金, 침금沉金, 창금鎗金이라고도 함)했다. 두 여성은 모두 머리를 높
이 말아올렸고, 하나는 둥근 부채를 들고 하나는 접부채를 쥐고 다정하
게 대화하고 있어, 마치 아름다운 세밀화 소품같다(그림 7-32). 이전에 평
탈 기물은 검은 칠 바탕을 많이 사용했는데, 이 칠렴은 전체가 붉은 칠
을 했다. 금색·홍색 두 색은 대비가 강렬해 화면이 더욱 선명했다.
　　하지만 송나라 때 칠 예술에서 가장 중요한 성취는 조칠기雕漆器(조
각칠기)다. 조칠기는 원형에 칠을 약간 층 바르고 반쯤 마르기를 기다렸

그림 7-33 남송 때 계화문
척홍합

다가 칼로 무늬를 조각한 용기다. 어떤 사람은 당나라 때 이미 조칠기를 발명했다고 하는데, 실제 증거는 아직 없다. 조칠기의 칠층이 붉은 칠이면 척홍剔紅이라 하고, 검은 칠이면 척흑剔黑이라고 했다. 이밖에 또 척황剔黃·척채剔彩·척서剔犀 등이 있었다. 송나라 때의 척홍 기물은 지금으로서는 북경고궁박물원 소장 계화문척홍원합桂花紋剔紅圓盒 하나만 들 수 있을 뿐이다. 합 뚜껑에는 단계丹桂가 새겨져 있고, 금문錦紋으로 바탕을 댔다(그림 7-33). 이 합은 명나라 때 항묵림項墨林에게 수장되어 진계유의《니고록妮古錄》이라는 책에 실린 적이 있다. 척흑 기물로는 현재 일본에 수장된 비단 바탕의 취옹정도醉翁亭圖 척흑반剔黑盤이 있다. 남송 때의 유민 허자원許子元이 1279년 동쪽으로 바다 건너 일본으로 갈 때 가지고 간 것으로, 그가 주지로 있었던 원각사圓覺寺에 그동안 줄곧 소장되어 있었다. 이 두 기물은 모두 전파 과정에 조리가 있어 대대로 전해지는 작품이다. 출토된 실례는 척서기剔犀器가 많다. 강소성 사주沙洲의 송나라 때 묘에서 출토된 나무 원형 은리척서완銀裏剔犀碗·강소성 무진의 남송 때 묘에서 출토된 척서 경합鏡盒·금단金壇의 남송 때 주우周瑀 묘에서 나온 탈태脫胎 척서 선병扇柄 등이다. 조칠기의 칠 층은 일정한 두께가 있어야 한다.

그림 7-34 원나라 때 '장성조' 척서합. 안휘성박물관 소장

　　명나라 고결高濂의《연한청상전燕閑淸賞箋》·청나라 고사기의《금오 퇴식필기金鰲退食筆記》·청나라 이두의《양주화방록揚州畵舫錄》등의 책에 서 모두 척홍 기물은 주칠朱漆을 36도道 올려야 한다고 했다. 완성 때까 지의 횟수를 거론한 것이다. 원나라 때 장성張成의 작품에서는 칠을 바 른 횟수가 80~100도에 이르는 것을 관찰할 수 있다. 사실 몇 도를 올릴 것인지는 기물의 크기와 필요한 칠 층의 두께에 따라 결정된다. 척홍· 척황·척흑 기물에 바르는 것은 기본적으로 같은 색 칠이다. 척서 기물 은 다른 색 칠로, 일반적으로 홍색과 흑색의 두 가지 색이나 홍·황·흑 3 색으로 층을 나누어 차례대로 도포한다. 조각할 때는 사도斜刀(날이 비스 듬하게 되어 있는 칼)를 사용하여 칼이 닿는 곳에서 겹친 색 층을 볼 수 있 다. 고대 척서 기물 중 중요한 실례 중 하나는 안휘성박물관 소장 원나 라 장성이 만든 운문척서원합雲紋剔犀圓盒이다. 이 기물은 뚜껑면과 합 몸체에 여의운문如意雲紋을 가득 새겨서 대략 1cm 가량 솟아 있는데, 풍 성하고 두터워서 정기가 가득 넘친다(그림 7-34). 발 가까운 곳에는 바늘 로 "장성조張成造(장성 제작)" 세 글자 서명을 새겼다. 장성은 양무楊茂와 나란히 이름을 날렸다. 모두 가흥嘉興 서당西塘 사람으로, 그들은 원나라

그림 7-35 원나라 때 '장성조' 치자문 척홍반. 북경고궁박물원 소장

때 가장 성취가 뛰어난 조칠 예술의 대가로, 모두 척홍으로 유명하다. 북경고궁박물원이 소장하고 있는 장성의 치자문척홍반梔子紋剔紅盤과 양무의 화훼문척홍준花卉紋剔紅尊을 그들의 대표작으로 추천할 만하다. 전자는 쟁반 중앙에 활짝 핀 큰 치자꽃 한 송이를 새겼는데, 사방의 이 파리는 조밀하면서도 자연스럽게 말려 있거나 펼쳐져 있어 매우 회화 적이다(그림 7-35). 이에 상응하여 조각·연마 작업이 극히 세밀하여,《휴 식록》에서 말한 "예봉을 감추고 청초하며, 은은한 가운데 매끄럽다藏鋒 淸楚,隱起圓滑"라는 묘사에 완전히 들어맞는다. 이것은 원나라 때 조칠의 특징을 나타낸 것이기도 하다. 이런 작풍은 명나라 전기까지 이어져, 영 락 연간에 장성의 아들 장덕강張德剛이 공부工部 영선소營繕所 소속 칠기 전문 제작소 과원창果園廠을 관리하면서 장성·양무의 전통을 직접 계승 했다. 과원창에서 나온 칠기는 "창기廠器"라고 이름지었으며, "세상에 서 매우 진귀하게 여겨 많이 손에 넣을 수가 없었다(《금오퇴식필기》)." 그 런데 가정 연간 이후, 조칠기가 추구하는 유행이 원만하고 활달한 것에

그림 7-36 청나라 건륭 때 척홍보좌. 영국 빅토리아 알버트 박물관 소장

서 근엄하고 세밀한 것으로 전환되어 회화적인 멋은 옅어지고 도안화
를 추구하는 경향이 더욱 강해졌다. 칼은 날이 감춰지지 않고 모서리는
결국 드러나게 되니, 장성 일파의 멋과 점차 멀어지게 되었다.

청나라 초기 내무부內務府 조판처造辦處에서 맡았던 "유칠작油漆作"
은 조칠기를 아직 만들지 않았다. 건륭 초기에 대나무 조각과 상아 조각
기술자에게 명하여 이 작업에 종사하게 하였고, 그들은 대나무 새기는
기술을 조칠기 공예에 도입하여 작품을 인정받았다. 이에 따라 "칼끝으
로 필력을 보이는" 풍격이 추진되었다. 뛰어난 작품은 새긴 작업이 깊
이 있고 기묘하여 조금도 구차하지 않았으며, 어떤 도안은 털끝처럼 가
늘면서 높고 낮은 질서가 있어 입체감이 있었다. 말기에 이르면 너무 자
잘하고 판에 박힌 것을 피할 수 없었다. 그러나 이때는 국가의 재력이

어마어마해져 이미 조칠기처럼 시간이 걸리고 공력이 소진되는 제품이 고급 칠기의 주류가 되었을 뿐만 아니라 종류도 대단히 많아졌다. 작은 용구들 뿐 아니라 물건이 큰 찬장·궤짝 등도 있었다. 심지어 척홍 보좌 寶座처럼 존귀한 물건도 건륭 때 있었다. 예를 들면 현재 영국 빅토리아 알버트 박물관에 소장되어 있는 것은 원래 북경 남원南苑 행궁에 진설 했던 것이다. 1900년 8국 연합군이 북경을 침략했을 때, 보좌가 중국 주 재 제정 러시아 외교관 가이우스에게 약탈당해, 이후 이리저리 돌고 돌 아 잉글랜드에 팔렸다(그림 7-36). 이 보좌는 등받이 개광開光(칠기, 도자기, 경태람 등에서 장식 문양) 가운데에 외국에서 온 사람이 보물을 바치는 모습 을 조각하고, 그밖에 유룡游龍·운복雲蝠·권초卷草 등의 무늬를 빽빽하게 채워 거의 빈 곳이 없다. 다만 단계가 분명하지 않다. 조각 기술자는 이 미 조각 칠의 극치를 보여주었다. 그것과 한 벌을 이루는 병풍 역시 이 미 비엔나 인류학박물관 소장품이 되었다.

조칠기 이외에도 청나라 때 칠기는 많은 종류가 있다. 예를 들면 채회彩繪·묘금描金·조전雕塡·서피犀皮 및 백보감百寶嵌 등으로, 무늬와 색 상이 다양하고 각자 특징을 자랑한다. 일상에 쓰이는 단색 칠기는 검 은색과 붉은색이 많다. 공들여 탁자·책상 등을 시공할 때 늘 그렇듯 바 탕에 재를 발라 갈고 칠을 몇 번씩 입히고 마지막으로 다시 문질러 빛 을 내거나 빛을 삭이는 모든 과정도 갖추었다. 평민이 사용하는 단색 칠 기는 대부분 기물에 칠을 두껍게 입혀서 칠 색이 순정한 것을 추구했 다. 강남 지역에 "십리 길 붉은 화장 시집가는 딸十里紅妝嫁女兒"이라는 속 담이 있다. 시집갈 때 딸려가는 이른바 "홍장기구紅妝器具"는 붉은색 일 색이다. 신방에 가득 붉은 상자·붉은 궤짝을 늘어놓으면 붉은 기운이 활활 타올라 복이 가득 들어온다고 했다. 특히 희교喜轎(꽃가마)에는 민

그림 7-37 근대 영파의 만공
화교. 절강성박물관 소장

간 칠공예 능력을 유감없이 발휘되었다. 절강성박물관 소장품인 영파

寧波 만공화교萬工花轎가 아마도 그중 가장 화려한 사례가 될 것이다(그림

7-37). 나무로 된 가마 몸체에는 붉은 칠을 하여 금니를 입히고, 천관사

복天官賜福(정월대보름 옥황상제가 말을 타고 내려와 복을 내려주는 장면)·팔선과해

八仙過海(여덟 신선이 각자의 능력으로 바다를 건너는 모습)·유개백자榴開百子(석류.

다산의 상징)·희상미소喜上眉梢(희색이 만연하여 눈썹까지 올라온다는 뜻으로 매화

가지 위의 까치로 표현) 등의 조각들을 두루 배치했다. 사면에 장치한 무대

에서는 또한 〈형차기荊釵記〉·〈습옥탁拾玉鐲〉 등의 연극이 공연된다. 그밖

에도 가마옷의 늘어뜨린 술 장식 등 장식이 복잡하지만 칠 작업이 가장 중요하다. 업계에서는 "3할이 조각이요, 7할이 칠이다"라는 말이 있다. 새색시가 이런 꽃가마를 타면 끝없는 풍광과 휘황한 광경을 볼 수 있을 것이다.

이제 자기瓷器를 말해 보자. 자기는 자토瓷土 혹은 고령토高岭土로 태胎를 만들어, 안팎으로 균일하게 유리질 유약을 한 층 발라 1,200℃ 안팎의 온도로 구워 만들어지는 것이다. 바탕이 견고하고 소리가 청량하며, 물이나 공기가 투과하지 않고 얇은 층은 반투명이며, 부서지면 조개껍데기 같은 광택이 있다. 자기는 중국의 위대한 발명품으로, 상나라 때부터 이미 원시 자기를 구워 완성했다. 자토로 원형을 만들어 쉽게 녹는 점토로 원형을 만드는 도기와는 다르다. 도기 원형에 함유된 삼산화 이철과 이산화 티타늄 및 알칼리 금속·알칼리 토금속의 산화물이 비교적 많아서 고온을 견디지 못한다. 산화 알루미늄 함량이 비교적 높은 자토 혹은 질이 더욱 좋은 고령토로 원형을 만들고 가마 온도가 1,200℃ 이상에 도달해야 한다. 또한 자기는 유약을 입혀야 한다. 사실 자기가 나타나기 전 이미 유약을 입힌 유도釉陶가 있었다. 강서성 청강清江의 오성촌吳城村 상나라 유적지에서 볼 수 있는 상황이 그렇다. 원시 자기는 유약 도기의 계발을 받아들였다. 여기서 열쇠는 구운 자기 원형과 고온 유리질 유약의 결합이다. 이 단계를 해내야만 일반적으로 자기로 인정받을 수 있다. 하지만 상나라, 주나라 원시 자기는 품질이 아직 뜻대로 나오지 않았다. 원료를 걸러내고 씻어내는 것이 완전하지 않고 가마 안이 종종 필요한 온도에 도달하지 못해 대부분 정도가 비교적 높은 생소生燒에 속한다. 그래서 원형에는 육안으로도 보이는 불규칙한 구멍이 항상 남아 있다. 흰색의 정도도 높지 않고, 투광성이 없다. 반면에 어느 정

그림 7-38 서주 시대 원시 청자.
하남성 낙양 출토

도 흡수성吸水性이 있다. 유약층이 얇아서 유약과 원형이 잘 결합하지 않아 박락이 쉽게 일어나는 등 전체적 수준으로 보면 진정한 자기의 표준에는 아직 도달하지 않았으며, 그저 원시 자기라고 할 수 있을 뿐이다. 또한 그 유약이 석회석과 점토를 배합하여 만든 것이어서 점토에 포함된 철 성분이 발색제가 되었다. 다른 가마 환경과 온도에 따라 청황·회록 등 색이 드러나 도자사에서는 청유靑釉라고 통칭한다. 그래서 원시자기는 또한 원시 청자라고도 할 수 있다(그림 7-38).

한나라 때에 이르면 원시 청자는 이미 초기 청자로 건너갔다. "자瓷"라는 글자가 가장 먼저 보인 것은 서한·추양鄒陽의《주부酒賦》에서다 (《서경잡기》인용). 그렇다면 이때 이미 도기陶器와 구별되는 자기瓷器의 개념이 있었던 것이 된다. 신안강新安江 저수지 공사에서 건초 6년(81) 동한 시대 초기 묘가 발견되었다. 출토된 기물들이 원형과 유약을 막론하고 모두 육조 시대 청자六朝靑瓷에 접근했다. 그리고 절강성 상우上虞의 소선단小仙壇 동한 시대 말기 가마터에서 출토된 자기 조각은 거르고 씻어내는 과정을 여러 번 반복하여 자기 원형 속의 삼산화 이철의 함량이

1.64%까지 떨어졌고(성자애城子崖 용산 문화 유적에서 발견된 흑도黑陶는 5.99%, 강

희 연간 오채자반五彩瓷盤 1.06%), 산화 알루미늄은 17.47%에 달했다. 이렇게

해서 앞으로 소성 온도를 1300℃까지 올리기 위한 조건이 만들어졌다.

흡수율은 0.28%, 0.8mm 박편은 이미 미세하게 빛을 투과했다. 원형과

유약의 결합이 좋고 박락 현상이 없었으며 문편紋片(도자기에 올린 잿물이

터서 생긴 무늬 같은 금)도 없었다. 이런 상황들은 모두 초기 청자 소성이 성

공할 것이라는 표지로 볼 수 있었다. 이런 성과를 얻기는 쉽지 않은 것

이었다. 앞에서 말한 것처럼 청자의 발색제는 철이다. 하지만 그 함량이

언제나 적절하지는 않았을 뿐 아니라 가마 상황의 조절도 또한 성패의

열쇠였다. 약한 환원 불꽃에서 소성하면 유약 색은 청색을 띠는 황색이

된다. 강한 환원 불꽃에서 소성하면 유약 색은 짙어진다. 반대로 통풍량

이 지나치면 가마 안에 산화 불꽃이 생성되어 산화철이 3가 철 이온으

로 전환될 가능성이 있다. 이렇게 되면 유약 색은 황색·차황茶黃색 혹은

황갈색을 띠게 되어, 아름다운 청색은 나타나지 않는다. 이런 기술을 파

악하려면 끊임없는 경험이 축적되어야 한다. 이 또한 원시 청자가 왜 그

렇게 오랜 시간을 거쳐서야 초기 청자로 발전했는지 알 수 있는 부분이

기도 하다.

　　동한 시대 이후 동오東吳부터 남조까지 남방의 청자 공예가 신속하

게 발전했다. 항주만杭州灣에서 남쪽으로 영소寧紹 지역이 생산 중심지

가 되어, 자기 가마가 밀집되었다. 연대를 기록한 몇몇 묘의 출토물이

특히 단절된 시기의 표준 기물이 되었다. 예를 들면 소흥紹興에서 출토

된 오나라 때 영안永安 3년(260) 청자 혼병魂瓶이 대표적이다. 꼭대기 부

분은 5개 관罐이 연결되어 있고, 아랫면은 숭루쌍궐崇樓雙闕(높은 누각이나

쌍쌍 궐집)로 되어 있고, 주위에는 음악을 연주하는 인물이나 먹을 것을

그림 7-39 청자앙복연화준
1 북조 제품. 하북성 경현에서 출토
2 남조 제품. 강소성 남경에서 출토

찾는 새 등을 빚었다. 전체적으로 그다지 고르지 않은 청유 빛깔이다. 이때 불교의 전파로 불교 예술 색채를 띤 연화문이 청자에 자주 나타났다. 호북성 무창의 하가대만何家大灣 남제南齊 묘·강소성 남경의 임산林山 남량南梁 묘에서 출토된 앙복연화준仰覆蓮花尊은 유약이 청록색이다. 그리고 같은 종류 기물이 하북성 경현景縣의 북제北齊 봉씨封氏 묘에서도 출토된 적이 있다(그림 7-39). 남북 두 지역의 연화준蓮花尊이 모두 연판蓮瓣을 퇴소堆塑(형체나 문양을 붙여나가면서 빚는 방법)·첩인貼印(형체나 문양을 찍어내는 방법)한 것으로 장식하여, 같은 연원에서 나왔음이 분명하다. 그러나 화학 실험 결과 남방의 청자는 원형에 산화 알루미늄 함량이 비교적 낮고 이산화 규소 함량은 비교적 높으며, 북방 청자는 정반대다. 양쪽 모두 현지에서 나오는 원료로 스스로 제작했음을 알 수 있다. 그런데 조형이 이토록 닮았으니 도자 역사에서의 미담이라고 할 만하다.

당나라 때에 이르러, 절동浙東에서 생산한 월요越窯 청자 원형은 바탕이 긴밀하고 유약 면이 빛이 나고 불투명하다. 우수한 것은 약한 황색을 띤 초록색이 나서, "호수록湖水綠"이라고 한다. 시인 서인徐夤은 이 색을 "비취빛 푸른빛이 섞여 새롭게 일어난 상서로운 색捩翠融靑瑞色新"이라고 표현했다. 당나라 말기 월요에서는 갑발匣鉢(그릇 위에 씌워 그릇에 재가 앉거나 불이 직접 닿는 것을 막기 위해 만든 큰 합)을 사용하기 시작했다. 이로 인해 연기나 그을음이 묻거나 모래알이 달라붙는 것을 피할 수 있어 완성품이 더욱 매끄러워졌다. 그래서 육우陸羽는《차경》에서 월요에서 생산한 제품을 자기 중의 으뜸으로 쳐 "사발은 월요 것이 최고이다"라고 했다. 등급이 가장 높은 월 그릇을 비색秘色(신비의 색) 자기라고 했다. 즉 육구몽陸龜蒙이 "천 개 봉우리의 비취색을 빼앗아왔다"라고 말한 "비색월기秘色越器"이다. 하지만 정확히 무엇을 비색 자기라고 한 것인지는 오랫동안 정확한 인식이 없었다. 1987년이 되어 섬서성 부풍의 법문사法門寺 당탑唐塔 지궁地宮에서 함께 나온 석각《공양도구급금은기의물장供養道具及金銀器衣物賬》에 기재되어 증거가 될 만한 "비색자秘色瓷"가 나옴으로써 그제야 진상이 밝혀졌다. 그중 바닥이 평평한 비색 자기 사발이 조형이 차분하고 호방하며 유약 질이 깨끗하여 그 명성에 걸맞은 작품이 나왔다.

북제 때는 조형이 커다란 연화준蓮花尊을 구워냈을 뿐 아니라 백자白瓷도 구워냈다. 안양安陽 무평武平 6년(575) 범수范粹 묘에서 출토된 삼계관三系罐·장경병長頸瓶 등은 원형과 유약이 모두 상당히 하얗다. 이것은 원료 중 철 함량을 낮춰서 얻은 효과다. 그러나 북제 백자기에서 유약이 쌓인 곳에 담청색이 드러나는 걸로 보아, 남은 철 원소가 색을 띠는 것을 완전히 없애지는 못했다. 수나라 때에 이르면 예를 들어, 하북성 내구內丘와 임성臨城 경계 지역의 가촌賈村 가마터에서 출토된 백자는 자태瓷胎(돌을 곱게 갈아 그릇을 만드는 데 쓰는 가루)에 화장토化粧土(혹은 粉粧土)를 넣은 조백자粗白瓷도 있고, 화장토를 넣을 필요 없는 세백자細白瓷도 있다. 내구는 형요邢窯 소재지로, 당나라 때 여기에서 구워 만든 백자는 기술이 더욱 발전되어, 생산품이 은 같다고도 하고 눈 같다고도 했다. 당나라 이조李肇의《국사보國史補》에서는 심지어 "내구백자구內丘白瓷甌"는 "천하에서 귀천을 따질 것 없이 통용했다"라고까지 말했다. 지금의 하북성 곡양에 위치한 정요定窯에서도 품질 좋은 백자를 구워냈다. 절강성 임안의 광화光化 3년(900) 전관錢寬 묘와 그보다 1년 늦은 천복天復 원년(901) 수구씨水邱氏 묘에서 모두 당나라 때 정요의 백자기가 출토되었다. 월요가 위주인 남방 청자와 형요·정요가 위주인 북방 백자가 당나라 때 자기업의 "남청북백南靑北白" 국면을 형성했다.

자기 제조업은 송나라 때 장족의 발전을 했다. 이때 저명한 자요瓷窯(자기 가마)로 청자에는 여汝·관官·용천龍泉·가哥 등의 가마가 있었고, 백자에는 정요가, 영청影靑에는 경덕진景德鎭 가마가, 흑자黑瓷에는 건요 등이 있어 각기 특색이 있었다. 송나라 때 균요鈞窯는 또한 산화 구리가 함유된 유약을 사용하여 붉은색과 푸른색이 얼룩진 무늬의 자기를 구워냈다. 그중 관·가·여·정定·균鈞을 관례상 5대 명요名窯라고 일컫는다. 그러나 북송의 관요官窯와 가요哥窯의 가마터는 아직 발견되지 않았다. 상황을 비교적 분명히 알 수 있는 곳은 여요汝窯다. 여요는 석회감유石灰鹼釉(석회 알칼리유)를 채택해 유약 안에 함유된 나트륨·칼륨의 비율을 높게 해 점도가 높고 불투명한 유탁乳濁 유약을 만들었다. 이런 유약은 두텁게 입힐 수 있고 삼산화 이철의 함량을 1% 전후로 조절할 수 있었다. 이로 인해 표면이 담아淡雅한 하늘빛 푸른색을 띠었고, 옥처럼 질감이 따뜻하고 윤기 있는 자기를 구워냈다. 청자 계통에 속했지만 투명하고 엷게 유약을 입혀 색조가 녹색에 치우친 월요 생산품과 비교하면 매우 다른 느낌을 주었다. 1987년 하남성 보풍寶豊의 대영진大營鎭 청량사淸凉寺에서 송나라 때 여요 가마터를 발견했다. 이곳의 출토물과 비교하면, 세상에 전해지는 여요 기물이 대부분 청량사 가마 생산품이라는 것을 알 수 있다. 북송 관요에 대해서는 남송 때 섭치葉寘가《탄재필형坦齋筆衡》에서 "정화 연간 경사에서 스스로 가마를 설치하여 기물을 구워 만들었으며, 이름을 관요라고 했다"(《철경록》29권 인引)라고 기록한 바 있다. 하지만 이 설을 증명할 방법이 아직 없다. 이른바 변량汴梁(북송의 수도 개봉의 옛 이름)에서 관요를 설치했다는 것은 근거 없는 설일 가능성이 아주 높다. 세상에 전해지는 북송 관요 자기는 당시 청량사 가마의 진상품이었을 것이다. 같은 책에서 또 북송에서 남송으로 이주[中興 渡江]한 이후 "옛날 수도에서 전해진 체제를 따라 가마를 설치하고, 수내사修內司에서 청자 기물을 만들었으며, 명칭을 내요內窯라고 했다. 징니澄泥를 표본으로 하여 솜씨가 극에 달했으며, 유약 색이 빛나고 투명하여 세상에서 진귀하게 여겼다. 후에 교단하郊壇下에 별도로 새로운 가마를 세웠는데, 옛 가마와 매우 달랐다"라고 했다. 1990년대 항주에서 노호동老虎洞 가마터와 오구산烏龜山 가마터를 발견했다. 일반적으로 전자는 남송의 수내사 관요라고 알려져 있고, 후자는 남송 교단하 관요라고 알려져 있다. 출토물 규격은 대체로 북송 여요를 따랐는데, 얇은 원형에 두꺼운 유약·다층 유약 구조의 표본이 많아졌다. 다층 유약 중간에 모여 있는 미세 결정과 기포가 햇빛 아래 놓여 다중의 만반사漫反射가 생겨나, 옥과 같은 질감이 더욱 강화되었다. 이것 또한 바로 송나라 때 사람들이 추구했던 효과였다. 그러나 원형·유약의 팽창 계수가 달라서, 유약면에 갈라진 무늬가 생겼다. 이것은 생산 과정에서 발생하는 하자로 완전히 조절하기 어려웠다. 그러나 몇몇 가마에서는 이것을 장식으로 이용하여 개편開片이라 했으며, 빙렬문冰裂紋·해조문蟹爪紋·백급쇄百圾碎·창승시蒼蠅翅 등으로 불렀다. 하지만 유약의 수축률은 반제품보다 커야 했다. 그렇지 않으면 탈유脫釉(초벌 표면에서 유약이 탈락되는 현상)가 일어났다. 특히 이른바 가요哥窯의 기물은 개편 가공을 더욱 활용하는 방향으로 나아갔다. 기물이 가마에서 나와 아직 식지 않았을 때 자금토紫金土(철분 함유량이 많은 점토, 송, 명, 청 시기 청자의 중요 원료)를 함유한 장수漿水에 담그면 굵게 갈라진 무늬에 스며든 색은 깊어서 철선문鐵線紋이라고 했고, 가늘게 갈라진 무늬에 스며든 색은 옅어 금사문金絲紋이라고 했다. "금사철선金絲鐵線"은 결국 가요의 자랑스런 특징이 되었다(그림 7-40 : 1). 그러나 균열이 고르지 않아 미감을 잃는 지경에 이른 것도 드물지 않았다(그림 7-40 : 2). 사실 옛날 사람들이 모두 개편을 즐겼던 것은 아니었다. 《천수빙산록天水冰山錄》에서는 개편이 있는 가요 기물을 "가요쇄자배哥窯碎磁杯"·"가요쇄자필통哥窯碎磁筆筒"이라고 일컬었다. 《경덕진도록景德鎭陶錄》에서는 가요에서 가마에 불을 지피는 사람을 "쇄기호碎器戶"라고 불렀다. 자기인데 앞에 "쇄碎"를 붙였으니, 좋은 뜻이 아닌 것이 분명하다. 《격고요론》에서는 개편이 있는 자기를 언급할 때 더욱 직설적으로 "무늬가 없는 게 더 좋다"라고 했다. 가요는 비록 청자요 계열에 속했지만 완성품은 종종 월백月白·청회靑灰·미황米黃 등의 색을 띠었다. 또한, 가요는 도자 역

그림 7-40 가요 자기
1 송나라 때 담병膽瓶
2 원나라 때 관이병貫耳瓶

사에서 풀리지 않은 수수께끼를 상당수 남겼다. 우선 가요의 가마터가 아직 확인되지 않았다. 어떤 학자는 심지어 본래 원나라 때 제품이 아닌가 회의하기까지 한다. 이밖에 송나라 때 청자를 굽는 또다른 중요 가마로 용천요龍泉窯가 있었다. 지금의 절남산浙南山 지역의 용천龍泉·여수麗水 등 시현市縣에 있었다. 조사에 따르면 이 일대에 가마터가 백수십 곳이 있었다고 하니, 중국 고대에 가장 큰 청자 생산 지역이다. 남송 때 용천요에서 저명한 분청유粉青釉·매자청유梅子青釉·해각청유蟹殼青釉 등의 자기를 구워냈다. 유약 색은 미감으로 충만했다. 성숙기의 용천 청자는 유약 층이 두껍고, 유약면이 갈라진 것도 있었지만 갈라지지 않고 반짝이며 하얗게 빛나는 것도 있었다 (그림 7-41). 용천 청자는 아주 일찍부터 해외로 수출되어, 세계인의 사랑을 널리 받았다. 인도 사람들은 "개리個里" 자기라고 부르는데, 아프가니스탄 변경의 개리를 지나 운반했기 때문이다. 용천 청자가 처음으로 프랑스에 전해졌을 때 사람들은 이토록 우아한 밝고 아름다운 청색에 대해 경탄을 금하지 못했다. 프랑스 작가 오노레 뒤르페가 쓴 5부작 소설 《라스트레L'Astree》는 오페라로 만들어져 큰 인기

그림 7-41 송나라 용천요 청유 종식 병. 북경고궁박물원 소장

를 끌었는데, 이 오페라 극중에서 남자 주인공 셀라돈Celadon이 입었던 아름다운 암록색 의상이 유행했다. 청자의 아름다운 빛에 심취한 프랑스인들은 이 주인공의 이름을 따 셀라돈이라는 이름을 붙였다. 송나라 때 백자를 굽는 가마로는 가장 먼저 정요를 꼽을 수 있으며, 중심이 되는 작업장은 지금의 하북성 곡양의 간자촌澗磁村과 동·서 연천촌燕川村 일대에 있었다. 당나라 때 정요와 형요는 모두 북방의 유명한 백자 가마였고, 형요는 더욱 중시되었다. 오나라 때 이래로 형요는 쇠락하기 시작했고, 정요 백자가 홀로 기술을 자랑하여 "정주定州 자기 병은 그 색이 천하에서 가장 하얗다"(《귀잠지歸潛志》)라고 칭찬을 받았다. 하북성 곡양 영산靈山에서 영산 백안토白䃖土가 나오는데, 우수한 품질의 고령토다. 정요는 바로 여기에서 재료를 채취해 세심하게 걸러내고 반죽하여 아주 얇은 자기 원형을 만들어냈고, 유약도 상당히 얇게 입힌다. 이렇게 만들어진 자기 원형이 쓰러지는 것을 피하기 위해 복소覆燒 (엎어놓고 굽기) 공예를 채택했다. 즉, 통 모양 갑발 안에 지권支圈(우리나라

에서는 흔히 도지미, 도침陶枕 이라고 하며 도자기를 구
울 때 그릇을 괴는 받침—옮긴이 주)을 안정되게 놓
고 자기 원형을 그 안에 엎어놓아, 층을 나누
어 지권으로 떠받치게 하는 것이다(그림 7-42).
따라서 자기 원형이 변형되는 것을 방지할 뿐
만 아니라 가마 안의 공간을 최대한 활용하여
생산량을 증가시킬 수 있었다. 이렇듯 갑발을
사용하여 기물을 뒤집어 굽는 복소법覆燒法을
사용함에 따라 기물 입구에 유약이 없어서 면

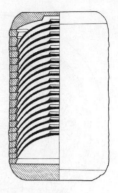

그림 7-42 정요의 갑발에 지
권을 장착하여 복소에 사용

이 껄끄럽게 되었다. 정요는 또한 월요越窯에서 능기稜器를 만드는 방법
을 받아들여 기물 입구에 금속 테두리를 둘렀다. 가장 값나가는 것은
황금을 테두리에 두른 것으로, "금장정기金裝定器"라고 불렀다(《오월비사
吳越備史》). 내몽고 적봉에서 응력應曆 9년(959) 요나라 부마에서 위국왕
衛國王으로 추증된 소실로蕭室魯(또는 초굴렬肖屈列) 묘에서 출토된 정요 백

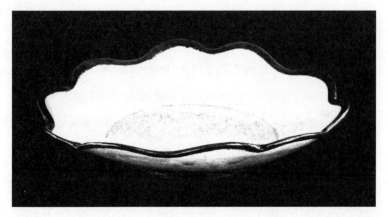

그림 7-43 오대십국 시기 정요의 금구화구반金釦花口盤. 내몽고 적봉의 요나라 때 부마 묘에
서 출토

그림 7-44 정요 자완의 인화문양印花紋樣

자 화구반花口盤은 입구 둘레와 발 부분에 모두 금을 입힌 금장정기의 실례다(그림 7-43). 송나라 때 정자定瓷(정요 자기)는 표면을 비워둔 경우는 아주 적었고, 대부분 무늬가 있었다. 무늬를 새긴 것도 있고 그리거나 찍은 것도 있었는데 주로 찍어서 낸 것이 많았다. 무늬를 새긴 것과 그린 것은 월요의 방법을 따른 것이고, 무늬를 찍은 것은 정요에서 창안한 것이다. 먼저 무늬 모형을 깎고 이 모형을 이용하여 자기 원형에 무늬를 눌러 찍었다. 모형은 만들어두면 반복해서 사용할 수 있어 도안이 대체로 복잡하고 세밀하며 연꽃·모란·석류·훤초萱草(원추리)·용봉龍鳳·어수魚水·영희嬰戱(어린 아이)·박고(博古, 도자기나 문방사우 등 골동 기물) 등이 자주 소재로 쓰였다(그림 7-44). 구워 나온 완성품은 아백색牙白色을 띠고 목광木光이 넘치는 것이 많다. 어떤 기물의 무늬는 비단에 수놓은 것 같기도 했지만, 단색 자기의 소박하고 깨끗한 효과는 여전히 보존하고 있었다. 백정白定은 북방 자기에 큰 영향을 끼쳤고, 남송 때 강남 각 가마에서 정요를 모방한 것도 적지 않았으니, 경덕진의 영청

影青·덕화德化의 백건白建 등이 그 예다. 영청의 유약 색은 청색과 백색 사이를 오가는 색으로, 하얀색에 파란색이 투과하여 사람을 비출 수도 있다. 그래서 또한 영청映青·은청隱青 혹은 청백자青白瓷라고도 부른다. 옥질 느낌이 강하여, "요옥饒玉"이라고 부르기도 한다. 또한 생산량이 많아서 출토 수량 역시 많다. 청백자가 경덕진에서 구워졌기 때문에 중국 자기업의 남청북백 국면을 종식시켰다.

청자·백자의 유약 색과 판이하게 다른 흑자黑瓷는 한나라 때 이미 나타나기는 했지만 송나라 때에 와서 말차를 마시기 시작하면서 수요가 늘어났다. 특히 투차鬪茶에서 사용되어 검은 찻잔의 수요는 대대적으로 늘어났고, 마침내 흑자가 가장 주목받는 자기 품종으로 단숨에 올라서게 되었다. 흑자 잔을 생산하는 주요 가마는 건요와 길주요다. 건요는 당나라 때 이미 건립되었고, 가마터는 지금 복건성 건구의 남아구南雅口에 있었다. 하지만 도자 역사에서 유명한 건요는 남송 때 복건성 건양의 수길진에 건립한 자기 가마다. 여기서 구운 자기 잔은 유약 색이 반짝이는 흑색으로, 유약에서 주요 발색제인 삼산화 이철의 함량이 5~6%에 달했다. 검은 유약 면에 토끼털 모양 얼룩무늬가 나타나는 것이 많은데, 철이 유약층 표면에서 과포화 되어 결정이 풀어져 생성된 것이다. 유약 원료 중에서 철 함량이 4%를 초과하는 것은 모두 이런 현상이 나타나기 쉽다. 은갈색 검은 얼룩무늬가 은은한 검푸른 바탕 위에서 반짝이는 모습이 매우 아름답다. 건요의 흑잔은 나중에 절강성 천목산天目山 향운사香雲寺에서 참선했던 일본 승려가 가지고 일본으로 돌아가, 일본 사람들은 천목자기天目瓷器라고 한다. 건요 흑잔과 어깨를 나란히 할 만한 것으로 강서성 길안의 길주요吉州窯에서 생산된 찻잔이 있다. 흑자는 길주요 생산품 중에서는 작은 부분이지만 검은 바탕에 유약을 뿌려 형성된

그림 7-45 북송 당양욕요의 교태자잔

대모반玳瑁斑·자고반鷓鴣斑은 토끼털 무늬와 미모를 견줄 만하다. 그리
고 이때 북방 가마 작업장에서도 비슷한 취향의 자기 잔을 생산했다. 예
를 들면 하남성 수무修武의 당양욕요當陽峪窯에서 구워 만든 교태絞胎은
표면과 안쪽 모두 아름다운 깃털 모양 얼룩무늬가 드러난다. 비록 그 제
작 기법은 남방의 건요와 전혀 다르지만 생산품은 같은 결과를 보여주
는 묘미가 있다(그림 7-45).

　　중국에서 원나라 이전의 자기는 단색 유약인 것이 많다. 노산魯山
의 화자花瓷·건요와 길주요 등지의 얼룩무늬 자기가 있었지만 큰 반향
을 일으키지는 못했다. 균요鈞窯는 달랐다. 균요 자기의 유약은 특수한
이액상분상유二液相分相釉(분상 발색유)다. 인을 풍부하게 함유한 매질이
고온에서 무수히 많은 소립자를 만들어, 마치 작은 유리구슬을 촘촘히
붙여 거울을 만든 듯한 효과를 낸다. 이것은 가시광선 중 단파 광선에
난반사를 일으킨다. 그리고 파장이 비교적 짧은 푸른빛의 난반사 강도
가 가장 커서, 균요 자기는 깊은 파란색을 낼 수 있었다. 이 균요 자기의

유약에는 또한 발색 작용을 일으키는 구리·철과 미량의 코발트가 함유
되어 있어 구리의 화학 환원 반응으로 인해 붉은색이 함께 나타난다. 그
러나 구리는 높은 온도에서의 상태가 매우 불안정하다. 처음에 요공(窯
工, 가마 기술자)은 어떻게 구워야 이런 붉은색이 나오는지 파악하기 쉽지
않았을 것이다. 그래서 이런 색깔을 "요변窯變"이라 일컬었고 "균요에
붉은색 자기가 걸리면 그 값이 하늘로 치솟았다"라는 속담도 생겼을 것
이다. 나중에 연구를 거쳐서 규칙을 찾아냈고 균요의 유약 색에 인위적
인 안배를 할 수 있게 되었다. 이렇게 해서 균요 자기는 더욱 다채로워
졌다. 색의 무늬가 짙거나 옅었고, 장미나 해당화 같았으며 혹은 여폐마
간驢肺馬肝 같고, 혹은 저녁노을 같았다. 자기 색깔에 대한 사람들의 요
구 사항은 이로 인해 한걸음 더 발전했다.

　　이런 추세에 따라 중국은 원나라 때에 이르면 청화青花 자기를 구
워낸다. 청화는 유약을 바르기 전 초벌된 자기 원형에 그림과 채색을 입
히는 것으로, 코발트가 함유된 안료로 무늬를 그려 넣은 뒤 투명한 흰색
유약을 입혀 만든다. 완성품은 하얀 바탕에 파란 무늬가 된다. 중국 당
나라 때 삼채도기에서 이미 코발트가 함유된 안료를 사용했다. 1998년
인도네시아 해역에서 건져 올린 "흑석호黑石號" 침몰선 안에 당나라 때
청화 자기 쟁반 세 개가 있었는데, 산지는 하남성 공현일 것이다. 원나
라 때 청화자기의 주요 생산 지점은 경덕진이다. 경덕진에서는 자석瓷石
에 고령토를 더한 "이원배방二元配方"의 자태瓷胎를 사용해 태토의 산화
알루미늄 함량이 20.24%에 달했다. 이렇게 되면 더욱 높은 온도에서 견
딜 수 있고 아울러 변형이 줄어들게 된다. 사용한 청색 안료는 페르시아
에서 수입한 회회청이다. 이런 청색 안료에는 대체로 망간 함량이 코발
트와 평형을 이루고, 철 함량이 특히 높아서 선명한 색을 보여준다. 그

런데 색이 짙은 곳에서 종종 흑갈색 결정의 반점이 생겨 납처럼 반짝이고("석광錫光"이라고도 함) 더듬어보면 오목하게 들어가 평평하지 않은 느낌을 준다. 명나라 영선永宣 시대에 청화 자기를 구울 때도 여전히 이런 외래 청료를 사용한 것이 많았다. 성화成化 연간에는 중국산 청료인 평등청平等青(강서성 낙평樂平의 파당청陂塘青)으로 바꿔 사용했다. 평등청은 철 함유량이 적고 망간 함유량이 많아서 비교적 어두운 색을 띤다. 가정 연간에는 회청回青을 사용했는데, 완성품이 비취빛 푸른색을 띠고 유약 아래층은 미미하게 붉은색이 반짝이는 것이 그 특징이다. 청나라 때는 절강성 금화金華·소흥 일대에서 나는 고토鈷土를 사용하여 순남색이 드러났다. 이때 또한 짙고 옅은 다른 안료로 깊고 얕은 층을 따라 그린 청화를 만들어내 파란 수묵화 같아 감상하기 좋았다.

원나라 때는 청화 자기와 함께 산화 구리를 발색제로 하여 유약 밑에 유리홍釉里紅을 채색한 자기를 구워냈다. 이것은 원나라 때 경덕진 가마에서 이뤄낸 중요한 창조적 성과다. 유리홍 자기의 색깔은 매끄럽고 아름다워 머지않아 전국에 유행했다. 청화와 유리홍 두 가지를 함께 결합하면 투채鬥彩가 되었다. "두채逗彩"라고도 한다. 경덕진 방언에 따르면 "逗"는 함께 뒤섞는다는 뜻이다. 투채에는 두 가지가 있다. 한 가지는 청화와 유리홍을 모두 자기 원형에 그리는 것으로 "유하투채釉下鬥彩"라고 한다. 다른 한 가지는 《남요필기南窯筆記》에서 말한 것처럼 "우선 원형에 파란 안료로 화조의 반체半體를 그리고, 이어서 물감을 넣어 전체를 완성하는 것이다." 이것은 유약 밑의 청화와 유약 위에 채우는 물감을 섞어서 완성하는 것으로, "유상투채釉上鬥彩"라고 한다. 투채라고 하면 일반적으로 유상투채를 가리킨다. 이런 기술은 명나라 성화 시기에 완성되었다. 이것은 이후 채색 자기 발전의 기초가 된다. 명나라

그림 7-46 청나라 옹정 때 분채도문완粉彩桃紋碗

가정·만력 연간에 등장한 오채五彩 자기가 바로 투채의 기초 위에 발전한 것이다.

　　명나라 때의 오채에도 두 가지가 있다. 하나는 유약 밑 청화와 유약 위 채색 그림이 결합한 것으로, "청화오채青花五彩"라고 한다. 다른 하나는 홍紅·녹綠·황黃이 주가 되는 유상오채釉上五彩다. 청나라 강희 시기에 이르러 유상람채釉上藍彩와 유상흑채釉上黑彩가 발명되었다. 전자는 청화보다 더욱 선명하고, 후자를 이용하여 백자에 그림을 그리면 마치 먹으로 종이에 그림을 그린 것과 같은 효과를 일으킨다. 이것은 송·원 시대에 이르기까지 오직 형체를 새기고, 그리고, 찍고, 쌓는 것과 단색 혹은 두 가지 색으로만 무늬를 장식할 수밖에 없었던 중국 자기의 전통을 근본적으로 바꿔놓았으며, 채색 자기가 중국 자기 제조 공예의 주류가 되도록 했다. 이 뿐만 아니라, 청나라 때에는 전통적 발색제 이외에 맹자錳紫·금홍金紅·제황銻黃·패록銅綠 등의 색유를 발명하거나 들여왔고, 또한 옛날부터 있었던 색유를 다른 온도로도 소성해 색보色譜가 더욱 갖추어지게 했다. 특히 옹정雍正 시기에는 납을 함유한 유리질에 비소 성분을 넣어서 유리백琉璃白을 만들었다. 이 유리백을 이용하여 안료를 섞어 자기에 그림을 그리는 방법을 발명했는데 이것이 분채粉彩다. 분채로 그린 화면은 농담과 음양을 표현할 수 있고, 착색을 거쳐서 형상을 더욱 사실적으로 표현할 수 있었다(그림 7-46). 대나무·나무·상아·구리 등을 본뜬 기물들은 그 색깔이 이미 원래 물건을 닮을 수 있었다. 이 단계에 이르러 중국의 자기 제조 공예는 완전히 성숙되었다.

당나라 이래 중국의 자기는 세계 각지로 널리 판매되었다. 자기 제조 기술 역시 중국에서 동서 각 나라로 전파되었다. 16세기부터 18세기까지 중국에서 유럽으로 판매된 자기는 3억 건에 달한다. 우정의 유대이기도 하고 문화 교류의 교량이기도 했다.

8

문구, 인쇄, 악기

문구에 대해서는 먼저 붓·먹·벼루를 보자. 붓은 아주 오래 전에 나타났
다. 중국 신석기 시대 채색 도기의 일부 무늬에는 선에서 붓끝이 보이
는 것들이 있어 붓으로 그린 것임을 알 수 있다. 상나라 때에는 더 많은
증거들이 있다. 도기와 석기, 옥기에는 먹이나 주사로 쓴 글자들이 보인
다. 글자를 새기지는 않고 기록만 한 갑골문이 70여 편에 달한다. 갑골
문의 𦘕(聿) 자는 한 손으로 붓을 잡고 있는 모양인데 잡고 있는 붓의
끝 모양이 틀림없는 털붓이다. 발견된 것 중 최초의 붓은 전국 시대 것
이다. 하남성 신양의 장태관長台關·호남성 장사의 좌가공산左家公山·호
북성 형문荊門의 포산包山 등의 초나라 무덤에서 모두 붓이 출토되었다.
좌가공산에서 나온 붓대는 한 쪽을 몇 조각으로 쪼개어 붓털을 그 사이
에 끼워 넣고 실로 묶어 바깥쪽에 옻칠을 한 겹 더하였다. 포산에서 발
견된 것은 붓대의 한쪽에 구멍을 파고 붓털을 묶어 뾰족한 붓끝이 있는
붓머리로 만들고 칠을 해서 구멍에 끼워 넣었다. 1975년 호북성 운몽의
수호지에서 발견된 진시황 30년(기원전217) 무덤에서 진나라 붓 세 자루
가 출토되었다. 붓대의 상단은 뾰족하고 하단의 구멍에 붓끝을 넣은 것
으로 포산 초나라 붓의 제작 방식보다 진화된 형태다. 한나라 때의 붓은

그림 8-1 한나라 붓과 잠필
1 감숙성 돈황의 마권만馬圈灣에서 출토
2 '백마작白馬作' 붓. 감숙성 무위의 마취자에서 출토
3 관투管套가 있는 붓. 호북성 강릉에서 출토
4 '백필白筆'을 비녀로 꽂은 사람. 산동성 기남의 동한시대 화상석

이미 10여 자루가 출토되었다. 한나라 때 장성長城 연장선상에서 발견
된 것은 병사가 사용했던 것으로 간단하게 만들어졌다(그림8-1 : 1). 감
숙성 무위 마취자에 있는 한나라 때 무덤 두 곳에서 붓이 출토되었는데
한 자루는 붓대 위에 '사호작史虎作', 다른 것에는 '백마작白馬作'이라고

새겨져 있다. 이는 응소應劭의《한관의漢官儀》중에서 "상서령尚書令·복
복僕·승丞·랑郞에게 매달 붉은 관의 큰 붓 한 雙을 공급한다. 전서로 북공
작北工作이라고 쓴다"라는 내용과 일치하며 비교적 세심하게 만든 것이
다. 백마작의 붓머리[筆頭]는 흑자색의 털로 붓심을 만들고 밖을 황갈
색 털로 덮었다. 한나라 채옹은《필부筆賦》에서 "붓은 겨울 토끼의 털에
서 만들어졌다惟其翰之所生, 于季冬之狡兎"라고 했다. 중국 고대의 토끼는 오
늘날의 산토끼이며, 집토끼는 19세기 서양에서 유입된 것이다. 가을과
겨울에 산토끼 등에서 자란 자주색 털을 "자상호紫霜毫"라고 한다. 백마
작 붓의 붓끝은 이 자주색 털을 골라서 만든 것이다. 강소성 연운항連云
港의 동해현東海縣 윤만尹灣 6호 한나라 때 무덤에서 출토된 토끼털로 만
든 붓은 아주 정교하다. 2천 년의 시간이 지났지만 지금까지 붓끝이 가
지런하고 단단하며, 붓을 물에 담갔다 꺼낼 때는 붓끝이 즉시 가지런하
게 모인다. 이곳에서 출토된 길이 23cm, 폭 6cm의 나무 죽간은 두 면에
3천여 자를 쓸 수 있었고 매 글자의 간격이 2mm밖에 되지 않는다. 먼
저 긴 털을 골라 붓털을 만든다. 이를 붓대 속에 깊이 심어 칠을 발라 접
착한 후 끈으로 묶었다. 바로 "칠과 실로 단단하게 묶는다"《필부》라는
것이다. 연운강 해주海州의 망장網瞳 한나라 때 무덤에서도 붓이 출토되
었다. 한 자루는 붓털이 4.1cm인데 붓대 안쪽에 심긴 부분이 2cm나 된
다. 다른 하나는 붓털 길이가 3.2cm인데 붓대에 1.5cm가 심겨 있다. 붓
털을 깊이 심으면 붓이 물을 많이 머금을 수 있고 밖으로 보이는 부분
도 말끔하며 글을 쓸 때는 붓이 부드럽게 움직인다. 윤만에서 출토된 붓
은 총 길이가 23cm이고 백마작은 23.5cm로 모두 한나라 기준으로 한
척 남짓이다.《논형·효력效力》에서 "한 척 붓 一尺之筆"이라고 한 말과 부
합한다. 붓의 끝부분은 모두 날카롭게 깎여 있는데 비녀로 쓰기 편하게

만든 것이다.《사기·골계열전滑稽列傳》에서 "서문표西門豹가 붓을 머리에 꽂고 허리를 굽혀 절을 하였다"라고 했고,《한서·조충국전趙充國傳》에서 "장안세張安世가 본래 전대를 허리에 차고 붓을 머리에 꽂고安世本執橐簪筆"라는 구문이 나온다. 안사고는 "잠필簪筆은 붓을 머리에 꽂는 것"이라고 풀이했다. 백마작 붓은 무덤 주인의 머리 왼쪽에서 출토되었는데 아마 매장할 때 머리에 비녀로 꽂혀 있었을 것이다. 산동성 기남의 화상석에는 붓을 비녀로 사용한 인물이 보인다. 운몽에서 출토된 진나라 때의 붓 위쪽이 날카롭게 깎여 있는 것을 근거로 진나라에 이미 이러한 관습이 있었을 것이라고 추정할 수 있다.

　좌식 시대의 책상은 낮았다. 만약 팔뚝을 책상에 기댄 채 글자를 쓰면 등이 굽어서 매우 불편하기 때문에 종종 팔을 들고 썼다. 호남성 장사의 진晉나라 때 무덤에서 출토된 마주 앉아 있는 인형[俑] 중 한 사람은 목간을 손에 들고 글씨를 쓰고 있다. 진나라 고개지顧愷之의 〈여사잠도〉와 오대십국 시대 구문파丘文播의 〈문회도文會圖〉에는 종이를 들고 쓰고 있는 사람이 그려져 있다(그림 8-2). 그러므로 붓 끝에 힘이 있어야 했다. 당나라 유공권柳公權이 말한 "송곳처럼 둥글고 끌처럼 납작하다圓如錐, 捺如鑿"라고 한 것과 같다. 당시에 선성宣城에서 대대로 붓을 만들었던 제갈諸葛씨의 '선필宣筆'이 가장 유명했다. 선필은 '서수필鼠須筆', '계거필鷄距筆'이라고 하였는데 모두 붓끝이 단단하고 힘이 있다. 일본 나라의 정창원에 소장된 당나라 붓은 붓머리가 짧아 삼각형 에 가깝다. 이는 백거이가 "닭의 뒷발톱 모양으로 오묘함을 곡진히 표현한다象彼足距, 曲盡其妙"(《계거필부鷄距筆賦》)라고 한 것과 비슷하므로 계거필류에 속하는 것이다. 이처럼 짧고 딱딱한 붓의 유행은 당나라 서법에 영향을 주었다. 이러한 요소를 통해 두보가 말한 "글씨는 가늘고 힘이 있으면서도 신묘함에

그림 8-2 목간과 종이를 들고 쓰는 사람
1 춘추 전국 시기 마주 앉아 기록을 하고 있는 인형. 호남성 장사의 금분령金盆嶺에서 출토
2 동진 때 고개지의 〈여사잠도〉

통한 경지를 귀히 여긴다書貴瘦硬方通神"라는 것이 무엇인지 이해할 수 있을 것이다. 북송 중엽 이후, 높은 탁자와 의자가 보급되면서 글자를 쓰는 자세도 점차 변하게 되었다. 그러나 이 시기 유송년劉松年의 〈서원아집도西園雅集圖〉에서 소식蘇軾은 여전히 팔을 들고 글자를 쓰고 있다. 원나라 때에 이르러 절강성 호주에서 활동한 장인 풍응과馮應科 등이 현지의 산양털로 만든 양털붓 또는 겸호兼毫(양털에 토끼 털이나 닭이나 이리 털을 섞은 것)를 만들면서 유행하기 시작했다. 이는 선필보다 부드러워 책상에 엎드려 글씨를 쓰기에 적합했다. 명·청나라 이래 호필湖筆은 가장 유명한 붓이 되었다.

붓으로는 먹을 묻혀 글자를 쓴다. 상나라 유물 중 먹으로 쓴 글자는 검사를 거친 결과 탄소를 주성분으로 한다는 점을 알 수 있었다. 이는《설문해자說文解字》에서 먹을 만들 때 '연매烟煤(그을음)"를 사용한다고 한 것과 부합한다. 탄소는 4가價로 성질이 안정적이기 때문에 먹색은

시간이 오래 지나도 변하지 않는다. 당시 서방
에서는 타닌산(주로 참나무 충영 가루를 우린 물을 사
용)과 철염의 상호 작용으로 생성된 타닌산철
이 함유된 먹물을 사용했다. 춘추 전국 시대
의 먹은 분말 형태였다.《장자·전자방田子方》에
는 화공이 "붓을 핥고 먹을 섞는다舐筆和墨"라
는 표현이 있다. 마왕퇴 3호 묘에서 발굴된《오
십이병방五十二病方》에는 약물을 섞는 것을 "화
和"라고 했다. 화공이 먹을 섞었다[和墨]고 했
지 먹을 갈았다[研墨]고 하지 않았으므로 그
들이 사용한 것이 가루 형태의 먹이었음을 알
수 있다. 낙랑의 채협총彩篋塚에서 출토된 칠연
漆硯(칠기 벼루)의 받침 서랍에서 먹 분말이 발견
된 적이 있다. 강릉의 봉황산과 광주의 상강象
崗에서 출토된 서한 시대 초기의 먹은 작은 과
립이나 둥근 공 모양이다. 더 이상 분말은 아
니었지만 아직 덩어리의 형태는 아니었다(그림

그림 8-3 정창원 소장 당나
라 붓

8-4:1). 먹을 덩어리 형태로 만들려면 아교를 섞는 기술이 상당히 발전
되어야 하고 비교적 복잡한 공정이 필요하기 때문이다. 만약 아교가 가
벼우면 완성된 먹이 얇고 작지만 만들기는 쉽다. 북위 시기《제민요술·
필묵筆墨》에서 먹을 만드는 일을 두고 "작고 크지 않은 것이 낫다"라는
기록이 있었다. 그러나 지역마다 상황이 달랐으므로 운몽 수호지 4호
진나라 무덤에서는 덩어리 형태의 먹이 출토되었다. 한나라 시기 과립
형태의 먹이 사라지지는 않았지만 덩어리 형태가 점차 많아졌다. 산서

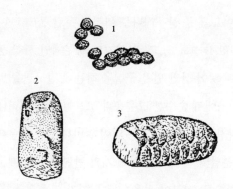

성 혼원渾源의 필촌畢村 서한 시대 묘와 하남성 섬현陝縣의 유가거劉家渠

동한 시대 묘에서 모두 덩어리 형태의 먹이 출토되었다(그림 8-4:2).《한

관의》에는 상서령 등에게 "매달 유미현隃麋縣(지금 섬서성 천양으로 이곳은 당

시 소나무가 많아 그을음을 태워 먹을 제조하는 것이 성행하였음)의 큰 먹 일 매枚,

작은 먹 일 매를 제공하였다"라고 되어 있다. 일 매는 한 덩어리란 뜻이

므로 서한 시기에 유미먹이라는 명품이 있었음을 알 수 있다. 동한 시기

갈공葛龔의《여양상장부군전與梁相張府君箋》에는 이런 내용이 있다. "또

좋은 먹을 선물해 주셨지만 저는 가진 것이 없어 해골이 꺾이고 간담이

부서진다 해도 은혜를 갚을 길이 없습니다." 글의 내용을 보건대 그 먹

은 분명 최고급품이었을 것이다. 녕하회족자치구 고원의 동한 시대 무

덤에서 출토된 솔방울 무늬 먹은 옻처럼 검은 윤기에 고운 그을음과 맑

은 아교를 사용하였으며, 가볍고 견고하다. 1800여 년을 땅 속에 묻혀

있었지만 아무런 균열도 없으며 틀에서 막 새로 뺀 것처럼 온전하여 한

나라 먹의 최상품으로 불린다(그림 8-4:3).

　　위·진·남북조 시기 먹의 품질은 점점 좋아졌다. 삼국 시기 위탄

韋誕은 "한 방울만 칠해도 옻처럼 검은—點如漆" 먹을 만들었다.《제민요

술》에는 '합묵법合墨法'이 소개되어 있다. 먹은 '순수한 그을음'을 고운

비단에 걸러 좋은 아교, 아교를 푼 물푸레나무 껍질을 우린 물(물푸레나
무는 백납수로, 그 나무껍질은 진피라고도 함), 계란 흰자와 방부제인 사향 등
을 배합하여 함께 "절구에 넣어 삼만 번 절구질을 하는데 절구질을 많
이 할수록 좋다." 먹의 제조에서 순수한 그을음과 고운 비단에 걸러내
는 것과 숙련된 절구질 과정을 강조하는 것은 먹이 얼마나 짙은 검은색
을 낼 수 있느냐가 탄소 분말의 순도, 과립의 크기와 관련이 있기 때문
이다. 탄소 분말이 순수할수록, 회분이 적을수록, 입자가 고울수록, 분
산도가 높을수록 먹색이 더욱 검고 빛난다. 당나라 때의 저명한 먹 장인
해초奚超는 역수易水 사람인데 이곳은 먹 생산지로 장우張遇 등의 명인이
이곳 출신이다. 해초는 안사의 난 당시 흡주歙州로 이주했다. "그가 만든
먹은 옥처럼 단단하고 무소 뿔 같은 무늬가 있었다."(《민수연담록澠水燕談
錄》) 그의 아들 해정규奚廷珪는 기술을 더욱 발전시켰으며 남당 후주에게
인정받아 이 씨 성을 하사받았다. 그가 만든 먹을 서법가 채양蔡襄은 천
하 제일품이라고 극찬했다. "선화宣和 연간, 황금은 얻을 수 있었지만 이
씨의 먹은 얻을 수 없었다."(《소씨견문후록邵氏聞見後錄》) 오늘날 해정규의
먹이라고 하는 것들은 거의 진품이 아니다. 그러나 일본 정창원에 소장
된 당나라 먹은 개원 4년(716)에 제작된 것이다. 길이는 29.6cm로 당나
라 기준으로 거의 한 척이다. "이초李超 먹 한 자루의 길이가 한 척 남짓
이다"(명나라 마삼형麻三衡《묵지墨志》)라는 기록에 부합한다. 장방형인데 양
쪽 끝은 좁아져 소의 혀 모양과 비슷하다. 명나라 방서생方瑞生의《묵해
墨海·고묵도기古墨圖記》에 수록된 이정규의 '조기묵祖記墨'과 비슷한 양식
으로 이정규의 먹은 아니지만 보기 드문 당나라 먹임을 알 수 있다. 송
나라 '이묵李墨'의 산지인 흡주는 휘주徽州로 이름을 바꾸었고 이후 이곳
에서 생산된 먹이 휘묵徽墨이 되었다.

초기의 중국 먹은 소나무 그을음으로 만들었다. 그러므로 조식曹植은 시에서 '먹은 푸른 소나무 그을음에서 나오네墨出靑松烟'라고 노래했다. 송나라 때에는 동물성 기름 그을음, 옻나무 그을음으로 먹을 만드는 방법이 발명되어 품질이 개선되었다. 심괄은《몽계필담》에서 석유연石油烟으로 먹을 만드는 방법을 언급하였는데 이런 먹은 "검은 빛이 옻칠 같아 소나무 그을음으로 만든 먹은 비할 바가 아니다"라고 하였다. 명나라 때에는 오동나무 기름 그을음으로 만든 유연묵이 선호되었다.《천공개물》에서는 이 시기 유연묵이 먹 생산량의 10분의 1밖에 차지하지 못한다고 했지만 서법가들은 여전히 대부분 유연묵을 사용하였다. 고급 먹은 진귀한 약재와 향료를 첨가하여 저장 기간을 연장하고 부패와 곰팡이, 좀을 방지하였으며 침투 효과와 광택이 증가하였다.

명·청나라 때에는 휘묵이 천하였다. 명나라 먹 제조의 대가였던 방우노方于魯와 정군방程君房은 모두 휘주徽州 흡현歙縣 사람이었다. 청나라의 대표적인 먹 장인인 조소공曹素功, 왕절암江節庵, 왕근성汪近聖도 모두 흡현 사람이다. 호개문胡開文은 휴녕休寧 사람이지만 휴녕 역시 휘주의 속현이다. 이들이 제작한 정감묵精鑑墨, 집금묵集錦墨은 실용적이면서도 품평의 대상이었다. 이 먹은 대부분 짝을 지어 구성되었는데 역대 명가의 명품을 모방 제작한 것도 있고, 시화묵詩畫墨, 박고묵博古墨 등도 있었다. 품질이 뛰어나고 정교하였으며 미관이 훌륭했고 포장이 화려하여 문구뿐만 아니라 중요한 공예품으로도 인정받았다.

먹과 벼루는 함께 사용된다. 원시의 벼루는 비교적 평평한 하광석河光石에 불과했다.《설문해자》에서는 "硯(연)"자를 "매끈한 돌"이라고 풀이했다(그림8-5:1). 초기의 먹은 분말이나 과립, 얇은 조각 형태여서 손으로 쥘 수 없었기 때문에 연자硏子로 눌러야 쉽게 갈 수 있었다. 최초의 벼루는 호북성 운몽 수호지 진나라 때 묘에서 출토된 것으로 벼루와 연자 모두 하광석의 원형에 약간의 가공을 하여 만든 것이다. 벼루와 연자 모두 먹과 갈았던 흔적이 있다. 붙어 있는 연자는 거의 벼루의 4분의 1 정도로 상당히 크다. 연자는 대부분 돌로 만들지만 낙랑 채협총에서 출토된 한나라 돌벼루의 연자는 나무로, 광주의 한나라 때 무덤에서 출토된 연자는 마노와 도기로 된 것이다. 호북성 강릉의 장가산張家山 한나라 때 묘에서 출토된 부장품 목록에는 "벼루 하나와 자子가 있다"라고 했는데, 자가 바로 연자이다. 일부 고고학 보고에서 이를 연석이라고 통칭하는 것은 세심하지 못한 표현이다. 한나라 때 돌벼루의 모양은 예전보다 반듯해지고 주로 원형과 장방형의 두 종류이며 연자의 부피는 작아졌다. 둥근 벼루는 대부분 다리가 세 개 달려있고 돌출된 뚜껑이 있는데 뚜껑 아래 가운데 움푹한 곳을 두어 벼루를 덮을 때 연자를 둘 수 있게 했다. 정교하게 만들어진 둥근 돌벼루 중에는 뚜껑에 용 여러 마리의 머리와 꼬리가 얽혀 있는 반리문을 조각해 넣은 것도 있다. 예를 들면 하북성 망도소望都所의 약촌藥村과 하남성 남락南樂의 송경락宋耿洛 등지의 한나라 때 묘에서 출토된 것들이 그렇다(그림 8-5:2). 하북성 당양當陽의 유가총자劉家冢子 한나라 때 묘에서도 이러한 양식의 도기 벼루가 출토되었다. 장방형 벼루는 원래 그냥 석판인데 낙양 소구燒溝 632호 한나라 때 묘에서 출토된 것이 그렇다. 이러한 벼루를 통상 "대연黛硯"이라고 하는데 실은 다 그런 것은 아니다. 감숙성 거연居延의 금관金關에서 이러한 형태의 돌벼루와 주둔 병사의 유물이 함께 출토되었는데 그곳의 군사적 성격을 고려한다면 이 벼루는 분명 눈썹[黛]을 그리는 것은 아닐 것이기 때문이다. 강소성 연운항의 해주 한나라 때 서곽보西郭寶 묘에서 장방형의 벼루와 붓, 죽간이 동시에 출토되었는데 이는 문구로 사용된

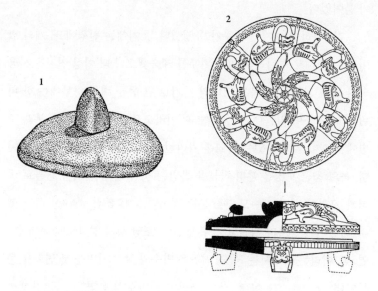

그림 8-5 한나라 석원연石圓硯
1 서한 시기 화광석원연河光石圓硯과 연자. 광동성 광주의 옥자강玉子崗에서 출토
2 동한 시기 반리 문양을 투조한 뚜껑과 삼족이 있는 석원연. 하남성 남락의 송경락에서 출토

것이다. 함께 출토된《의물소衣物疏》에서 그 벼루를 '판연板硯'이라고 했
는데 이것이 정식 명칭일 것이다. 정교한 석판 벼루는 나무로 된 벼루
상자가 붙어 있기도 하다. 산동성 임기臨沂의 금작산金雀山 11호 한나라
때 묘에서 출토된 것은 벼루 상자에 옻칠이 되어 있고 뚜껑과 바닥 양쪽
에 모두 구름과 짐승의 무늬가 그려져 있다. 한나라 때에는 또 구리 벼
루 상자에 담긴 돌벼루가 있는데 벼루 상자는 짐승 모양으로 안휘성 비
동肥東과 강소성 서주徐州에서 각각 하나가 출토되었다. 서주의 짐승 문
양 구리 벼루 상자는 전체가 도금이 되어 있고 순도 높은 은을 뿌려 구
름무늬를 만들고 붉은 산호, 녹송석綠松石(터키석) 청금석青金石을 박아 독
특하며 화려하다. 상자 안에는 돌벼루가 담겨있고 기둥 형태의 돌 연자

가 붙어있다.

진晉나라에는 자기 벼루가 유행했다. 초기에는 원형에 세 개의 발이 있는 형태로 한나라의 원형 벼루를 계승했으나 더 이상 연자는 사용하지 않게 되었다. 남북조 시대의 자기로 된 둥근 벼루 하부에는 한 바퀴 다리 기둥이 있는데 '벽옹연辟雍硯'이라고도 불렸다. 벽옹은 본래 주변에 물길이 휘감겨 있는 학교를 가리킨다. 반고班固는 "벽은 둥근 옥이다. 옥의 둥근 모양을 본떠 하늘을 본받는 것이다. 옹은 사방을 물로 둘러싸 교화가 펼쳐지는 모습을 본뜬 것이다.《백호통의白虎通義》"라고 했다. 벽옹연은 당나라 때에도 자주 보인다. 초당 시기 양사도楊師道의 〈영연咏硯〉이라는 시에서는 "둥근 연못은 벽수와 같고 가벼운 붓 연화를 물들이네圓池類璧水, 輕翰染鉛華"라는 구절이 곧바로 벽옹연은 가장 유행하는 벼루가 되었다. 총장總章 연간의 이상李爽, 사성嗣聖 연간의 이휘李徽, 신룡神龍 연간의 이중윤李重潤 등 당대 전기 귀족 무덤에서 출토된 것들은 모두 벽옹연이다(그림8-6). 이후 좋은 돌을 골라 벼루를 만들게 되었다. 당시는 먹 제조 기술이 발달하여 먹이 매우 단단했기 때문에 벼룻돌도 단단해야 있어야 했다. 그러나 단단한 돌로 벼루를 만들면 거친 표면이 붓털을 상하게 할 수 있었고, 표면이 너무 미끄러워도 발묵이 잘 안됐다. 그러므로 벼루로 사용하는 돌은 강도와 섬세함, 발묵이 잘되는 요건들을 갖추어야 했다. 이러한 기준으로 당대에는 광동성 조경肇慶에서 생산된 단계석端溪石으로 벼루를 제작했다. 단연의 석질은 매우 뛰어나 먹을 갈아도 소리가 없고 물을 담아두어도 줄어들지 않았으며 매끈하면서도 미끄럽지 않았고 발묵이 잘 되면서도 붓을 상하게 하지 않았다.《당국사보》에는 단계 자석紫石 벼루를 이렇게 말했다. "천하의 귀천을 막론하고 모두 함께 이 벼루를 사용한다." 시인들은 열정적으로 이

그림 8-6 당나라 때 벽옹연. 호북상 운현鄖縣의 마단산馬壇山 당나라 이휘 묘에서 출토

벼루를 노래했다. 이하李賀는 단연을 이렇게 읊었다. "단주의 석공 공교

롭기가 귀신과 같으니 하늘에 올라 칼을 갈아 자색 구름 베어왔네端州石

工巧如神,踏天磨刀割紫云." 유우석劉禹錫도 "단주의 벼루는 세상에서 귀한 것

으로 나에게 주니 저술의 뜻을 바로 하라는 의미임을 알겠네端州石硯人間

重,贈我應知正草玄"라고 했다. 1965년 광주 동물원에서 당나라 바람 풍風

글자 형태의 단연이 출토되어 현재 광주시박물관에 소장되어 있다. 벽

옹 형태의 발이 많은 벼루는 석재를 가공하기가 어렵지만 낮고 평평한

풍자연風字硯은 만들기가 쉬웠다. 가장 이른 풍자연은 서안 곽가탄郭家灘

에서 출토되었는데 동위東魏 무정武定 7년(549)의 명문이 있어 당나라 때

풍자연의 형태가 원래 있던 것임을 알 수 있다. 단석 외에 당나라 때에

는 또 안휘성 무원婺源의 흡계석歙溪石으로 만드는 벼루가 개발되었는데

합비合肥의 당나라 개성開成 5년(840)에 조성된 무덤에서 키 형태의 흡연

이 출토되었다. 이외에 또 징니연澄泥硯이 제작되었는데 산서성 강주絳州

에서 생산된 것이 가장 유명했다. 징니연은 본래 비단 주머니에서 일어

씻은 분하汾河의 고운 진흙을 원료로 했다. 한유의《예연문瘞硯文》에 "진흙으로 바탕을 만들고 도기로 그릇을 만들었네土乎成質, 陶乎成器"라는 말이 있는데 바로 징니연을 말한 것이다. 이 벼루는 대부분 풍자 형태를 하고 있으며 거북이 모양으로 제작된 것도 있다. 벼루의 덮개는 거북이 등껍질의 모양을 하고 있어 독특한 느낌을 준다.

송나라 때에 이르자 단端, 흡歙, 노魯, 도洮 등 지역의 돌로 만든 벼루가 널리 사용되었다. 모양도 장방형의 초수연抄手硯 외에 각종 형태가 있었으며 특별히 제작한 난정연蘭亭硯, 석거연石渠硯 등이 있었다. 당시는 석재의 무늬를 중시했는데 흡석은 별처럼 반짝이거나 지문 같은 무늬가 있는 것을 선호했고 단석은 석안石眼 즉, 구욕안鴝鵒眼, 앵가안鸚哥眼 같은 것들이 선호되었다. 국가박물관에 소장된 송나라 때의 백일연百一硯은 벼루에 101개의 둥근 석안이 있어 붙여진 이름이다. 형형한 녹색으로 광택이 살아있어 단연 중 최고품이다. 송나라 때에는 또 벼루에 관한 전문 저서가 출현했는데 미불米芾은 중국 최초의《연사硯史》를 저술했다.

명·청나라 때의 시대의 돌벼루는 돌의 재질 외에 조각 문양도 중시했는데 세발 솥 모양, 거문고 모양, 대나무 마디, 꽃 술잔, 말발굽, 초승달, 연잎, 고대 화폐, 영지, 두꺼비 등 다양한 모양들이 개성을 다투면서 대대적으로 유행했다. 먹을 갈 때는 벼루에 물을 넣어야 하는데 두 가지 기구가 사용된다. 하나는 연적이고 다른 하나는 물그릇[水盂]이다. 한나라 때의 유명 벼루는 수량이 많지는 않지만 정교하고 아름다운 연적이 있다. 하남성 언사, 초작焦作과 광서성 소평昭平에서는 모두 짐승 형태의 구리 연적이 출토되었으며 그 외에 송나라 사람들이 "천록연이天禄硯匜"라고 불렀던 것(고사손高似孫《위략緯略》)이 약간 전해지고 있다

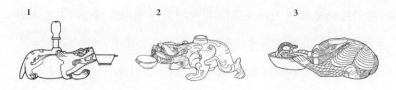

그림 8-7 동한 시기 연적
1 짐승 모양 구리 연적. 하남성 초작焦作에서 출토
2 짐승 모양 옥 연적. 전세품傳世品
3 토끼 모양 구리 연적. 광서성 오주梧州에서 출토

(그림8-7:2). 사천성 개현開縣과 대읍大邑에서 출토된 연적은 거북이에 뱀의 머리를 가니 현무의 형태를 하고 있으며 하남성 언사의 대구향大口鄕에서 출토된 것은 거북 모양을 하고 있다. 부현傅玄은《수귀명水龜銘》에서 "영험한 거북을 주조하니 모양은 자연을 본뜬 것이네. 머금은 물 나오지 않으니 맑은 샘 같네. 검은 먹을 윤택하게 하고 부드러운 붓을 물들이네"라고 했으니, 이러한 연적을 말한 것이다. 광서성 오주梧州에서 출토된 구리 연적은 토끼 모양으로 아주 드문 것이다. 물이 나오는 곳에 마개가 있는 연적도 있다. 또 정수리 부분의 물을 넣는 곳에 기둥 모양의 원형 마개가 있는 것도 있는데 둥근 기둥 중심에는 위아래로 통하는 구멍이 있어 공기가 이곳으로 들어가고 연적에 있는 물이 나올 수도 있다. 이 구멍을 꼭 누르면 공기가 차단되어 물이 흐르는 것을 막을 수 있다. 하남성 초작에서 출토된 것은 꼭대기의 마개가 온전하게 보존되어 있으며 매우 정교하게 제작되었다(그림8-7:1). 당나라 때에는 수주水注, 즉 작은 주전자를 연적으로 쓰기도 했다. 관휴貫休는《수호자水壺子》에서 이렇게 말했다. "훌륭한 장인이 때를 벗기고 광채를 내어 붓과 벼루 사이에 두었네", "연적이 작음을 탓하면 안 되니 사람을 도와주는 공이 있다네." 명나라 때에 모사한 송나라의 〈십팔학사도十八學士圖〉에 보

면 붓과 벼루 옆에 작은 수주水注가 놓여있다. 이외에 작은 국자로 사발에서 물을 떠서 벼루에 넣기도 했다. 수우水盂는 수성水盛이라고도 한다. 송나라 때 임홍林洪의 《문방도찬文房圖贊》에는 이를 "수중승水中丞"이라 했는데 "성盛(chéng)"과 "승丞(chéng)"의 발음이 같기 때문이다. 수성水盛을 "중승中丞"의 관직에 봉한 것은 본래 해학이었는데 후에는 수승水丞이 정식 명칭이 되엇다. 명나라 때의 고렴高濂, 도륭屠隆, 문진형文震亨 등의 예술품 감정사들은 모두 "둥근 입과 항아리 모양의 배, 아래에는 세 개의 발이 있고 큰 것은 주먹만한" 수우를 가장 훌륭하다고 평가했다. '사발의 작은 입', '항아리 모양의 배와 둥근 발' 등의 양식도 호평을 받았다.

　　벼루 옆에는 붓걸이를 두었는데 산 모양을 한 것은 필산筆山이라 불렀다. 가장 유명한 것은 미불의 필산으로 산 안에 연당硯堂이 있는 모양을 만든 것이므로 연산硯山이라고도 한다. 육유陸游가 말하기를 "이후주李後主가 연산을 하나 구입했는데 지름이 한 척이 넘었다. 앞에는 36개의 봉우리가 솟아있는데 큰 것은 손가락만하다. 좌우에는 두 언덕과 비탈이 있고 가운데를 파서 벼루를 만들었다. 강남의 나라들이 망하자 여러 사람의 손을 거치다 미불이 얻게 되었다"(《피서만초避暑漫鈔》)라고 했다. 이리하여 미불은 그 유명한 《연산명硯山銘》을 쓰게 되었다. 원나라 때에 이르자 이 연산은 도종의陶宗儀에게 갔다. 도종의가 지은 《남촌철경록南村輟耕錄》에는 연산의 그림이 수록되어 있다. 이런 기물은 특히 도끼와 끌로 다듬은 흔적이 없는 자연 그대로의 모습을 한 것이 더 가치가 있다. 문인들은 이를 책상에 두고서 매번 붓을 걸 때마다 산을 휘감은 운무 사이로 비치는 빛과 산 그림자를 마주하는 듯했다. 발굴된 것들 중 절강성 제기諸暨의 송나라 때 동강사董康嗣 묘에서 출토된 돌로 된 필산

은 20개의 봉우리가 있다. 강서성 임천臨川의 송나라 때 주제남朱濟南 묘
에서 출토된 구리 필산은 12봉으로 모두 수려하게 우뚝 솟은 봉우리가
장관이다(그림 8-8). 이후 필산을 필가라고 부르게 되었고 봉우리의 수는
줄어들었다. 명·청나라 때의 시대의 필가는 통상 삼봉식, 오봉식으로
천편일률적이라 소장가의 안목에 들기가 힘들었다.

　붓을 놓을 때는 필가를 사용하고 붓을 보관할 때는 필통筆筒을 사
용했다. 필통의 전신으로 서통書筒, 시통詩筒 등이 있었다. 당나라 시기
이미 죽통을 사용하여 문자 자료를 보관했다. 당나라 전기錢起는 청색
죽통을 받고 "푸른 옥처럼 윤기가 나는 초 땅의 대나무는 상수의 남쪽
에서 왔다네. 서신은 곧은 마디를 취하고 군자는 마음을 비워야 함을 알
겠네楚竹靑玉潤, 從來湘水陰. 緘書取直節, 君子知虛心"라는 시를 썼다. 이는 죽통
을 사용해서 서권을 담았음을 설명한다. 원나라 때에 이르자 죽통에 붓
을 담기 시작하면서 필통이 만들어지게 되었다. 명나라 중엽 이후 가정
嘉定의 삼주三朱, 금릉金陵의 복양濮陽 등 대나무 조각의 명가들이 등장하
고 이들이 조각한 대나무 필통이 명성을 얻어 대대적으로 유행했다. 마
치 고대부터 있었던 물건이기라도 한 것처럼 많은 물량이 발견되었기
때문에 혹자는 이 필통들의 등장 연대를 지나치게 넓게 잡기도 한다.
1990년 북경에서 개최된 중국 문물 전시회에 전시된 축국 그림이 조각

그림 8-8 송나라 때 석필산. 절강성 제기의 송나라 때 무덤에서 출토

된 상아 필통은 연대가 송나라 때로 표시되었다. 그러나 그 위의 꽃무늬는 원나라 때 지순본至順本의《사림광기》중〈축구도蹴毬圖〉, 특히《수호전전》제1회의 삽화와 비슷하다. 그리고 재료가 상아인 점을 고려하면, 필통이 처음 출현했던 시대라면 이렇게 화려하기는 힘들다. 이 상아 필통은 명나라 후기의 작품으로 보인다. 특대형 필통도 있는데 대부분 녹나무 뿌리로 만든다. 여기에는 벽과서擘窠書의 큰 글자를 쓰는 붓과 족자도 꽂을 수 있었으며 통상 화두畵斗라 칭해져 문구 중의 대장부라고 할 만했다. 서재의 한쪽에 대형 화두를 세워두면 위엄이 있어 실내에 남다른 분위기를 더해주었다.

글을 쓰는 도구에 대해 이야기를 마쳤으니 글을 쓰는 재료에 대해 말해보자. 중국 고대의 주요 서사 재료는 대나무 목간으로 상나라 때부터 있었다.《상서·다사多士》에서 "은나라 선인들은 책冊과 전典이 있었다"라고 한 것에서 분명히 알 수 있다. 갑골문의 책 자 卌는 죽간을 엮어 책으로 만든 형태다. 당시 사관을 '작책作冊'이라고 불렀다. 혹자는 "역사 기록 및 고고학 발견에 의하면 종이가 발명되기 전 중국의 선조는 기록을 할 때 일반적으로 문자를 거북이 등, 짐승의 뼈와 청동기에 새겼다"라고 했으나 실제 모두 그런 것은 아니다. 갑골은 점을 쳐서 길흉을 예측하는 것으로 그 자체가 신령한 물건으로 간주되었으므로 서사의 재료로만 볼 수는 없다. 갑골에 새겨진 것은 은허복사이며 일반적인 기록을 할 때는 이런 방식으로 하지 않았다. 청동기는 당시 몹시 진귀한 것이었다. 일반 백성, 심지어 낮은 계급의 귀족이라 할지라도 무언가를 기록하기 위해 청동기를 주조할 수는 없었다. 아직까지 상·주나라 때의 시대 죽간이 발견되지는 않았지만 그 존재를 부정할 수는 없다. 고고학의 발견은 우연적이므로 먼 훗날 그것들이 갑자기 세상에 나타날

그림 8-9 필통과 축국도
1 상아 필통. 안휘성박물관 소장
2 원나라 때 지순본《사림광기》의 축구도
3 명나라 때 간행《수호전전》삽화. 북경대학도서관 소장

가능성도 없지 않다. 재질에 따라 죽간은 대나무와 일반 나무 두 종류
로 나눌 수 있다.《논형·양지量知》에서는 "대나무를 자르면 통筒이 되고
쪼개면 첩牒이 된다"라고 했다. 첩이 일반적으로 말하는 죽간이다.《설
문해자·죽부竹部》에 "간簡은 첩牒이다"라고 했다. 죽간의 넓이와 비슷한
나무 조각이 명찰名札이다.《한서·사마상여전司馬相如傳》에서 안사고는

"찰札은 얇고 작은 목간이다"라고 설명했다. 죽간과 목찰은 용도에서 구분이 없으므로 목찰도 간이라 할 수 있다. 그러나 죽간은 손질 후 구 워 대나무에 함유된 물기를 말리고 방충과 변형을 방지하는데 이 과정 을 '한청汗青' 혹은 '살청殺青'이라고 한다. 글자는 대나무의 속껍질(《설문 해자》에서는 분笨이라고 했다) 쪽에 쓰는데 이쪽이 죽간의 정면이다. 대나무 의 속(《설문해자》에서는 민筳이라고 했다)은 죽간의 뒤쪽으로, 제목은 이쪽에 쓴다. 죽간을 말아올리면 뒤쪽이 바깥으로 드러나기 때문이다. 목간은 재료가 소나무이므로 살청을 할 필요가 없는데 양웅揚雄이《답유흠서答 劉歆書》에서 말한 "소나무 서판松槧"이다. 버드나무로 만든 것도 있는데 《초국선현전楚國先賢傳》에서 말한 "버드나무 목간[楊柳簡]"이다. 거연 간의 분석에서 알 수 있듯이 은백양목을 사용한 것도 적지 않다. 목간을 손질하는 것은 대나무를 쪼개어 죽간을 만드는 것보다 손이 많이 가는 일이었다.《양지量知》에는 이러한 내용이 있다. "나무를 잘라 판[槧]을 만들고 그것을 쪼개 판板을 만든다. 힘으로 쪼개고 깎아야 간독이 만들 어진다." 당시 중국에는 아직 톱과 대패가 없었기 때문에 넓은 죽간이 든 좁은 죽간이든 모두 깎아서 만들어야 했다. 어떤 사람이 가짜 한나라 죽간을 박물관에 팔려고 했었는데 감정사는 1m 떨어진 곳에서 그 속셈 을 간파했다. 고대인이 칼로 깎아 가공한 것과는 전혀 다른 느낌을 주기 때문이다. 가짜 죽간은 전기톱과 대패로 가공한 것이라 매끈하다. 죽간 의 글자체와 내용을 보니 확실한 모조품이었다.

죽간과 목간에 긴 글을 쓸 때는 먼저 책으로 엮어야 했다. 끈은 죽 간의 장단에 따라 2줄, 3줄, 4줄부터 5줄까지 모두 달랐다. 끈은 대부 분 삼베를 사용했는데 전문적인 명칭은 "서승書繩"이었다(거연간, 을乙 258). 서북 각 지역에서 발굴된 간책 중 끈이 잘 보존되어 있는 것은 모

두 삼베끈이다. 중요한 간책에는 비단 끈을 사용했다. 서진 시기 출토
된 급총죽서汲冢竹書는 "흰 비단으로 엮었다."(순욱荀勖《목천자전서穆天子傳
序》) 남제 시기 출토된 《고공기》는 "푸른색 비단 끈으로 엮었다."(《남제
서·문혜태자전文惠太子傳》) 유향은 황실의 도서관인 비부에서 《손자》를 보
았는데 "옥색 비단 끈으로 엮여 있었다"(유향劉向《별록別錄》)라고 했다. 그
외에 가죽 끈을 사용한 것도 있다.《사기·공자세가孔子世家》에서 공자가
《주역》을 읽으면서 "가죽 끈이 세 번 끊어졌다韋編三絶"라고 한 것의 의
미는 아주 분명하다. 일부 학자들은 "가로 실이 세 번 끊어졌다緯編三絶"
라고 보아야 한다고 한다. 그러나 그렇게 되면 책을 읽을 때 첫 번째 줄
의 끈이 떨어졌는데 두 번째 줄이 끊어질 때까지 신경을 쓰지 않고 아무
런 수선도 하지 않았다가 세 번째 줄까지 모두 끊어지길 기다린 후에 그
것을 많은 사람들에게 공개적으로 말한 셈이 된다. 공자가 어찌 책을 엮
은 끈이 끊어지기를 일부러 기다리면서까지 책을 많이 본다는 명성을
얻으려고 했겠는가.

　　내용이 다르기 때문에 죽간의 길이도 차이가 있었다. 가장 긴 3
척 죽간은 '법률을 기록하는' 용도였다. 그러므로 한나라에는 "삼척율
령三尺律令"(《한서·주박전朱博傳》), "삼척법三尺法"(《한서·두주전杜周傳》)이라
는 말이 있었다. 거연의 5.3, 10.1, 13.8, 126.12호 등에서 출토된 잔간
殘簡은 한 조각으로 맞춰보면 67.5㎝로 한나라 기준으로 3척에 부합하
며 조령의 목록이 그 내용이다. 유가 경전을 기록할 때는 한나라 기준
으로 2척 4촌의 죽간을 사용했다.《논형·사단謝短》에 "2척 4촌, 성인의
글과 말二尺四寸, 聖人文語"이라는 내용이 있고《효경구명결孝經鉤命決》에
는 "육경의 책은 모두 2척 4촌의 길이다"(《춘추좌전서春秋左傳序》 공영달 소
인용)라는 내용이 있다. 감숙성 무위의 마취자 6호 동한 시대 묘에서 출

토된《의례》의 간책은 길이가 55.5~56.5*cm*로 한나라 기준 2척 4촌에 부합한다. 황제의 책서는 2척으로 감숙성 돈황 현천치懸泉置의 한나라 죽간에는 "2척 두 줄二尺兩行"(Ⅱ 0114[3].404)이라고 언급되어 있다.《후한서·광무제기光武帝紀》의 이현李賢의 주석에는《한제도漢制度》를 인용한 이런 내용이 있다. "황제가 내리는 글에는 네 가지가 있는데 첫째는 책서이다. 책서는 죽간을 엮은 것으로 길이는 2척이며 짧은 것은 절반인데 전서로 쓴다." 채옹의《독단》에도 같은 기록이 있다. 진晉나라 때에도 여전히 책서를 전서로 썼다. 진나라의 박사였던 손육孫毓은 이렇게 말했다. "지금 제후왕을 봉하고 땅을 나누어 주니 책을 만들어 종묘에 고하고 죽책에 전서로 기록한다."《통전通典》권55 인용) 실제 책서를 보지 못했기 때문에 혹자는 전서체의 사용 여부를 회의하거나 심지어는 "진한 시대 전서를 사용하는 경우는 더욱 적어져 거의 장식 문자가 되었다"라고도 했으나 실제로는 그렇지 않다. 진秦나라 때 "문자를 통일"하면서 소전체로 통일했는데 이는 당시의 정체자였다. 한나라는 진나라의 제도를 계승했으므로 소전의 정체자로써의 지위는 변화가 없었다. 한나라 때 궁정의 구리 기물의 명문과 화폐, 와당에 새겨진 문자는 모두 전서체라는 점이 그 증거다. 그러나 황제 책서의 정본은 쉽게 얻을 수 없었고 전사본은 아마 그렇게 규범적이지 않았을 것이다. 책서 이하의 제서와 조서, 계척 등에 사용된 죽간은 길이가 짧아 한나라 기준 1척 1촌이었으므로 '척일조尺一詔'(채질蔡質《한의漢儀》,《후한서·주경전周景傳》) 혹은 줄여서 "척일尺一"(《후한서·이운전李云傳》과《양정전楊政傳》,《속한서·오행지五行志》)이라고 불렸다. 통상 죽간 하나에는 한 줄로만 썼는데 척일 죽간은 비교적 넓어 두 줄을 쓸 수 있었으므로 '양행兩行'(《후한서·광무제기》이현 주석의《한제도》인용)이라고도 불렸다. 거연 10.8,

10.9호의 죽간에 이 명칭이 있다. 보통 죽간의 길이는 대부분 23cm 정도로 한나라의 한 척과 일치한다. 1930~1931년 출토된 구 거연 한간과 1972~1974년 출토된 신 거연 한간은 모두 2만여 매枚로 길이가 대부분 이와 같다.《논형·서해書解》에서 제자서를 "제자척서諸子尺書"라고 했고《사단》편에서는 한나라 당시의 일을 기재한 서적을 "척적단서尺籍短書"라고 했다. 이 책들이 사용한 것은 분명 한 척 길이의 죽간일 것이다. 독牘은 죽간보다 넓어 이것은 간단한 일을 기록하면 "한 판이면 다 쓸 수 있으며一板書盡", "엮을 필요가 없었으므로不假連編" 주로 서신을 쓸 때 사용되었다. 운몽 수호지 4호 진나라 무덤에서 출토된 중국 최초의 서신 2통이 바로 독에 쓰여진 것이다. 완정한 하나의 길이가 23.1cm이므로 서찰을 '척독尺牘'(《한서·진준전陳遵傳》)이라고 하는 것이다. 서신을 쓰는 독만 한 척으로 한 것이 아니라 서신을 쓰는 비단도 일반적으로 이 규격을 사용했다. 한나라 때의 시〈음마장성굴행飮馬長城窟行〉에는 "아이를 불러 잉어를 삶았더니 뱃속에 흰 비단 편지 있었네呼兒烹鯉魚. 中有尺素書"라는 구절이 있다. 더 짧은 것으로는 하북성 정현定縣의 팔각랑八角廊 한나라 때 묘에서 출토된《논어》죽간이 있다. 길이가 16.2cm로 한나라 기준 8촌이다.《의례·빙례聘禮》의 가공언賈公彦 소에는 정현의《논어》를 인용하여 이렇게 말했다. "《역易》,《시詩》,《서書》,《예禮》,《악樂》,《춘추春秋》책은 모두 2척 4촌이며《효경孝經》은 그것의 반이다.《논어》는 8촌 책자로 3분의 1로 또 줄였다." 출토물은 이 설과 부합한다. 8촌보다 더 짧아져 만약 6촌까지 짧아진다면 간찰이 아니라 산가지로 써야 할 것이다. 그러나 간독의 길이는 등급이 나뉘어 있었지만 민간에서는 훨씬 자유롭게 길이를 깎았을 것이다. 출토물 중에는 위에서 설명한 기준에 부합하지 않는 것이 적지 않다.

간독을 쓸 때 잘못 쓴 것은 서도書刀로 긁어냈다.《사기·공자세가》
에는 "《춘추》에는 쓸 것은 쓰고 깎을 것은 깎았다"라는 내용이 있다.
《한서·예악지禮樂志》에서 안사고는 이렇게 설명했다. "깎는다[削]는 것
은 없앤다는 것이다. 칼로 간독을 깎아내는 것이다. 필은 더한다는 것
이니 기록하는 것이다."《고공기》에는 "축씨築氏가 삭削을 만들었다"라
고 했고 정현의 주석에서는 "오늘날의 서도다"라고 했다. 전문적인 서
도가 없었을 때는 동삭銅削으로 죽간을 수정했음을 알 수 있다. 광서성
귀현의 풍류령風流嶺 한나라 때 묘에서 출토된 구리 서도는 삭의 형태에
가깝다. 강릉 봉황산 168호 무덤의 죽통에는 이 삭 형태의 칼과 대나무
간독, 붓, 벼루가 함께 출토되었으므로 이것이 서도임을 알 수 있다. 하
북성 만성의 한나라 때 묘에서 출토된 쇠로 만든 서도는 은이나 금속실
로 무늬를 상감하거나 상아 칼집이 붙어 있는 것도 있다. 이것은 몸에
차고 다닐 수 있었는데 한나라 화상석에는 서도를 찬 인물들이 종종 보
인다. 당시 촉 지역에서 생산된 금마金馬 서도가 가장 유명했다.《한서·
문옹전文翁傳》의 안사고 주석에는 진작晉灼의 말을 인용하여 설명하고
있다. "촉도의 공관工官이 금마서도를 만들었는데 패도의 형태와 비슷
했고 금으로 무늬를 상감했다." 1925년 낙양에서 출토된 이러한 칼의
일부 잔해를 보면 칼 몸통의 금으로 말 무늬를 상감했는데 금마라는 명
칭은 여기에서 유래한 것이다. 이 칼은 매우 날카로우며 상술한 잔존 금
마도의 명문에는 이를 '30번 제련한' 강철로 만들었다는 말이 있다. 이
우李尤는《금마서도명金馬書刀銘》에서 "정교하고 단단하게 다듬었다"라
는 말로 극찬했다. 성도 천회산天回山 한나라 때 묘에서 출토된 칼에는
봉황 무늬가 상감되어 있는데 광화光和 7년(184)에 제작된 것으로 역시
중요한 실물이다(그림 8-10).

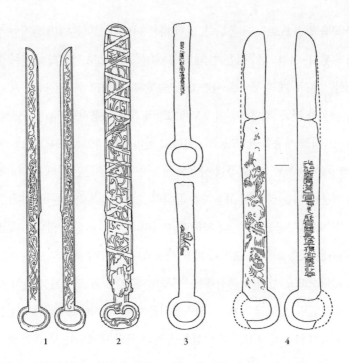

그림 8-10 서도
1 서한 때 삭 형태의 서도. 광서성 귀현의 풍류령에서 출토
2 서한 때 상아소동병철서도象牙鞘銅柄鐵書刀. 하북성 만성에서 출토
3 동한 때 금마서도. 하남성 낙양에서 출토
4 동한 때 금으로 봉황 무늬를 넣은 서도. 사천성 성도의 천회산天回山에서 출토

　　간독을 사용했던 시대에는 서도처럼 함께 사용하는 문구가 출현
했을 뿐 아니라 간독의 특징에 근거한 독특한 봉인 방식이 생겨났다. 서
신 내용의 보안 유지를 위해 목판으로 위를 덮었는데 이 목판을 검檢이
라고 했다. 《설문해자》에서 "검은 서서書署이다"라고 했으며 서개徐鍇는
《설문해자계전說文解字繫傳》에서 "서함의 덮개로 그 위를 세 번 깎아 끈
으로 묶은 다음 진흙으로 봉하고는 그 위에 글씨를 쓰고 도장을 찍는
다"라고 했다. 그러므로 검은 서신의 봉투에 해당한다. "그 위에 글자
를 쓴" 것이 '서署'다. 그런 후 검과 독을 끈으로 함께 묶어서 끈이 교차

된 곳을 진흙으로 눌러 봉한다. 만약 다른 사람이 열어본다면 흔적이 생기게 된다. 여러 개의 검은 한 개의 봉니封泥로 누르고 서신의 내용이 중요한 것은 두 개의 봉니를 사용하여 '중봉重封'이라고 한다(《독단》). 세 개를 사용한 것은 '삼봉參封'이라고 하고, 네 개를 사용하면 '누봉양단累封兩端', 5개를 사용하면 '오봉五封'이라고 한다(《한서·평제기平帝記》여순如淳의 주석 중《한율漢律》인용). 밀봉에 사용되는 끈은 서신을 뜯은 후에는 버려지기 때문에 책을 엮을 때 사용하는 끈처럼 그렇게 중요하지는 않았다. 운몽간雲夢簡《사공률司空律》에 의하면 진나라 때에는 서신을 봉하는데 골풀, 부들, 꽃창포 등의 풀이나 베를 사용했다. 한나라 때에도 여전히 이를 따랐으므로 한나라 죽간에는 '부들로 봉한' 것과 관련된 기록이 수차례 보인다. 왕헌당王獻唐은《임치봉니문자서목臨淄封泥文字叙目》에서 봉니의 뒷면을 관찰해 보건데 서신을 봉하는 끈의 재료로는 두 겹의 얇은 베 실, 베 껍질 혹은 칡을 사용했으며 물질을 소중히 여기는 고대인들의 태도를 볼 수 있다고 했다. 출토된 봉니는 도기 조각처럼 단단한 것도 있다. 사용된 진흙은 물로 씻었기 때문에 뒤쪽에는 봉한 끈 때문에 생긴 흔적이 많다(그림 8-11). 그러나 밀봉 방식이 달랐기 때문에 남아 있는 봉니의 형태도 다르다. 초기의 봉니는 대부분 검 위에 바로 찍었는데 이를 '평검平檢'이라고 하며 일반적으로 불규칙한 타원형이다. 이후 검 위를 가로질러 움푹하게 조각하고 '인치印齒'라고 했다. 밀봉 후 남는 봉니의 상하 두 쪽은 인치와 나란하고 좌우 양측은 자연히 밖으로 넘쳤다. 이후 검 위에 네모난 홈을 파서 "새실璽室"이라 했다. 봉니가 홈을 채우고 사방은 모두 밀봉되었다. 그리하여 비교적 방정해진 것을 '두검봉斗檢封'이라 했다. 이는 가장 견고한 밀봉 방법이었다. 이상 몇 가지 봉니의 뒷면은 모두 끈 흔적이 있는데 어떤 때는 끈이 봉니 안으로 눌려 들어가

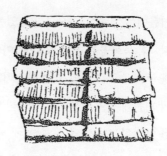

그림 8-11 한나라 '탕관음감장湯官飲監章' 봉니. 섬서성 서안의 한나라 미앙궁 유적지에서 출토

끈 구멍을 남기기도 했다. 그러나 봉니 뒷면에 끈 흔적이 없는 것도 있다. 예를 들어 봉하지 않은 '노포露布' 문서나 관방에서 반포하는 표준 용기 등은 모두 끈으로 묶을 필요가 없었으며 윗면의 봉니는 표시이며 뒷면에도 끈 흔적이 없다. 진흙을 담아두는 용기는 구리로 만든 통을 사용했는데 항상 돌 벼루와 함께 있었다. 낙양 소구, 산서성 태원과 삭현朔縣, 하북성 망도 등지의 한나라 때 묘에서 모두 발견되었다. 삭현의 조십팔장趙十八莊 1호 한나라 때 묘의 진흙 통은 출토될 때 그 속에 검붉은 색의 진흙이 들어 있었다.

간독을 서사 재료로 쓰는 것은 대나무와 나무를 현지에서 충당할 수 있다는 점에서는 편리했으나 너무 무겁다는 단점이 있었다. 고대 사람들은 간독 대신 비단을 사용하기도 했지만 비단은 매우 비쌌다. 동한 시대 제북濟北의 재상을 지낸 최원崔瑗이 책 한 권을 선물하면서 자신을 '빈불급소貧不及素'라고 했는데 비싼 비단을 쓸 능력이 없다는 뜻이다. 이러한 상황은 종이의 발명을 촉진했다. 《설문해자》에 "지紙는 솜을 띠 풀로 짠 덮개로 받쳐 만든 것이다紙, 絮一也苫"라는 기록에 대한 단옥재의 주석에서는 "종이를 만드는 것은 솜을 세탁하는 것에서 비롯되었다.

처음에는 명주실, 솜으로 만들었는데 발로 떠서 종이를 만든다"라고 했다. 즉, 목화솜을 물에 씻을 때 아래에 대나무(별서책漱絮簀으로 얇고 평평한 대나무 광주리)를 두면 가는 부스러기의 실들이 떨어지면서 쌓여 얇은 막이 되는데 벗겨서 말리면 종이와 비슷해진다.《한서·외척전外戚傳》에 약을 포장하는 용도의 혁제赫蹏에 글을 썼다는 내용이 있다. 안사고는 응소應劭를 인용하여 이렇게 설명했다. "혁제는 얇고 작은 종이다." 안사고는 "판본에 따라서 혁赫 자는 계繫 자로 되어 있는 것도 있다"라고 했고《설문해자》에서 "계繫는 繫緤이다. 거친 솜이다"라고 되어 있다. 혁제는 솜을 세탁하는 과정의 부산품인 거친 서지絮紙이지 통상적으로 말하는 종이와는 완전히 다르며 물 속에 담그면 다시 섬유질로 풀린다. 섬유질은 동물성 단백질이기 때문에 식물 섬유질처럼 반죽 후에 섬유질 사이에서 생긴 수소가 결합하여 종이가 되는 것과는 다르다. 그러나 처음 종이가 표서, 즉 솜을 세탁하는 것에서 만들어졌다는 학설이 유행하게 된 것에는 오해가 있다. '紙(지)'자가 최초로 가리킨 것은 식물 섬유질이 아니라 비단이었다.《후한서·채륜전蔡倫傳》에 "고대 서적은 대부분 죽간을 엮은 것인데 비단을 사용한 것을 '지'라 한다"라고 되어 있다. 고대 사람들도 비단을 가리켜 지紙라고 한 것과 후대의 지紙가 다름을 분명히 알았다. 왕은王隱의《진서》에는 다음과 같은 내용이 있다. "위 태화 6년(232) 박사 하간 사람 장읍張揖이《고금자고古今字詁》를 바쳤는데 그중 건부巾部에 이런 내용이 있다. '지紙는 지금의 지㡠이다. 巾(건)을 부수로 한다. 고대의 흰 비단은 책의 길이와 사안에 따라 비단을 잘라 사용했으며 매수가 쌓이면 번지幡紙라 했다. 여기서는 糸(사)를 부수로 하는 형성자다. 후한後漢 화제和帝 원흥元興 연간, 중상시 채륜이 오래된 베를 쪼개고 찧어 종이를 만들었기 때문에 글자는 巾을 따랐다. 소리는 비

록 같지만 사絲와 건巾으로 다르다. 따라서 옛 지紙를 지금의 지紙라 할
수 없다(《어람》권605)." 강서성 남창南昌의 동호구東湖區 영외정가永外正街
동진 시대 오응吳應의 묘에서 출토된 부장품 목록에는 '종이[帋] 100매'
가 있다. 고창북량高昌北凉의 저거무위沮渠无諱 승평承平 7년(449)에 쓰여
진《지세경持世經》말미에는 지帋 26매를 사용했다고 적혀 있다. 그러므
로 조기 문헌에서 글자가 구분되어 사용되었음을 알 수 있다. 이후《광
운廣韻》에서 '지帋는 지紙와 같다'라고 하면서 비단 지와 식물 섬유질 지
의 구별은 점차 사라졌다. 그 관계를 정리해보면 혁제인 악서지와 식물
섬유질인 지는 전혀 관계가 없으며 혁제가 식물 종이의 연원이 아님을
알 수 있다. 종이의 제조가 솜을 세탁하는 표서에서 실마리를 얻은 것이
라고도 하지만 이는 너무 광범위하여 구체적으로 말하기가 쉽지 않다.

그러나 서한 시대에는 확실히 종이가 있었다. 1933년 신강위
구르자치구의 뤄부나오얼 호수에 있는 서한 시대 봉화 유적지에서,
1973~1974년 거연금관居延金關의 서한 선제 시기 유물에서, 1987년 섬
서성 부풍 중안中顔의 서한 후기 저장고에서, 1979년 돈황 마권만馬圈灣
의 서한 봉화 유적지에서 모두 서한 시기 초보적 형태의 종이가 발견
되었다. 이들은 낡은 마솜, 마포, 노끈 등을 원료로 간단하게 자르고 절
구질 해, 반죽하고 종이로 만드는 과정을 거쳤다. 그러나 섬유질의 조
직 상태가 좋지 않으며 지면이 거칠고 고르지 않으므로 아마 포장의 용
도로만 사용했을 것이다. 그러나 서한 시기에 질이 비교적 좋은 종이도
있었다. 1986년 감숙성 천수天水 방마탄放馬灘 5호 서한 시대 문제, 경제
시기의 무덤에서 종이로 된 지도의 잔편이 출토되었는데 지면이 고르
고 위에는 가는 먹선으로 산맥과 하류, 길 등의 모양이 그려져 있었다.
1998년 돈황 소방반성小方盤城(옥문관 터)의 남쪽에서 출토된 유물 중에

는 편지지가 있는데 글자가 아름답고 삐치는 필법까지 구사한 예서로
쓰여 있다. 함께 출토된 목간에는 수화綏和 2년(기원전7)의 기록이 있다.
이는 당시 이미 종이에 글을 쓰는 사회에 진입했음을 보여준다. 서한 시
대 종이의 연구에 관한 작은 사건이 하나 있다. 1957년 섬서성 서안 파
교灞橋의 무제 시기 묘에서 출토된 구리 거울 곁에 부착된 삼베 위에 종
이가 한 조각 걸려 있었는데 이를 "파교지灞轎紙"라고 한다. 당시 경공업
부의 조지造紙연구소에서 조사한 결과 이것은 종이가 아니라고 했다. 가
장 직관적인 이유는 이 종이 테두리의 굴곡도가 거울의 원형과 비슷한
데 현미경을 통해 관찰해보니 많은 섬유질이 테두리가 있는 곳에서 끊
어져 있지 않고 되감겨 있었다. 연구소는 이 테두리의 섬유질이 말린 형
태를 70배 확대한 사진을 발표했다《문물文物》1980년 제1기)(그림8-12). 그
것은 분명 얇은 조각으로 눌린 마서麻絮로 원래는 거울 아래 받침으로
사용되던 것이었다. 이후 일부 연구자들은 여전히 이것이 종이라고 주
장하며 심지어 이를 세계 최초의 종이라고 한다. 그러나 상술한 현상에
대해서는 설득력 있는 해석을 내놓지 못했다. 그러므로 '파교지'를 근
본적으로 종이라 할 수는 없다.

동한 전기, 채륜의 역할로 제지 기술은 한 차례 도약했다. 이 시기
에는 원료에 나무껍질과 어망이 추가되었다. 나무껍질을 사용하여 종
이를 만드는 것은 새로운 기술로, 나무 펄프의 효시가 되었다. 그러나
나무껍질을 펄프로 만들기 위해서는 삼을 물에 담그는 석회 발효법 같
은 것만으로는 부족하다. 반복적으로 빻고 교질을 제거하고 강한 알칼
리 용액으로 찌는 과정을 거쳐야 한다. 어망의 그물이 강하기 때문에 강
화된 기계와 화학 처리를 거쳐야 한다. 이러한 신기술이 마지의 생산에
보급되어 질을 개선하게 되었다. 1974년 감숙성 무위의 한탄파旱灘坡에

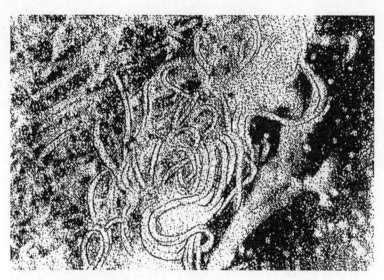

그림 8-12 '파교지'의 테두리. 섬유질이 저절로 말려 있음

서 출토된 동한 후기의 문자가 적힌 종이는 단면 도포 가공지로 두께가
약 0.07mm이며 칠이 균등하고 지면도 고르다. 이 종이는 섬유 추화가
높고 밀도도 높아 이제까지 발굴된 동한 시기의 종이 중 가장 정교하다.
건안建安 연간에는 저명한 제지 장인으로 좌백左伯이 있었다. 좌백은 동
래東萊 사람으로 동래 일대는 중국 최초의 명품 종이 생산지가 되었다.
제나라의 소자량蕭子良은 이 종이가 "아름다운 빛이 난다"(《여왕승건서與
王僧虔書》)라고 했다. 즉, 정밀하고 희며 광택이 있다는 것이다. 진陳나라
의 서릉徐陵은 《옥대신영玉台新咏》에서 "오색의 화전花箋, 하북과 교동의
종이"를 높이 평가했다.

  신강위구르자치구에서 발견된 고대 종이를 고찰해보면 제조 기술
은 진晉나라 때에 이미 종이 바깥에 광물질 백분을 칠할 정도로 발전했
는데 투루판에서 발견된 진나라 때 필사본 《삼국지》에 사용된 종이가
그러하다. 이후 식물 전분풀을 사용하게 되었고 그 후에는 전분풀을 지

장紙漿에 섞어 현탁제를 만들었다. 이는 지장의 섬유를 균등하게 분산시켜 초조抄造를 하기 편하게 되었다. 서량西凉 건초 연간(405~417)의 무덤에서 출토된 종이가 바로 이러한 것이다. 이 방법을 사용한 목적은 지면위의 섬유 사이에 있는 세밀한 구멍을 막아 붓을 움직일 때 먹이 번지지않도록 하기 위해서였다. 이외에 시교施膠·염황染潢·가랍加蠟·아광砑光등의 방법을 사용해 종이를 가공했다. 이중 염황은 황벽나무의 즙으로종이를 물들이는 것이다. 황벽은 운향과芸香科의 수목으로 질긴 껍질에는 소벽염小檗鹼이 함유되어 있다. 황벽나무액으로 염색한 종이는 옅은황색을 띠는데 좀을 막을 수 있다. 종이가 황색이기 때문에 서질書帙도황색을 사용했다.《문선》에서 "붓을 휘날려 글을 쓰니 책이 책갑에 가득하네飛文染翰, 則卷盈乎緗帙"라고 했는데 여기서 말하는 상질緗帙이 바로이것이다. 황지潢紙는 자황(비소와 유황의 화합물로 만든 황색)을 발라 틀린 글자를 고칠 수 있었는데 간독簡牘(종이가 발명되기 이전의 죽간, 목간 등) 시대의서도 같은 역할을 했다. 자황과 황지의 색은 비슷했기 때문에 틀린 글자가 있는 곳에 "한 번 덮으면 사라져 오래되어도 벗겨지지 않았다."《몽계필담》 이후 '신구자황信口雌黃'이라는 성어가 생기기도 했는데 마음대로고치고 멋대로 엮어낸다는 뜻이다. 염황한 뒤 초로 광택을 낸 종이를 경황지硬黃紙라 한다. 송나라 장세남張世南의《유환기문游宦紀聞》에 이런 내용이 있다. "경황은 종이를 뜨거운 다리미 위에 두고 황랍을 고르게 바르면 침각처럼 반듯해지고 세밀한 것까지 모두 보일 정도가 된다." 이종이는 질기면서 윤기가 있어 글씨가 부드럽게 써지고 좀을 막을 수 있고 방수가 되어 당대의 최고급 종이였다. 이상의 몇 가지 개선은 천보10년(751) 당나라와 사라센 제국의 탈라스(지금의 키르기스스탄의 아울리에아타Aulie Ata)전투 이전 완성되었다. 이 전쟁에서 포로가 된 당나라 군대가 보유한 제지술은 충분히 성숙되어 있었다. 서양에서 이전에 사용했던 각종 서사 재료(예를 들어 파피루스, 점토판·패엽貝葉 ·양피지·자작나무 가죽 등)에 비할 수 없을 정도로 뛰어난 것이었다. 탈라스 전투가 끝나고 얼마 후, 사마르칸트에서는 종이를 만들기 시작했다. 793년 바그다드에서 제지가 시작되었고 900년 무렵에는 이집트에서 제지가 시작되었다. 이후 제지술은 약 1100년에 모로코, 1150년 무렵에는 스페인, 1180년에는 프랑스에 전파되었고, 1271년에는 이태리, 1321년에는 독일에 전파되었다. 러시아는 1567년이 되어서야 제지를 배우게 되었고, 1790년 북미의 필라델피아에 처음으로 제지 공장이 건설되었다. 중국이 발명한 종이는 전 세계 문화 전파와 교육의 보급에 중요한 역할을 했다.

당나라 때 전국에 보급된 제지 수공업의 종류는 아주 많았다. 9세기 초, 이조李肇의《국사보》에 이러한 기록이 있다. "종이는 월越의 섬등剡藤·태전苔箋, 촉蜀의 마면麻面·설말屑末·활석滑石·금화金花·장마長麻·어자魚子·십색전十色箋, 양揚의 육합전六合箋 , 소韶의 죽전竹箋, 포蒲의 백박白薄·중초重抄 , 임천臨川의 활박滑薄이 있다." 여기에 누락된 것이 선지宣紙다. 선지는 당나라 때 선주宣州 경현涇縣에서 생산된 고급 서예 용지로 박달나무만을 원료로 한다(청나라 때에는 원료에 소량의 볏짚 풀[稻草漿]을 넣음). 소위 "천년을 가는 종이[紙壽千年]"라고 하는 것은 주로 선지를 말한다. 이외에 여기에서 언급한 "죽전"은 이때 막 등장했는데 대나무가 질겨 잘 부서지지 않았다. 죽지를 만드는 것은 마지나 저지, 등지보다 어려웠다. 10세기의 소이간蘇易簡은《문방사보文房四譜》에서 절강 일대의 죽지에 대해 이렇게 말했다. "아무도 감히 그것을 뜯지 않는다. 손으로 찢으면 다시 붙일 수 없기 때문이다." 13세기 초엽이 되자 "지금은 오직 죽지만이 천하에서 유명하다네"(《가태회계지嘉泰會稽志》)라는 구절과 같은 상황이 되었다. 대나무는 성장 속도가 빠르기 때문에 원재료의 공급이 쉬웠다. 명나라 때 송응성宋應星의《천공개물》에는 죽지를 만드는 방법이 비교적 상세히 소개되어 있다. 청나라 복건에서 만든 죽지 중에는 "연사連史"·"모변毛邊" 등 전국적으로 판매되고 인쇄에 적합한 품종이 출현했다. 그러나 이 시기 중국의 제지술은 전체적으로 중요한 돌파구가 없었다. 1891년, 상해에서 "윤장조지국倫章造紙局"이 창설되자 서양의 기술을 도입하게 되었고 중국은 기계로 제조한 종이의 새로운 단계로 진입하게 되었다.

종이가 많아지면서 책도 많아졌다. 손으로 쓰는 것은 수요를 만족시킬 수가 없었고 결국 인쇄술의 발명을 불러왔다. 조판 인쇄술의 기원을 말하자면 인장印章까지 거슬러 올라간다. 둘의 관계는 밀접하지만 기술상에는 큰 차이가 존재한다. 인장은 눌러서 찍는 것이고 조판은 대부분 묻혀서 찍는 것이므로 석각碑刻의 탁본에 더 가깝다고 할 수 있다. 그러나 인장의 출현이 이르기 때문에 이를 조판 인쇄의 전신으로 본다. 한나라 때에 글을 찍는 것은 20자까지 가능했다. 예를 들면 "黃昌之印. 宜身至前, 迫事毋間. 唯君自發, 印信封完. (황창의 인장. 마땅히 직접 가봐야 하지만, 일이 바빠 여유가 없습니다. 귀하가 스스로 열어보기 바랍니다. 인장을 찍어서 봉합니다)"(그림8-13)라는 구절을 보면, 내용은 짧은 서신 같다. 진晉나라 때 갈홍葛洪의《포박자抱朴子》에는 도사가 입산할 때 패용하는 벽사 용도의 나무 인각이 있는데 120자가 새겨져 있으며 그 글자는 소폭의 인품印品과 비슷하다고 했다. 남북조 시기에는 불교가 유행했다. 국가도서관에 소장된 돈황 족자 중 동진 시대 사본《잡아비담심론雜阿毗曇心論》권10의 종이 뒷면에 방형의 불인이 찍혀있으며 범문으로 된 경주에 둘러싸인 서방 삼성상三聖像은《포박자》에서 말한 큰 나무 도장보다 조판 인쇄

에 더 가깝다(그림 8-14). 같은 면에는 "영흥군
인永興郡印"이라고 찍혀 있다. 이곳은 북주 시
기에 설치된 곳으로 지금의 감숙성 옥문에 해
당한다. 수나라 개황 연간 초에 폐지되었음을
알 수 있는 흔적이 《원화군현도지》 권40에 보
인다. 상술한 불인은 이것과 같은 시기로 수나
라 이후는 아닐 것이다. 당나라 때 풍지馮贄가

지었다고 하는 《운선잡록云仙散錄》에는 《승원일록僧園逸錄》의 이러한 내
용이 인용되어 있다. "현장법사가 종이에 보현보살상을 '인쇄[印]'하여
사방의 중생에게 보시했는데 매년 다섯 바리가 남는 것이 없었다." 이
는 초당 시기 이미 인쇄품이 있었다는 기록이다. 그러나 송나라 사람들
은 《운선잡록》을 위서라고 보기도 했다. 그러나 팔천권루八千卷樓에는
개희開禧 원년(1205)에 인쇄된 이 책이 소장되어 있다. 서문에서 책이 천
성天成 원년(926)에 완성되었다고 했으므로 당나라 사람의 저작이다. 상
술한 것처럼 이미 수나라 때(혹은 조금 이전)에 불인을 찍은 실례가 있으
므로 현장법사가 현경懸慶 연간(656~661) 보현보살상을 인쇄했다는 것
은 일리가 있다. 고종, 무측천 시대 장안에서 불법을 설교하던 승려인
법장法藏(643~712)이 편찬한 《화엄경탐현기華嚴經探玄記》에는 도를 깨닫
는데 선후가 있는지의 문제에 관해 토론하는 "인쇄된 문장의 경우, 읽
는 때는 선후가 있지만 종이에 인쇄는 동시에 된 것입니다", "세간의 인
쇄 방법의 경우, 그것을 읽으면 구문의 의미에는 전후가 있겠지만 인쇄
는 동시에 된 것입니다"라는 내용이 있다. 그가 말한 인문印文·인지印紙·
인법印法은 모두 조판인쇄를 두고 한 말이다. 인판으로 찍은 글은 읽는
데는 선후가 있지만 동시에 인쇄한 것이다. 법장의 이 말은 오해의 여지

그림 8-14《잡아비담심론》
종이 뒷면에 불인이 찍혀
있음. 국가도서관 소장

없이 분명하다. 법장과 현장이 살았던 시대는 비슷하므로 이것으로 초
당 시기 이미 조판인쇄가 있었음을 증명할 수 있다.

　그러나 중국에서는 아직 이 시기에 인쇄된 서적이 출토되지 않았
다. 현재 가장 이른 실물은 대한민국 경주의 불국사 석가탑 안에서 출토
된《무구정광대다라니경無垢淨光大陀羅尼經》이다. 이는 12장의 인쇄된 종
이를 연결해 긴 두루마리로 만든 것으로 길이 610cm, 높이 5.7cm이며 두
루마리의 시작과 끝부분에는 나무 축軸이 달려 있고 축 끝에는 붉은 칠
이 되어 있다. 경문의 글자체는 단정하며 먹의 색도 또렷하다(그림8-15).
《개원석교록開元釋敎錄》에 의하면 이 경은 당대 두 명의 고승인 미타산
彌陀山·법장法藏이 "천후 말년天后末年(측천무후 말년을 뜻함)"에 번역한 것
이다. 그러나 불국사는 751년에 건립되었다. 그러므로 미국 학자인 굿
리치I. C. Goodrich는 이 경전이 704~751년 사이에 인쇄된 것이라고 보았
다. 굿리치는 시대를 넓게 잡았다. 경주 낭산狼山 황복사皇福寺 탑에서 출

토된 사리함의 명문에는 지금의 군주인 대왕(성덕왕)이 《무구정광대다라니경》 1권을 석탑 2층에 안치했다"라고 써 있었다. 이때가 신룡 2년 (706)이다. 연대와 출토지가 비슷하고 명칭도 완전히 같은 두 권의 경이므로 이들은 같은 인쇄본이라고 할 수 있다. 그러므로 이 경의 제작 추정 연대의 하한선은 706년이라 할 수 있다. 그러나 문자로 보면 이 경은 "천후 말년"에 번역된 후 곧바로 중국에서 인쇄된 것이다. 측천무후는 재초載初 원년(689)에 18개의 글자를 만들었고 당시에 보편적으로 사용하도록 추진했다. 무후가 만든 글자는 부적의 형태와 비슷한데 이 두루마리에는 무후가 만든 글자가 가끔 사용되어 있다. 이러한 현상은 무후 시기의 제도가 이미 해이해졌지만 예전의 습관이 아직 다 사라지지 않은 상황임을 알 수 있다. 일부 한국 학자들은 불국사 석가탑에서 출토된 《무구정광대다라니경》이 세계 최초의 인쇄품일 뿐만 아니라 신라에서 인쇄된 것이라고 하나, 이 설은 정확하지 않다. 이 경의 역자 중 하나가 바로 《화엄경탐현기》를 편찬한 법장으로 이 경을 번역했을 당시 법장은 이미 환갑을 넘은 나이였다. 그러나 《탐현기》에서 언급한 비유는 평

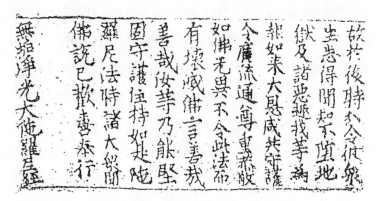

그림 8-15 당나라 때 인쇄본 《무구정광대다라니경》. 한국 경주 불국사 석가탑 출토

상시 보고 들은 것을 근거로 했을 것이므로 그 인쇄본은 이 경보다 이르게 제작되었을 것이다. 그리고 이 경이 발견된 불국사는 8세기 중엽의 당나라 장인들이 건설에 참여했다. 조선 시대 문헌인《경상도강좌대도호부경주동령토함산대화엄종불국사고금력대제현계창기慶尙道江左大都護府慶州東岭吐含山大華嚴宗佛國寺古今歷代諸賢繼創記》에는 이렇게 기록되어 있다. "전하는 말에 의하면 불국사를 지을 때 당나라에서 장인들이 왔다고 한다傳創寺時, 匠工自唐來人." 본래 신라는 당나라에서 경을 가져가는 전통이 있었다. 당나라 정관 17년(643) 신라의 승려인 자장慈藏이 당나라에서《삼장三藏》400여 함을 가져갔던 것은 당시 일대 사건이었다. 당나라 장인들을 초청하여 절을 짓던 상황에서 석가탑에 당나라에서 가져온 불경을 봉납했다고 보는 것이 사리에 맞을 것이다. 조선 문헌에도 8세기에 인쇄 활동이 있었다는 기록은 전혀 없다. 조선의 최초 인쇄물은 1007년 고려 총지사總持寺에서 간행된《보협인타라니경寶篋印陀羅尼經》이다. 만약 신라가 706년 이전에《무구정광대다라니경》과 같은 불경 두루마리를 인쇄했다면 이후 약 300년간의 공백에 대해 설명하기가 쉽지 않다.

　　반대로 8세기와 9세기 사이, 중국에서는 인쇄와 관련된 문헌과 실물 등의 실증 자료들이 있다.《구당서·식화지》에는 건중建中 4년(783) 제맥법除陌法을 시행한 기록이 있다. "매매 거래를 소개하여 중개 수수료를 취하는 시아市牙는 각각 인쇄된 종이를 나눠 주어 매매가 있을 때마다 기록하여 다음날 그것을 합산했다." 이 기록은《구당서·노기전盧杞傳》·《책부원귀》510권에도 수록되어 있다. 내용은 거의 같고 정황과 시기가 명확하다. 이는 8세기 후반 정부의 문서에도 인쇄지를 사용했음을 설명한다. 9세기, 조판 인쇄에 관한 사료는 급증한다. 우선 원진元稹이

장경 4년(824)에 쓴《백씨장경집白氏長慶集》을 보자. 여기에는 당시 양주揚州와 월주越州 일대에서 백거이와 원진의 시를 "베끼고 원래 모양대로 조각하여 저잣거리에서 팔았다"라고 되어 있고 주석에는 "양주와 월주 일대에는 낙천과 나의 잡시를 원래 모양대로 조각하여 저잣거리에서 판매한다"라고 했다. 연구자들은 여기서의 '모륵模勒'을 간행으로 해석한다. 이 시기는 인쇄에 관련된 사료가 드물기 때문에 연구자들은 단편적인 언급도 놓치지 않으려 하지만, 이 설명은 신뢰할 수 없다. 부증상傅增湘이 발견한 송나라 때의 간본《원미지집元微之集》에 수록된 원진의 이 문장을 보면 주석에서 '模勒' 두 글자가 "模寫"로 표기되어 있기 때문이다(《국립북평도서관관간國立北平圖書館館刊》제4권 제4호 , 1930). 송나라 송민구宋敏求의《춘명퇴조록春明退朝錄》권하卷下에는 이러한 내용이 있다. "당대 백문공이 직접 문집을 편찬하여 50권, 후집 20권을 만들었는데 모두 필사본이다. 여산 동림사와 용문 향산사에 보관했다." 또 이런 내용도 있다. "《향산집香山集》은 난세를 겪으면서 전해지지 않게 되었다. 후당 명종의 아들인 진왕 종영이 또 사본을 사원의 불경 보관소에 두었다. 지금 판본이 이것이다." 이 책은 필사본이었음이 분명하다. 그러므로 당나라 때 원진과 백거이의 시가 이미 인쇄본이 있었다는 학설은 논거가 부족하다. 인쇄물 발전의 흐름에서 보면 9세기 초는 아직 문학가들이 문집을 간행하는 시기는 아니었다. 당시 중요했던 서적들, 예를 들면 황제, 관료와 귀족들의 작품도 여전히 필사되던 상황이었다. 초기의 인쇄는 전반적으로 질적인 측면에서 아직 부족했으며 번진다는 단점이 있었기 때문에 정교한 필사본에 비할 바가 아니었다. 필사본의 서체는 수려했으며 장정에 매우 공을 들였다.《구당서·경적지經籍志》에 의하면 개원 연간에 이러한 기록이 있다. "무릇 사부 서고의 서적은 장안과

낙양에 각각 한 부를 두어 모두 12만 5천 9백 60권이었는데 모두 익주
삼베지를 사용해 필사했다." 강조되던 것은 여전히 필사본이었다. 명나
라 때 소경방邵經邦의《홍간록弘簡錄》권46에 장손황후가 세상을 떠난 후
그가 지은《여칙女則》을 당 태종이 열람하고는 "간행하도록 명했다令梓
行之"라는 기록이 있다. 이 내용은 출처가 분명하지 않아 논자들의 질책
을 받는다. 사실 소경방은 근본적으로 장손 씨가 황후의 존귀한 신분이
므로 그의 저작은 당시 필사만 할 수 있었지 인쇄를 할 수 없음을 알지
못했던 것이다. 천보 14년(755) 당 현종이《운영韻英》을 편찬하고 조서를
내려 집현원에게 베껴 쓰고 필사본을 전국에 유포하도록 했다. 같은 해,
현종은 또 자신이 해석을 한《도덕경》을 각지에서 필사하여 각 도교 궁
관으로 유포하도록 했다. 성당 시기에도 이러했는데 초당 시기에 황후
의 저작을 '간행'했다면 그것은 황후에 대한 비하인 셈이다.

그러나 인쇄술이 발전하자 전통적인 필사의 방식은 결국 신기술
의 우월함에 자리를 내 주게 되었다. 숙백宿白의《당오대시기 조판인쇄
수공업의 발전唐五代時期雕版印刷手工業的發展》의 연구 성과를 바탕으로 근
래의 고고학 성과를 참조해보면 대략 9세기의 인쇄 사료가 적지 않음을
알 수 있다. 예를 들면 다음과 같다.

1. 태화 9년(835), 동천東川 절도사 풍숙馮宿이 개인이 역서曆書를 조
판하여 간행하는 것을 금지하도록 주청했다.(《구당서·문종기文宗紀》)

2. 회창會昌 5년(845) 불교 탄압 전, 낙양 사원에 간행본《율소律疏》
가 있었다.(사공도司空圖의《일명집一鳴集·위동도경애사강률승혜확화화모조각률소인
본爲東都敬愛寺講律僧惠確化募雕刻律疏印本》)

3. 대중大中 원년(847), 일본에서 유학 온 혜운惠運이《강삼세십팔회

降三世十八會》인쇄본 1권을 가지고 돌아갔다.(《대정장大正藏》권55)

4. 대중 원년에서 3년(847~849), 흘간천紇干泉이 "《유굉전劉宏傳》을 지어 수천 본을 인쇄했다."(당나라 범터范攄《운계우의云溪友議》)

5. 1944년 사천성 성도의 사천대학 당나라 때 묘에서 출토된 간행본《다라니주陀羅尼呪》가 있다. 함께 출토된 6건의 "익자전益字錢"을 근거로 하면 그 연대는 대중 연간(847~860)보다 이르지 않다. 이후 1967년, 1974년, 1975년 섬서성 서안의 풍서灃西 제지 공장, 서안 디젤류 기계 공장과 서안의 야금기계 공장에서 발견된 당나라 무덤에는 3건의 인쇄본 경주經呪가 출토되었다. 경주는 불교 밀종 계통의 경전과 다라니인데 당나라 중기와 후기에 경주를 몸에 지니는 것이 광범위하게 유행했다. 특히 1967년 출토된 것은 가운데 사각형 안에 경각복두硬脚幞頭를 쓴 남자가 그려져 있는데 당나라 중·후기의 것이다. 그 외에 2건의 시대는 대략 비슷하다.

6. 돈황 석실에서 출토된 당나라 필사본《신집비급구경新集備急灸經》권말에 "수도 동시의 이가네에서 인쇄하다京中李家于東市印"라고 쓰여 있는 것으로 보아 이 사본은 인쇄본을 근거로 쓴 것임을 알 수 있다. 뒷면에는 함통 2년(861)에 쓴 점술 관련 책이 쓰여 있다.

7. 함통 9년(868) 일본의 유학 승려 종예宗睿가 경적 134부를 가지고 돌아가《신서사청래법문등목록新書寫請來法門等目錄》을 엮었는데 그중에는 "사천인자四川印子"《당운唐韵》5권, "인자印子(인쇄물)"《옥편玉篇》30권이 있다.

8. 돈황 석실에서 출토된 함통 9년(868) 왕개王玠가 간행한《금강반야바라밀경金剛般若波羅蜜經》1권이 있다. 길이는 488cm, 폭 30.5cm이며 7장의 인쇄된 종이를 붙여 연결했다. 이 경전 두루마리는 수미가 완정

하고 인쇄가 정교하며 영국으로 유입되어 현재 런던 대영박물관에 소
장되어 있다(그림8-16).

　9. 돈황 석실에서 건부乾符 4년(877)과 중화中和 2년(882) 2종의 역서
가 출토되었다. 프랑스에 유입되어 현재 파리 프랑스 국가도서관에 소
장되어 있다.

　10. 중화 3년(883) 유빈柳玭의《가훈家訓》에는 그가 성도에서 음양잡
설, 해몽과 풍수, 9경과 6부의 중앙관원, 수목금화토의 오성五星, 자서와
소학에 관한 내용의 책이 "조판인쇄"된 것을 보았다고 했다.(유빈의 책은
실전되었고 인용문은《구오대사舊五代史》권43, 송나라 때《애일재총초愛日齋叢抄》권1,
섭몽득葉夢得의《석림연어》권8에 보임)

　11. 1906년 신강위구르자치구 투루판에서《묘법연화경妙法蓮華經》
의 부분 인쇄본이 발견되었으며 지금은 일본 서예박물관에 소장되어
있다. 계공啓功의 감정 결과 당나라 중후기의 것이다.

　이와 같이 8, 9세기 200년 동안 당나라 때의 인쇄업은 끊임없이 활
기를 띠었으며 당시 인쇄 활동이 드물었던 조선의 상황과는 다르다. 이
러한 역사 배경을 감안한다면 경주《무구정광대다라니경》의 간행지는
자명하다. (《무구정광대다라니경》에 대해서는 중국과 우리나라 학계의 입장이 다르며
몇 가지 논란이 있음 - 편집자 주)

　상술한 바를 통해 중국에서 조판 인쇄는 늦어도 수나라 말, 당나라
초엽에 출현했음을 알 수 있다. 처음에는 낱장의 불상, 경주, 납세 증명
등의 작은 것들만 인쇄했다. 9세기 중·후반이 되자 30권의《옥편》같은
거질이나 왕개王玠의《금강경金剛經》같은 그림과 문자가 모두 정교한 인
쇄물이 출현하게 되었고 인쇄의 질이 상당히 높아지게 되면서 관료와

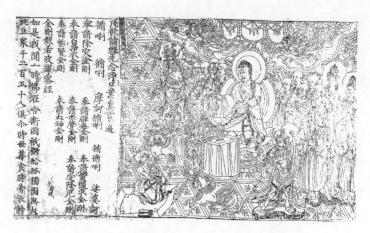

그림 8-16 당나라 함통 9년 인쇄된《금강경》. 1900년 막고굴 장경동에서 발견

학자들도 주목하기 시작했다. 후당 장흥長興 3년(932) 국자감에서 유가 경전을 교감하여 판각을 시작했고 후주 광순廣順 3년(953) 완료된 것이 송나라 사람들이 말하는 구감본舊監本이다. 이때 인쇄한 것들은 지금은 전하지 않지만 송·명나라 때 간행된 경전의 8행본 주석은 모두 직간접적으로 오대십국 시기 감본에서 나온 것이며 그 책들은 지금까지 전해지고 있다. 오대십국 시기 감본의 판각은 조판 인쇄가 이미 당시 국가에서 정식 인가를 받아 서적을 유포하는 가장 중요한 방식이 되었음을 의미한다. 이후 송나라 때부터 청나라 때까지 조판 인쇄는 중국에서 전국적인 대규모의 문화 프로젝트였으며 헤아릴 수 없이 많은 서적을 인쇄했다.

인쇄 활동이 활발하던 시대, 더 발전된 형태의 활자 인쇄술이 발명되었다. 송나라 경력慶歷 연간(1041~1048) 필승畢昇이 만든 것으로《몽계필담》에 이에 대한 자세한 기록이 있다. 필승의 활자는 점토에 글자를 새겨 "불에 구워 단단하게 했다." 인쇄할 때 활자를 철판 위에 배열하고 송진, 밀랍, 종이를 태운 재의 혼합물로 고정시키고 평평하게 누른 후 인쇄를 했다. 필승의 발명은 독일인 구텐베르크의 활자판보다 4백 년 앞선 것이다. 그러나 혹자는 보통 점토로 만든 니활자는 쉽게 부서지므로 서적을 인쇄할 수 없다고 여겨 니활자의 원료는 도가에서 연단용으로 사용하는 '육일니六一泥'를 사용했을 것이라고들 한다. 여기에는 석지石脂·백반白礬·활석분滑石粉·호분胡粉·굴·소금·간수[鹵]·식초[醋] 등의 성분이 포함되어 있다. 그러나 이러한 가설은 상황을 너무 복잡하게 생각한 것으로 실제와 부합하지는 않는다. 중국 과기대학 장병륜張秉倫 등은 모의실험을 한 적이 있다. 이들은 점토로 글자를 만들어 섭씨 600도의 화로에서 구워냈는데 완성품은 견고하여 사용에 적합했으며 인쇄된 글자체도 명료했다. 심괄의 기록은 신빙성이 있는 것이다.

필승이 발명한 니활자가 어떤 책을 인쇄했는지에 대한 문헌 기록은 없다. 이후 시인인 주필대周必大가 소희紹熙 4년(1193)에 니활자를 사용해서 그의 저작《옥당잡기玉堂雜記》를 간행했다(《주익국문충공집周益國文忠公集》권198). 그러나 송나라 때의 니활자 인쇄본은 실물이 전해지지 않는다. 중국에서 발견된 최초의 활자본은 서하西夏 시기에 인쇄된 것이다. 1908~1909년 러시아인 카스로프가 지금의 내몽고 흑수성에서 다량의 서하 시대 문서를 발견한 것 중에 서하문 니활자 인쇄본이 있었는데 이미 국외로 유출되었다. 1991년 녕하회족자치구 하란賀蘭의 방탑方塔에서도 서하문 목활자 인쇄본《길상편지구화본속吉祥遍至口和本續》이 발견되었다. 모두 9책으로 백색 마지에 인쇄되었으며 호접장蝴蝶裝(책 장정 형태의 하나)으로 되어 있다. 이는 티베트 불교인 밀종 경전을 서하문으로 번역한 불경으로 글자의 형태가 단정하고 전아하며 인쇄가 선명하다. 완전한 판본은 아니지만 약 10만 자가 남아 있다. 명나라 때에 이르면 니활자, 목활자 외에 동활자가 출현하는데 가장 이른 것은 강소성 무석의 화씨회통관華氏會通館에서 제작한 것이다. 화씨가 인쇄한 책은 대략 18종으로 명나라 때 동활자 인쇄본 중 가장 많은 수량이다. 그중에는 홍치弘治 13년(1500) 이전에 간행된《송제신주의宋諸臣奏議》·《금수만화곡錦繡萬花谷》등이 있는데 유럽의 "인큐내뷸러Incunabula(초기 간행본)"에 상당하는 매우 진귀한 것이다.

　청나라 때 동활자를 사용해 인쇄한 서적은 옹정 6년(1728) 내부內府에서 간행된《고금도서집성古今圖書集成》이 가장 대표적이다. 이 책은 목록까지 합쳐 10,040권, 5,060책이며 전체가 1억 6천만 자에 달한다. 제 11판《브리태니커 백과사전》의 4배로 당시 세계에서 최대 규모의 백과사전이다. 그러나 청나라 때 더 많이 사용되었던 것은 목활자다. 건륭시대《사고전서四庫全書》를 편찬할 때 명나라 때의《영락대전》에서 집일한 일서를 간행할 준비를 했으나 수량이 많아 결국 목활자로 인쇄했고 이를 "취진판聚珍版"이라 했다. 당시 대추나무 활자 25만 3,000여 개를 만들어《무영전취진판총서武英殿聚珍版叢書》134종, 2,300여 권을 인쇄했다. 그러나 이러한 서적의 인쇄는 조정의 힘이 뒷받침되었기에 가능한 것이었고 민간에서 활자 인쇄는 끝까지 크게 유행하지 못했으며 전체적으로는 여전히 조판 인쇄가 주를 이루었다. 청나라 말기 연자배인鉛字排印 기술이 일어난 이후에야 상황에 큰 변화가 있게 된다.

　넓은 의미에서 악기도 문화 용품이다. 이제 이 방면에 대해 논해보겠다. 중국에서 발견된 최초의 악기는 절강성 여요의 하모도에서 출토된 골초骨哨다. 골초가 발전한 형태가 골적骨笛으로 하남성 무양舞陽의 가호賈湖 신석기 시대 초기 유적지에서 출토된 것은 수량이 많고 정교하게 제작되었다. 이 가운데에는 학의 뼈로 만들고 7개의 구멍이 있는 것

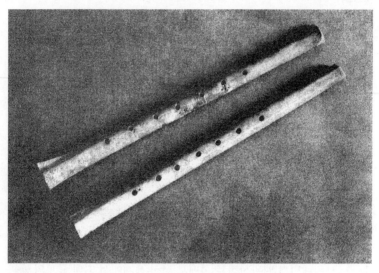

그림 8-17 신석기 시대의 골적. 하남성 무양의 가호에서 출토

이 있는데 선율이 있는 악조를 불 수 있었다(그림8-17). 초哨가 다른 방향
으로 발전한 것이 훈塤이다. 산서성 만천萬泉의 형촌荊村, 섬서성 서안의
반파半坡, 임동의 강채, 안휘성 몽성蒙城의 위지사尉遲寺 등의 유적지에서
모두 도기 훈이 출토되었다. 단음 구멍도 있고 여러 가지 음을 낼 수 있
는 구멍이 있는 것도 있다. 이외에 하남성 섬현의 묘저구廟底溝와 석천의
하왕강下王崗에서 도기 령鈴이 출토되었다. 산서성 하현夏縣의 동하풍東下
馮에서는 수공으로 만든 석경石磬 한 벌이 출토되었다. 상나라 이후 새로
운 악기들이 계속 만들어졌다. 세 단계로 나누어 설명을 해 보겠다.

첫 번째 단계는 상나라에서 한나라까지다. 이 단계의 관악기로는
지篪, 소簫, 생笙, 우竽, 타악기로는 경磬, 북[鼓], 징[鐃], 종鐘, 현악기로는
금琴, 슬瑟, 쟁箏, 축築 등이 있었으며 모두 중요한 악기들이었다. 이중 현
악기의 출현이 비교적 늦었는데 상나라 때 현악기가 있었는지의 여부
는 아직까지 의문으로 남아 있다. 그러나 상나라 때의 관악기와 타악기

는 원시 사회보다 훨씬 발전된 상황이었다. 상나라의 훈은 이미 5개의 구멍이 있었으며 11개의 음을 연주할 수 있었다. 하남성 휘현에서 출토된 도자 훈은 크고 작은 3개가 한 조인데 큰 훈과 작은 훈의 음정은 장 3도의 차이가 난다. 갑골문의 𠀎(龠)자는 연결된 관을 불어서 연주하는 모양으로 후대의 배소排簫(팬파이프의 일종)의 전신인 듯하다. 타악기의 경우, 상나라 때에는 경 하나로 이루어진 것이 대부분이었다. 그러나 은허 서쪽 구역 93호 묘에서의 예와 같이 한 묘에서 경 다섯 개가 출토된 적도 있다. 갑골에서 경(磬)자는 𠂤으로 되어 있는데 왼쪽은 돌이 매달려 있는 모양을, 오른쪽은 손으로 막대기를 잡고 두드리는 모양이다. 이 시기 징은 청동기로 만들었는데 3~5개를 한 조로 하는 편징이 있었다. 청동 북도 상나라 유물에서 발견된 적이 있는데, 호북성 숭양崇陽에서 출토된 것으로 높이가 74.7cm이다. 북 몸통을 가로로 놓고 두 사람이 서로 마주 보고 서서 북채를 잡고 치게 되어 있는 형태다(그림 8-18). 갑골의 𠀎(鼓)자는 바로 이 모습을 본뜬 것이다. 가운데가 북이고 위쪽은 북의 장식, 아래쪽은 북 받침이다. 낙양 방가구龐家溝에서 출토된 서주 시대 방형 제기에 새겨진 갑골자 𠀎에는 양쪽에서 북을 치는 모습이 분명히 드러나 있다.

　　주나라 때에는 악기가 더욱 많아져《시경》에서만 27종의 악기가 보인다. 상나라 때의 징은 주나라 때 종으로 발전되었다. 징은 본래 주둥이가 위를 향해 있어서 '잡고 연주'하는 것이다. 그러나 큰 징은 매우 무거워 손으로 잡을 수 없었으므로 결국 '매달아 연주'하게 되었다. 〈존고재소견길금도尊古齋所見吉金圖〉에 수록된 상나라 시기 '亞뫚鐃'는 손잡이 끝에 매달아 걸 수 있는 고리가 주조되어 있다. 섬서성 보계의 죽원구 13호 서주 초기 묘에서 출토된 징에도 손잡이에 고리가 있다. 서주

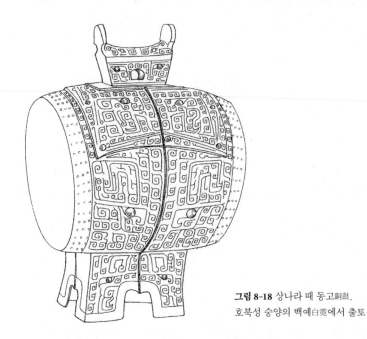

그림 8-18 상나라 때 동고銅鼓.
호북성 숭양의 백예白霓에서 출토

시기 종의 전신이 바로 매달아 연주한 징이다. 징일 때부터 있었던 손
잡이(이 손잡이는 종에서는 절대적으로 필요한 부분은 아니다)가 그대로 남아 있
는 종을 용종甬鐘이라고 하는데 이것이 서주 시기의 전형적인 종의 형태
이다. 특히 주목할 것은 종과 징, 초기 상나라 때의 구리 령鈴의 절단면
이 모두 합와合瓦의 형태라는 점이다. 이는 중국 고대 악기의 독특한 전
통이다. 합와의 형태여야 음이 빨리 감소되어 선율 악기가 될 수 있으며
쌍음을 연주할 수 있다. 원종圓鐘을 치면 여음이 길어 연결을 하더라도
악곡을 연주할 수 없다. 한나라 이후 쌍음종의 제도는 전하지 않게 되
었다. 심괄의《몽계필담》에 이러한 내용이 있다. "후세 사람들은 이 뜻
을 알지 못하고 모두 원종을 만들었기 때문에 급히 두드리면 울리는 소
리가 많아 청탁을 구분할 수가 없다." 송나라 휘종 시기에 출토되었던
"송공술종宋公戌鐘"을 모방하여 합와 형태의 "대성종大晟鐘"을 주조했으

나 춘추 전국 시대의 악종과 달리 단음만 낼 수 있었다. 춘추 전국 시대의 악종도 처음부터 쌍음을 온전하게 낼 수 있었던 것은 아니다. 섬서성 부풍의 제가촌齊家村 서주 중·후기 저장 토굴에서 8건의 "작종柞鐘"과 8건의 "중의화종中義和鐘"이 출토되었다. 이중 어떤 것은 정고부正鼓部를 쳤을 때 한 음만 나지만 우고부右鼓部에서는 다른 음을 낸다. 즉 쌍음종도, 단음종도 있었던 것이다. 1977년, 섬서성, 감숙성, 산서성, 하남성에서 출토된 고악기의 음을 측정하여 황상붕黃翔鵬은 서주 시기의 종이 우고음을 사용했을 가능성과 춘추 시기의 종이 우고음을 사용한 증거를 제시했다. 공교롭게도 이듬해인 1978년에 호북성 수주의 전국 초기 증후을 묘에서 편종編鐘이 출토되었는데 64개의 종鐘과 한 개의 박鎛이었다. 어떤 편종은 박 하나를 맞춰 넣는다.《주례·소서小胥》가공언賈公彦의 소에는 한 벌의 종과 경쇠를 매달 때 박은 하나만 매단다고 기록하고 있다.《국어·진어晉語》에는 정백이 진나라에 보낸 예물 중 "노래 반주용 편종 2벌과 보박"이 있었다고 했는데 여기서도 박은 하나다. "음악을 연주할 때 고와 박으로 박자를 맞추기" 때문이다(《의례·대사大射》정현의 주석). 박을 쳐서 악장의 단락을 표시하므로 이 목적으로 사용하는 것은 하나면 충분하다. 그러나 신정의 춘추 시대 묘에서는 4개가, 섭현葉縣 춘추 시대 묘에서는 8개의 박이 출토되었다. 이 박 또한 음악의 연주에 사용되었으나 용도는 상술한 것들과 다르다. 증후을 편종은 각 종의 정고부와 우고부에 모두 음을 표시한 명문이 있는데 테스트를 한 결과 표음과 음향이 부합한다. 이들은 모두 쌍음종일뿐만 아니라 총 음역도 아주 넓어 58도가 넘는다. 현대 피아노 음역의 양단 평균보다 각 8도가 적다(그림 8-19). 동음이 중복되고 성부가 중첩되는 곳이 있으나 중심 음역의 12개 반음을 갖추었으며 선궁전조旋宮轉調(12율에서 궁宮 음의 위치가 이동하면 나머지 음도 따라 이동하는 현상)의 기능도 있다. 연구 결과는 또한 각 종이 쌍음을 낼 수 있는 것은 기하학적 형태 때문임을 증명했다. 정고부와 우고부를 치면 다른 진동 패턴이 발생하고 이 때문에 다른 음향이 나는 것이다. 게다가 진동 절점의 내벽에 홈을 파서 조율 시험을 해보면 두 기본 주파수의 소리 분리를 더욱 정확하게 조절할 수 있다. 그 음의 주파수는 256.4헤르츠로 현대 피아노 중앙의 진동 주파수(256헤르츠)에 거의 가깝다. 고대 쌍음종 제도를 다시 발견한 것은 중화인민공화국 성립 후 음악사 연구에 있어서 큰 수확이었다. 편종과 같이 발굴된 것 중 석

경이 있었는데 32개의 경쇠가 매달려 있다. 종과 경을 합주하면《맹자》
의 "먼저 종을 쳐서 소리를 울리고 마지막에 경을 쳐서 마무리 한다"라
는 구절처럼 마음을 울리는 소리가 난다.

대형 편현編懸 악기를 제외하고 주나라 때에는 현악기가 만들어
졌다는 점에서 발전이 있었다. 당시 현악기는 슬瑟이나 금琴처럼 뜯기
만 할 수 있는 악기였고 아직 활을 문지르는 악기는 없었다. 슬은 산음
散音(흩뿌리는 소리라는 뜻으로 한 개나 두 개 이상의 줄을 잡고 퉁겨 소리를 내는 주법)
만 탈 수 있었는데 한 현이 한 음으로 통상 25현이었다. 현을 조율할 때

그림 8-19 전국 시대 대형 동편종銅編鍾. 호북성 수주의 증후을 묘에서 출토

는 현이 4개의 슬예瑟枘에 묶여 있어 여러 현이 한꺼번에 움직였기 때문에 먼저 같은 음고音高로 조절하고 나서 일정한 음계의 조율 필요에 따라 낮은 것에서 높은 순서대로 각각의 현 아래에 기둥을 두는 것으로 해결했다. 현을 조율한 후에 두 손으로 타면 맑고 바른 소리가 어우러져 악곡이 완성되었다. 금은 슬과 달리 현을 누를 때 현의 진동폭을 바꿔서 한 현에서 다른 소리를 낼 수 있었다. 이는 연주 기법상의 대발전이었다. 금은 통상 7줄이었다. 금 몸통의 면판과 바닥은 처음에 오동나무와 가래나무로 제작했다. 《회남자·수무修務》에서 "산 오동나무로 만든 금, 산골 가래나무로 만든 금복"이라고 했다. 그러나 금의 재료가 고정불변은 아니었다. 당나라 금은 오동나무 면판에 삼나무로 바닥을 만든 것도 있고, 삼나무 면판에 가래나무 바닥은 더 많았다. 민국 시기 사천 지역의 금 연주가인 배철협裴鐵俠의 백납금百衲琴 "인봉引鳳"은 오대십국 시기 제작된 것으로 대나무와 나무를 합쳐서 만든 것이다. 식물 중 소리를 전달하는 성질인 전성성이 우수한 공명판 재목이라면 무엇이든 재료가 될 수 있었다. 그 외에 위·진 시대 이전의 금미琴尾는 실제 나무였고 금복琴腹의 바닥은 움직일 수 있다는 점이 주목할 만하다. 당시의 금 현은 악산 밖의 구멍을 통해 곧바로 진지軫池까지 이어졌고 현은 금진琴軫 위에 묶여 있었다. 진軫의 끝쪽은 금복 가운데 들어가 있어 밖에서는 만질 수 없었다. 금은 기둥이 없으므로 필히 현마다 조율해야 했다. 그러므로 현을 조율할 때는 바닥을 열어 특별히 제작한 "금진월琴軫鈅"이라는 공구로 금진의 끝을 누르고 금진을 돌려 현을 바짝 조였다. 위·진 이전의 고금은 출토된 것이 많지 않으나 수주의 증후을 묘와 장사의 오리패五里牌 3호 묘 등 전국 시대 무덤 혹은 장사의 마왕퇴 서한 시대 묘에서 출토된 금은 모두 이러한 형태다(그림8-20:1, 2). 동한 때의 화상경에

는 금을 타는 사람이 있는데 금미가 나무로 되어 있다. 한 고금 연주가
는 "초 지역에서 출토된 반절금상半截琴箱의 금은 현전하는 칠현금과 관
계가 없다"라고 보았다. 나아가 상술한 출토 고금은 남금南琴 혹은 토금
土琴이라고 했다. 그러나 목질로 된 금체는 보관하기가 쉽지 않으나 구
리로 된 진월軫鉞은 상당량 출토되었다. 산서성 장치의 분수령 7호, 산동
성 임치臨淄의 상왕商王 2호 등 전국 시대 무덤과 광동성 광주 남월왕, 강
소성 서주 동전자東甸子, 안휘성 와양渦陽 혜산嵇山, 하북성 만성 등 서한
시대 무덤에서 출토된 것들은 당시 이 무덤의 주인들이 악기를 연주하
거나 들은 것이 모두 이 '반절음상 금'이었음을 증명한다. 강소성 서주
의 후루산後樓山 8호 서한 시대 무덤에서는 진월軫鉞과 함께 사용하는 구
리 금진琴軫 4건이 출토되었는데 어떤 것에는 윗면에 '사악부司樂府'라는
명문이 새겨져 있다. 깔끔한 한나라풍 자체로 분명 현지 관음악 사무를
관장하던 부서에서 제작했을 것이다. 장치와 임치를 초나라 지역이라
할 수 없고, 만성과 서주의 한나라 때 귀족 무덤에서 출토된 금속을 부
속품으로 한 금을 모두 '토금土琴'이라 부를 수는 없는 노릇이다. 하물며
'현전하는 칠현금'은 아무리 일러도 당나라 이전은 아닌데 당나라 때의
금을 일컫는 이름으로 이전 천여 년의 모든 고금을 아우를 수는 없다.
그러므로 이 문제는 역사적 안목으로 대해야 한다. 초기의 금면琴面에
는 휘徽가 없다. 대략 서한 후기에 휘가 있는 금이 나타났다. 금휘는 보
통 13개인데 현음의 주요 분할점을 대표한다. 가운데의 제7휘는 가장
크고 분명하고 양쪽으로 점점 작아진다. 연주자는 왼손으로 휘에 따라
현을 누르고 오른손으로 현을 밀어 연주한다. 채옹은《금부琴賦》에서 이
렇게 말했다. "왼손은 올렸다 내렸다, 오른손은 이리저리 배회하는 듯."
여기서 비교적 복잡한 운지법이 형성되었다. 예를 들면 혜강嵇康이《금

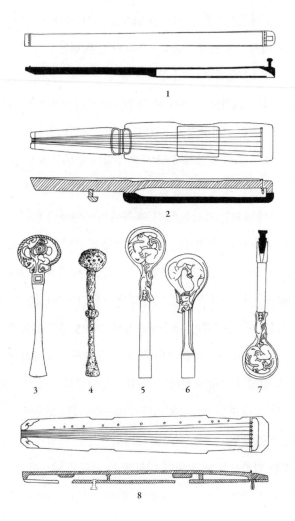

그림 8-20 금과 금진월

1 증후을 묘에서 출토된 오현금

2 마왕퇴 3호 묘에서 출토된 칠현금

3 강소성 서주의 동전자東甸子 서한 시대 무덤에서 출토된 구리 진월

4 만성 2호 서한 시대 무덤에서 출토된 상감한 쇠 진월

5 서한 시대 남월왕 묘에서 출토된 구리 진월

6 산동성 임치의 상왕촌商王村에서 출토된 서한 시기 구리 진월

7 금진월로 금진을 눌러 금을 조율

8 당나라 때 이후의 고금古琴

부》에서 묘사한 "손가락이 휘날리듯 내달리듯 하다飛指馳騖"·"쓸어내다
摍捋"·"어지럽게 움직이다閒聲錯糅"·"나란히 달리듯 훨훨 날듯 하다변치
익구駢馳翼驅" 같은 것들이다. 전국 후기에 슬보다 작은 쟁箏과 한 손으로
는 현을 누르고 한 손으로는 죽척竹尺으로 쳐서 소리를 내는 축築이 출
현했다.

관악기는 주나라 때 많아졌다. 도자 훈 외에 피리의 기초에서 발전
한 배소, 생笙, 우竽 등이 있었다. 배소는 매 관管이 한 음을 내는데 직접
입술로 분다. 생은 많은 대나무 관을 호리병 박에 엮고 대나무 관 하단
에 황엽을 달아 황엽과 관 안의 기주氣柱의 공진을 이용하여 소리를 낸
다. 최초의 배소와 생은 수주 증후을 묘에서 발견되었다. 그밖에 중요한
관악기로는 우竽가 있다. 우는 형태는 기본적으로 생과 같은데 관이 더
많고 길다. 일반적으로 23~36개의 황엽이 있다. 춘추 전국 시대 기악
연주에서는 일반적으로 우로 음을 정한다.《한비자》에서는 우를 "오성
의 으뜸"으로 "우가 먼저 연주되면 종과 슬이 모두 뒤따른다. 우가 노래
하면 여러 음악이 모두 조화롭게 된다"라고 했다.

한나라 관악기에서는 적笛을 중시했다. 적은 일찍 출현했으나 한
나라 때의 횡취악橫吹樂에서 각角과 함께 두드러지는 역할을 하게 된다.
이 외에 일부 소수민족의 악기, 예를 들면 강적羌笛(현대의 소簫와 비슷), 가
笳(현대의 관管에 가깝다)가 이 시기 자주 보인다. 서역에서 들어온 공후箜篌
와 비파琵琶는 문헌에는 보이지만 그다지 유행하지 않았다. 한나라 때
노래하고 춤추는 용俑과 화상석에서 주로 보이는 악기는 종鐘, 경磬, 고
鼓, 우竽, 슬瑟 등이다.

위·진 때부터 당나라까지는 중국 고대 악기 발전사의 2단계에 해
당한다. 이 시기 예전의 대형 편현 악기는 급속히 사라졌다. 슬·우 등

도 자주 보이지 않는다. 십육국 이래로 많은 소수 민족이 유입되면서
많은 악기가 수입되었다. 그중 영향이 가장 큰 것은 비파다. 비파는 서
아시아의 메소포타미아에서 시작되었고 동한 말 중국에 유입되었다.
감숙성 가욕관嘉峪關의 위진 시대 묘에서 출토된 화전畫磚에는 비파를
타는 악사가 그려져 있다. 그러나 초기의 비파는 배가 작고 목이 길고
곧아 서아시아의 원형과는 조금 달랐다. 남북조 시기가 되자 호악이
유행하면서 비파가 점차 중요해졌다. 비파는 음역이 넓어 84조 중의
81조를 낼 수 있었다. 이는 예전 악기로는 매우 어려운 일이었다. 증후
을 묘에서 출토된 편종의 음역은 넓긴 하지만 이는 무게가 2,500kg이
나 되는 방대한 규모로 몇 명의 악공이 함께 연주해야 했으므로 그 표
현력을 비파와 함께 논할 수는 없다. 당나라 때에 자주 보이는 비파는
배[梨] 모양의 복腹을 하고 목이 굽어 있으며 가로로 안아 발자撥子를
사용해 연주한다.

본래 예전부터 손으로 타는 비파가 있었다. 운강 제16굴에 조각되
어 있는 기락천伎樂天에 손으로 비파를 타는 모습이 보이기는 하지만 이
러한 탄법이 보편적이지는 않았다. 그러므로 발자를 사용하지 않고 손
으로 연주하는 것은 사람들에게 새로운 느낌을 주었다. 물론 여기에는
기교의 우열이라는 요인이 있다. 《구당서·음악지音樂志》에서 "구비파는
모두 목발로 탔으나 태종 정관 초에 손으로 타는 방법이 생겨났다. 지금
소위 비파라고 하는 것이다"라고 했다. 처음 손으로 비파를 타는 유행
을 만든 음악가는 유속劉餗의 《수당가화隋唐嘉話》에 의하면 배락아裵洛兒
다. 그의 본명은 배신부裵神符로, 《당회요》에는 이러한 기록이 있다. "정
관 연간, 배신부라는 자는 비파를 아주 잘 알아 〈승만노勝蠻奴〉·〈화봉火
鳳〉·〈경배악傾杯樂〉 세 곡을 지었다. 소리가 맑고 아름다워 태종이 몹시

좋아했다." 그의 솜씨는 일반 사람에 비할 바가 아니었다. 조기의 비파
는 상相도 품品도 없었다. 이후 어떤 것은 일부는 경부頸部에 4품을 달기
도 했다. 또 면판面板의 승발承撥이 있는 곳에 얇은 조각을 붙였는데 금,
은, 상아, 거북 등 각종 재질로 만든 것으로 '한발捍撥'이라고 했다. 발撥
은 발자撥子이고 한捍은 보호의 의미이다. 한발 위에는 무늬를 장식했다.
이상은의 시에는 비파를 노래한 시가 있다. "위에는 금 한발이 붙어 있
는데 승로 닭이 그려져 있네." 일본 나라의 정창원에 소장된 당나라 '나
세풍목비파螺鈿楓木琵琶'의 한발 위에는 〈호인기상고악도胡人騎象鼓樂圖〉
가 그려져 있는데 매우 정교하며 중요한 인물이다(그림 8-21). 단안절段安
節의《악부잡록樂府雜錄》에는 서역에서 들어온 안국악安國樂에서 쓰는 비
파에 관한 내용이 있다. "그것의 한발은 상아로 만들었는데 그 나라의
왕이 코끼리를 타는 그림이 있다." 이는 상술한 정창원의 소장품과 비
슷하다. 명·청나라 때의 비파는 4상 13품이며 가로로 타던 것에서 세로
로 타는 것으로 바뀌었다. 근대의 비파는 6상 24품까지 있는데 모두 손
으로 뜯으며 한발을 붙이지 않은지 이미 오래되었다.

  남북조 시대부터 수당까지 악기 합주의 상황으로 보면 비파가 중
요한 지위를 차지하고 있었으나 생황, 배소, 적, 쟁 등 고유 악기도 자주
출현한다. 이밖에 수공후豎箜篌(오늘날의 하프와 유사함), 필률篳篥(현대의 관과
유사함)과 같은 외국에서 수입된 악기도 상용되었다. 이들이 악대에 참
가하면 음역이 넓어지고 음색이 풍부해져 표현력이 확실히 좋아졌다.
타악기 중에는 작은 북 종류, 예를 들어 요고腰鼓, 갈고羯鼓, 계루고鷄婁鼓,
답랍고答臘鼓 등이 출현했다. 그림에 등장하는 악사의 손 자세를 보면 두
드리는 동작과 경중, 완급의 변화가 다양함을 알 수 있다. 일부 박자를
맞추는 악기, 예를 들어 동발銅鈸, 박판拍板 등이 이 시기에 출현했다. 주

그림 8-21 정창원 소장 당나라 때 비파 위의 한발

목할 만한 것은 대합주의 장소에서 금이 보이지 않는다는 점이다. 섬서성 삼원당三原唐 이도李壽의 묘 석곽에 조각된 〈악무도樂舞圖〉에는 24명의 연주자가, 하북성 곡양의 오대십국 시기 왕처직王處直의 묘에 조각된 〈산악도散樂圖〉에는 12명의 연주자가 있는데 양쪽 다 금을 연주하는 사람은 없다. 백거이는 〈오현五弦〉이라는 시에서 이렇게 노래했다. "아, 속세 사람들의 귀는 지금 것을 좋아하고 옛것을 좋아하지 않아 푸른 비단 드리워진 창의 금은 날마다 먼지가 쌓여가네嗟嗟俗人耳, 好今不好古, 所以綠窗琴, 日日生塵土." 금은 당나라 때 이미 쇠락했던 것일까? 물론 그렇지 않다. 지금 전해지는 당나라 금인 '비천飛泉'·'구소환패九霄環佩'·"대성유음大聖遺音"·"고목룡음枯木龍吟"과 같은 것들은 대부분 맑고 고운 소리가 울려 퍼져서, 금휘金徽 옥진玉軫이 있는 것이다. 제작이 정교하고 장식이 아름다워 감탄을 금할 수 없을 정도이므로 전혀 쇠락한 모습이 아니다. 하물며 한나라 말기부터 금을 깎는 기술은 부단히 발전하고 개선되었다. 공명상共鳴箱은 이미 금 본체 전체로 확장되었고 저판底板과 면판面板은 같이 고정되었다. 금진琴軫은 길어져 금 바닥까지 연결되어 금의 음량과 음색을 모두 개선시켰다. 윤곽의 조형도 더욱 정교해지면서 각종 곡선을 깎아내어 복희, 신농, 공자, 연주連珠 등 여러 가지 금식琴式이 출현했다(그림 8-22). 명나라 때가 되자 원균철袁均哲은 《태음대전집太音大全集》에 38종의 금식을 수록했다. 청나라 초 서기徐祺·서준徐俊 부자의 《오지재금보五知齋琴譜》에는 50여 종이 더 수록되었다. 금식과 음향의 관계는 크지 않지만 새로운 모양이 차례로 출현하는 것은 분명 금이 성행했다는 뜻이다. 그렇다면 왜 금이 합주에서 보이지 않게 되었을까? 답은 금 연주의 특징적 발전 추세에서 찾아야 한다.

춘추 전국 시대부터 서한 때까지 소위 '반절음상금半截音箱的琴'은 어

그림 8-22 금식琴式
1 중니식仲尼式
2 신농식神農式
3 복희식伏羲式
4 선화식宣和式
5 연주식連珠式
6 낙하식落霞式
7 정합식正合式
8 자기식子期式
9 차군식此君式

느 정도 민간적 성격이 있었다. 《시경·소남周南·관저關雎》편에는 "요조 숙녀에게 금과 슬을 연주해주네窈窕淑女, 琴瑟友之", 《소아·녹명鹿鳴》에는 "내게 귀한 손님 계시니 금과 슬을 연주하네我有嘉賓, 鼓瑟鼓琴"라는 구절이 있다. 이를 통해 사랑을 속삭일 때나 연회에서는 모두 금을 사용했음을 알 수 있다. 사마상여가 '녹기금綠綺琴'으로 《봉구황鳳求凰》을 타면서 탁문 군에게 구애했던 일은 잘 알려진 이야기다. 이들이 연주했던 것은 민간 의 노래였을 것이다. 소식은 "금은 바로 정나라와 위나라의 민간 가요와 같다"라고 했었다. 그러나 위에서 말한 것처럼 혜강이 쓴 금 연주 운지법과 같은 것은 상당히 복잡하다. 당나라 때가 되자 운지법의 체계가 갖추어져 오른손으로 현을 타는 구勾, 척剔, 말抹, 도挑, 륜輪, 곤滾 등이, 왼손의 현을 누르는 음吟, 노猱, 작綽, 주注, 창淌, 당撞 등 다양하게 변화했다. 그리고 두 손의 운지법을 조합해 함께하면 바로 "두 마리 난새가 마주하고 춤추며 두 마리 봉황이 함께 날아오르네"(소이간薛易簡)라는 복잡한 체계가 형성되었다. 실음實音과 범음泛音뿐 아니라 활음滑音과 유이음游移音을 모두 맑고 우아하게, 은은하고 부드럽게 연주했다. 이는 금으로 연주되는 악곡에 모호하고 흐릿하며 함축적인 색채를 더해주었다.

금곡의 이러한 특색은 기보법記譜法의 영향을 받은 것이기도 하다. 처음 금보는 현의 순서, 휘의 자리, 운지법 등에 대해 서술한 것이었다. "글이 매우 번다해 걸핏하면 두 줄이 넘어도 한 구가 되지 않았다."(《태음대전집》) 현재 일본 교토京都 서하무신광원西賀茂神光院에 소장된《게석조碣石調·유란幽蘭》이 바로 현존하는 가장 이른 고금곡의 "문자보文字譜"다(그림8-23 : 1). 당나라 때 조유曹柔는 읽기 어려운 문자보를 "감자보減字譜"로 바꾸었다. 즉, 문자보의 각 항목 내용을 하나하나 간단한 부호를 사용해 표시했다. 그리고 이 부호를 방형자方形字 형태로 조합했다(그림8-23 : 2). 형식은 바뀌었으나 내용은 얼마 보충이 되지 않았기 때문에 감자보는 여전히 구체적으로 매 음의 높낮이와 음표의 시간적 길이를 구체적으로 표시하지 못했으므로 박자가 반영되지 않은 손가락 위치보였다. 이러한 방식은 고금의 리듬과 박자에 상당한 탄력적 여지를 남겨 두게 되었다. 만약 현대에 통용되는 기보법으로 규범화한다면 도리어 그것이 추구하는 자연 그대로의 음악성을 제한하게 될 것이다. 금 연주자가 감자보를 마주하여 자신의 이해를 바탕으로 표현하고 발휘하는 것을 '타보打譜'라고 한다. 같은 보라 할지라도 다른 악사가 읽어내는 곡조는 약간의 차이가 있다. 이런 즉흥성은 연주를 재창조하는 것이며 세속적 악사는 이를 어려워했으므로 금단琴壇은 세상의 명리를 멀리하는 고인일사들이 주도할 수밖에 없었다. 이들의 주도 아래 금은 점차 기품 있고 우아하게 변해가고 속세와 동떨어져 소수의 예술이 되어갔다.

당대의 상황이 바로 이러했다. 당시 가운데 금에 대해 언급한 것을 보면 이런 것들이다. "은은한 7현이 나무들의 그윽한 그늘 아래 퍼지네冷冷七弦遍, 萬木澄幽陰"(상건常建), "은은한 7현 위 조용히 소나무의 찬바람을 듣는다冷冷七弦上, 靜听松風寒"(유장경劉長卿). 종합해 보면 금은 독주에 적합했으며, 다른 악기와 함께 대중이 모인 공개적 장소에서 연주하기에는 부적합했다는 것이다. 이후 소식의 시에 이러한 구절이 있다. "천년 세월 적막에 오직 금뿐이니 늙은 신선 죽지 않고 흥망을 보는 듯하다."《홍루몽》86회에는 임대옥이 금을 연주하는 이치에 대해 말한 대목이 있다. "금을 연주하려면 조용하고 고아한 곳을 골라야 한다. 높은 누각 위에서, 혹은 숲 속에서, 혹은 산꼭대기에서 아니면 물가에서 … 만약 지음이 없다면 차라리 혼자 청풍명월, 푸른 소나무와 우뚝 솟은 괴석, 들원숭이와 학 앞에서 한바탕 연주하면서 흥취를 담는 것이 낫다. 그래야 이 금을 저버리지 않는 것이다." 고증에 의하면 이 말은 명나라 때 양표정楊表正의《중수정문대음첩요진전금보重修正文對音捷要眞傳琴譜》에서 나온 것이나 임대옥의 말이 더 분명하다. 임대옥의 식견은 분명 당나라 사람들과 상통한다. 금을 탈 때는 청중이 필요 없다. "그윽한 대나무 숲에 홀로 앉아 금을 타고 또 길게 휘파람을 분다. 숲이 깊어 사람들 알지 못하니 밝은 달만이 나를 비추네."(왕유王維) 완전히 속세를 벗어난 경계다. 이 시의 마지막 두 구절에 대한 영문 번역은

1

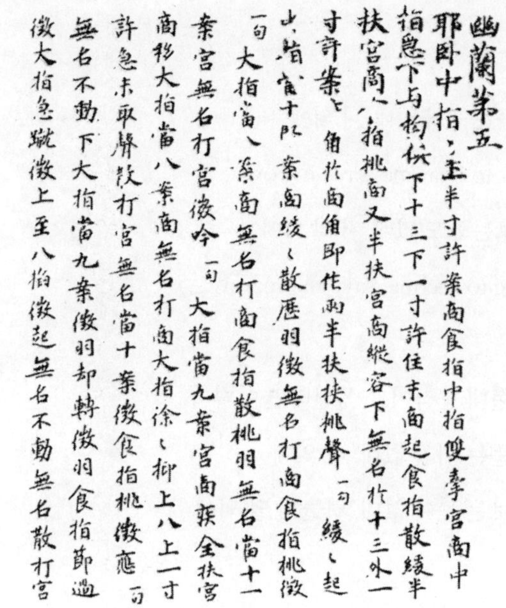

幽蘭第五

耶臥中指、半寸許案商食指中指雙牽宮商中
指急下与构俱下十三下一寸許住末商起食指散綬半
扶宮商、指桃商又半扶宮商縱容下無名作十三水一
寸許案、角作商即作兩半扶挑商聲一句綬、起
一句大指當、案商無名打商食指散歷羽徵無名打商食指桃
案宮無名打宮後吟一句大指當九案宮商蘇全扶宮
商移大指當八案商無名打商大指徐、抑上八上一寸
許急末取幕歆打商無名當十案徵食指桃商即過
無名不動下大指當九案徵羽却轉徵羽食指桃宮
徵大指急蹴徵上至八指徵起無名不動無名散打宮

2

鴈落平沙　角音

第一段

第二段

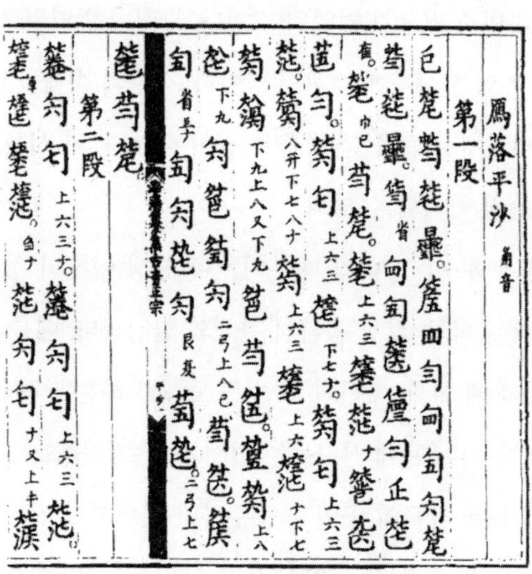

그림 8-23 정금보
1 문자보. 당나라 때 필사본《게석조·유란》
2 감자보. 명나라 때 간행본《고음정종》중의《안락평사》

이러하다.

> 나를 듣는 귀가 없네, 나 외에
> No ear to hear me, save my own,
> 나를 보는 눈도 없네, 저 달 외에
> No eye to see me, save the moon.

> 이를 현대 중국어로 옮긴다면 이렇다.
> 나를 듣는 귀가 없네, 나 외에
> 나를 보는 눈이 없네, 하늘의 달 외에

영어 번역의 음보는 정련되지만 의미는 완전히 달라졌다. 왕유는 아무도 듣고 봐줄 필요가 없었던 것이다. 그러나 번역된 것은 아무도 듣고 보지 않고 있는 상황에 대한 원망이다. 작자의 속세를 벗어난 심정과 번역자의 세상에 미련을 둔 마음은 전혀 다르다. 이 시를 통해 중국 고금의 성격을 잘 이해할 수 있다.

3단계는 송·원·명나라 때부터 아편전쟁 이전의 청나라 때다. 이 시기의 악기는 희곡, 설창 음악의 관계와 밀접하다. 예를 들어 은자생銀字笙은 송나라 때 설서說書인의 공연 중 노래를 하는 단락을 반주하는 것에서 발전되었기 때문에 당시에는 설서를 "은자아銀字兒"라고 부르기도 했다. 삼현三弦은 잡극의 공연을 반주하던 것에서 발전되었다. 호금胡琴과 알쟁軋箏 등도 오락 장소였던 "와사瓦舍"에서 성장했다. 특별히 언급할 것은 이 시기에 활을 문질러 연주하는 현악기가 성행하기 시작했다는 점이다. 이는 중국 악기 발전사에서 매우 중요한 의미다.

중국은 활을 사용하는 악기가 출현하기 전, 막대기를 문질러서 연주하는 악기가 있었다. 예를 들어 당나라 때 출현했던 해금奚琴과 알쟁이 있다. 알쟁은 이후에도 계속 막대기를 사용했으나 해금은 끊임없이 개선되었다. '해奚'는 중국 고대 동북 지역의 한 소수민족이다. 이들이 만든 해금은 현이 두 개인데 죽편竹片으로 두 현의 사이를 마찰해 소리를 낸다. 송나라 사람들은 죽편을 말꼬리 활로 바꾸었고 그리하여 마미호금馬尾胡琴이라는 호칭이 생기기도 했다. 남송 때 궁정의 교방 악대 중비파를 타는 자는 8명 뿐이었으나 해금을 연주하는 자는 11명이나 되었다. 해금은 뜻밖에도 악단을 장악했던 비파를 뛰어넘게 되었다. 호금은 활을 비벼 연주했는데 음이 경쾌하면서 부드럽고 구성진 억양이 있어 손으로 타는 악기보다 사람의 목소리와 더 잘 어울렸다. 그리하여 희곡 음악에서 광범위하게 응용되었다. 이후 출현한 사호四胡·호호胡胡·판호板胡·경호京胡·대호大胡·추호墜胡·야호椰胡 등은 모두 호금胡琴이 변한 것이다.

활을 사용하는 현악기 외에 화불사火不思·삼현三弦과 같은 새로운 형태의 타는 현악기들이 등장했다. 화불사는 고대 서아시아 지역에서 만들어진 것인데 굽은 머리와 긴 목, 4개의 현에 품은 없으며 진軫은 한쪽으로 배열되어 있다. 공명상 하반부는 뱀 가죽으로 싸여 있다. 이는 당나라 때 이미 중국 서북 지역에 유입되었으며 신강위구르자치구 투루판 초합화둔招哈和屯에서 출토된 당나라 그림에 최초로 등장한다. 그러나 원나라 때가 되어서야 중원 지역에 유행하게 되었다. 명나라 때 인물 휘극徽劇의 "고발자高撥子"는 화불사를 주요 반주 악기로 사용한다. 화불사의 우뚝하면서도 낭랑한 톤은 일시에 사람들을 놀라게 했다. 삼현三弦은 중국에서 만든 것으로 원나라 때 출현했다. 처음에는 비파·생笙·적笛·고鼓·판板 등과 함께 잡극의 반주에 사용되었다가, 명나라 때에 이르러 크고 작은 두 종류로 분화되었다. 대삼현은 북방에서 각종 설창 예술을 반주하는데 사용되었고, 소삼현은 남삼현南三弦 혹은 현자弦子라고 불리는데 배 부분이 작고 둥글다. 강남에서 유행했으며 대부분 탄사의 반주나 관현악기와의 합주에 사용되었다. 16세기 중엽 이 악기는 일본에 전파되었고 일본 사람들은 이를 "삼미선三味線"이라 불렀다.

3단계의 관악기 중 가장 중요한 신 악기는 소나唢呐(수르나이, 중국의 태평소)다. 소나는 페르시아, 아랍 일대에서 시작되었고 대략 명나라 초엽 중국에 유입되었다. 이는 일종의 황관簧管 악기인데 음색이 맑고 강렬해 중국에서는 초기에 군악에서 사용했으며 이후 희곡과 가무의 반주에 사용되었다. 민간에서 징과 북을 사용하는 악대에는 대부분 소나가 빠지지 않는다. 작은 소나는 또 기눌叽呐이나 해적海笛이라고도 부른다.

이 시기에 출현한 타악기로는 판고板鼓·서고書鼓·팔각고八角鼓·어고漁鼓·운라云鑼·방자梆子·죽판竹板 등이 있는데 모두 희곡과 설창 음악 혹은 민간 기악의 합주에 사용되었다.

이 시기에는 또한 서양 악기도 유입되었다. 그중 원나라 때 유입된 파이프오르간은 "흥륭생興隆笙"이라고도 했는데 죽풍관竹風管 90개가 있었다. 18세기 말에서 19세기 초, 조익趙翼은 북경 선무문 안의 천주교 교회에서 파이프 오르간을 보았다고 했는데 이것은 연풍관鉛風管이 있는 것으로 좀 더 발전된 형태였던 것 같다. 현대 피아노의 전신인 클라비코드는 1600년 마르코폴로가 중국에 가지고 들어왔다. 현대의 바이올린과 비슷한 형태의 "득약총得約總"은 건륭 시기 미얀마 악대가 들여왔고 〈대청회전도大淸會典圖〉에 기록되어 있다. 그러나 이 악기들은 당시 사용

범위가 협소했으므로 영향이 크지 않았다.

종합하면, 고대 중국은 악기의 창작과 수용 모두 뛰어났다. 수천 년간 적지 않은 외래 악기가 유입되어 고유의 악기와 서로 보완하여 발전하면서 중국 민족 음악은 계속 발전될 수 있었다.

9

무장 도구

무장 도구는 무기와 보호용 장구의 통칭이다. 단지 '무기'라고 하는 것
보다 좀 더 광범위한 뜻이 담겨 있다. 중국의 상고 시대 무기에 대하여
언급하자면 과戈와 방패가 제일 먼저 떠오른다. 상나라 시대 금문金文 상
형자象形字에 한 손에는 과를 들고 한 손에는 방패를 든 사람이 있다. 이
는 당시 사용했던 일반적인 무기로 무장한 사병의 모습이다(그림 9-1).
이러한 종류의 무기는 원시 사회에 이미 존재했다. 돌로 된 칼에 자루를
달아 과로 썼고 돌도끼에 자루를 달아 좀 더 큰 도끼로 사용했다. 크기
가 큰 도끼는 과보다 귀했다. 하남성 임여臨汝에서 출토된 도기 항아리
와 산동성 거현莒縣에서 출토된 도기 술잔에는 큰 도끼의 모습이 그려져

그림 9-1 금문에서의 상형자. 창을 쥐고 있는 무사

있다. 강소성 해안海安 청돈진靑墩鎭에서는 흙
으로 구워 만든 돌도끼 모형이 출토되었다(그
림 9-2). 돌로 된 과와 돌로 된 도끼를 만드는 기
술의 핵심 중 하나는 석기와 나무로 된 자루를
단단하게 연결하는 것이다. 간단한 방법은 두
개를 하나로 묶는 것이었고, 복잡한 방법은 석
기의 몸체와 자루에 모두 구멍을 뚫어 끈을 걸
어 잡아매는 것이었다. 곤란한 점은 나무로 된
자루 윗부분에 날끝이 들어갈 만한 홈을 파야
하고 구멍도 뚫어야 해서 갈라지기도 쉬웠으
므로, 비교적 약한 부분이었다는 점이다. 그리

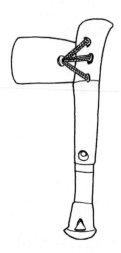

그림 9-2 도제陶制 석월石鉞
모형. 강소성 해안에서 출토

하여 나무 자루 부분은 항상 굵어졌으며, 윗부분에는 모자를 씌워 단단
해지도록 했다. 절강성 여항 반산 양저 문화 묘지에서 출토된 청옥 도끼
에는 신의 무늬가 조각되어 있었으며, 백옥으로 된 쓰개와 물미(창자루
끝을 감싸는 금속제 부품)가 함께 있었다. 그러나 여기서 주의해야 할 것은
옥으로 된 쓰개와 물미는 장식용이었다는 것이다. 옥으로 된 쓰개와 자
루는 자루 안의 홈에 맞추어 이어 놓아도 윗부분을 조여주는 역할을 하
지는 못했다(그림 9-3). 귀한 옥으로 된 도끼 역시 실전에서는 활용하지
못했음을 뜻한다.

앞에 언급한 난제는 역사적 시대에까지 남았다. 두껍고 무거운 석
기와 다르게 하나라 때부터 구리로 만든 병기를 사용하기 시작했다. 하
남성 언사 이리두 유적지에서는 이미 청동으로 만든 과戈(ㄱ자로 꺾인 날
이 달린 창)가 나왔다. 날 부분이 곧고[直援], 둥근 테[闌]가 없었으며 모
양이 비교적 원시적인 상태였다. 그러나 청동제로 된 물건은 석기보다

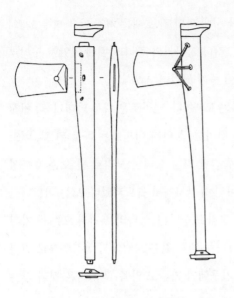

그림 9-3 옥월玉鉞의 부속과 복원된 모습. 상해시 복천산 福泉山에서 출토된 실물에 의거. 자루는 나중에 맞춤(장명 화張明華를 따름)

가늘고 견고하여 구리로 된 날이 목비木柲(창과 도끼의 자루)의 좁은 틈을 뚫을 때, 갈라질 가능성이 적었다. 날의 꼬리 부분을 내內라고 했다. 신 석기 시대의 석과石戈에는 묶을 수 있도록 내에 구멍을 뚫었다. 상나라 의 과는 이러한 방법을 계속 사용하면서 동시에 개선도 했다. 상나라 때 에는 구멍(공銎, 도끼 구멍)을 이용하여 자루를 묶는 시도를 했으나, 구멍 에 끼운 나무로 된 자루가 닳은 후에는 과의 윗부분이 헐거워져 견고하 다고 할 수 없었다. 상나라 과는 호胡(칼날의 아래로 굽어진 부분)가 없었고 (그림 9-4) 나중에야 호가 생겼다. 호는 원래 "턱 아래 늘어진 살"을 뜻하 며, 소의 목 아랫부분에서 보이는 것과 비슷했다. 과원戈援(과의 칼날 부분) 의 아랫날 뒷부분에는 호胡가 늘어져 있었는데, 호에 구멍을 뚫어 묶는 곳을 늘려 효과가 더욱 좋아지도록 했다. 이러한 방법은 상나라 때 발 전하여 당시 과의 호에는 구멍을 1개 뚫은 것이 있고, 2개 뚫은 것이 있 고, 3개 뚫은 것이 있었다. 어떤 것은 상당히 앞서가, 5개 구멍을 뚫어놓기도 했다(그림 9-4:2-6). 전국 시대 과의 긴 호에는 가장 많은 경우 5개의 구멍을 뚫었다(그림 9-4:7). 그러나 상나라와 주나라 때에 있었던 구리로 된 과는 대부분 2개의 구멍이 뚫려 있었다.

과와 함께 쓰였던 무기는 모矛이다. 날카로운 나무 막대기, 즉 원시 시대의 가래로부터 발전된 것이다. 상나라 이전에는 돌로 된 모, 뼈로 된 모를 사용했으며, 이미 발견된 가장 오래된 구리로 된 모는 호북성 황피黃陂의 반룡성盤龍城 상나라 유적지에서 출토되었다. 모는 버드나무 잎과 비슷하여 유엽식柳葉式 모라고 불렀다. 상나라 후기의 모는 두 가지로 나뉘었다. 한 가지는 버드나무 잎과 같은 모양에서 삼각형으로 변화한 것이며, 다른 한 가지는 가운데가 가늘고 양쪽 끝이 굵은 것과 같은 형태였으며, 교骹 부분이 모두 매우 길었다. 하남성 안양의 대사공촌大司空村 상나라 때 묘에서 발견된 모 자루의 흔적으로 보아, 상나라의 모는 일반적으로 길이가 1.4m에 이른다. 그런데 양홍楊泓 선생이 계산한 바에 따르면, 당시 두 대의 전차 바퀴가 뒤섞이며 교전을 했을 때 측면 사이의 거리가 가장 가까운 것이 1.6m 정도였다. 그래서 상나라의 모는 전차전에서는 그다지 크게 사용된 바가 없었으며, 도보전을 치를 때 사용되었던 무기였다. 상나라 대묘에서 출토된 과의 숫자는 모보다 많았다. 안양 후가장 서북강 1004호 대묘에서는 묶여 있는 모의 끝부분이 출토되었는데, 이것은 유일한 예이며, 특별한 이유가 있는 듯하다. 안양 부호 묘에서는 91개의 과가 출토되었는데, 모는 없었다. 서주 시대를 지나 춘추 전국 시대에 이르러 모의 자루가 길어지기 시작했다. 호남성 장사의 유성교 춘추 시대 묘에서 출토된 모의 길이는 2.97m였으며, 호북성 수주의 전국 시대 증후을묘에서 출토된 모의 길이는 4.36m였다. 서양의 유명한 마케도니아의 긴 모(길이 3.96~4.2m)와 맞먹었으나 전국 시

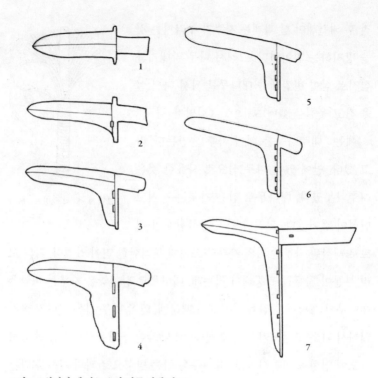

그림 9-4 상나라 때 과(1-6)와 전국 시대 과(7)
1 호가 없는 과. 안양 곽가장에서 출토
2 짧은 호에 구멍이 하나인 과. 은허殷墟 서쪽 구역에서 출토
3 중간 호에 구멍이 둘인 과. 은허 구역에서 출토
4 긴 호에 구멍이 셋인 과. 안양 화원장花園莊에서 출토
5 긴 호에 구멍이 넷인 과. 은허 서쪽 구역에서 출토
6 긴 호에 구멍이 다섯인 과. 안양 곽가장에서 출토
7 안쪽이 길고 긴 호에 구멍이 다섯인 과. 강릉 무창 의지義地에서 출토

대의 모는 수레 위에 올라타고 전쟁을 치를 때 쓰는 무기였으며, 마케도

니아에서 사용했던 모는 보병이 사용하던 것이었다. 주의해야 할 것은

과는 병사를 걸어 채는 데 중점을 두었으며, 격투 동작은 걸기와 찍기를

위주로 했던 것에 반해, 모는 적을 찌르는 데 중점을 두었다는 것이다.

전국 시대의 모의 자루(근矜)는 더욱 길어졌으며, 모의 잎사귀 모양이 좁

아져서 찔러서 공격하는 기능이 더욱 중시되었다. 그러나 자루가 길어

진 후 해결해야 할 과제는 자루가 부러지는 것
을 방지하는 일이었다. 그래서 나무 막대기를
심지로 삼아 바깥에는 대나무를 싸서 다시 실
을 감고 옻칠을 했다(그림 9-5). 《회남자·병략兵
略》에는 "대추나무를 베어 자루를 만든다"라
고 했다. 안에 있는 나무 심으로 사용한 것은
대추나무였다. 대나무로 감은 자루는 질기고
탄성이 뛰어났다. 그러나 이러한 복합적인 재

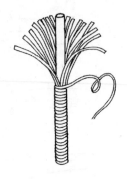

그림 9-5 적죽병積竹柄의
구조

료로 제작된 자루는 과의 자루로 쓰기에 부적합한 면이 있었다. 과의 꼬
리 부분이 자루를 관통해야 하는데, 대나무로 감아놓은 자루는 바깥층
대나무가 상당한 공간을 차지했기 때문에, 안쪽 나무 심은 그다지 굵지
않아서 과를 고정시키기 위해 한 번 더 납작한 구멍을 뚫어놓으면 심의
강도에 영향을 미친다. 따로 대나무를 감는 방식으로 과의 자루를 만든
경우를 발견하기는 했지만 특별한 경우라고 할 수밖에 없다. 또 과의 자
루와 모의 자루의 모양은 달랐다. 과는 잡았을 때 촉각으로 날이 가리키
는 방향을 알 수 있어야 하기 때문에 자루의 단면이 타원형과 비슷했다.
비교적 무딘 면은 내內의 방향을 가리키며 비교적 날카로운 면은 원援의
방향을 가리킨다(그림 9-6:1). 모는 병사를 찌르는 데 쓰여서 이러한 문제
가 없었으므로 모의 자루는 원형이었다(그림 9-6:2). 이러한 구분은 자루
끝부분 금속 덮개의 형식에도 영향을 미쳤다. 과의 아랫부분에 단 것을
물미[鐏]라고 했으며, 물미의 입구는 타원형에 가까웠고, 아랫부분은
평평했다. 《예기·곡례》정현의 주석에 따르면 "평평한 바닥을 대鐓라고
한다"라고 했다. 후에 송나라 때에 이르러 《집운集韻》에도 이렇게 기록
되어 있다. 그리고 모의 자루 아랫부분의 존鐏(창고달)의 경우 입구는 둥

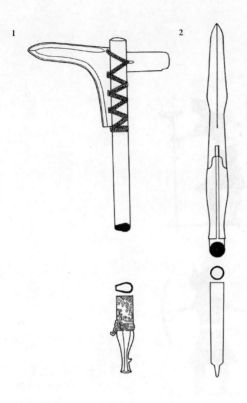

그림 9-6 과비戈柲와 모긍矛秘
1 호북성 강릉의 망산望山 전국 시대 묘에서 출토된 과
2 호북성 수주의 전국 시대 증후을 묘에서 출토된 모

글며, 밑바닥이 날카로웠다. 고대 중국에서는 사병이 집합할 때 모를 땅에 꽂아놓는 풍습이 있었다.《상서·목서牧誓》에서 "너의 과를 들라", "너의 모를 세워라"라는 기록이 있다.《곡례》의 정현의 주석 또한 "날카로운 밑바닥을 창고달이라고 한다"라고 했다.《석명》에서는 모의 "아랫부분은 존이라고 하며, 존을 땅에 꽂는다"라고 했다. 그러나《설문》에서는 대와 존을 뜻이 같은 글자로 해석하여 혼란을 야기했다. 실물을 관찰해 보면 전국 시대 모의 물미 아랫부분은 날이 예리한 것이 다수 있었다. 한나라 모의 물미 아랫부분은 3개의 날 모양, 혹은 둥근 송곳 모양으로 되어 있었다. 우리는 계란형 구멍—평평한 바닥과 둥근 구멍—날카로운 바닥으로 과대戈鐓와 모준矛鐏을 구별하는 기준을 삼는다. 그러나

그림 9-7 영식英飾을 묶어 맨
장병기
1, 2 과와 모. 호북성 형문의
포산 전국 시대 묘에서 출토
3, 4 극을 쥐고 있는 사람과
모를 쥐고 있는 사람. '수륙공
전도감水陸攻戰圖鑒'에 의거

비록 평평한 바닥이라고 하더라도 구멍의 입구가 원형이면 모준이기도
했다. 이외에 과와 모의 자루 부분에는 깃털이 묶여 있는데, 깃털이 예
리하게 위로 서 있었으며, 날에서 흘러내리는 피를 막아 옻칠을 한 자루
가 미끄러워져 변하여 손에서 놓치게 되는 일이 없도록 했다. 《시경·정
풍鄭風·청인淸人》에 적혀있는 것처럼 "두 모 자루에 이중 장식이 되어있
다"라는 구절과 같은 경우였다. 호북성 형문 포산의 초나라 때 묘에서
이러한 실례가 나온 적이 있었다. 하남성 급현의 산표진 등 지역의 전국
시대 묘에서 출토된 구리로 된 기물의 무늬에서도 장병기 자루에 양질

의 장식물이 붙어있는 것이 발견되었다(그림 9-7). 그러나 악전고투를 치르는 동안 날이 무뎌지고 기도 닳아버려 피가 묻은 양질의 깃털 장식물 또한 축 늘어지게 되었다.

과와 모가 결합하면 극戟이 된다. 알려진 것 중 가장 오래된 청동으로 된 극은 하북성 고성의 대서臺西 7호 상나라 때 묘에서 나왔는데, 상나라 유물 중 유일한 실례다. 이것은 과와 모를 연결하여 장착한 유형에 속한다. 서주 시대에 전체를 주조한 십자형 극이 발견된 바 있었으나, 유행했던 시간은 그다지 길지 않았다. 그러나 주의해야 할 것은 극이 처음에는 과와 모를 연결하고 장착하여 만든 것이어서, 어떤 것은 과를 위주로 하여 완성했고, 어떤 것은 모를 위주로 하여 완성했다는 점이다. 이 차이는 자루의 모양을 살펴보면 알 수 있다. 과를 위주로 한 극의 자루는 과와 같이 타원형이었다. 호남성 장사의 유성교 춘추 시대 묘와 수주의 전국 시대 증후을 묘에서 출토된 극에서 이런 특징이 보인다. 격투를 할 때 이러한 종류의 극은 여전히 걸고 찍는 것을 위주로 했다. 특별한 것은 몇몇 형체가 다른 극이었다. 어떤 것은 극 안쪽이 위로 치켜 올라갔다가 다시 아래로 젖혀지고 바닥에 또 굽은 날이 있었고, 어떤 것은 호胡 아래에 혈자子刺(찌르는 용도의 날)를 추가로 냈고, 어떤 것은 자루 위에 또 하나의 구거勾距(상대방을 낚아채는 데 쓰이는 갈고리 형태의 날)를 달았다. 이러한 장치는 휘두르고, 걸고, 찍는 경우에만 제대로 효과를 발휘할 수 있었다. 그러나 어떤 것은 모를 위주로 하여 자루 또한 모의 자루의 모양을 따라 단면이 원형이거나 타원형에 가깝기도 하다. 이런 형태의 극은 강소성 육합의 정교程橋·안휘성 서성舒城의 구리돈九里墩 등의 지역에서 발견되었다(그림 9-8). 모를 위주로 한 극의 격투 동작은 치고 찌르는 것을 중심으로 했다. 문헌에는 "극긍戟矜(혹은 "棘矜",《시경·소아·

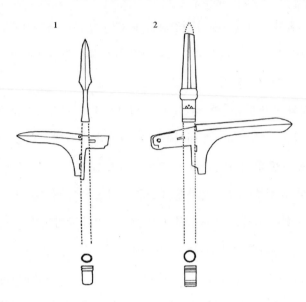

그림 9-8 춘추 시기의 극긍戟矜
1 강소성 육합六合의 정교정橋에서 출토된 극
2 안휘성 서성舒城의 구리돈九里墩에서 출토된 극

사간》정전鄭箋에서 "극棘은 극戟이다"라고 함)"이라는 단어가《설문·죽부》"로
簩" 하편·《사기·진섭세가陳涉世家》·《주부언열전主父偃列傳》·가의賈誼의
《과진론過秦論》·《한서·진승항적전陳勝項籍傳》등에 몇 차례 나타나 있었
으며, 이것을 통하여 극의 자루를 만들 때 모의 자루와 같이 만드는 것
이 더 중요했음을 알 수 있다. 시간이 지남에 따라 보병과 기병은 전쟁
의 주력이 되었으며, 극의 기능은 후자로 더욱 집중되었다. 산서성 장치
의 분수령 14호 묘에서 출토된 연결형 극의 명문銘文에는 이것을 "극극
棘戟"이라고 자칭하고 있다. 극棘은 자刺(찌르다)와 뜻이 같은 글지로 해
석한다.《방언》에서는 초목이 사람을 찌르는 것을 "장강과 상수湘水 지
역에서는 극이라고 한다"라고 했다. 극에는 "棘"이라는 글자를 새겨 표
시했는데, 이것은 찌르는 기능을 강조한 것이었다. 더욱 한 걸음 발전하

여 복ㅏ자 형 극이 나타났다. 이러한 종류의 극은 위로 솟은 곧은 날과 옆에 가로로 난 날만이 있었다.《석명》에서는 극을 "옆에 가지가 있다"라고 표현했으며, 이는 복 자 형 극을 말한다. 하북성 이현의 연하도 44호 총장叢葬 묘에서 출토된 것은 극의 머리가 48.2cm에 이르렀으며, 강철로 만든 것이었다. 칠국 시대에는 진나라가 강하고 연나라가 약하다는 말을 자주 했다. 연나라에 복 자 형의 극이 있었다면, 진나라에도 이것이 없었을 리 없다. 감숙성 진안 상원가上袁家의 진나라 때 묘에서 출토된 복 자 형 극은 연하도에서 출토된 것과 기본적으로 비슷하다(그림 9-9). 한나라 때에 이르면 복 자 형 극이 사용되는 범위가 더욱 넓어져, 사병들의 기본적인 무장이 되었다. 이러한 종류의 극은 앞으로 나아가 찌르는 데에 사용되었고, 찌르는 동작을 "차叉" 또는 "자刺"라고 불렀으며,《후한서·우연전虞延傳》에 보인다.

과거에 출토되었던 유물 중에는 온전하지 않은 것이 많았고, 극 윗부분의 과와 모 모양으로 되어 있는 두 부분의 금속품이 자주 분리되었다. 때문에 청나라 학자들은 극의 스타일을 구별할 수 없었다. 유명한 학자 대진戴震이 〈고공기도考工記圖〉에 그린 극은 둘 사이의 구분을 전혀 포착하지 못한 것이었다. 특히 경극 무대에서는 송나라 때《무경총요》에 제시된 "극도戟刀"를 극으로 해석하여 광범위한 오해를 불러일으켰다(그림 9-10).

이제 다과극多戈戟에 대하여 잠시 이야기해 보자. 증후을 묘에서 매우 아름다운 실물이 출토되었기 때문에 지명도가 상당히 높았다. 다과극은 두 개의 과를 장착했으며, 세 개의 과를 장착한 것도 있었다. 두 번째, 세 번째의 과에는 내內가 없었으며, 원援의 길이는 차례대로 짧아졌는데, 극의 자루는 3m가 넘었다. 전차 위에 타서 사용하는 무기임

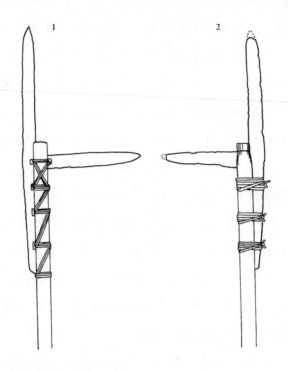

그림 9-9 연나라와 진나라의 복자 형 극
1 하북성 이현의 연나라 묘에서 출토
2 감숙성 진안의 진나라 묘에서 출토

을 알 수 있다(그림 9-11) 그러나 상대편 전차에 탄 병사를 걸고 치는 데
에만 사용할 것이라면, 아랫부분에 과두戈頭를 장착할 필요가 없다. 이
러한 과는 전차에 접근하는 목표만 살상할 수 있었기 때문이다. 그래
서 다과극은 전차전에서 쓰일 뿐만 아니라, 전차를 공격하는 적측 보
병을 상대할 수도 있었다. 게다가 다과극과 다원극多援戟은 달라서, 후
자는 꼭대기 부분에 극자戟刺를 장착하지 않았으며, 자루의 길이가 짧
다. 그러므로 이것은 도보전을 할 때 쓰였던 무기인 듯하다(그림 9-12).
전차는 보병들에게 겹겹이 포위되었을 때 기동성과 돌격 능력을 상실

한다.《좌전》에는 전차의 지휘자가 쉽게 공격
하거나 물러날 수 없을 때 자주 탄식하는 상
황이 나온다. 은공 9년 정백鄭伯이 융족과 전
투를 치를 적에 "저들은 보병이요, 우리는 수
레를 타고 있는데, 저들이 갑자기 뒤에서 돌
아와 우리 군사를 습격할까 걱정되는구나"라
고 했으며, 소공 2년 진나라의 위서가 북적北
狄과 맞서 작전을 펼칠 때에도 "저들은 보병이
요, 우리는 수레를 타고 있는데, 길이 좁아 수
레를 모는 게 편치 않구나"라고 했다. 그래서
"수레를 부수고 도보로 가서" 싸우는 것으로
큰 전략적 변화를 보였다.

　　한나라 말기부터 남북조 시대까지 모와
극은 한 걸음 더 융합을 하여, 더욱 위력이 있
는 삭矟(또는 槊)이 등장한다.《석명》에서는 "모

그림 9-10 극도戟刀.《무경
총요》에 의거

의 길이가 한 장 8척이 되는 것을 삭이라고 하며, 말을 탔을 때 손에 쥔
다"라고 했다. 삭은 두 부분에 날이 서 있는 커다란 모였다. 이 시기의
모는 위쪽으로 솟아 있는 극의 곁가지가 사라지고, 앞으로 진격하여 공
격하는 데 기능이 집중되도록 설계되었다. 건안 연간에 여포呂布가 병
사를 동원하여 동탁董卓을 죽이려 했을 때, 이숙이 먼저 극으로 그를 찔
렀고, "동탁이 입은 갑옷을 뚫을 수 없으니", "여포가 대답하며 모를 사
용하여 동탁을 찔렀으며, 사병에게 명하여 그를 죽이라고 했다."《후한
서·동탁전董卓傳》 철갑을 관통하는 것은 극보다 모가 더 효과가 있었다.
여포가 사용했던 모는 삭과 크게 다르지 않았을 것이다. 십육국 시대의

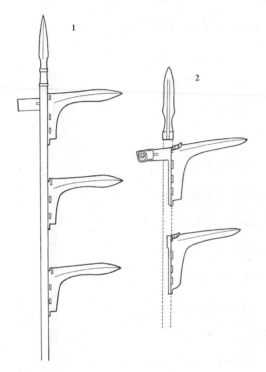

그림 9-11 다과극
1 호북성 수주 증후을 묘에
서 출토
2 강소성 진강鎭江 간벽諫壁
오나라 묘에서 출토

"농상隴上의 건장한 사내"인 진안陳安은 무예가 출중하고 민가에서는 그

가 "장팔사모丈八蛇矛를 좌우로 돌렸다"(《어람》353권《조서趙書》인용)라고 했

다. 그리고 같은 내용의 민가를 《영귀지靈鬼志》에서는 "장팔장모丈八長矛

를 좌우로 돌렸다"(《어람》354권 인용)라고 했다. 한나라 후기 공손찬公孫瓚

은 "두 개의 날이 서려 있는 모를 들고 질주하여 적을 공격한다"라고 언

급했다(《후한서·공손찬전公孫瓚傳》). 남북조 시대에는 양나라 대동大同 3년

(537) 소부小府가 길이 2장 4척(총 5.988m)에 이르는 두 개의 날이 있는 삭

을 만들었으며, 양간楊侃으로 하여금 이 삭을 사용해 보도록 했다. 이에

"양간이 삭을 들고 말에 올라 좌우를 공격하여 찌르니, 동작 하나하나

가 신묘함을 다했다"(《양서·양간전楊侃傳》)라고 기록되어 있다. 당시 주위

에서 구경하는 사람들이 많았는데, 어떤 사람들은 나무에 올라가 구경

그림 9-12 다원과를 쥐고 있는 사람
1 강소성 회음의 고장 전국 시대 묘에서 출토된 동기銅器 잔편에 새겨진 문양
2 호북성 수주의 증후을 묘에서 출토된 칠관의 채색 그림

하기도 했다. "양주梁主가 이 나무는 올라타는 도중에 쓰러질 것이라고
했는데 과연 갑자기 쓰러져, 이 삭을 절수삭折樹矟이라고 했다."(《어람》
354권) 양인삭과 양인모의 모양은 대체로 같았다. 돈황 막고굴 285굴의
서위 때 벽화 "오백강도성불五百强盜成佛"에서 갑옷을 입고 말을 타고 손
에 자루가 긴 삭을 쥐고 있는 군사들에게 칼과 방패를 지닌 '도적'은 상
대가 되지 못하는 것처럼 보인다(그림 9-13). 그러나 바꿔 말하면, 이러한
삭은 중무장을 한 기병을 상대했던 무기였다. 이러한 기병은 사람과 말
이 모두 갑옷을 입고 기세가 등등하게 곧장 돌진해왔다. 때문에 상대 입
장에서는 자루가 긴 삭을 사용하여 막는 수밖에 없었다. 이외에도 이 시
기에는 이미 말을 탈 때 쓰는 등자가 중국에서 보편적으로 사용되고 있
었으며, 이는 마삭馬矟을 사용하는 데 있어서도 반드시 필요했다. 삭을
잡고 앞으로 공격하는 힘이 매우 크기 때문에, 말을 탄 자가 말 위에서
안정적으로 중심을 잡지 못하면 결과가 어떻게 될 지는 굳이 말하지 않
아도 알 것이다. 과에서 극으로, 극에서 삭으로 간 것은 전투 동작이 걸

그림 9-13 도보전하는 사람을 삭을 가진 자가 갑옷을 갖춘 말을 타고 공격하는 장면. 막고굴 285굴 서위 벽화

고 찍는 것에서 점차 치고 찌르는 것으로 간 것으로, 보병전과 기병전이 전차전을 대체하게 되었음을 보여주는 것이다.

3세기부터 7세기까지, 조조曹操가 "삭을 집고 시를 읊는" 모습으로 부터 당나라 장군 정교금程咬金이 "능숙하게 마삭을 사용"하는 것까지 《구당서·정지절전知節傳》), 삭은 오랫동안 여러 무기 중 으뜸으로 여겨졌으며, 500여 년 동안 그 풍모를 잃지 않았으나 실물이 출토된 사례가 없었다.《당률唐律》에는 개인이 삭을 가지는 것을 금지했던 것이 원인인 듯하다. 길이가 6m에 이르는 긴 삭이 온전히 발견되어 복원된다면, 그

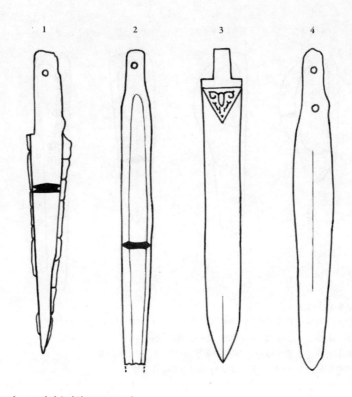

그림 9-14 편경유엽형扁莖柳葉形 검
1 석인골검石刃骨劍. 마가요 문화 유형. 감숙성 영창의 원앙지鴛鴦池에서 출토
2 옥검. 상나라 때, 사천성 광한廣漢의 삼성퇴三星堆에서 출토
3 동검. 상나라 때, 강서성 신간의 대양주에서 출토
4 동검. 서주 시기, 섬서성 장안의 장가파에서 출토

야말로 장관이라는 표현이 아깝지 않을 것이다.

과·모·극·삭은 전체적으로 보아 길이가 긴 장병기라고 할 수 있
겠다. 이제 길이가 짧은 단병기에 대하여 말해 보자. 우선 검이다. 단검
은 몸을 보호하는 데 많이 쓰였다. 감숙성 동림東林·영창永昌 등의 지역
의 마가요馬家窯 문화 유적지에서 몸체가 뼈로 만들어져 있고 돌로 된
날을 박아 만든 단검이 출토되었는데, 기원전 3000년대 중·후기 것으
로 추정된다. 상나라 때에 이르러 사천성 광한 삼성퇴三星堆와 강서성 신

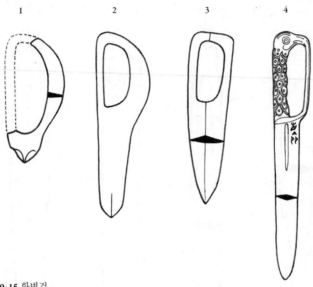

그림 9-15 환병검
1 골단검. 대문구 문화 유림劉林 유형, 강소성 비현의 대돈자에서 출토
2 석단검. 대문구 문화 화청花廳 유형, 출처는 위와 같음
3 골단검. 대문구 문화 대문구 유형, 산동성 태안의 대문구에서 출토
4 '성명省命' 동검. 서주 시기, 하북성 형대 갈가장에서 출토

간 대양주에서 옥으로 된 단검과 구리로 된 단검이 출토되었는데, 단검 모양은 평평한 버드나무 잎 모양을 하고 있었다. 서주 시대에 섬서성 장안 장가파·기산 하가촌·보계 죽원구·감숙성 영대 백초파·하남성 낙양 총가구寵家溝 등의 지역에 있는 주나라 묘에서 출토된 검은 모두 납작한 자루에 버드나무 잎 모양의 구리날을 단 단검으로, 마가요 문화 유적지에서 출토된 돌 단검과 상나라 때 버드나무 잎 모양 단검의 후손이었다(그림 9-14). 중국 동부 대문구 문화에는 칼자루 부분이 고리 모양인 환병環柄 단검이 발견된 시기가 더욱 오래되었다. 강소성 비현邳縣의 대돈자大墩子 339호 유림형柳林型 고분에서 나온 뼈로 된 환병 단검은 기원전 4000~5000년으로 거슬러 올라간다. 날 끝 부분이 아주 짧고, 모양이

매우 원시적이며, 출토될 당시까지도 무덤 주인 손에 쥐여 있었다. 신
석기 시대 이후 오랜 시간 동안 이런 모양의 검을 보기 어려웠다. 그러
다 하북성 형대의 갈가장葛家庄 116호 서주 전기 묘에서 모양이 같은 청
동 단검이 출토되었으며, "성명省命"이라는 두 글자 명문銘文이 새겨져
있었다. 앞에서 언급한 공백 기간 동안에도 환병 단검이 계속해서 전승
되고 사용되었음을 증명하는 것이다. 다만 더 많은 사례가 나타나지 않
고 있다는 아쉬움이 있다(그림 9-15). 이 외에도 중국 북방 지구에서 출토
된 굽은 자루, 혹은 곧은 자루가 있는 구리로 된 단검들은 방울·동물의
머리·새의 머리·버섯의 머리 모양 등 다양한 양식을 담고 있었다. 이것
들은 유라시아 초원 서부의 여러 문화와 연관이 있는 것이 분명하다. 그
러나 이러한 종류의 검이 서양에서 나타난 시기는 기원전 2000년대보
다 이르지 않았으며, 중원의 옛 검과는 다른 문화 체계에 속한다. 춘추
시대 초기, 윗부분이 둥글고 기둥 모양의 자루로 구성된 주척동검柱脊銅
劍이 출토됨으로서 중원 지역 춘추 전국 시대의 옛 검이 자신만의 독특
한 스타일을 형성하고 있었다는 것이 밝혀졌다. 이러한 종류의 검은 하
남성 삼문협의 상촌령 곡국虢國 묘에서 수차례 출토된 적이 있었다. 이
후 하남성 낙양 중주로의 춘추 시대 묘에서 상아로 된 자루와 칼집이 함
께 있는 동검이 출토되었으며, 칼집의 가운데에는 볼록하게 칼등의 꾸
미개[璏]를 조각했고, 띠를 매는 데 쓰였다. 이는 당시 중국에서 체식패
검법璏式佩劍法을 사용하고 있었다는 사실을 말해주는 것이었다. 그러나
이런 검의 길이는 일반적으로 30cm 정도로 상당히 짧았다. 사용할 때
찌르는 것을 위주로 했으므로, "직병直兵"이라고 불렀다.

　　동검은 물길이 종횡으로 깔린 남방의 오·월 지역에서 특별히 주목
을 받았다. 이곳의 군대는 전차병이 주였던 중원 지역과 달리, 검과 방

패 등의 무기를 갖춘 보병이 많았다. 그래서 동검 제작 기술이 장족의 발전을 이루었고 검 자체의 길이가 길어져 대부분 50cm가 넘었다. 옛 문헌에는 오나라와 월나라의 보검에 대하여 자주 언급되어 있는데, 고고학적 발굴을 하는 과정에서 이미 사실로 증명된 바가 있다. 출토된 오왕검과 월왕검은 매우 뛰어난 공예 예술이 반영되어 있어 세상의 주목을 받았다. 전국 시대에는 칼등과 칼날 부분에 구리와 주석을 서로 다른 비율로 조합하여 만든 복합 검이 나왔으며, 칼등이 단단하고 칼날은 예리해 살상력이 높아졌다. 섬서성 임동의 진시황릉 병마용갱에서 출토된 청동검 중 길이가 가장 긴 것은 94.8cm에 달하며, 검신이 좁고 얇아 뛰어남이 더욱 뚜렷하게 드러난다.

동검 사용과 제작이 절정에 이르렀을 때, 철검 또한 세상에 발걸음을 내디뎠다. 앞에 언급한 연하도 44호 총장 묘에서 출토된 15개의 철검 중 길이가 가장 긴 것은 100.4cm에 이르며, 비록 탄소의 함량은 균등하지 않지만, 철을 달구고 삼탄滲碳(철의 표면에 목탄, 숯 등을 이용해 탄소를 스며들게 하여 탄소 함량을 높이는 것)을 하고 연마하여 만든 강철이었다. 검신의 길이가 길어지면서 찌르는 것 이외에도 옆으로 치고 베는 방법이 강조되었다. 그리하여 《묵자·절용節用》에서 "찌르면 찔려 들어가고, 치면 절단되고, 옆으로 쳐도 부러지지 않는 것이 검의 좋은 점이다"라고 했다.

서한 시대 철검은 모두 단조 제련한 강철로 제조되었다. 이 책에서 '야금'을 말할 때 만성의 유승 묘에서 출토된 패검에 대하여 언급한 바가 있다. 이 검은 길이가 104.8cm에 이른다. 이것은 철을 여러 차례 겹쳐서 단조鍛造(철을 두드려서 가공하는 것)하는 과정을 거쳐 만들어졌다. 날 부분은 담금질을 하여 매우 단단하고 예리하며, 칼등은 담금질을 하지 않아서 비교적 좋은 인성靭性(잡아당기는 힘에 견디는 성질)을 유지하고 있어, 단단함과 부드러움이 서로 조합되었다. 검을 단조하는 기술이 진전된 것 또한 검의 길이에 반영되었다. 강소성 동산銅山에서 출토된 건초 2년(77) "오십련五十湅"이라는 강철 검은 길이가 109cm에 이르렀다. 《한서·경십삼왕전景十三王傳》에서는 광천왕廣川王 유거劉去가 "길이 7척 5치 되는 검을 만들었다"라고 하여, 총 길이가 172cm라고 기록되어 있다. 이렇게 긴 한나라 때의 검은 실물이 출토된 바는 없다. 그러나 한나라 화상전과 화상석에 "검을 수리하여 턱을 괸다"라는 문구가 적혀있는 것으로 미루어 볼 때, 당시에 이렇게 긴 검을 단조하는 것이 가능했음을 말해준다.

고대에 제일 호화스러웠던 검은 옥구검玉具劍으로, 동주 시대에 만들어졌다. 옥검은 네 가지 물품으로 구성되어 있었다. 옥수玉首(검 자루 꼭대기 부분의 옥 장식품)·옥심玉鐔(옥으로 된 검환)·옥체玉璏(옥으로 된 검구劍扣)·옥필玉珌(칼집 꼬리 부분의 옥 장식, 한나라 때에는 옥표玉摽라고 함)이다. 그중 옥수와 옥심은 검 위에 달고, 옥체와 옥필은 칼집에 달았다. 춘추 시대 후기의 검에는 옥체와 옥필만을 달았다. 하나의 검에 4가지 장식물이 갖추어지는 실례는 한나라에 이르러서야 생겼다(그림 9-16). 옥검에 다는 도구는 대부분 무늬가 있으며, 어떤 것은 고부조 기법으로 신비로운 금수禽獸 등의 형상을 조각하여서, 매우 아름답고 고귀한 분위기를 풍긴다. 중국 옥검은 아주 먼 서양에까지 전해져 남러시아와 흑해의 케르치 반도에서도 출토되었다. 남북조 시대 후기가 되어 검을 차는 방식에 변화가 일어나게 되는데, 이 시기가 지나면서 검에 달던 도구들은 자취를 감추었다.

이제 도刀에 대해 말해 보자. 서한 시대 중기부터 도는 전장에서

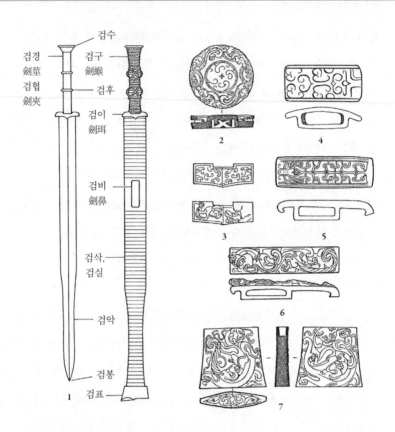

검수
검경 劍莖
검협 劍夾
검구 劍鐻
검후
검이 劍珥
검비 劍鼻
검삭, 검실
검악
검봉
검표

1

2
3
4
5
6
7

그림 9-16 검과 검에 있는 옥구
1 검 각 부위의 명칭
2 옥검수玉劍首. 하북성 만성에서 출토
3 옥검담玉劍鐔. 하북성 만성에서 출토
4 옥검체玉劍璏. 청해青海성 대통大通의 상손가채上孫家寨에서 출토
5 옥검체. 호남성 장사의 오가령에서 출토
6 옥검체. 하북성 만성에서 출토
7 옥검표玉劍摽. 하북성 만성에서 출토

점차 검의 위치를 대신하게 되었다. 이것은 기병이 말 위에서 무기를 휘둘러 내리쳐야 하는 필요성에 따라 나타난 변화였다. 도배刀背는 검의 등보다 더욱 튼튼하게 만들 수 있어, 쉽게 부러지지 않았다. 낙양 서쪽 교외 한나라 묘 22곳에서 모두 환수도環手刀가 출토되었다. 길이는

85~114cm로, 각기 길이가 달랐다. 무기로 사용되었던 도는 처음부터 철로 제작된 것이 주가 되었다. 낙양 소구의 한나라 때 묘에서 출토된 소량의 동도銅刀는 체형이 가볍고 얇아, 의장儀仗으로 사용되었다. 도의 사용법은 주로 장작을 패듯 내리치는 것이었다. 《석명》에 이른바 "도刀는 도到로, 내리쳐 참하는 것이다. 목표물이 있는 곳에 다다르면 치는 것이다"라고 한 것과 같다. 검과 비교하면, 도는 찌르고 치는 두 가지 방법 중에서 치는 것만 강조했다. 그래서 도에는 일반적으로 심鐔(날밑, 칼과 칼자루 사이에 끼우는 테)을 달지 않았다. 한나라 때 도의 도신刀身은 비교적 곧아서, 도수刀首는 거의 예외 없이 고리 모양으로 만들어졌으며, 고리 안에는 짐승 모양의 장식을 하기도 했다. 이러한 형식은 당나라까지 이어져 왔다(그림 9-17). 칼집 아랫부분에는 구리로 된 장식을 달았으며 넓이는 칼집과 같이 하여 검의 장식과 마찬가지로 빠져나가지 않도록 했다. 남북조 시대 이후 검은 의장과 패물, 무술과 종교의 법술에서 계속 사용되었던 것 이외에는 제식制式 무기에서는 이미 도태되었다. 《당육전唐六典》에 나와 있는 "무고령武庫令(무기를 관리하는 직책)"에는 도제刀制는 있었으나 검제劍制는 없었다. 명나라 모원의茅元儀의 《무비지武備志》에는 "옛날에 무기를 말할 때는 반드시 검을 말했으나 지금은 전쟁에서 쓰이지 않아 전해지지 않는다"라고 했다. 중국 현대 장편 소설 《이자성李自成》에는 대규모 기병이 검을 휘두르며 전장을 달리는 장면이 나오는데, 당시에는 상상할 수 없는 일이었다.

원거리를 쏘는 무기라면 제일 먼저 떠오르는 것이 활과 화살이다. 산서성 삭현 치욕峙峪의 구석기 시대 후기 유적지에서 매우 얇은 수석燧石(부싯돌) 조각으로 제작된 화살촉이 출토되었다. 이것은 중국에서 활과 화살을 사용한 역사가 이미 3만 년 정도가 되었다는 것을 말해준다.

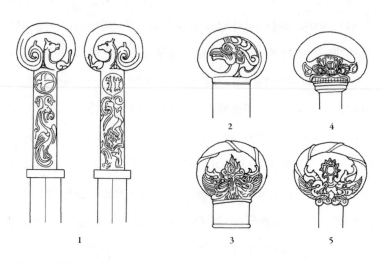

그림 9-17 도환刀環
1 하남성 남양의 양관사楊官寺에서 출토
2.3 하남성 낙양에서 출토
4 섬서성 서안의 당나라 대명궁大明宮 현무문玄武門에서 출토
5 당나라 대명궁 삼청전三淸殿에서 출토

시초의 활은 한 개의 목재 또는 대나무를 구부려 만든 것으로 "나무에
줄을 걸어 활을 만든다"라는 말과 같이 단일의 재료로 만든 단체궁單體
弓이다. 활을 당길 때 비축되는 힘이 발사할 때 한 번에 방출되었으며,
구조가 간단하면서도 효율이 높았다. 상나라에 이르러 하남성 안양 은
허의 상나라 때 고분에서 발견된 활의 흔적을 갑골문과 금문에서 나타
난 활과 관련된 상형자와 함께 고찰해 보니, 상나라 때의 활은 두 겹의
재료를 붙인 합체궁合體弓임을 알 수 있었다. 이후 전국 시대에는 복합궁
複合弓으로 발전되었다. 호남성 장사의 초나라 때 묘에서 출토된 비교적
온전히 보존된 전국 시대 활 중 하나는 길이가 140cm이며, 가장 넓은
부분이 4.5cm, 두께는 5cm이다. 양끝에는 짐승의 뿔로 만든 활의 고자
(활시위를 매는 곳)를 달았으며, 활은 대나무로 만들었다. 중간의 한 부분

은 네 겹의 대나무 조각을 덧대었으며, 양면에는 얇은 조각 모양의 동물의 힘줄·뿔을 붙였고 실을 감아 옻칠을 했다. 그것에 사용된 재료는《주례·고공기》에서 말한 활을 만들 때 필요하다는 뼈대(대나무·목재)·뿔·힘줄·아교·실·옻 등 "여섯 가지 재료"와 맞아떨어졌다. 이런 활은 대나무·목재로 된 몸체에 뿔을 붙이고 힘줄을 입혀, 그 강도가 단체궁이나 합체궁보다 더욱 컸다. 당시 중국의 활 만드는 기술이 이미 상당히 발달했음을 알 수 있다. 고대와 중세의 어느 곳에서도 구조 측면에서 활 만드는 기술이 이보다 더 뛰어난 적은 없었다. 한나라의 활은 전국 시대의 활과 비슷했으며, 대부분이 합체궁이었다. 일반적으로 활의 바깥쪽에 어포교魚脬胶(물고기의 내장으로 만든 접착제)로 소 힘줄을 붙였으며, 안쪽에는 소의 뿔을 붙였다. 활의 바깥쪽에서 장력을 받으므로, 소 힘줄은 장력을 견디는 역할을 했다. 활의 안쪽에도 압력이 가해지는데, 소의 뿔이 밀도가 커 압력을 견딜 수 있었다. 대나무나 목재로 된 활의 틀은 활 안쪽의 전단력(반대 방향으로 가해져 끊어지려는 힘)을 견딜 수 있었다. 몇 종류의 서로 다른 재료를 함께 활에 붙여 각각의 특징을 이용하면 더욱 강력한 발사 효과를 얻을 수 있었다.

동주 시기에는 활을 만드는 기술이 이미 규범화되었다.《고공기·궁인弓人》은 활을 만드는 기술에 대한 경험을 총망라한 문헌이며, 재료의 선택과 가공하는 방식, 부품의 성능과 조합에 대해서도 주문 사항이 명백하게 제시되어 있다. 활을 제작할 때 주의해야 하는 문제점에 대해서도 철저하게 분석했다. 이러한 원칙은 한나라에 이르러서도 여전히 적용되었다. 사용했던 화살은 일반적으로 화살촉만 남았다. 상나라·주나라 때에 사용했던 것은 척쌍익촉脊雙翼鏃(날개가 두 개인 화살촉)이었다. 춘추 시대 초기에는 삼익동촉三翼銅鏃(날개가 세 개인 화살촉)을 사용했다.

전국 시대에는 삼익촉 이외에도 삼릉촉三稜鏃(세 개의 모서리로 이루어진 화살촉)이 유행했다. 그리고 이러한 화살촉에는 철정鐵鋌(덩이쇠)을 달아 구리를 아꼈다. 한나라 때는 삼릉촉을 "양두羊頭"촉이라고 했으며, 가장 흔히 사용되었던 양식이었다. 그러나 화살의 소모량이 커도 삼익촉과 삼릉촉은 그 조형이 매우 복잡해서 철을 사용하여 대량으로 제작할 수 없었기 때문에 귀한 구리를 사용하여 주조해야 했다. 그래서 이 시기에는 단조를 하여 만들어내기 적합한 화살촉의 양식을 찾아내는 것이 매우 중요한 문제였다. 이 문제를 해결하기까지 시간이 적지 않게 소모되었다. 하북성 만성의 서한 시대 유승의 묘에서는 뒷부분이 원형의 기둥 모양, 앞부분은 사각 기둥 모양을 띠고 있는 철로 된 화살촉이 출토되었다. 금속 상태 검사를 해 보니, 이것은 주조되어 모양을 맞춘 후 열 처리 및 탈탄 과정을 거쳐 만든 것이었다. 그러나 반제품이 생철로 된 주조물이어서 상태가 고르지 않았고, 철로 된 대량의 화살촉이 열 처리 과정을 거쳐서 탈탄되는 정도가 일치되기도 어려웠다. 그리하여 화살촉의 단단한 정도와 예리한 정도 또한 뛰어나지 않았으며, 청동으로 된 촉을 대신하기에도 부족한 면이 있었다. 동한 시대 후기에 이르러 사천성 신번新繁과 안휘성 호현毫縣의 동한 시대 묘에서 출토된 바와 같이 화살의 날이 예각 삼각형 모양을 띠며 편평한 철로 된 촉이 생기게 되었다. 이러한 모양은 단조하기에도 쉽고 뚫고 지나가는 힘도 비교적 강했으므로, 후세에 장기적으로 사용되었으며, 결국 철로 된 촉이 구리로 된 촉을 대체하는 과정을 거치게 되었다(그림 9-18).

한나라 때에는 강궁强弓과 경노勁弩 사용이 강조되었다. 궁력을 계산하는 단위는 근斤이었다(그림 9-19). 《후한서》에 기록된 개연蓋延과 제동祭肜 등 맹장이 썼던 강궁은 "300근"으로, 대략 75kg이었다. 이러한

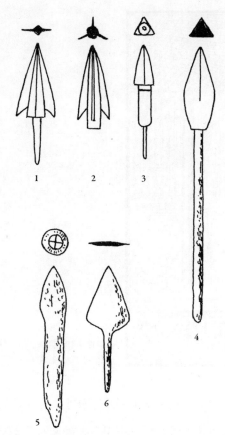

그림 9-18 전촉箭鏃(화살촉)
1 상나라 쌍익동촉雙翼銅鏃
2 서주 시대 삼익동촉三翼銅鏃
3 전국 시대 삼각동촉三棱銅鏃
4 서한 시대 철정동양두촉鐵鋌銅
羊頭鏃
5 서한 시대 주철탈탄촉鑄鐵脫碳鏃
6 동한 시대 단철촉鍛鐵鏃

활을 사용하여 시위를 당기는 것은 75kg이 되는 물건을 드는 것과 다름
이 없었다. 활시위를 당기는 것이 매우 힘들어 활을 집을 때 깍지를 끼
워야 했다. 활시위를 당길 때 쓰는 깍지를 첩韘이라고 하며, 이것을 엄지
손가락에 끼워 현에 걸었다. 산동성 거야巨野·광주의 한나라 때 묘에서
이러한 옥첩玉韘이 출토되었다. 이외에도, 집게손가락과 중지·약지에도
가죽으로 만든 장갑을 끼웠으며, 이것의 이름은 극極이라고 했다.《의
례·대사례大射禮》에 보인다.

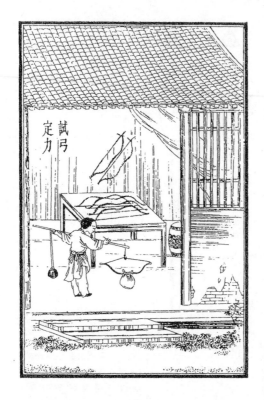

그림 9-19 활의 강도 시험.
《천공개물》에 의거

　　고대 중국에서 가벼운 무장을 한 기병의 무기는 활과 도가 주가 되었으며, 당·송나라 때에도 기병은 여전히 활을 사용했고, 활시위를 당겨 활을 쏘았다. 당나라 왕거王琚의 《사경射經·마사총법馬射總法》에서는 "기세가 바람을 쫓는 것과 같으며, 눈에는 번개가 흐르는 것과 같다. 활시위를 힘껏 당겨, 화살을 힘차게 당긴다"라고 했다. 명나라 이후 화살을 당기는 방식인 사법射法 이론에서는 부드러운 활과 긴 화살을 쏠 것을 강조했으며, 딱딱한 활을 쓰면 당기자마자 화살을 쏴야 해서 오래 날지 못할 뿐 아니라 명중률이 오히려 낮아진다고 여겼다. 척계광戚繼光의 《기효신서紀效新書·사법射法》에 "사람의 힘이 활의 힘보다 좋아야 활시위를 다 당긴 후에 쏠 수 있다", "활이 부드러운 것을 걱정하지 말 것이며, 능숙히 조절할 수 있으면 자연히 멀리 쏠 수 있다"라는 구절이 제시되어 있다. 이리하여 활을 제조하는 기술은 더이상 단순히 활시위를 당기는 힘을 늘리는 것에 치중되지 않았다.《천공개물·호시弧矢》에는 "활을 만들 때에는 활시위를 당기는 사람의 힘의 크기를 고려하여 가볍고 무거움을 정해야 한다. 상등급 기력을 지닌 사람은 120근을 들 수 있다"라고 했다. 환산하면 한나라의 300근보다 약간 작다. 청나라 후기에는 화기를 사용하여, 활과 화살은 도태되었다.

서아시아와 유럽에서는 단체궁·합체궁 모두 기원전에 장족의 발전을 이루었다. 그러나 서양에서 말한 이른바 지중해식 사법과 동아시아식 사법은 달랐다. 전자는 오른손의 집게손가락·중지·약지를 굽혀 활시위를 당기는 것이었으며, 화살을 당길 때 화살촉을 활의 줌통 좌측에 두었다. 후자는 오른손의 집게손가락·중지를 줄을 걸어놓은 엄지손가락에 눌러놓았으므로, (그러므로 장갑을 엄지손가락에 끼워넣음) 화살을 발사할 때 화살촉의 위치는 활의 줌통의 우측에 두었다(그림 9-20). 두 가지 방식은 각기 장점이 있었다. 그러나 전체적으로 말하자면, 중세 이전 서양의 활과 화살에 대한 관심은 동양보다 덜했다. 보병과 기병의 방진으로 전투를 벌였던 고대의 로마 군대에서는 활과 화살을 중요한 무기로 여기지 않았다. 이후 6~7세기가 되어 비잔티움과 아랍의 기병들에게 활과 화살이 승패를 가르는 중요한 수단이 되었다. 그리고 13~16세기에 이르러서야 영국의 대궁大弓, Long bow(유효 사정거리 320m)이 유럽 전쟁 역사에서 화려한 흔적을 남겼다.

활을 기초로 발전하여 강도가 더 세고, 사정거리가 더욱 멀고, 명중률 또한 더욱 높아진 원거리용 무기는 바로 노弩였다.《오월춘추》에는 "노는 활에서 비롯되었다", "활을 가로로 누이고 자루에 붙이고 장

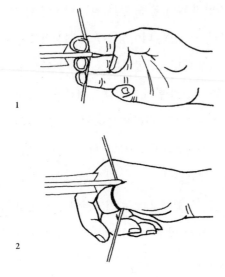

그림 9-20 활을 당기는 동서
양의 두 가지 방식
1 지중해식
2 동아시아식

치를 설치하면 노가 된다"라고 했다. 활이 먼저 있었으며, 활과 멜대(노
비弩臂)는 서로 연관이 없는 독립적인 부분이다. 크기가 적당하면 멜대
를 조합하여 노로 사용할 수 있었다. 호남성 용산의 이야里耶에서 출토
된 J1(8층) 147호 진간秦簡에는 "능을 옮길 적에 계산을 했는데, 34년(기
원전 213)에 남은 멜대 169개가 있다", "모두 7개가 나왔다. 이번 □월에
는 멜대 163개를 보았다"라고 했다. 이것은 현의 무기 창고의 소장품을
철저히 점검한 기록이다. 주목할 만한 것은 여기에 기록된 것은 단지 멜
대의 숫자이며, 언급된 것도 멜대이지 노가 아니었다. 이것을 통하여 노
마다 고정된 활이 있었던 것이 아니라, 임시로 조합할 수 있는 것임을
알 수 있다.《오월춘추》에서는 틀과 지도리는 모두 멜대에 매달았다고
했다. 틀은 바로 노의 틀을 말하는 것이며, 최초로 출토된 곳은 산동성
곡부에 있는 노나라 고성으로, 전국 시대 초기의 기물이었다. 이후 호남
성·강소성·하남성·하북성·사천성 등 지역의 전국 시대 중후기 고분에

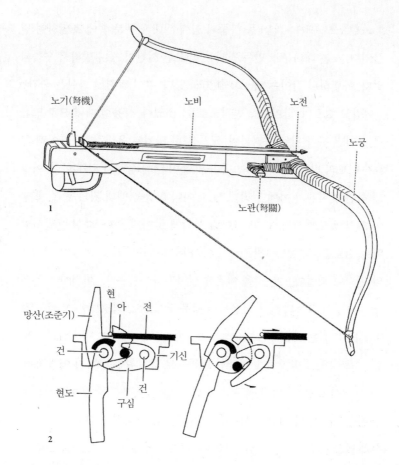

노기(弩機)　노비　노전

노궁

1　노관(弩關)

망산(조준기)　현　아　전

건　기신

현도　구심　건

2

그림 9-21 노
1 노의 전체 형태
2 노기弩機의 구조

서 많은 양의 구리로 된 노弩 틀이 발견되었고, 어떤 것은 비교적 온전하

게 오늘날까지 보존되어 있었다. 호남성 장사의 소파당掃把塘 138호 묘

에서 출토된 노의 멜대는 나무로 만들어진 것이었으며, 흑갈색으로 옻

칠을 했고, 길이는 51.8cm였다. 노의 지도리는 구리로 만들어진 것이었

으며, 망산望山(조준기 역할을 하는 돌기), 아牙(활시위를 거는 돌기)와 연결·구심

鉤心·현도懸刀(방아쇠 역할) 등 부품과 함께 멜대 윗부분 홈에 조합하여 만들었다. 노는 대나무로 만든 것이었고, 오랜 시간이 지나 말라서 수축되었다. 복원하니 길이는 약 120~130cm였다. 같이 발견된 화살은 죽간竹杆이라고 했으며, 길이는 일반적으로 63cm였다. 사용할 때 손으로 망산을 당기면 아가 위로 올라가며, 구심 또한 당겨져 올라간다. 그 아래 치齒가 현도의 빈틈에 끼어 마침내 노의 틀이 폐쇄 상태가 되게 한다. 이렇게 하면 활시위가 아에 걸리게 되고, 이어 화살을 멜대 위의 활 길에 놓아 화살의 도지개가 두 아 사이의 시위에 놓이게 한다. 화살을 발사할 때는 현도를 뒤쪽으로 반동시켜 아가 아래로 수축되어 화살이 활시위의 탄력이 되돌아오는 것을 이용해 발사된다(그림 9-21). 이러한 종류의 노는 사수의 팔뚝의 힘을 사용하여 활을 당기므로, 벽장노臂張弩 라고 하며, 사정거리는 80m 정도다(그림 9-22 : 1). 노의 탄력을 높이기 위하여 노를 더욱 강하고 딱딱하게 만들면 팔뚝으로 활시위를 당기기 어렵게 된다. 그래서 노를 땅 위에 세우고 두 발로 활의 등 부분을 밟아 고정하여 두 손을 사용하여 위로 활시위를 당기는 법을 사용하게 되었다. 이렇게 손과 발을 사용하여 활시위를 당기는 활을 궐장노蹶張弩 라고 했으며, 전국 시대 후기에 발명되었다. 사정거리는 벽장노의 2~3배에 이르렀다(그림 9-22:2). 노는 한나라 때에 이르러 크게 발전했다. 흉노와 전쟁을 할 때, 노는 한나라 군사에게 가장 힘을 실어주는 무기였다. 한나라 무제武帝 원수元狩 2년(기원전 121), 명장 이광李廣이 흉노와 전쟁을 벌였을 때의 일이다. 군사의 수가 현격하게 차이가 나는 상황이었으나 대황노大黃弩로 상대편의 장교를 살해하여 반전을 이루어낸 역사가 있었다. 한나라 때의 군국은 노수弩手를 위주로 하는 보병 병단 "재관材官"을 조직했으며, 지휘관 관호官號는 "강노장군强弩將軍"이라고 불렀다. 한나라 때는

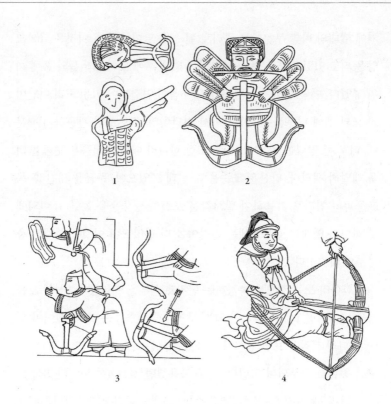

그림 9-22 노를 당기는 세 가지 방법
1 팔로 당기는 노. 하남성 섬현의 유가거 한나라 때 묘에서 출토된 도용
2 발로 당기는 노. 산동성 기남의 한나라 때 묘 화상석
3 허리로 당기는 노. 산동성 가상嘉祥의 동한 때 무씨사 화상석
4 명나라《무비지武備志》에 나오는〈요반상노도腰絆上弩圖〉(한나라 때 허리로 노를 당겨 쏘는 방법에 참고)

벽장노와 궐장노를 광범위하게 사용했으며, 요인노腰引弩를 발명하기도 했다. 요인노를 사용할 때 노수는 땅 위에 앉아 두 발을 활 위에 올려놓고 허리에 묶어놓은 띠 고리의 밧줄을 사용하여 활시위를 끌고 활을 당겼다. 요인노는 노수의 두 다리와 허리의 힘을 사용했으므로, 더욱 강한 활로 사용할 수 있었으며, 사정거리 또한 더욱 늘어났다(그림 9-22:3,4).

　　노궁의 강도가 점점 커지면서 멜대의 구조 또한 개선되었다. 이 시기에 멜대의 바깥 부분에는 구리로 된 틀을 달아놓았다. 이것은 갑匣 모양을 띠고 있었으며, 부품을 조합하여 넣은 후에 노의 쇠뇌틀의 홈에 끼워 넣었다. 이렇게 하여 쇠뇌틀의 각 부품이 연결되어 있는 구리 여닫이가 노의 멜대 나무틀을 관통하면서 여닫이의 구멍 또한 관통하기 때문에, 더욱 큰 장력을 낼 수 있었다. 또한 한나라 때의 쇠뇌틀은 눈금을 더욱 세밀히 새겼다. 망산은 조준을 하는 데 쓰였으며, 눈금을 새긴 후 목표물과의 거리를 가늠하여 발사각을 조절해 명중률을 높였다. 이외에도 한나라 멜대의 끝부분에는 손잡이를 더 달았으며 이것은 현재의 총자루와 비슷하다.

한나라 노는 강도를 측정하는 단위로 석石을 사용했다. 1석의 노를 가득 당기려면 1석(약 30kg)이 되는 무거운 물건을 드는 힘이 있어야 했다. 한나라 서적을 보면 당시에 사용했던 노는 1, 3, 4, 5, 6, 7, 8, 10석 등 여러 종류로 구분되어 있었다. 자주 사용했던 것은 4석 노였다. 8석 노는 당나라 때 이전李筌의 《태백음경太白陰經》에 나와 있는 "팔단八担"으로, 강한 활을 대표하는 것이었다. 이보다 더 강한 수준의 활도 있었다. 한나라 서적에 기록된 사정거리를 계산한 내용에 따르면, 3석 노는 약 189m, 4석 노는 약 252m에 이르렀다. 이것으로 유추해 보면 10석 노의 사정거리는 600m 이상에 이를 것으로 추정되며, 당시 기준으로 보면 세계적으로 가장 뛰어난 수준의 원거리용 무기였다. 한나라 서적 중에는 활의 힘을 시험했던 내용이 기록으로 남아 있는데, 석 아래 근수와 양수라는 단위를 함께 기록해두었다. 당시 노의 사용과 관리에 심혈을 쏟았다는 것을 알 수 있다.

노의 힘이 강력해진 후, 화살을 장착하는 속도는 이에 따라 느려졌다. 특히 궐장노·요인노 등과 같은 노는 기병이 말을 타며 사용하기에는 불편한 면이 있었다. 보병 중에서도 노수는 "화살을 장착하고[裝箭]", "노를 대기시키고[待發]", "노를 발사하는[發弩]" 등 세 조로 나뉘어 다른 병사의 보호 하에 차례대로 화살을 쏘아야 했다(그림 9-23). 그래서 노는 점차 방어용 무기로 기능이 변환되었다. 화살을 끝까지 당기고 높고 험한 지세에 의지하여, 피로한 적을 가만히 기다리면 적군을 막기에 적합했다. 특히 서한 시대에 발명된 상노床弩는 방어용 무기로 훨씬 큰 역할을 했다.

상노는 하나 혹은 여러 개의 활을 노상弩床 위에 놓고 축을 감아 밧줄을 당겨 활을 발사하는 대형 노이다.《육도六韜·군용편軍用篇》에서 "차를 돌려 활을 연발한다"라고 했는데, 이것이 상노인 듯하다. 동한 시기 《논형》에도 "차로 당기는(차장車張)" 노라는 말을 언급했다. 초기의 상노는 단궁만을 설치했다. 그러나《후한서·진구전陳球傳》에는 그가 사용한 노는 "새 깃털로 된 모를 화살로 사용한다"라고 했으며, 이는 즉 긴 모를 화살처럼 사용했다는 것이다. 이렇게 큰 화살을 쏘기 위해서는 여러 대의 상노를 사용했을 것이다.《송서宋書·은효조전殷孝祖傳》에는 "25개 석노의 힘이 모두 약 750kg이 된다"라고 했다. 여러 대의 활을 사용한 것이 틀림이 없다. 1960년 남경 진회秦淮 강에서 남조 시대의 구리로 된 대형 동노기銅弩機가 출토되었는데 길이가 39cm, 넓이 9.2cm, 높이는 30cm였다. 복원 후 노의 멜대가 2m 이상이 되었으며, 상노로 쓰이기 위한 것이었다. 상노는 당나라 문헌에도 여전히 "교차노絞車弩" 혹은 "차노車弩"라고 기록되어 있다. 송나라에 이르러 "상노"라고 통일되어 부르기 시작했다(그림 9-24).《무경총요》에 기록된 상노에는 2~4개의 활을 설치했으며, 종류 또한 다양했다. 당나라 때에는 "팔궁노八弓弩"가 나타났다(《통감·무덕武德 4년》). 줄을 당기고 축을 매는 사람의 수는 소형

그림 9-23 발로 노를 당겨 차례대로 발사
1 노를 당기기
2 노를 전진시키기
3 노를 발사하기(《고금도서집성古今圖書集成·융정전戎政典》)

은 5~7명, 삼궁상노三弓床弩(팔궁노라고도 함)와 같은 대형의 활을 사용하기 위해서는 100명이 넘었으며, 조준과 발사하는 과정 또한 담당하는 자가 있었다. 화살은 나무 막대와 철로 된 깃털을 사용하여 만들어 "일창삼검전一槍三劍箭"이라고 했다. 이런 노는 "답궐전踏橛箭"을 발사할 수 있었는데, 답궐전은 화살 여러 대를 낮은 곳에서 높은 곳으로 줄을 짓게 하여 항토성 위에서 발사했고 성을 공격하는 자는 벽 밖에 반 정도 드러나 있는 화살대를 잡고 성을 올라갈 수 있어서, 마치 눈 깜짝할 사이에 운제(성을 공격할 때 사용하는 긴 사다리)를 걸친 것과 같았다. 북송 개보開寶연간(968~976) 위비魏丕는 상노를 개선하기도 했다.《송사·위비전魏丕傳》에서는 "오래된 상자노床子弩는 사정거리가 700보에 그쳤으나, 비에

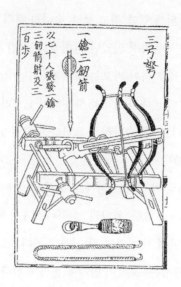

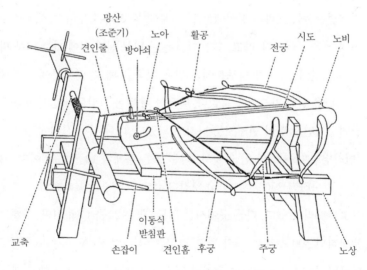

그림 9-24 상노

1 명간본《무경총요》에 나오는 삼궁상노

2 삼궁상노 구조 복원도 (손기孫機 복원)

게 명하여 천 보가 되게 했다"라고 했다. 송나라 때의 천보는 약 1,536m
로, 이것은 화약을 사용하지 않았던 시대에 가장 긴 사정거리이다. 《거
란국지契丹國志》 등에 기록된 바로는 경덕景德 원년(1004)에 벌어진 단연
澶淵 전쟁에서 송나라 군대가 상노를 사용하여 요나라 군대의 장군인 소
달람蕭撻覽을 죽였다. 이후 송나라와 요나라가 협정을 하여 100년의 평
화를 유지했다고 했다.

　　중형重型 원거리 무기는 이외에도 포석기抛石機가 있었다. 이것은
砲(포) 혹은 礮(포)라고 했다. 위나라 명제明帝의 《선재행善哉行》에서 "포
를 발사하는 것이 번개 치는 것과 같다"라고 했다. 또한 진나라 반악潘岳
의 《한거부閑居賦》에서는 "포석이 번개를 놀라게 한다"라고 했다. 砲(포)
와 礮(포)는 모두 抛(포)에서 의미가 비롯된 것이다. 포礮는 괴檜라고 했
다. 《설문》에는 "괴는 일설에는 큰 나무에 돌 하나를 두어 기계로 발사
하여 적을 물리친다"라고 했다. 이것은 큰 나무 선반 위에 가는 나무 막
대기를 달아, 막대기 뒷부분에는 많은 밧줄을 매고, 앞부분에는 밧줄
로 돌탄을 담는 가죽집을 묶었다. 발사할 때 많은 사람들이 힘차게 줄을
끌어당기면 돌탄이 던져지듯 나가게 되었다. 대략 서한 시대에 완성된
《범려병법范蠡兵法》의 한 곳에서 "나는 돌은 무게가 12근(2.7kg)이며, 기
계로 발사하면 200보(약 280m) 나간다"(《한서·감연수전甘延壽傳》 장안張晏 주
석 및 인용)라고 했다. 다른 곳에서는 "나는 돌은 20근(4.5kg)이며, 기계로
발사하면 300보(약 420m)가 된다"라고 했다(《문선·한거부》 이선李善 의 주석
및 인용). 두 군데의 숫자는 오차가 있지만, 당시 이런 종류의 무기 성능
을 대략 짐작할 수는 있다. 포석기는 무게가 많이 나갔지만 바퀴를 달아
밀 수 있었다. 건안 5년(200) 조조가 원소袁紹를 공격했을 때 "벽력차霹靂
車"를 사용한 적이 있었는데, 이현李賢이 말한 바에 따르면 "이것이 오늘

날의 포차抛車이다."(《후한서·원소전袁紹傳》주석) 당나라 이적李勣이 요동遼東 전장에서 "포차를 나열하여 쏜 큰 돌이 300보를 날아가서, 가는 곳마다 돌파했다"(《신당서·동이전東夷傳》)라고 했다. 이것은 일정한 기동성이 있었을 뿐만 아니라, 줄을 세워 행렬을 만들 수도 있었다. 당나라 이정李靖의 《위공병법衛公兵法》에도 "전관소포轉關小抛와 전관대포轉關大抛를 균형 있게 배치한다"라고 했다. 송나라 때에는 포주砲柱를 땅 속에 묻고 기둥의 꼭대기 부분에 바퀴를 달아 "좌우 앞뒤 모두 회전"할 수 있도록 하여(송나라 허동許洞《호령경虎鈴經》), 원하는 방향으로 발사할 수 있는 "선풍포旋風砲"가 생겼다. 지원至元 8년(1271) 몽골 군사가 양양襄陽을 공격했을 때, 역사마인亦思馬因이 만들었던 "회회포回回砲"를 사용했으며, "포석砲石의 크기가 수 척이 되며 땅에 떨어지면 3~4척이 파인다"라고 기록되어 있다(송나라 정사초《심사》). 원나라 말기부터 명나라 초기에 이르는 기간 동안 서달徐達이 소주蘇州를 공격했을 때 이러한 종류의 포를 사용한 적이 있었으나 이미 이것은 "양양포襄陽砲"라고 바뀌어 불렸다. 송나라 때에는 진흙으로 된 포탄을 만들었는데, 일정한 살상력을 갖고 있으면서도, 돌 포탄과 달리 땅에 떨어지면 바로 깨져버려서 적군이 다시 주워 사용할 수 없었다. 화기가 나타난 이후에도 때에 따라서는 여전히 포석기로 화약탄을 던지기도 했다.《무경총요》의 묘사를 보면, 포가 날아가서 "쌓아놓은 건초나 식량과 적군의 막사와 두차頭車(땅을 파내기 위한 차)를 불태워서 마치 불공을 쏜 것 같았다"라고 했다. 이 시기에 관 모양의 화기가 막 모습을 드러냈으며, 던져서 발사하는 방법을 여전히 적용하고 있었다. 그러나 화포가 발전함에 따라 명나라 말기부터 청나라 초기에 이르러 포석기는 전장에서 자취를 감추었다.

지금까지 언급한 것은 모두 공격용 무기다. 이제 방어 및 보호용 장비에 대하여 언급해 보겠다. 여기에서 제일 먼저 언급할 것은 방패 [干]다. 순盾이라고도 한다. 그러나 자세히 말하자면, 간干은 소순小盾(작은 방패)이며, 중순中盾(중간 방패)은 벌瞂, 대순大循(큰 방패)은 노櫓라고 한다. 소순은 높이가 약 60cm 정도이며, 대순은 전신을 가릴 수 있었으며, 중순은 그 중간 정도의 크기가 되었다. 안양 후가장 1003호 대묘에는 많은 양의 순을 겹쳐놓았는데, 나무틀에 여러 층의 직물과 가죽을 덮어 감쌌으며, 옻칠과 채색을 한 것이었다. 상나라의 순은 사다리 모양과 비슷하여 높이는 68~98cm에 이르렀으며, 아랫바닥의 길이는 61.4~77.5cm에 이르렀다. 후가장 1001호 대묘에서는 순의 면에 쓰였던 구리로 된 장신구인 양錫이 출토되었는데, 원형 동포銅泡(구리 단추) 같았다. 그러나 순 자체는 이미 부패되어 보존되어 있지 않았다. 서주 시기의 묘에서도 구리로 된 양이 출토되었다. 하남성 준현 신촌 68호 묘에서 출토된 양에는 "卫自昜(호위무사 양)"과 같은 명문이 새겨져 있었는데 아주 명확히 양의 용도를 설명한 것이었다. 섬서성 기산 하가촌 4호 묘에서 출토된 양은 사람의 얼굴 모양을 하고 있었다(그림 9-25:4). 그리고 북경시 방산의 유리하 서주 시대 묘에서 출토된 양은 사람의 얼굴을 눈썹·눈·코·입 등 7부분으로 나누어 순에 끼워넣을 때에 다시 조합했다. 동주 시대의 순은 호선형 어깨와 호선형 허리의 凸 모양이 많았는데, 윤곽이 작은 조끼와 같았다. 호남성 장사의 오리패·좌가공산, 호북성 형문 포산 등의 초나라 묘에서 이러한 형태의 옻을 칠한 가죽 방패가 나왔는데, 옻칠을 한 장식이 매우 정밀했다(그림 9-25:1). 그 방패의 면은 약간 돌출되어 있었는데, 가운데 등날을 순와盾瓦라고 했다.《좌전·소공 26년》에는 "쏘아 순와를 맞추다"라는 구절이 있다. 두예杜預의 주석에서는 "와는 순척楯脊"이라고 했다. 등날의 뒷부분에는 나무 막대기를 단단히 고정시켰는데, 가운데 부분은 굽은 다리 모양으로 높게 솟아, 손으로 방패를 잡을 때 사용했다. 이를 순악盾握(그림 9-25:2)이라고 한다. 양쪽 끝에는 구리로 된 손잡이가 있었다. 손잡이의 머리 부분이 굽은 것이 갈고리 같았으며, 이 갈고리를 바깥으로 해서 방패의 면에 걸어 나무 막대기가 더욱 단단히 고정되게 했다. 이를 통해 방패와 순악이 더욱 단단히 결합되었다. 장사 오리패에 있는 406호 초나라 묘에서는 은을 입힌 동제 순비盾鼻가 출토되었다(그림9-25:3). 진시황릉 병마용갱에서 출토된 구리로 된 순장용 방패는 순척의 호선도가 매우 섬세하게 설계되어 있으며, 아랫부분이 바깥쪽으로 튀어나와 있었고, 윗부분은 안으로 오목하게 들어가 두 곡면을 형성했다. 날아온 화살이 굽은 면에서 미끄러져 내려와 방패를 든 사람이 부상을 입지 않도록 하기 위한 설계다. 서한 시대의 순과 전국 시대의 순의 차이는 크지 않았다. 산동성 임치의 제왕 묘 배장갱과 장사의 초나라 묘에서 출토된 순의 모양은 기본적으로 같았으며, 똑같이 가죽으로 만들어진 혁순革盾이었다. 마왕퇴 3호 묘의 견책에 적힌 "혁순을 쥐다"라는 구절로 보아 서한 시대에는 혁순을 많이 사용했음을 알 수 있다. 임치에서 발굴된 순은 흑갈색 옻칠을 한 바탕에 붉은 무늬를 장식한 것이며, 이것은 광서성 귀현의 나박만 서한 시대 묘에서 출토된《종기지從器志》에서 언급한 "단화순丹畵盾"이라는 것이다. 전국 시대에 나무로 된 목순木盾이 있었으며, 이것은 한나라 때에도 있었다. 섬서성 함양 양가만 대묘 배장갱에서 출토된 보병용步兵俑이 들고 있던 순을 보면 두 개의 반쪽짜리 부채와 같은 것을 맞추어 밧줄로 묶은 모양을 띄고 있으며, 이것은 아마도《석명》에서 "봉縫으로 판을 엮어 목락순木絡盾이라고 한다"라고 했던 순으로 보인다. 철로 된 철순鐵盾은 기남의 화상석에서도 보이며, 짐승의 얼굴을 조각한 순도 있었다.

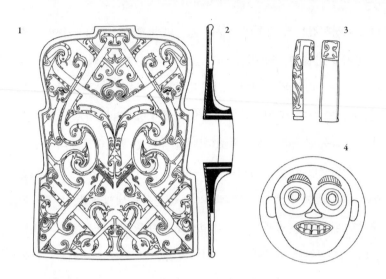

그림 9-25 순(방패) (1. 순면盾面 2. 순악盾握 3. 순비盾鼻 4. 순석盾錫)
1.2 호북성 형문의 포산 전국 시대 묘에서 출토
3 호남성 장사의 오리패 전국 시대 묘에서 출토
4 섬서성 기산의 하가촌 서주 시대 묘에서 출토

방제榜題로는 "철순鐵楯"이라고 되어 있다. 이 순은 비교적 가늘고 길며, 이후 북조 시대의 장순長盾이 이 모양을 그대로 모방한다. 광주 용생강 4013호 묘에서 출토된 동한 시대의 칠순漆盾은 타원형이며, 다소 손상된 상태였다. 물건의 원래 지름은 40cm 정도였으며, 동한 시대 후기 화상경畵像鏡(동으로 만든 거울)에 있는 말을 탄 인물이 쥐고 있는 것과 비슷하다. 《석명》에는 "좁고 짧은 것을 혈순孑盾이라고 하며 전차 위에 탄 사람이 들고 있는 것이다. 혈孑은 작은 것을 일컫는다"라고 했다. 전차와 말 위에서 쥐고 있는 순은 크게 다른 점이 없었는데, 이러한 작은 방패를 혈순孑盾이라고 했다. 하남성 당하唐河·성도 증가포曾家包 등의 지역에서 출토된 동한 시대의 화상석에서도 이러한 종류의 순을 볼 수 있다. 이 모양은 이후 남조 시대에 원순圓盾이 그대로 모방한다. 북조 시대 무

사용武士俑은 짐승 얼굴이 있는 장순長盾(긴 방패)을 사용했다. 막고굴 285
묘 서위 벽화에는 입순立盾이 그려져 있는데, 순을 엄폐물처럼 땅에 지
탱하여 세우고 있었다. 뒤에 서 있는 무사는 병기를 들고 격투를 벌이고
있다. 당나라에서는 순을 "팽배彭排"라고 불렀으며, 가죽과 나무로 만
든 것이 주를 이루었다. 송나라 때에는 순을 "방패旁牌"라고 했으며, 보
병과 기병이 사용하는 것을 매우 명확히 구분했다.《무경총요》에는 "보
병의 패는 길어 몸을 가릴 수 있으며, 안에는 창목(槍木, 餙木)을 장비해
그것에 기대어 땅 위에 세운다. 기병의 것은 완전한 원형이고, 말 위에
앉아 활을 쏠 때 쓰이며, 왼쪽 팔에 묶어 날아오는 화살을 막는다"라고
했다. 명나라 중기 이후부터는 등패藤牌(등나무로 만든 방패)가 등장했으며,
청나라에서도 사용되었다.

고대 중국에는 순과 구鉤(갈고리 모양의 무기, 적의 무기나 신체에 걸어 낚
아채는 용도)를 복합하여 만든 겸용 병기가 있어서, 이것을 구양鉤鑲이라
고 했다.《묵자·노문魯問》에는 공수반公輸般이 구거鉤拒를 만들었다고 하
는데, "물러나는 자는 걸고, 나아가는 자는 막는다"라고 했다. 여기에서
말하는 것이 바로 구양이다. 하남성 학벽에서 출토된 한나라의 철로 된
구양은 총 길이가 61.5cm이며, 소순의 길이와 비슷하다. 이것은 위아래
로 두 개의 갈고리가 있으며, 중간의 순에 고정시켰다. 뒷면에는 손잡이
가 있다(그림 9-26:1). 하북성 정현의 한나라 때 중산목왕中山穆王 유창劉暢
묘에서 출토된 철로 된 구양에는 금속 실로 무늬를 상감했는데, 이는 이
것을 매우 중요시했음을 알려주는 것이다. 구양은 걸어 낚아채는 것과
막는 동작을 동시에 할 수 있었다. 가운데 부분에 장착된 작은 방패는
적군의 칼날을 막을 수 있었고, 구는 적군의 무기를 낚아채 자신의 칼로
적을 찌르는 데 유리했다. 그리하여 구양은 자주 환수도와 조합을 이루

어 사용되었다(그림 9-26:3,4). 강소성 동산의 한나라 때 화상석에 새겨진
격투 장면에는 구양을 사용하는 자가 적군의 긴 병기를 걸어 다른 손으
로 칼을 들어 베는 모습이 나타나 있는데, 극을 든 적군을 완전히 움직
일 수 없게 제압한 것이다(그림 9-26:2). 구양은 진나라에 이르기까지 사
용되었으며 강소성 진강鎭江에 있는 동진東晉 융안隆安 2년(398) 묘에서
나온 화상전에는 짐승의 머리를 하고 한 손에는 구양을, 한 손에는 도刀
를 들고 있는 인물 조각이 새겨져 있다. 그러나 이후로는 이러한 무기는
찾아보기 힘들게 되었다.

　　고대 전쟁에서는 피갑이 방패보다 더욱 면밀한 방어 작용을 했던
것이 당연했다. 상나라 때 처음 사용한 것이 피갑이었으며, 안양 후가장
1004호 묘에서 비교적 완정한 형태의 원시적 피갑이 출토되었다. 이러
한 유형의 갑옷은 착용하기 불편하여, 나중에는 가죽을 갑 조각으로 재
단하여 엮은 후에 사용했다. 호남성 장사 유성교 등 지역의 춘추 묘에서
피갑옷의 조각이 발견되었으나 모두 복원을 하지는 못했다. 현재 가장
오래된 복원품 원본은 호북성 수주의 증후을 묘에서 출토된 것이며, 갑
옷 몸통, 갑옷 치마, 갑옷 소매 등 세 부분으로 구성되어 있었다. 갑옷 소
매는 탈착식 편철법編綴法으로 만들어졌으며, 소매는 늘어나거나 수축
될 수 있었다. 여기에서 출토된 가죽 투구도 갑 조각을 엮어 만든 것이
다. 가운데에 척량脊樑이 있고, 아래로 가장자리에 목 보호대를 늘어뜨
렸다. 상나라와 주나라는 청동기 시대에 속했으나, 상나라 때 만들어진
구리로 된 갑옷은 발견된 적이 없으며, 대신 구리로 된 투구가 많이 발
견되었다. 안양 후가장 1004호 묘에서 출토된 양만 140개 이상이다. 모
두 거푸집으로 주조한 것이었으며, 투구 꼭대기 부분에는 구리로 된 관
이 있어서 끈을 꽂을 수 있었다. 정면에는 짐승 얼굴 무늬를 많이 조각

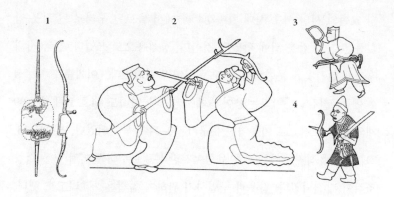

그림 9-26 한나라 때 구양
1 철구양. 하남성 학벽에서 출토
2 도와 구양을 가진 사람과 극을 가진 사람의 격투. 강소성 동산의 주장周莊에서 출토된 한나라 화상석
3 도와 구양을 가지고 따르는 사람. 산동성 태안에서 출토된 한나라 화상석
4 도와 구양을 가지고 갑옷을 입은 무사. 산동성 임기 백장에서 출토된 한나라 화상석

했다. 투구의 양측에는 큰 소용돌이 무늬 두 개를 주조하기도 했으며,
용의 무늬로 주조하기도 했다. 양식은 매우 전형적이고 위치는 매우 특
수해서, 용을 문장으로 사용하려고 했던 듯하다. 안양에서 출토된 상나
라의 구리로 된 투구 이외에도 북경 창평 백부 서주 묘에서도 구리로 된
투구가 출토되었으며, 투구의 꼭대기 부분에는 그물 무늬의 긴 등이 있
었고, 투구의 표면은 빛이 났다. 이외에도 내몽고·동북 등 지역에서도
구리로 된 투구가 출토되었는데, 대부분 동주 시대 동쪽 호족의 유품이
다. 서주 시대에는 구리로 된 투구뿐만 아니라 구리로 된 갑옷까지 출토
된 바가 있다. 섬서성 서안의 보도촌普渡村 서주 시대 묘에서는 42조각
의 구리로 만든 갑 조각으로 이루어진 갑옷이 발견되었는데, 복원해보
니 직사각형이었다. 전신만 가렸으며 양당갑兩當甲(쇠미늘로 엮어서 만든 앞
면과 뒷면을 가죽끈 등으로 엮어서 합쳐놓은 갑옷)의 앞부분 조각과 같았다. 산동

성 교현의 서암 서주 시대 차마갱車馬坑에서 출토된 구리로 된 갑옷 장식품은 가죽 갑옷 위에 박았던 것이며, 장식용으로 쓰였다. 전국 시대 후기에 철갑옷은 문헌과 실물 모두 이미 발견되었다.《여씨춘추·귀졸貴卒》에는 "철갑鐵甲"이라는 용어가 제시되었다. 연하도 44호 묘에서는 89개의 철갑 조각으로 이루어진 투구가 출토되어 복원되었다. 연하도 13, 21, 22호 유적지에서는 같은 유형이지만 본체로부터 떨어져 나온 철갑 조각이 발견되었다. 갑옷과 구별하기 위하여 철갑은 개鎧라고도 했다. 《주례·사갑司甲》에 대한 정현의 주석에는 "옛날에는 가죽을 사용한 것을 갑이라고 했으며, 오늘날에는 금을 사용한 것을 개라고 한다"라는 구절이 있다.

　　진나라 철갑의 실물은 아직 나타나지 않았다. 그러나 진시황릉 병마용에서 많은 갑사용이 출토되었다. 모양으로 보아 인형에 씌워진 갑옷은 가죽 갑옷을 모방한 것도 있었으며, 어떤 것은 금속 갑옷을 모방하기도 했다. 병마용에서 출토된 철기가 매우 적어 인형에 있는 갑옷 중 어떤 것이 철갑을 모방한 것인지 판단하기 쉽지 않다. 그러나 갑옷의 모양은 주목할 만하다. 여기서 발굴된 군리軍吏의 갑옷은 앞면만 있었으며, 끈으로 등 뒤에서 교차하여 묶었다. 기사가 입은 갑옷의 앞과 뒤는 서로 연결되어 있으며, 뒷부분이 약간 짧고 모두 직사각형의 갑 조각으로 엮여 있었고, 피박(어깨를 가리는 갑주)이 없었다. 장군 갑옷은 전신이 하나로 되어 있으며, 흉부에 빛이 나고 허리 아랫 부분에는 갑 조각을 엮어 아래로 예리한 각을 내었다. 뒷부분은 비교적 짧아 허리 부분에만 갑 조각을 엮었으며, 등의 윗부분과 피박 부분에는 갑 조각을 엮지 않았다. 방어 부위는 그다지 신경을 쓰지 않았는데, 이는 지휘나 전략을 세우는 지위에 있는 장군이기에 날카로운 칼을 들거나 활을 사용하는 경우가 없기 때문인 듯하다. 마부 갑옷의 길이는 비교적 길었다. 경부에는 높게 솟은 "분령盆領"을 착용했고, 좌우 어깨에 걸쳐 놓는 피박은 팔목까지 늘어뜨렸으며, 세 개의 갑옷 조각으로 만든 혀 모양의 손 보호구를 함께 두었다. 전차를 다루는 마부가 전장에서 최전방에 있었던 것을 알 수 있다.

한나라 때의 철갑은 현갑玄甲이라고도 했다.《한서·곽거병전霍去病傳》에는 그가 "원부元狩 6년에 죽자, 황제가 애도를 표하여 속국屬國 현갑을 주었으며, 군진軍陣이 장안長安으로부터 무릉茂陵에 이르렀다"라고 했다. 섬서성 함양 양가만 서한 시대 대묘 배장갱에서 출토된 도기 갑사 인형은 장례를 지내는 군진을 표현한 것이다. 그밖에 한나라 사람들은 "현갑이 빛나고, 붉은 깃발이 하늘을 물들이네"(반고《봉연연산명封燕然山銘》)와 같은 구절로 군대의 위엄이 넘치는 모습을 묘사했다. 한나라 때 철갑이 군대에서 가장 뛰어났던 방어용 도구라는 것을 알 수 있다. 온전한 모양의 철갑은 임치의 제왕 묘 배장갱·광주 남월왕 묘·안휘성 부양 쌍고퇴雙古堆 1호 묘, 낙양 서교西郊 3023호 묘·내몽고 호화호특呼和浩特 이십가자二十家子 고성古城·서안 한성漢城 무기고 유적지 등에서 모두 출토되었다. 다양한 종류의 갑 조각 또한 출토된 경우가 적지 않았다. 한나라 때의 철갑 조각은 크고 작은 것이 고루 있었다. 대형 갑 조각은 둥그렇고 긴 모양이었으며, 길이는 약 25cm였고, 어떤 종류는 서찰과 같은 모양이어서 갑찰甲札이라고 불렀다. 이것을 엮어 만든 갑옷을 찰갑札甲이라고 했다. 소형 갑 조각은 아랫부분이 곧고 평평하며 열쇠 모양과 비슷했다. 길이는 일반적으로 3cm를 넘지 않았다. 이것을 엮어 만든 갑옷은 갑 조각이 긴밀하게 배열되어 있는 것이 물고기의 비늘과 같아 비늘갑이라고 했다. 갑옷을 만들 때 대체적으로 먼저 가로로 엮은 후 세로

로 연결했다. 가로로 엮을 때에는 중심에 놓은 조각에서 좌우로 연결했
으며, 세로로 연결할 때에는 위에서부터 아래로 연결했다. 그래서 일반
적으로 갑옷은 윗줄이 아랫줄을 누르고 있으며, 앞조각이 뒷조각을 누
르고 있었다. 부위에 따라 두 가지 방식으로 엮었다. 일반적인 부위는
가로와 세로 모두 고정하여 엮었으나 어깨·허리·가랑이 등과 같이 활
동적이며 특정한 부위는 느슨하게 엮었다. 갑옷을 엮는 줄이나 띠에 활
동할 수 있는 길이를 남겨 갑 조각이 위아래로 밀려 이동하고, 늘어나
고 수축되는 것이 자유롭게 되도록 했다. 요컨대 갑의 조각을 잇는 방
법은 단순하고 규칙이 있었는데, 이것은 전투를 위한 것이었다. 만약 조
각을 잇는 방법이 매우 복잡하면, 전쟁에서 갑옷이 망가지는 상황이 발
생할 시 제때 고치기 힘들기 때문이었다. 한나라 때 갑옷을 입은 무사
의 모습은 함양 양가만 갑사용甲士俑에서 가장 구체적으로 표현되었다.
여기에는 두 종류의 갑옷이 있다. 첫 번째는 직사각형의 찰갑으로 만든
것이었으며, 대체로 흉배갑胸背甲만 있었고 양당갑兩當甲이라고 한다. 다
른 종류는 비늘갑(어린갑魚鱗甲, 허리와 어깨 등 부위는 찰갑 조각을 사용하여 느슨
히 엮는 방식으로 조각을 이음)이다. 하북성 만성 중산왕 유승의 묘에서는 비
늘갑이 출토되었는데, 2,859개의 갑 조각을 사용하여 만들어졌다. 산동
성 임치의 제왕 묘의 비늘갑은 3,344개의 갑 조각을 사용하여 만들어졌
으며, 찰갑은 조금만 사용되었다. 광주 남월왕 묘의 찰갑은 709개의 조
각으로 이루어져 있었으며, 진시황릉 병마용갱 마부의 갑옷은 323개의
조각으로 만들어졌다. 제왕 묘에서 출토된 갑 조각은 얇은 금과 은 조각
으로 장식되어 있었다.

　　말의 등자는 남북조 시대에 이미 보급되어, 중장기병이 출현할 수
있는 조건을 조성해주었다. 이 시기 선비족鮮卑族 통치 하에 있던 중국

북부에서는 양쪽으로 수직으로 늘어뜨린 안장·키 모양의 경질 장니障泥 (진흙받이)·동령銅鈴 (청동 방울)이나 은행잎을 가득 수놓은 그물 모양 띠 등 이 한 벌을 이루는 마구가 등장했다. 이러한 마구는 무거웠으나 웅장했 다. 마구를 씌우고 마갑을 입히고 갑옷을 입은 무사가 올라타면 하늘을 찌르는 듯한 기개를 풍겼다. 원가元嘉 27년(450) 북위와 유송劉宋이 대규 모 전투를 치렀을 때, 송의 군사가 패하고 육주六州는 처참히 무너졌다. 《송서·소로전素虜傳》에서는 이 전투를 평할 때 "이른바 달리는 것은 나 는 것을 쫓지 못하니, 우리 군대는 보병만 있었고, 저들은 기병이 있었 다"라고 했다. 남조의 보병이 무장을 한 선비족 기병을 이기지 못하는 것은 당연한 것이었다. 북위의 양당갑兩當甲과 구장갑具裝甲이 전장에서 발휘했던 성능을 가벼이 여겨서는 안 될 것이다.

남북조 시대에는 양당갑을 개선하려는 시도를 했는데, 흉부의 작 은 갑 조각을 두 개의 큰 조각으로 만들었다. 그러자 전체 갑옷이 반짝 반짝 빛이 나서 마침내 이것을 "명광갑明光甲"이라고 불렀다. 당나라 때 에는 이러한 종류의 갑옷을 자주 사용했다(그림 9-27:2). 게다가 흉갑에 는 무늬를 더하고 갑옷을 묶는 줄도 아름답게 꾸몄고, 어깨 위에는 피 박披膊을 썼고, 허리 아래에는 매의 꼬리와 무릎치마를 늘어뜨렸다. 매 의 꼬리는 가랑이를 가리는 데 쓰였고, 무릎치마는 넓적다리를 보호했 다. 아래로는 다리를 엮어 내려 종아리를 보호했다. 투구에는 일반적으 로 감아놓은 귀의 덮개가 있었으며, 경부에는 돈항頓項(목을 보호하는 부분) 이 있었다. 흉갑 이외 다른 부분은 갑의 조각을 이어 사용했다. 주의할 것은 당나라 때 삼채도용三彩陶俑(청색, 녹색, 황색의 3가지 색으로 채색한 도자기 로 만든 무덤 부장품)과 불교 조각에서 몸에 화려한 갑주를 착용한 것을 흔 히 볼 수 있는데, 피박에 어깨를 덮는 짐승 머리 장식품을 장착하고, 투구에는 날개를 편 봉황새가 있는 장식품을 다는 등 괴이한 곳이 한두 군데가 아니다. 그러나 그들의 신분은 대부분 호법신장護法神將·항마천왕降魔天王 등으로, 종교적 의미를 띤 것들이었으며, 몸을 보호하는 기능은 없었고, 당나라 군인이 실전에서 착용했던 갑옷이나 투구와도 같지 않았다.

송나라의 갑옷과 투구는 《무경총요》에 제시된 그림과 대체로 비슷했다. 그러나 송나라 군인, 특히 사병은 자주 갓을 썼다. 갓은 당나라의 석모席帽에서 비롯된 것이었다. 석모는 돗으로 만든 삿갓이었으며, 송나라에서는 천·모전 혹은 가죽으로 만들었다. 《동경몽화록》에서는 "무관은 모두 갓의 꼭대기를 붉게 칠하고 황금빛으로 장식했다"라고 했다. 사천성 팽산彭山의 송나라 우공저 묘에 있는 석각에 새겨진 갑사甲士 역시 삿갓 모양의 투구를 썼으며, 투구 아래에는 돈항이 있었다. 몸에 입었던 갑옷은 길이가 비교적 길었고, 양쪽 어깨에는 피박을 덮었으며, 한요捍腰(허리를 보호하는 갑옷)를 둘렀다. 실전에 더욱 적합한 복장이었다 (그림 9-28:1). 산동성 담성郯城에서 출토된 남송 시대 보우寶祐 4년(1256)에 만들어진 갓 모양의 구리 투구는 팽산현에서 발견된 석각의 그림과 비교해 볼 수 있다.

요遼나라의 갑옷은 당나라의 것과 그다지 다르지 않았지만, 둥근 송곳과 같은 모양의 투구는 예전에는 없었던 것으로, 원나라에서도 이러한 종류의 투구를 썼다. 그것과 유럽 중세의 노르만 스타일의 투구는 제법 비슷한 면이 있었다. 원나라에서 사용했던 투구 윗부분의 모자챙과 긴 눈썹 가리개도 외국의 영향을 받은 듯한 부분이 있었다. 이외에도 원나라의 갑사는 송나라 때 사용했던 갓 형태의 투구를 쓰기도 했다.

명나라의 병사는 붉은 삿갓과 같은 군모를 썼는데, 두건을 두르기

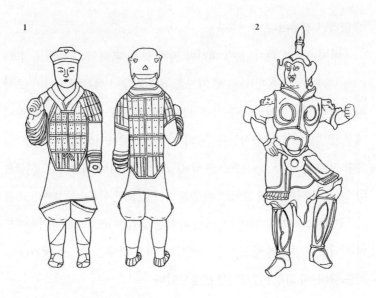

그림 9-27 한나라 때와 당나라 때의 갑옷
1 무변武弁을 쓰고 양당갑을 착용. 섬서성 함양의 양가만 한나라 때 묘에서 출토된 도용
2 봉시회鳳翅盔를 쓰고 명광갑을 착용. 섬서성 서안의 당나라 때 묘에서 출토된 '진묘용鎭墓俑'

도 했다. 갑옷은 천의 안쪽 부분에 쇳조각을 대었으며, 대체로 원나라의 갑옷과 비슷했다. 투구는 기본적으로 둥근 송곳과 같은 모양이었으며, 대표적인 것이 "팔판모아회八瓣帽兒盔"였다(그림 9-28). 그중 어떤 것은 상당히 높고 컸으며, 꼭대기 부분에는 깃털을 꽂는 축관軸管이 있어서 전체적으로 날카로운 탑과 같이 보였다. 어떤 투구에는 조그마한 깃발도 꽂았다. 정덕正德 연간에는 "붉은 삿갓 위에 남청색으로 물들인 백조의 깃털로 장식하는 것을 귀한 장식으로 여겼고, 가장 귀한 것으로는 세 개의 꽃부리를 장식한 것이고, 그 다음으로는 두 개의 꽃부리를 장식한 것이다"(《명사·여복지》) 라는 기록이 있다.

청나라 때 투구 꼭대기 부분에 장식품으로 사용한 재료는 더욱 많았으며, 담비의 꼬리털이나 수달의 꼬리털을 꽂기도 했는데, 이는 전례가 없었던 경우이다.

　마지막으로 화기火器에 대하여 말해 보자. 흑화약黑火藥은 초석硝石
(75%)·유황(10%)·목탄(15%) 세 가지를 가루로 빻아 섞은 물질이며, 초석
과 유황은 연금술에서 자주 사용하는 재료였다. 두 가지 약물의 성질이
매우 맹렬하여 연금술사들은 "복화伏火"를 진행하기도 했다. 즉 초석·
유황·탄화된 조각(皂角, 주엽나무 열매)등을 함께 섞어 가열해서, 혼합물
이 "기름이 되어 불에 넣어도 아무 변화가 없으면 복화伏火 상태라고 했
다."(《진원묘도요략眞元妙道要略》) 이런 위험한 실험은 조금만 부주의하여도
매우 격렬한 연소를 일으킬 수 있었는데, 이후 화약을 만드는 계기가 되
기도 했다. 이 과정은 7세기에 완성되었다.

　화약이 발명된 후 돌을 던지는 기계를 사용하여 화약포를 발사
했는데, 이것이 최초의 화포였다. 당나라 애제哀帝 천우天祐 연간(904)
에 십국 중 오나라 군대가 예장豫章(오늘날 남창南昌)을 포위하여 공격했
을 때, "기계로 불을 발사하여 날려서發機飛火" 용사문龍沙門을 불태웠다
(송나라 노진路振《구국지九國志》). 허동의《호령경》에서도 "비화飛火는 화포
나 불화살과 같은 것을 말하는 것이다"라고 설명한 바 있다. 1000년에
는 당복헌唐福獻이 제작한 불화살·화구火球·화질려가 송나라 조정에 바
쳐졌다. 1002년에는 석보石普가 화구火毬·불화살을 제작하여 송나라
황제 진종眞宗이 그에게 직접 시연을 하도록 했다. 1044년 완성한《무
경총요》에는 많은 종류의 화약 병기가 기록되어 있다. 정강靖康 원년
(1126) 금나라 병사가 변량汴梁을 공격하자 이강李綱이 성을 지킬 때 벽
력포霹靂炮를 사용하여 적을 공격했다. 그러나 이러한 전장에서는 모두
화약포를 던져 사용하는 방식으로 적을 무찌른 것이다. 소흥 2년(1132)
이횡李橫이 난을 일으켜 덕안德安(호북 안륙安陸)을 침범하자, 성을 지키

그림 9-28 송나라 때와 명나라 때의 갑옷
1 사천성 팽산의 남송 때 우공저 묘의 석각
2 명나라 사람이 그린 〈왕경사적도王瓊事迹圖〉

고 있던 지부知府 진규陳規는 "화포약火砲藥과 긴 대나무 막대로 된 산탄 총 20여 개를 만들었다."(송나라 탕숙湯璹《덕안수어록德安守御錄》) 이것은 세 계에서 제일 먼저 모습을 드러낸 관 모양 화기였다. 그러나 이 "대나무 막대로 만든 산탄총"은 불만 뿜을 뿐 총알을 발사할 수는 없었다. 이 시기에는 화약을 용기에 넣어도 흙으로 빚은 병에 넣는 정도였기 때문 에 폭발하는 위력에는 한계가 있었다. 13세기에는 쇠 포탄이 발명되었 다. 송나라·조여와趙與㲪의《신사읍기록辛巳泣蕲錄》에는 가정 14년(1221) 금나라 사람이 기주(호북성 기춘蕲春)를 공격했을 때 포탄을 사용했으며 "호리병박 모양을 하고 있었고, 입구가 작았고, 무쇠를 주조하여 만들 어졌으며, 두께는 2치가 된다"라고 했다. 철각은 강도가 높고 그 안의 기체의 압력은 매우 커서 폭발력이 더욱 강해졌다. 개경開慶 원년(1259) 수춘부壽春府(안휘성 수현壽縣)에서는 "또 돌화창突火槍을 만들었다. 매우 큰 대나무를 통으로 사용하며, 안에 자과子窠를 넣는다. 불을 붙여 놓아두면 불꽃이 다 탄 후 자과가 발사되니, 마치 대포 소리와 같다"(《송사·병지兵志》)라고 했다. 돌 화창은 여전히 대나무로 된 통을 사용했으나, 자과를 발사할 수 있게 되었기 때문에, 진규가 사용했던 대나무 막대로 된 산탄총보다는 진보된 경향을 보였다.

북방의 금나라 또한 1232년 철의 잔재·자석 가루를 발사할 수 있는 "비화창飛火槍"을 사용했는데, 이때 사용된 발사용 관은 종이로 만든 통이었다(《금사金史·포찰관노전蒲察官奴傳》). 이것과 돌화창을 비교하여 어떤 것이 더 좋은지 우열을 가리기는 힘들었다. 후에 몽고의 군대는 금나라와 송나라 사람에게 화기를 사용하는 기술을 배웠다. 1274년 원나라 군사가 장강을 건너 남송南宋을 공격했을 때, 불을 붙여 사용할 수 있는 화포를 사용한 적이 있었다(《신원사新元史·백안전白顔傳》 또는 《장군좌전張君佐傳》). 1287년 원나라 조정에서는 내안乃顔의 난을 평정할 때 화력이 더욱 강한 포를 사용했다(《원사·이정전李庭傳》). 이때 사용된 포는 금속관 모양의 화기였다. 이 전쟁을 치렀던 전장 중 한 곳인 흑룡강성 아성현阿城縣 아십하阿什河 반랍성자半拉城子에서 원시적 양식의 소총이 출토되었는데, 명문銘文은 없으나 내안의 난을 평정했을 때 쓰였던 유물일 가능성이 있으며, 그것이 쓰였던 연대는 13세기 말 이전이라고 추측된다. 이러한 판단이 완전히 옳다고 확신할 수 없지만, 수년 전 내몽고 석림곽륵맹錫林郭勒盟의 정람기正藍旗에서 발견된 구리로 된 소총에는 파스파 문자로 "대덕 2년(1298)"이라는 글자가 새겨져 있었으므로 이 시기에 주조된 것이 맞다. 이것은 현재 전 세계적으로 확인할 수 있는 가장 오래된 구리로 만들어진 화포로, 이전까지 가장 오래된 것으로 알려진 지순至順 3년(1332)의 소총보다 34년이 앞선 것이다.

15세기 중엽에 이르러 유럽에서 화포를 만드는 기술이 매우 빠르게 발전하기 시작하여, 유럽의 화기가 중국으로 전해졌다. 영향이 컸던 제품은 불랑기佛郎機의 기총과 조총, 그리고 홍이포紅夷炮였다. 여기서 불랑기는 포르투갈을 가리킨다. 1517년 포르투갈 상인이 광동廣東에 와서 무역 거래를 했는데, 1521년 전후로 백사白沙 순검巡檢 하유何儒가 포르투갈의 구식 소총을 산 적이 있다. 불랑기 소총은 소총 뒷부분에 화통을 설치하고, 자총子銃에 약을 채운 후 모총에 넣어 발사하는 것이었다 (그림 9-29). 이러한 총은 자총에 넣을 수 있는 약의 양이 적었고 모총 입구의 지름이 크지 않아 위력을 발휘하는 데는 한계가 있었다. 조총은 명나라의 화승총과 수석총을 통칭하는 것이었다. 조총의 관은 비교적 길었고, 입구의 지름이 비교적 작아 둥근 납탄을 발사하는 사정거리 또한 비교적 멀었다. 가늠쇠와 가늠구멍 또한 설치되어 있어, 조준을 한 후에 발사할 수 있었다. 그러나 발사할 때마다 화약을 넣고 다지고, 납탄을

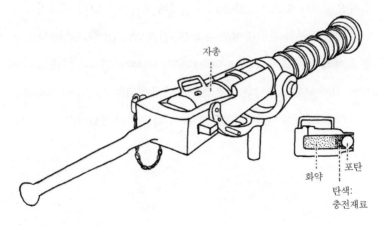

자총
화약
포탄
탄색:
충전재료

그림 9-29 불랑기총

넣고 다지고, 총 스위치의 덮개를 열고 화약을 붙이는 단계를 거쳐야 했다. 그래서 전투를 할 때는 조를 짜서 차례대로 약을 넣은 다음 들고 발사했다. 조총이 중국에 전해진 후 중국의 모조 기술이 개선되어 성능이 높아졌으며, 명·청나라 군대의 소형 화기로서 중요한 위치를 차지하게 되었다.

홍이포는 명나라 후기에 중국에 전해졌다. 천계天啓 원년(1621)·2년(1622) 명나라 조정에서는 차례로 마카오에서 대포를 사들였다. 포르투갈 사람이 마카오 주변에서 좌초된 영국 군함을 분해하여, 영국이 16세기 후기에 생산한 앞부분에 활당滑膛을 설치한 포를 발견했다. 이러한 종류의 포는 입구의 지름이 크고, 관벽이 두껍고, 관의 길이가 길어, 당시 화력이 제일 강했던 포였다. 천계 6년(1626) 누르하치가 영원寧遠(요녕성 흥성興城)을 공격했으나 원숭환袁崇煥에게 홍이포로 공격을 당해 부상을 입었고 끝내 치유되지 못했다. 명나라와 후금은 모두 온 힘을 다하여 이러한 대포를 만들었으며, 각종 "장군"의 칭호를 내렸다. 과거 고궁故宮의 단문端門과 오문午門 사이에 이 두 대포를 진열하기도 했다. 대포에 새겨진 문자와 주조된 도안은 이미 자세히 알아볼 수 없다. 대포가 침식되기 전의 탁본을 관찰해 보면 내용은 "천계天啓 2년(1622) 총독 양광 군문 호제해 홍이 철종 22문總督兩廣軍門胡題解紅夷鐵銃二十二門"이라고 되어 있어, 실제 최초로 도입한 대포라는 것이 증명되었다. 청나라 사람들은 "이夷(오랑캐)"자를 꺼려서, "홍의포紅衣炮"라고 바꿔 불렀다.

10

과학 기술

과학 기술의 작용은 매우 광범위하다. 생산 및 생활의 각 영역 어디든 미치지 않는 곳이 없어, 범위를 정하기 어렵다. 여기서는 단지 계산·역상曆象(천체의 움직임을 관측)·지학地學(지리학과 지구과학)·자학磁學(자석학) 등 영역에서 몇 가지 예만 들어보려고 한다. 그리고 이들 영역의 원리를 따지기보다는 관련된 기물들에 대해서 이야기해 보겠다.

우선 계산에 사용된 기물에 관해 이야기해 보자. 계산은 수량 관계를 처리하는 것으로, 과학 기술 활동의 기초다. 중국에서는 송나라 때에 이르기까지 모두 주산을 사용했다. 주산용 도구를 산주算籌라고 하며, 또한 전문 명칭으로 "筭(산)"이라고 한다. 청나라 단옥재段玉裁가 말한 대로 "筭은 算(산)의 기구이고, 算은 筭의 쓰임이다." 송나라 때는 "산자算子"라고 통칭했다. 산주는 일반적으로 대나무 재질을 썼고, 나무·뼈·상아 혹은 금속 재질도 있었다. 가장 일찍 사용한 것은 풀줄기다. 일반적으로 말해서, 오래전으로 갈수록 사람들은 미신을 믿었다. 중국 상고 시대 사람들은 늘 점복占卜을 했다. 복卜은 귀복龜卜 즉, 거북점이고, 점占은 점서占筮 즉, 시초(톱풀) 줄기를 이용하여 괘를 계산한 것이다. 또한 《예기·곡례》에서 말한 대로 "귀龜로 복卜을 했고, 시蓍로 서筮를 했다."

시蓍는 국화과 거치초鋸齒草로, 총시叢蓍라고도 했다. 천천히 자라서 한 무리 시초에 100개 근경이 생기면 "영시靈蓍"라고 하여, 점을 칠 때 매우 영험하다고 인식되었다. 옛날 사람들은 길이가 다른 시초 줄기로 "18번 변화를 부려 괘를 뽑았다."《역·계사·전傳》 변화무쌍하게 배열하는 방법을 보면 형식상 확실히 주산과 유사한 점이 있다. 그래서 주산의 출현은 마땅히 점서占筮와 관련이 있다고 보아야 한다.

한나라 때 산주算籌의 실물은 호북성 강릉의 봉황산 168호 서한 시대 묘에서 나온 길이 약 7한촌漢寸 짜리 죽주竹籌이다. 광주 남월왕 묘에서 출토된 상아 주籌는 길이가 6한촌에 접근한다. 그리고 섬서성 천양千陽에서 출토된 서한 골주骨籌는 길이가 약 13.5cm로, 6한촌과 딱 맞아떨어진다(그림 10-1).《염철론·빈부편貧富篇》에서 "6촌을 활용해 흑자인지 적자인지 계산한다運之六寸, 轉之息耗"라고 하였으니, "6촌"은 산주를 말한다. 한나라 때 주籌는 6촌을 기본 규격으로 하였음을 알 수 있다. 그러나 산주는 너무 길면 안 된다. 길면 불편하다. 그래서 점점 짧

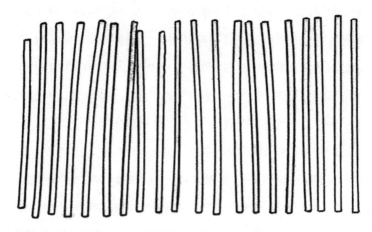

그림 10-1 서한 때 골산주. 섬서성 천양에서 출토

게 변했다. 하북성 석가장의 동한 시대 묘에서 출토된 산주의 길이는 4
한촌에 미치지 않는다.《수술기유數術紀遺》북주北周 견란甄鸞의 주에서
주는 길이가 4촌이라고 하였으니, 이것이 하나의 추세임을 말해준다.
이어《수서·율력지律曆志》에서 주는 길이가 3촌이라고 하고 있어, 더
욱 짧아졌음을 알 수 있다. 이미 발견된 산주는 일반적으로 10개, 8개
만 있어, 한 벌을 이루지 못한다.《한서·율력지》의 설에 따르면, 산주는
271개가 한 벌을 이루어 1악握이라고 한다. 나중에는 수량이 줄어들어
원나라 때 야율초재耶律楚材는《담연거사집湛然居士集》에서 한 벌은 91개
라고 했다. 한 벌의 전체 산주는 산대算袋에 담았다. 이것은 긴 타원형
주머니다. 당나라 때 단성식段成式은《유양잡조》에서 묵어墨魚(오징어과)
를 말할 때 "옛날 진왕秦王이 동쪽으로 유람가서 바다에 산대를 버렸는
데 이 물고기로 변했다"라고 했다. 청나라 주량공은《민소기》에서 "묵
어는 일명 산대어算袋魚라고도 한다"라고 하였으니, 묵어와 윤곽이 비
슷함을 알 수 있다. 당나라 관원들은 혁대에 산대를 찼다. 이 물건이 유
행한 시간이 매우 길어서 앞으로 당시의 실물이 발견될 가능성이 매우
높다.

　　주산籌算은 주를 늘어놓아 기호를 바꾸며, 통상 종이에 산초算草를
남기지 않는다. 늘어놓는 주마籌碼는 세로식과 가로식으로 나뉜다.

　　주를 늘어놓을 때 가로 세로 서로 사이를 두어,《손자산경孫子算經》

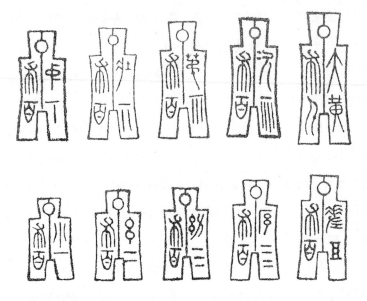

그림 10-2 왕망의 십포十布

에서 말한대로 "계산하는 방법은 먼저 자리를 알아야 한다. 한 자리는

세로로 놓으면 다른 한 자리는 가로로 놓는다. 100의 자리는 세워놓았

으면, 1,000의 자리는 눕혀놓는다. 1,000의 자리와 10의 자리가 같은 방

향이고, 1안의 자리와 100의 자리가 같은 방향이다." 예를 들면 6614는

늘어놓으면 ⊥T–Ⅲ로 되며, 86021은 늘어놓으면 ⫪⊥ ⹀Ⅰ로 된다.

숫자 0은 빈자리를 남겨둔다. 가감할 때는 직접 주를 보태고 주를 감한

다. 승제할 때는 구구가결九九歌訣의 도움을 받아서 계산한다. 주산이 사

회에서 통용되면서 복고를 표방한 왕망이 주조한 "十布(십포, 신新나라의

화폐)"조차 그 위에 숫자는 "五(오)"와 "千(천)"을 제외하고 모두 주마籌碼

를 썼다(그림 10-2).

　　주산은 십진제이기도 하고 위치제位值制이기도 하다. 십진제는 오

늘날 보면 지극히 당연한 것 같지만 사실 자연적인 것이 아니라 인위적

인 것이다. 진위제가 모두 십진법을 사용하는 것은 아니다. 중국의 옛날 저울은 1근이 16냥이다. 영국의 1파운드는 20실링이었고, 1실링은 12 펜스였다. 즉 1파운드는 240펜스와 같았다. 지난 세기 70년대 이전 중국에서 영국으로 가는 사람이 가지고간 것은 대부분 미국 달러였고, 머리에서 인민폐로 환산해야 했다. 물건 가격을 계산할 때도 파운드, 실링, 펜스를 계산하다가 몇 개 사지 못하고 머리가 멍해지곤 했다. 나중에 영국 사람들도 이 점을 인식하고 1971년에 1파운드를 100펜스로 개정한다고 선포했다. 이렇게 하면 십진제와 모순되지 않았다. 그리고 위치제는 한 조의 숫자 중 개위个位, 십위十位, 백위百位 등 구별이 있어서, 같은 숫자라도 위치에 따라서 대표하는 수치가 달라지는 체계다. 위치제 개념은 고대 각국에서 사용된 기수법 모두에 있는 것은 아니었다. 로마에서는 I, V, X, L, C, D 등 자모로 1, 5, 10, 50, 100, 1000 등 숫자를 대표했다. 123을 중국의 주산에서는 Ⅰ二Ⅲ로 늘어놓을 수 있다. 로마에서는 ⅠⅡⅢ으로 쓰면 안 되고 CXXIII로 써야 한다. 그들은 위치제를 사용하지 않기 때문이다.

주산을 장기간 사용하면서 연산 방법이 점차 간단해져서, 한 횡렬에서 연산승제演算乘除하는 방법을 탄생시켰다. 송나라 심괄은 말하기를, 교학의 방법은 "번잡하면 간결하게 바꾸고 간결하면 사용한다見繁即變.見簡即用"라고 했다. 각종 간결한 셈법이 출현한 이후, 특히 "구귀가결九歸歌訣(1부터 9까지 숫자를 각각 나누는 수로 하는 나눗셈법)"과 "당귀가결撞歸歌訣(나누는 수와 나뉘는 수의 관계를 정리한 나눗셈법)" 등이 등장한 이후에는 비교적 복잡한 셈법도 쉽게 변했다. 따라서 연산하는 자로 하여금 포주개마布籌改碼(산가지를 늘어놓고 일일이 세는 방법)은 편하지 않고 마음먹은대로 할 수 없다고 느끼게 했다. 이렇게 해서 산판算盤의 발명을 이끌었다.

컴퓨터가 나타나기 이전 산판은 구조가 극히
간단하고 효율이 높은 일종의 컴퓨터였다.

　　청나라 말기, 일반적으로 연구자들은 명
나라 정대위程大位의《산법통종算法統宗》(1592)
이 산판 그림을 실은 가장 이른 저작으로 알
고 있었다(그림 10-3). 그러던 중 1930년대 이
엄李儼이 가상천柯尙迁의《수학통궤數學通軌》
(1578)에 실린 것이 더 먼저라고 지적했다.
1957년에는, 일본 내각문고에서 서심로徐心魯
가 장정한《반주산법盤珠算法》(1573) 안에 실린
산판 그림을 찾았다. 이후 미국 컬럼비아대

그림 10-3 명나라 정대위의
《산법총종》에서의 주판 그림

학 도서관에서《신편대상사언新編對相四言》(1436)이라는 책이 발견되었
는데, 그 안에 구당산판九檔算盤 그림이 실려 있었다. 1963년이 되면 전
보종錢寶琮이《중국수학사中國數學史》에서 국가문물국이 소장한《로반목
경魯班木經》(1425) 중의 산판 그림을 제시했다. 1970년대 일본에서는 명
각본明刻本《괴본대상사언잡자魁本對相四言雜字》(1371) 한 부가 발견되었
다. 그림과 글씨를 대조시킨 이 아동용 책에 위에 상이주上二珠, 하오주下
五珠, 중간에 가로대가 있는 산판 그림이 실려 있었다.《괴본대상사언잡
자》는 홍무 4년 판각한 것으로, 원나라 때와 겨우 몇 년 정도밖에 차이
가 나지 않는다. 현재까지 원나라 산판 그림은 발견되지 않았지만, 원나
라 문헌에는 산판을 언급하고 있다. 원나라 때 류인劉因의《정수선생문
집靜修先生文集》에는《산반시算盤詩》가 있다. 도종의陶宗儀의《남촌철경록》
에도 산판에 대한 비유가 기록되어 있다. "노비를 들여오면, 처음 왔을
때는 '산반을 두드린다'고 한다. 시키지 않아도 스스로 움직인다는 말

그림 10-4 〈청명상하도〉에서 조태승가의 선반 위에 주판과 유사한 것이 놓여 있음

이다. 조금 오래 되면 '산반 알(구슬)'이라고 한다. 시키면 움직인다는 말이다. 아주 오래 되면 '부처 머리 꼭대기의 구슬'이라고 한다. 종일토록 멍하게 있으면서 시켜도 움직이지 않는다는 말이다." 이 말은 비록 일꾼을 낮잡아보는 심리가 포함되어 있지만, 산판이 당시에 이미 늘 보는 물건이었다는 사실을 설명해준다. 또한 원곡《방거사오방래생채龐居士誤放來生債》에도 "산반算盤"이라는 단어가 있다. 그러므로 원나라 때 이미 산판을 사용했다는 것은 의문의 여지가 없다.

　　문제는 산판의 발명을 송나라 때까지 거슬러 올라갈 수 있느냐 하는 것이다. 증거라고 할 수 있는 것이 몇몇 있기는 하지만, 아주 확실하

지는 않다. 이를테면 〈청명상하도〉에서 행의行醫(의료행위)를 그린 "조태
승가趙太丞家"에서 문에 있는 상자 위에 장방형 분동이 놓여 있는데, 어
떤 학자는 그것이 산판이라고 한다(그림 10-4). 또 1921년 하북성 형대의
송나라 때 거록巨鹿 고성故城에서 산판과 유사한 물건이 출토된 적이 있
다. 이 성은 북송 대관大觀 2년(1108)에 황하가 물길을 바꿔 수몰되었는
데, 발굴할 때 출토된 것 중에는 나무 탁자, 나무 의자 안에 있던 일상 물
품이 많이 있었다. 그중 직경 2.11cm 가량에, 가운데 구멍이 있는 나무
구슬이 있었다. 그러나 그 구멍은 대략 삼각형에 가까웠다. 그래서 어떤
사람은 그것이 산판 구슬이라고 하기도 하고, 이 두 가지 사례 모두에
회의를 표하는 사람도 있다.

　　여기서 설명해두어야 할 것은 주산 시대의 산주 역시 산판에 열거
할 수 있다는 것이다. 판 위에 네모 칸이 그려져 있고, 1단위 자리에 놓
인 것은 1단위 수이고, 10단위 자리에 놓인 것은 10단위 수, 빈자리에
는 주를 놓지 않는다. 명나라 오경吳敬의《구장상주비류산법대전九章詳
注比類算法大全》(1450년)을 보면, "산반"은 포주布籌에서 쓰이는 것이다. 그
러나 안쪽에 산주算珠를 두었다.《산법통종》권말에 실린《산경원류算經
源流》에는 송·원·명 세 시대의 수학 저작 목록이 있다. 그중《반주집盤珠
集》과《주반집走盤集》두 가지는 송나라 때 저작으로 기록되어 있다. 책
이름으로 보자면, 당연히 주산 산법과 관련이 있을 듯하다. 그러나 두
책은 지금 전해지지 않는다. 또한 동한 서악徐岳의《수술기유》에서 "사
계절 주산을 가지고 다니며 삼재三才를 경영하다"라고 했고, 견란의 주
석에서 "판을 세 부분으로 새기고, 각각 구슬 다섯 개를 둔다. 위의 구슬
하나와 아래 네 구슬은 색을 다르게 한다. 위에 있는 다른 색 구슬은 5에
해당되고, 아래 네 구슬은 각각 1에 해당된다"라고 했다. 이런 주산珠算

은 주산籌算을 할 때의 보조 도구였다. 목판에 칸만 나눈 것으로는 그 운산 방법을 분명히 설명하기 어렵다. 그러나 위쪽 구슬 하나를 5로 치는 것은 주산으로 계산할 때 "6 이상이면 5는 위에 있다滿六以上, 五在上方"라는 구절과 일치하고, 이 체제는 바로 나중의 산판에 계승된다. 그러므로 초기의 주산珠算은 비록 실물이 전해지지 않고 상세한 내용은 아직 알려지지 않았지만, 이후 산판의 선도자라는 것은 의심의 여지가 없다. 그리고 다른 한편으로는, 주산籌算과 주산珠算은 오직 빠른 것을 추구하고 산초算草(계산식, 풀이)를 남기지 않았기 때문에 중국에서 추상화된 수학 언어가 충분히 발전하지 못했다는 문제도 있다.

이제 천문역법 방면의 기물을 이야기하겠다. 중국 고대에는 물후物候(철이나 기후에 따라 변화하는 만물의 현상)와 천상天象을 표지로 하는 농시農時(농사철) 즉 이른바 관상수시觀象授時(천상을 보고 농경에 필요한 절기를 정하여 알리던 것)를 매우 중시했다. 천상을 관측하기 위한 최초의 기물이자 가장 오래 사용된 측상물기測象儀器는 규표圭表다. 표表는 지면에 세운 표시 막대이고, 규圭는 평면에 놓은 잣대[尺]다. 표를 규의 남쪽 끝에 놓으면 양자가 서로 수직을 이룬다. 정오가 될 때마다 표의 그림자가 규의 표면에 떨어진다. 태양은 매일 동쪽에서 올라와 서쪽에서 지지만, 계절마다 뜨고 지는 방위와 정오의 고도가 다르고, 주기적 변화의 규칙이 있다. 규표를 가지고 해 그림자의 주일周日·주년周年 변화를 측량하고, 비교하고, 표정하고, 방위를 정하고, 시간을 재고, 계절을 구분할 수 있다. 또 이를 통해 주년상수周年常數를 구할 수 있고, 나아가 역법을 제정할 수 있다. 이처럼 규표는 전통 천문학의 주요 관측 수단의 하나로, 상고 시대부터 청나라 때까지 줄곧 사용되었다. 때문에 중국 고古 천문학은 그림자 측정에 의지해 집안을 일으켰다는 말을 듣곤 했다.

중국에는 서주 초기에 이미 규표로 관측을 실시한 기록이 있다. 《일주서逸周書·작락作雒》에서 "주공이 정치를 하려고 했을 때 토중에 대읍 성주성을 세웠다周公將致政 , 乃作大邑成周于土中"라고 했다. 여기서 말한 것은 주공이 성왕을 위하여 낙양 지역에 성주성成周城을 건축한 일이다. "토중土中"에서 성터를 선택했는데, 토중은 또한 "지중地中"이라고도 했다. 《주례·지관·대사도大司徒》에서 "해가 하지에 이르면 그림자는 한 자 다섯 치이고, 지중地中이라고 한다. 천지가 합하는 것이고, 사시가 교차하는 것이고, 풍우가 모이는 것이고, 음양이 조화를 이루는 것이다. 그러면 만물이 안정되어 왕국을 세운다"라고 했고, 정중鄭衆의 주석에서 "토규土圭의 길이는 한 자 다섯 치이다. 하지 날에 여덟 자 표지를 세우면 그림자가 규와 같게 된다. 이때를 지중이라고 한다"라고 했다. 표는 높이가 8척으로, 하지 날 정오에 그림자 길이가 1척 5촌 되는 곳이 바로 지중이라는 말이다. 섬서성 보계에서 나온 《하존何尊》의 명문에서 성왕成王이 "처음에 성주成周에서 거처를 옮길" 때 말하기를, 무왕이 상나라를 멸망시킨 후 "나는 이 중국中國에 집을 정하겠다"라고 하였으니, 천하의 중심에 도읍을 세우겠다는 뜻이다. 이 중심을 토중·지중이라고도 하고 중국이라고도 한다. 그 자연 조건이 비할 데 없어 훌륭하다고 여겼다. 중국이라는 명칭은 바로 여기에서 온 것이다.

표의 높이를 8척으로 한다는 기준은 나중에도 오랫 동안 계속 사용되었다. 왜 고대에 이 수치를 선택하여 사용했을까? 이는 인간의 키와 관련이 있다. 옛날 사람들은 대략 자기 신체의 그림자를 관측하는 것으로부터 이 활동을 시작했다. 상나라와 서주 때의 척도는 짧고 작아서, 남자의 키가 대략 당시의 1장丈(158cm)과 같았다. 그러므로 "장부丈夫"라는 호칭이 생겼다. 동주와 서주의 교차 시기 척도가 길어지고 높이가 약 8척에 달했다. 표의 높이 8척은 대체로 이때 정해진 듯하다. 동주 말부터 진한 시대에 이르기까지 1척의 길이는 약 23cm였고, 그래서 "7척의 몸"이라고 말했다.

8척은 표의 높이로 딱 알맞은 수치다. 이론으로 말하자면, 규표로 그림자를 측정하여 하지와 동지를 구하는 것은 정확한 결과를 충분히 얻어낼 수 있다. 하지만 실제 관측할 때는 오히려 곤란에 처한다. 바로 청나라 강영江永이 말한대로다. "그림자를 관측하는 막대는 너무 짧으면 안 된다. 너무 짧으면 분촌이 너무 세밀하여 구분하기 어렵다. 너무 길면 그림자가 희미하여 찾기가 어렵다." 표가 낮으면 투영되는 그림자도 짧아서 길이를 정확히 잴 수 없고, 표가 크면 그림자가 희미하여 역시 측량하기 어렵다. 정식 관측소에서 사용하는 표는 높이가 대부분 8척이다. 진晉나라 곽연생郭延生이 《술정기述征記》에서 장안 영대靈臺의 동표銅表는 "높이 8척이다"(《삼보황도三輔黃圖》 권오인卷五引)라고 한 것이 한 예다.

현존하는 가장 오래된 규표는 1965년 강소성 의정의 석비촌石碑村 1호 동한 시대 묘에서 출토된 동으로 만든 표다. 표의 높이는 19.2cm로, 한척漢尺으로 하면 8촌이다. 이건 당시 정식 규표를 10분의 1배로 축소한 휴대품이었다(그림 10-5). 비록 크기가 작아서 정밀도가 높지는 않지만 규와 표를 하나로 합하여 휴대하기 편하게 한 것으로, 규표의 사용이 이미 상당히 보편화된 후의 산물이다. 또한 높이가 딱 8척의 10분의 1로, 한나라 때 8척의 표를 사용했다는 기록이 믿을 만함을 방증하는 것이다.

중국 고대에 규표로 그림자를 측정한 가장 중요한 유적은 하남성 등봉登封의 "측경대測景臺"로, 현성 동남쪽 15km의 고성진告成鎮(옛날 양

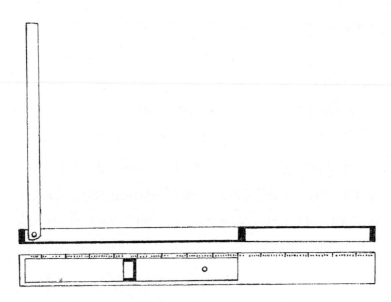

그림 10-5 동한 시대 동규표. 강소성 의정에서 출토

성양城)에 자리 잡고 있다. 이곳은 주공이 해의 그림자를 측정한 곳이라고 전해지며, 지금까지 보존되고 있는 것은 당나라 개원 11년(723) 남궁설南宮說이 세운 "주공측영대周公測景臺"의 석표石表다. 이곳이 이른바 "지중地中"이기 때문에 1100년 이래 중국 천문가들은 오랫동안 여기에서 관측을 해왔다. 현존하는 측영대는 원나라 곽수경郭守敬이 지원 연간(1294년 전후)에 건축을 주도한 것이다. 대의 높이는 9.46m이고, 대 앞에 31.19m의 석규石圭가 있어, 속칭 "양천척量天尺"이라고 하며, 사실상 하나의 거대한 벽돌 구조 규표다. 의정儀征의 구리 규표는 8척의 표를 10분의 1로 축소한 것이고, 측영대는 5배 확대하여 표의 높이가 40척으로 늘어났다. 이렇게 "옛날에는 1촌이었는데 지금은 5로 늘렸으니, 치수의 차이를 쉽게 분별할 수 있다."(《원사·천문지天文志》) 그러나 표의 그림자가 모호하다는 오래된 문제가 더욱 두드러졌다. 이것을 어떻게 해결할까?

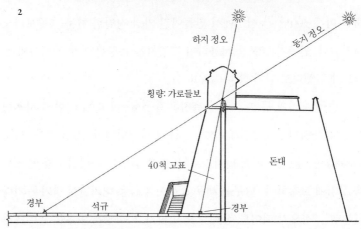

그림 10-6 하남성 등봉의 원나라 때 측경대
1 외관
2 관측 상황 약도

곽수경은 아주 교묘한 방법을 채택했다. 우선 그는 표 끝의 그림자를 더 이상 측정하지 않고, 표 끝을 두 용이 위로 가로 들보를 받치는 "상경횡량上擎橫梁"으로 바꿨다. 햇빛이 가로 들보를 비추는 그림자가 표 끝의 그림자보다 분별하기 쉬웠다. 다음으로 그는 규 표면에 "경부景符"라고 하는 부속을 추가했다. 이것은 구리로 만들어 "마치 바늘로 뚫은 듯, 가운데에 아주 작은 구멍을 뚫었다." 햇빛이 바늘 구멍을 통과하여 규 표면에 투사되면 그 크기가 "겨우 쌀알만 했고", 그중 가로 들보의 그림자는 마치 머리카락처럼 가늘어서 아주 뚜렷했다. 경부는 광학에서 미공성상微孔成像(작은 구멍을 뚫어 상을 만드는 것)의 원리를 이용하여 가로 들보의 그림자를 나타내는 것으로, 근대 의기儀器 중에서 미독微读 장치와 유사하다. 곽수경이 측영대 위에 경부를 설계한 것은 중대한 돌파구였다. 이런 방법으로 그림자를 측정하면 정확도가 ±2mm 이내에 도달할 수 있게 되어, 태양 천정 거리 오차의 1/3 각분角分에 상당한다. 이 대가 건축된 이후 300년 간 서양에서 만들어진 가장 정밀한 천문 측량보다도 정확했다. 인류가 규표를 사용하여 그림자를 측량한 이래로 최고의 정확도에 달했다고 할 수 있다(그림 10-6).

중국 초기의 규표 그림자 측정은 누호漏壺와 함께 결합해 사용했다.《사기·사마양저열전司馬穰苴列傳》에서 사마양저가 장가莊賈와 "일중日中(정오)에 군문軍門에서 만나기로" 약속을 정했다. 사마양저가 먼저 약속 장소에 도착하여 "나무를 세우고 물시계 물을 내리면서 장가를 기다렸는데", "정오가 되어도 장가가 오지 않자, 사마양저는 표를 넘어뜨리고 물시계를 부숴버렸다"라고 하였으니, 색은(색인)에서 "입표立表는 나무를 세워 표를 삼아서 해의 그림자를 보는 것이고, 하루下漏는 물을 아래로 떨어뜨려 시각의 숫자를 아는 것이다"라고 했다. 실제 응용할 때 두 가지 기능이 상호 보완될 수 있음을 알 수 있다. 누호의 출현은 춘추시대보다 늦지는 않지만, 지금까지 발견된 초기 실례는 모두 한나라 때 것이다. 섬서성 홍평興平 동문東門 밖 공심전空心磚 묘, 하북성 만성 1호묘, 내몽고 이극소맹伊克昭盟 항금기杭錦旗의 사구沙丘 등지에서 서한 시

대의 동루銅漏가 세 점 출토되었다. 모두 단호
單壺 설수형泄水型 침전루沉箭漏이다. 그중 항금
기에서 출토된 것이 체적이 가장 커서, 높이가
47.9cm다. 몸통은 원통형이고, 아래에는 세
굽이 받치고 있다. 그릇 바닥 가까운 곳에 출
수관出水管이 하나 있고, 위에 쌍층 제량提梁(손
잡이)이 있다. 호개壺盖(항아리 덮개)와 쌍층 제량
중 서로 맞는 장방형 구멍이 세 개가 있어, 이
것으로 부전浮箭(동루 안에 띄워놓은 화살)을 안정
되게 꽂고 곧게 지탱한다(그림 10-7). 이 호壺의

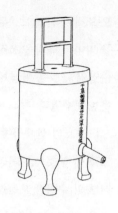

그림 10-7 서한 시대 간장
동루호. 내몽고 이극소맹
항금기에서 출토

바닥 안쪽에 "간장干章" 두 글자가 주조되어 있다. 몸통 바깥쪽에는 "간
장 동루 하나, 무게 32근, 하평河平 3년(기원전 26) 4월 제조"라고 명문을
새겼다. 간장은 지금 산서성 임분臨汾 향녕鄉寧으로, 서한 때 서하군西河郡
소속 현이었다. 누호의 두 "간干"은 매우 명확하다. 그러나 《한서·지리
지》에서는 "천장千章"이라고 잘못 표기되었다. 이 누호를 소개한 글에
서도 "천장동루千章洞漏"라고 한 것이 많은데, 호 명문에 의거하여 수정
해야 한다.

초기에 동루의 사용법은 호 안의 물이 출수관으로 한 방울씩 나오
고, 부전이 따라서 아래로 가라앉는 방식이었다. 따라서 부전의 각도刻
度(새겨놓은 눈금)에 근거하여 시간의 변화를 알 수 있었다. 하지만 호 안
에 물을 가득 채우면 압력이 커져 빨리 떨어지고, 수량이 감소하여 수압
이 떨어지면 물이 떨어지는 속도 또한 느려져, 계측할 때 정확도가 떨어
지는 효과를 낳았다. 이 문제를 해결하기 위해, 고대인들은 출수관의 주
둥이를 조절했다. 홍평興平 동루가 출토될 때 내벽에 붙어있는 원형 운

모 조각이 함께 보존되어 있었다. 당시에 이것을 이용하여 출수구 일부
를 막아서 유량을 조절했을 가능성이 있다. 그렇지만 누호 안에 수위와
수압의 균형을 어떻게 유지할 것인가는 한나라 때에는 아직 해결하지
못한 문제였다.

누호의 물빠짐이 고르지 않은 문제를 해결하기 위해, 나중에는 누
호 위에 누호 하나를 더 추가했다. 이렇게 하면 위에 있는 호의 물로 아
래 호의 수량을 보충하여, 아래 호에 물이 빠질 때 수위를 유지할 수 있
었다. 위에 있는 호의 물도 안정되게 하기 위해 호를 또 추가하여, 다급
多级 누호가 형성되었다. 국가박물관이 소장 중인 원나라 연우延祐 동
루호銅漏壺는 1316년에 주조되었으며, 현존하는 가장 이른 다급多级 수
수형受水型 부전루浮箭漏다. 원래 광주성廣州城 공북루拱北樓에 설치했었
는데, 청나라 함봉咸丰 7년(1857) 공북루에 불이 나서 누호가 약간 손상
을 입었고, 함봉 10년(1860) 복구했다. 이 누호는 총 높이 264.4cm로, 일
호日壺·월호月壺·성호星壺·수수호受水壺 모두 네 개의 호로 이루어져 있
다. 그러나 수수호는 계산하지 않고, 한 벌을 3급三级 누호로 하여, 계
단식 틀에 설치했다. 수수호 뚜껑 중앙에 동척 하나를 꽂았으니, 길이
66.5cm로, 12시를 새겼다. 동척 앞에 추가로 목질 부전을 꽂았고, 아래
는 부주浮舟다. 주舟가 뜨면 전箭이 올라와, 눈금으로 시간을 계간했다(그
림 10-8). 이런 유형의 3급 누호는 중국 진晉나라 때 이미 출현했다. 진나
라의 손작孫綽이 《누각명漏刻銘》에서 "물통을 세 단계로 쌓아서, 떨어진
물이 냇물을 이루었다" 라고 묘사한 누호가 있다. 당나라 여재呂才는 4
급 누호를 설계했으며, 북송 시대의 연숙燕肅은 또 하나의 방법을 발명
했다. 그는 중간 1급 호의 위쪽에 구멍 하나를 뚫어, 위에서 온 과량의
물이 분수공을 통해 자동으로 넘치도록 했다. 덕분에 수위가 항상 안정

그림 10-8 원나라 연우(1314~1320) 때 동루호

되게 유지되어서, 누호의 기능도 개선되었다.

하지만 누호가 정확하게 시각을 알릴 수 있게 하려면 아직 두 가지 문제를 해결해야 했다. 첫째는 물이 떨어지기 시작하는 시각, 둘째는 유속 조정이다. 그런데 이 두 문제는 모두 일구日晷(해시계)로 해결해야 했다. 한나라 환담桓譚의《신론新論·잡사雜事》에서 누각漏刻은 "낮에는 일구 그림자를 참고하고, 밤에는 별자리를 참고하면, 바른 것을 얻게 된다"라고 했다.《속한서·율력지律曆志》에서도 누漏는 "시간을 나누는" 것이고, "마땅히 의도儀度에 의거해야 하고, 다음으로 일구 그림자를 참고한다", "일구 그림자로 시각을 정하여 실수나 착오가 적게 한다"라고 했다. 따라서 초기 일구는 본래 누각의 교준기校準器였음을 알 수 있다.

현존하는 초기 일구 중에 완정하고 믿을 만한 사례는 딱 하나가 있다. 국가박물관이 소장하고 있는 탁극탁托克托 일구이다. 그밖에 산서성 우옥에서 출토되었던 것이 주진周進의《거정초당한진석영居貞草堂漢晉石影》에 기록되어 있는데, 아주 작은 귀퉁이 잔석만 겨우 있을 뿐이다. 탁극탁 일구는 청나라 광서光緒 23년(1897) 내몽고 호화호특 남쪽 탁극탁

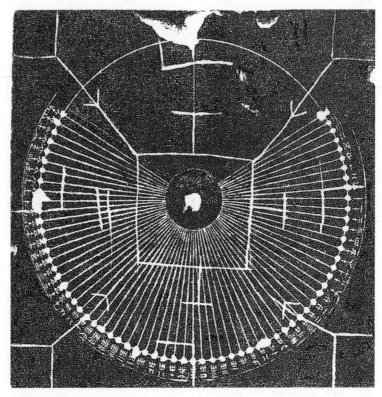

그림 10-9 탁극탁 해시계 탁본

현托克托縣에서 출토되었다(많은 책에서 출토 지역을 귀주 자운현紫云縣이라고 잘

못 표기했다—저자 주). 치밀한 이질泥質 대리석으로 제조되었으며, 석질이

윤기있고 세밀하여, 과거에 "옥반일구玉盤日晷"라고 일컬었다. 이 일구

는 한 변의 길이가 27.4cm로, 귀면 중앙에 둥근 구멍이 하나 있고, 중앙

구멍을 중심으로 두 동심원을 새겼다. 또 내원과 외원 사이에 69줄의

복사선을 새겨, 원면의 대부분을 차지했고, 나머지 한 면은 새기지 않

았다. 복사선과 외원의 교차점에 작은 구멍을 뚫었고, 구멍 밖에 1~69

까지 숫자를 연결시켰고, 글자체는 근엄한 한전체漢篆體였다. 각 복사

선 사이의 협각이 같고, 보족補足한 후 원주를 100개로 등분하면, 마침 1일 100각의 수와 맞는다. 귀면에 69선만 새겨서 총 68각이 된 것은 하지 가장 긴 낮의 누는 65각만 있고, 그러므로 일구에 새긴 선은 이미 그림자 측정에 쓰기에 충분한 것이다(그림 10-9). 그밖에 캐나다 온타리오 박물관이 소장한 것이 하나 있는데, 탁극탁 일구와 매우 비슷하다. 낙양 금촌金村에서 출토된 것이라고 하는데, 이전에 공개된 자료들이 모두 작은 크기의 사진이거나 모방본이라서 자세한 내용을 확실하게 보기는 어려웠다. 그러던 중 1970년대 사수청史樹靑 선생이 캐나다에서 그 일구의 탁본을 가지고 돌아왔다. 자세히 살펴본 후 알게 된 것은 그 위에 새긴 글자가 비록 탁극탁 일구와 비슷하지만 서체가 뻣뻣해서 한전漢篆(한나라 때의 전서체)의 기세가 전혀 없었다는 점이다. 탁극탁 일구 바깥 테두리의 큰 원호는 원래 숫자를 새길 때 추가한 보조선으로, 일구의 눈금에서 반드시 필요한 부분은 아니다. 그러나 온타리오 일구 역시 같은 보조선을 갖고 있었으며, 시작하고 끝나는 부위 또한 탁극탁 일구와 일치하고 있었다. 뿐만 아니라 네모난 구면의 크기는 본래 정해진 체제가 없었다. 탁극탁 일구는 각변이 27.4cm이고 한 척은 약 23cm였다. 그러므로 27.4cm는 한나라 때 정해진 치수는 아니다. 그런데 온타리오 일구의 한 측면도 27.4cm이고, 다른 한 측은 조금 길어서 28.1cm이다. 탁극탁 일구의 외원에 뚫은 작은 구멍의 직경은 약 0.4cm이고, 온타리오 일구 역시 대체로 같다. 더욱 놀라운 것은 두 일구의 탁본을 함께 포개놓고 빛을 투과시켜 관찰하니, 적지 않은 글자의 위치와 필법이 기본적으로 겹쳐졌다. 이런 현상이 다른 시간, 다른 장소, 다른 장인에게 나타난다는 것은 너무 불가사의한 일이다. 유일한 해석은 후자는 탁극탁 일구를 모델로 모방한 복제품이라는 것이다.

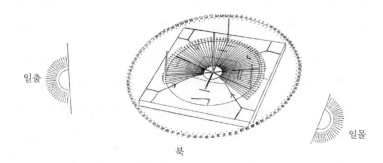

일중

일출

북

일몰

그림 10-10 탁극탁 해시계 사용

　탁극탁 일구를 사용할 때는 우선 일구 몸체를 남쪽을 향하여 평평하게 놓고, 일구 중심의 큰 구멍에 "정표正表"를 세우고, 외원의 작은 구멍에 "유의游儀"를 세운다. 둘은 모두 가는 막대이고, 구멍에 꽂는다. 정표와 유의를 일직선에 두고 일출과 일몰의 위치를 조준하고, 그 사이 협각의 도수(즉, 각수刻數)에 아침 저녁 그림자가 희미할 때 각도 2.5각을 더하면 그날 낮의 가장 긴 시각이 된다. 100각刻에서 낮의 가장 긴 시각을 빼면 밤의 가장 긴 시각이 된다. 《주비산경周髀算經》에서 말한 "둥근 기구의 중앙에 정표를 세우고", "기구 위에 유의를 하나 세워서 중앙의 그림자를 마주 보게 한다. 그림자가 한가운데에 오면 해가 뜨는 위치이다"라는 설과 기본적으로 일치한다(그림 10-10). 상술한 숫자를 구한 이후 누를 관장하는 사람이 이에 근거하여 주야의 누각을 조정하고 환전換箭 날짜를 확정한다. 누호의 유속 역시 일구에서 일중을 측정한 것 혹은 혼의渾儀로 중성中星을 측정한 것에 근거하여 자정을 구하여 맞게 교정한다.

하지만 몇몇 학자는 탁극탁 일구의 기능에 대해 다른 시각을 가지고 있다. 하나는 그것이 단지 방향을 측정하는 것에만 쓰였다는 것이다. 하지만 이 설은 귀면에 왜 하루 100각을 대표하는 눈금을 표시했는지 해석할 방법이 없다. 하물며 중국에서는 자북磁北(자침이 가리키는 북쪽)을 발견하기 이전에 이미 일출·일몰 때 표 그림자 끝단의 연결선에 근거하여 정동서 방향을 정하였다. 그것과 수직되는 선이 바로 정남북이다. 방향을 측정하기 위해서라면 이렇게 복잡한 일구를 만들 필요가 전혀 없었다. 또 하나의 의견은 이것이 적도식赤道式 일구로, 시각을 측정할 수 있을 뿐 아니라 절기도 측정할 수 있다는 것이다. 이런 관점도 성립할 수 없다. 적도식 일구는 중국에서 비교적 늦게 나와서, 가장 이른 것이 남송 초기 증민행曾敏行이 지은《독성잡지獨醒雜志》에서 보이기 때문이다. 이런 일구는 비스듬히 설치하는 것으로, 구면과 지평면 사이에 해당 지역 여위도餘緯度(90°- φ)에 상당하는 협각이 있어서, 구면과 적도면이 평행을 이루게 한다. 이렇게 구면 중앙에 세운 표表(구침晷針)이 곧바로 북극을 가리킨다. 따라서 구면 눈금과 판의 해 그림자에 근거하여 시각을 읽을 수 있다. 북경 고궁 태화전 앞에 있는 명나라 때 일구가 이런 유형에 속한다. 평평하게 설치하는 탁극탁 일구와 적도식 일구는 완전히 다르다.

이제 지학地學을 말해 보자. 지학과 관련된 가장 중요한 문물은 지도다. 중국에서는 지도 역시 매우 일찍 나타났다. 앞에서 말했던 서주 초기 이伊·락洛 지역에서 도읍을 건설하려고 했을 때, 주공은 사람을 보내 "점을 친 지도"와 "점을 쳐서 얻은 길조의 결과"를 성왕에게 바쳤다

《상서·낙고》소疏),《주례》에서도 지도를 많이 언급했다.《지관·대사도》에서 "나라 토지 지도를 관장한다"라고 했고,《춘관·직방씨職方氏》에서는 "천하의 지도를 관장한다"라고 했고, 정현의 주석에서는 "지금의 사공 여지도와 같다"라고 했다. 이들 지도는 모두 거대한 전국 지도다. 전문적인 지도도 있었다.《지관·관인ΙΙ人》에는 금·옥·주석·돌의 산지를 나타낸 지도가 있었다. 더 작은 범위의 지도도 있었다. 예를 들면《춘관·총인冢人》의 직무는 왕가의 묘지를 관리하는 것으로, 〈조역도兆域圖〉를 관장했다. '조兆'는 바로 "토역茔域 묘역"이다(《춘관·소종백小宗伯》정현 주). 1977년 하북성 평산 전국 시대 중산왕릉에서 출토된 금은착동판金銀錯銅板〈조역도〉는 다름 아닌 능원 계획도이다. 물론 이것은 특수한 호화형이고, 일반 〈조역도〉는 간독(글을 쓰기 위한 나뭇조각)이나 백서(비단에 쓴 글)에 그렸다. 이밖에《주례·지관·소사도小司徒》에서 "땅에 대한 송사가 생기면 지도로 바로잡았다"라고 했고, 정현의 주석에서는 "'지송地訟'이란 토지의 경계를 가지고 다투는 것이다. '도圖'는 나라의 지도이다"라고 했다. 삼국 시대 위나라 때 발생한 사건 하나가 이 설의 인증이 될 수 있다. 정시正始연간 손례孫禮가 기주자사冀州刺史에 임명되었다. 부임하기 전 태부太傅 사마의司馬懿가 그에게 말했다. "지금 청하淸河·평원平原에서 토지의 경계를 다툰 지가 8년으로, 두 자사가 바뀌도록 해결하지 못했다." 그래서 손례에게 해결할 것을 요청했다. 이에 손례는 "마땅히 처음에 평원을 책봉하실 때 사용했던 지도로 해결해야 합니다"라고 말하며, "지금 지도가 천부天府에 보관되어 있으니, 앉아서 판결할 수 있습니다. 어찌 꼭 직접 갈 필요가 있겠습니까?"(《삼국지·위지魏志·손례전孫禮傳》) 라고 했다. 이를 통해 이른바 방국본도邦國本圖가 상당히 권위가 있었음을 알 수 있다. 그러나 이들 지도는 이미 오래 전에 실전되었다. 마왕퇴에서 지도가 나오기 전까지 가장 오래된 정식 대형 지도는 서안 비림碑林에 소장된 석각 〈화이도華夷圖〉와 〈우적도禹迹圖〉였다. 두 지도는 제나라 부창阜昌 7년(남송 소흥 6년, 1136)에 새긴 것으로, 이미 12세기 작품이다. 정말 뜻밖에도 1973년 호남성 장사 마왕퇴 3호 묘에서 서한 시대 문제文帝 때의 지도 세 폭이 출토되었다. 기원전 2세기에 그린 것으로, 〈화이도〉보다 1,300여 년 이른 것이다. 세 폭 지도 중 가장 큰 것은 〈지형도地形圖〉로, 사방 96cm이다. 지도에서 주요 지역은 당시 장사국 남부로, 지금의 소수유역瀟水流域·남령南嶺·구의산九嶷山 및 부근이다. 주요 지역의 비례척은 대략 1:18만이다. 지모地貌·수계水系·거민점居民點·교통망交通網 등 4대 요소가 모두 아주 분명하게 표시되어 있다. 〈지형도〉의 방위는 위가 남쪽, 아래가 북쪽으로, 거꾸로 돌려 현대의 지도와 대비해 보면 강 흐름의 뼈대, 방향, 주요 굽이 등이 모두 대체로 지금의 지도와 같다. 관양觀陽·도양桃陽에서 동쪽의 산맥이 모두 방령龐嶺의 방향인 것도 기본적으로 정확하다(그림 10-11). 남령·구의산 일대는 산과 물이 겹치고 지형이 복잡하여, 지도에서 이 정도로 정밀하게 표시할 수 있으려면 상당히 정확한 측량 자료를 근거로 삼아야 했을 것이다. 고고 학자들이 〈지형도〉에 표시된 성읍의 위치를 실마리로 현지 조사를 진행한 결과 한나라 때의 영포營浦·령도泠道·용릉春陵·남평南平·관양 등 옛성 유적지를 찾아낼 수 있었다. 이로 인해 〈지형도〉의 신뢰성이 더욱 증명되었다. 하지만 지도에서 그린 이웃 지역 즉 남월국南越國 지역은 남북 거리가 지나치게 압축되어, 정확성이 떨어졌다. 그리고 한나라 때의 지도는 아직 그물 격자 형식으로 비율에 맞추어 표현하지 못했기 때문에 배수裴秀는 "대충 모양을 갖추었지만 정확하지 않았다"라고 비평하기도 했다. 서진의 지리학자 배수는 〈우공지역도禹貢地域圖〉와 〈방장도方丈圖〉를 그

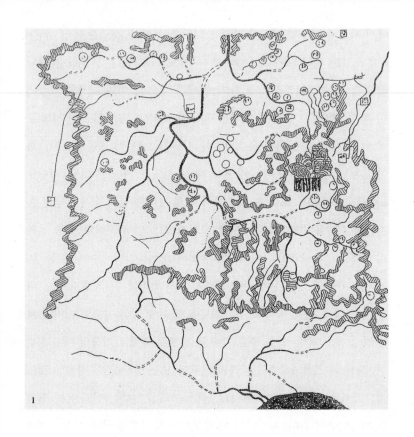

린 바 있다. 그는 이전 사람들의 경험을 총괄한 기초 위에 지도를 그리
는 여섯 가지 원칙, 즉 "제도육체制圖六體"를 제시했다. 분률分率(비례척)·
준망準望(방위)·도리道里(거리)·고하高下(상대 고도)·방사方邪(경사도 기복)·
우직迂直(경사도와 평면 거리 환산)이다. 이것은 중국 전통 지도 제도학에 이
론적 기초를 다졌다. 특히 비례척 응용에서 배수의 〈방장도〉는 "1촌을
100리로 하여", 중국 지도에서 "거리를 계산하고 방위를 그리는" 효시
가 되었다. 예를 들어 비림碑林의 〈우적도〉는 총 5,111방方을 그리고, 비
례척은 "매 방마다 100리"로 축약하여, 과학성이 크게 높아졌다. 원나
라 주사본朱思本은 당시 세상에 있던 도적圖籍을 참고 대조하고, 게다가

그림 10-11 마왕퇴 3호 묘에서 출토된 〈지형도〉(1)와 현대 지도(2)의 비교

자신이 실지 조사를 통하여 얻은 것을 추가하여 유명한《여지도輿地圖》
두 권을 편찬했다. 명나라 나홍선羅洪先이 그것을 폭을 나눈 지도로 바꿔
서《광여도廣輿圖》라고 했다. 이것이 중국에서 현존하는 가장 이른 지도
집이다.

　　대지를 측량한 기초 위에 전국 지도를 그리는 것은 청나라 강희 47
년(1708)에 이르러서야 진행되기 시작했다. 이때는 또한 서양 선교사를
초빙하여 측량에 협조해줄 것을 부탁했다. 측량할 때 망원경이 달려 있
는 상한의象限儀 등 의기儀器를 사용하고, 630개 경위도 점을 측정하고,

특수한 사다리형 투영법을 채택했다. 측량 그림 작업은 1718년에 완성
되었다. 지도의 이름은 〈황여전도皇與全圖〉라고 하며, 비례척은 1:140만
이다. 이때 유럽의 대지 측량은 바야흐로 계몽 시기에 있어, 1730~1780
년에 이르러 프랑스가 비로소 유럽 국가 중 가장 먼저 전국적 대지 측량
그리기를 추진했다.

　　지학 방면의 다른 저명한 의기儀器는 한나라 장형張衡이 발명한 후
풍지동의候風地動儀이다.《후한서·장형전張衡傳》에 비교적 자세한 기록이
있는데 다음과 같다. "양가陽嘉 원년(132), (장형이) 후풍지동의를 다시 만
들었다. 정동精銅으로 주조하여 만들었고, 원경員徑 8척이고, 뚜껑을 덮
으면 가운데가 위로 솟은 모양이고, 형체는 술잔처럼 생겼고, 전문篆文·
산·거북이·새·들짐승 모양으로 형체를 장식했다. 가운데에는 도주都柱
가 있고, 측면 여덟 방향으로 각각 길을 내서 기관을 설치했다. 바깥에
는 여덟 마리의 용이 있고, 머리에 구리 구슬이 물려 있는데, 아래 위치
한 두꺼비가 입을 벌리고 있다가 용이 떨어뜨리는 구슬을 받는다. 아기
牙機를 정교하게 만들었기 때문에 모두 몸체 안에 숨겨두고 뚜껑을 덮
으면 틈이 없이 꽉 닫힌다. 지진이 발생하면 몸체가 진동하면서 용이 구
슬을 떨어뜨리고 두꺼비가 입으로 받는다. 또한 진동 소리가 일어나 담
당자가 소리를 듣고 알게 된다. 언젠가 용 기관 하나가 움직였는데 땅
이 흔들리는 것은 느끼지 못하여, 경사 학자들이 모두 지진의 증험이 없
는 것을 괴이하게 여겼다. 며칠 후 역마가 달려와 보고했는데, 과연 농
서에서 지진이 났다고 하여 그 정교함에 모두 감탄했다. 이후 사관에
게 지진이 일어난 방향을 기록하게 했다." 이 의儀는 비록 오래전에 이
미 실전되었지만, 이 부분의 기록은 합리적이고 믿을만하다고 여겨져,
국내외 학자의 주의를 불러일으켰다. 1875년 일본 학자 하토리 히치조

우服部一三가 가장 먼저 장형의 지동의地動儀에 대해 복원 연구를 진행했다. 이후 이 작업에 종사한 학자가 19여 명 이상이었는데, 그중 왕진탁王振鐸 선생의 복원 방안이 가장 유명하다. 왕진탁 선생은 1936년부터 1963년까지 이 과제에 오랫동안 관심을 가지고 연구했다. 그가 제작한 모형의 외관이 우아했기 때문에, 널리 알려지게 되었다(그림 10-12:1). 부족한 점은 이 모형이 연구 제작 과정에서 모의 실험을 해 본 적이 없었다는 것이다. 이후 그것을 전문 장비인 고정밀 DK-5 쌍방향 액압 진동대 위에 놓고 점검을 했는데, 왕씨 모형 중의 도주都柱(곧게 세우는 막대기)가 수직 진동할 때 기울어져 쓰러질 뻔했으며, 방향이 제멋대로여서 반복성을 갖추지 않아 "진동이 오는 곳"을 판별할 수 없었다. 심지어 지진이 아닌 것이 조성한 각종 수직 진동 역시 판별할 능력이 없어서, 장형의 지동의와는 성능상 공통점이 거의 없었다. 또 다른 부류 학자는 도주都柱가 현수파懸垂摆(매달려 있는 진자)를 가리킨다고 보았다. 풍예馮锐 선생 등은 2004~2005년 제작한 모형에서 현수파懸垂摆를 의기儀器의 중심에 걸었다. 지진이 일어나면, 지면에서 만들어져 수평으로 흔들리고 진폭은 비교적 크며 지속 시간이 긴 서리파瑞利波(레일리파, 지진파 중 표면파의 일종으로 물에서의 수면파와 유사)의 격발激發을 받아서 도주都柱를 흔들리게 할 것이고, 그 방향은 대체로 지진의 사선이 가는 방향과 평행을 이룬다(그림 10-12:2). 그러나 후속 서리파의 반복 작용으로 이 도주는 입사면의 ±45°범위 안에서 흔들릴 것이다. 이로 인해 다음과 같은 문제가 발생할 수 있다. 흔들리는 것이 쌍방향이어서, 예를 들면 진원이 동쪽에서 오면 도주가 부딪힌 쪽의 용 머리가 물고 있던 구슬을 뱉어내는데, 동쪽에서일 수도 있고, 서쪽에서일 수도 있고, 심지어 동북, 동남, 서북, 서남 네 길 중의 어느 길에서도 역시 이런 현상이 발생할 가능성이 있다. 그

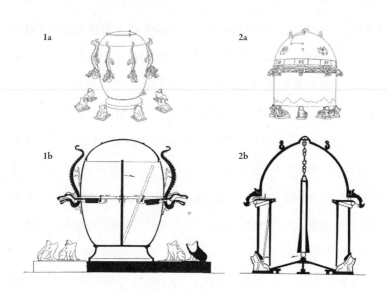

그림 10-12 지동의의 두 가지 복원 방안
1 왕진탁의 복원 방안(a. 외관 b. 내부 구조)
2 풍예 등의 복원 방안(a. 외관 b. 내부 구조)

래서 그것도 마찬가지로 "진동이 있는 곳"을 측정할 수 없다. 그런데 장

형의 지동의는 지진의 발생을 알 수도 있고 그 발생한 방위도 측정해낼

수 있다고 했다. 이 점에 대해서《후한서》에서 구구절절 말하고 있을 뿐

아니라, 사마표司馬彪의《속한서》에서도 "만약 땅이 움직이면 준樽이 흔

들려서 그 방향을 찾아내 지진이 일어난 곳을 알게 된다. 실제 일에 시

험을 해 보니 신기하게 딱 들어맞았다"(《어람御覽》권235인卷二三五引)라고

했다. 원굉袁宏의《후한기後漢紀》에서도 그것으로 "지진이 어디서 일어

났는지 알 수 있어서, 신기하게 딱 들어맞았다. 이로부터 이후 땅이 움

직이면 사관이 기록을 했으니, 어느 방향에서 일어났는지 기록을 했다"

라고 했다. 모두가 한결같이 말한 것으로 보아 장형의 지동의의 성능을

기록한 것은 신빙성이 있는 것이 틀림없다. 물론 2004~2005년의 모형

은 진동을 측정하는 기능이 있어서 왕 씨가 만든 것보다 한 단계 낮기는 하지만, 방향은 측정하지 못했다. 이 점에 대해서 연구 제작자는 "그 주요 작용이 지진의 발생을 검사하는 것이지 방향을 정하는 것은 아니다. 지동의가 방향을 찾는 작용에 대해서 객관적 인식이 필요하며, 과장해서 말할 수는 없다"라고 해석했다(《장형 지동의 과학적 복원張衡地動儀的科學復原》, 중국지진대망중심中國地震臺網中心, 2005年). 과연 정말 그렇다면 장형의 지동의에는 왜 꼭 내부의 "팔도八道"와 외부의 "팔방조八方兆"를 설계하고 《후한기》 팔룡八龍·팔환八丸·팔섬八蟾 등으로 진원의 방향을 알리는 설치를 했을까? 하물며 만약 방향을 측정하지 못하면 사관이 "땅의 흔들림이 어느 방향에서 시작했나 기록하는" 것는 무엇을 근거로 말한 것일까? 이것은 수많은 역사 서적에서 정부 행위를 기록한 것으로, 못본 척 무시할 수 없다. 그러므로 이 작업은 믿을 수 있는 근거를 갖춘 장형 지동의 복원 모형으로 인정하기 어렵다. 장형의 지동의를 진정으로 복원하기 위해서는 아직 갈 길이 멀다.

마지막으로 자학磁學과 관련된 지남침指南針을 이야기한다. 《사해辭海》 "지남침指南針" 항목에서 "전국 시대에 이미 천연 자철광을 갈아서 만든 지남침이 있었으며 '사남司南'이라고 했다. 가장 이른 기록은 《한비자·유도有度》에 실려 있으며, 그 저작 연대는 대략 기원전 3세기이다"라고 했다. 《사원辭源》 "사남司南" 항목에서도 사남은 "지남침·라반羅盤 등 방향을 측정하는 기구"라고 했다. 그런데 이들 권위 있는 사전에서 말한 위의 설은 사실 완전히 정확하지는 않다. 우선 《한비자·유도》에서 어떻게 말했는지 보자. "신하가 군주를 침범하는 것은 마치 지형과 같다. 길을 자꾸 가다보면 군주가 방향을 잃게 되어, 동쪽과 서쪽이 바뀌어도 깨닫지 못한다. 그래서 선왕은 사남을 세워서 아침 저녁과 방향을 알게 했다." 한비자는 길을 가는 것에 비유하여, 멀리 갈수록 방향이 치우침이 생기고 심지어 방향이 완전히 바뀌어도 행인은 스스로 알지 못한다고 했다. 즉, 청나라 왕선신王先愼이 말한 대로 "이것은 사람이 길을 갈 때 쌓이고 쌓여서 깨닫지 못하는 사이에 방향이 바뀐다는 것을 말한 것이다." 인용문에서 말한 사남이 무엇인지, 우선 이 말을 한 구체적 배경을 봐야 한다. 즉, 여기서 말한 것은 길을 가는 것이다. 다음으로, 고서를 해석하려면 마땅히 옛 주를 중시해야 한다. 옛 주의 작자는 원서의 시대와 거리가 비교적 가까워서 원래 뜻에 더 밝을 가능성이 높기 때문이다. 현존《한비자》의 가장 이른 주석은 당나라 사람 이찬李瓚이 지은 것으로, 그는 "사남은 지남차司南車이다"라고 했다.《진서晉書·여복지輿服志》에서 "사남차司南車는 일면 지남차指南車라고 한다"라고 하여, "사남"은 "사남차"의 약칭임을 알 수 있다. 차는 길을 갈 때 사용하는 것으로, 위에서 인용한《유도》의 서술과 완전히 조화를 이루므로, 이찬의 주석을 따르는 것이 좋다. 사남차에 자동으로 분리되는 톱니바퀴 장치를 장착하여 차 위에 목인木人과 연결시키면, 목인의 팔이 평평하게 들려 방향을 가리키는 모양이 된다. 차가 방향을 바꿔도 목인은 줄곧 남쪽을 가리킨다.

다른 한편으로, 중국에서는 아주 일찍 자석의 흡철성을 발견했다.《여씨춘추·정통精通》에서 "자석은 철을 끌어당긴다"라고 했다.《회남자·설산》에서도 "자석은 철을 끌어당길 수 있다"라고 했다. 그러나 자석의 흡철성을 아는 것은 쉽지만 그 지극성을 아는 것은 상당히 어렵다. 자유롭게 움직일 수 있는 가볍고 가늘고 긴 자성체를 만들지 못하면 그 성능을 직접 관찰하기 어렵기 때문이다. 송나라 이전의 중국 고문헌에서는 자석의 지극성을 언급한 적이 전혀 없다. 자석에 지극성이 있다는 것을 알지 못하면, 이 전제(지남의를 발명할 수 있는)가 부족한 것이다. 그래서 송나라 이전의 사람은 자성체 지남의를 생산할 생각을 할 수 없었다. 그러나 왕진탁 선생은 동한東漢 왕충王充의《논형·시응是應》에서 "사남司南의 표杓를 땅에 던지면 끝이 남쪽을 가리킨다司南之杓, 投之于地, 其柢指南"라는 열두글자를 찾아내서, 이에 근거하여 그 유명한 "사남"을 만들었다(그림 10-13). 왕씨는 이 열두글자를 "국자가 남쪽을 가리킨다는 것은 땅에 던져 돌아가게 하면 자루가 남쪽을 가리킨다"라고 이해한 것이다.

왕씨가 고문헌에 의거해 설을 세웠으니, 판본과 교감校勘(고증학의 분과, 경전의 오류를 고증하는 것) 방면의 고찰을 받아들이지 않을 수 없다. 왕씨의 인용문이 근거한《논형》의 통행본은 명나라 가정 시기(1522~1566)의 통진초당본通津草堂本으로부터 전해진 것으로 보인다. 하지만 이보다 더 오래된 판본이 있다. 예전에 북평역사박물관에서 오랫동안 소장했던 잔송본殘宋本으로, 14권부터 17권까지 남아 있으며, 1921년 청나라 내각 서류를 정리할 때 수습한 것이다. 항일 전쟁 전날 밤 옛 유물을 남쪽으로 옮겼는데, 이 책도 따라서 남쪽으로 갔다가 지금은 남경박물원으로 돌아왔다. 책 중에《시응》이 마침 그 안에 있었다. 주의를 기울여야 할 것은 통행본 중의 "사남지표司南之杓"가 송본宋本에서는 "사남지작司南之酌"으로 되어 있다. 주종래朱宗萊가 교정한 원나라 지원본至元本에도 "작酌"으로 되어 있다. '작'은 '행行·용用'으로 풀이한다.《일주서·대무편大武篇》에서 "작지이인酌之以仁"이라고 했고, 청나라 때 반진潘振이《주서해의周書解義》에서 "선을 선택하여 행동하는 것을 작이라고 한다取善而行曰酌"이라고 했고,《광운·입성入聲·십팔약十八藥》에서도 "작은 행동하는 것이다酌, 行也"라고 했다. "投之于地(투지우지)"는《손자병법孫子兵法·구지편九地篇》에서 "절체절명의 처지에 던져진 연후에야 살아남는다

그림 10-13 왕진탁이 설계한 '사남司南'

投之亡地然後存"라고 한 앞 일부분과 용어가 유사하다. 이 구절을 《사기·
회음후열전淮陰侯列傳》에서는 "패망할 자리에 (군사를) 데려다놓아야 (죽
을힘을 다해 싸워서) 생존하게 된다"라고 인용하였으니, 그렇다면 "投之于
地"는 "置之于地"로, "地"는 지면地面을 가리키며, 그것을 작디작은 구
리 바닥판에 놓은 것이 아니었다. "柢(저)"는 《자림》·《옥편》·《광운》에
서는 모두 "대형碓衡이다"라고 했다. 대형은 가로 나무로, 바로 사남차
에서 목인이 방향을 가리키는 팔 부분에 해당된다. 그래서 송본宋本《논
형》에서 이 열두 글자의 뜻은 아주 분명하다. 즉, 사남차를 사용할 때 그
것을 땅에 놓으면 가로 팔이 남쪽을 가리킨다는 뜻이다. 왕 씨가 설을
세우는 기초가 된 통행본 중의 "표杓"는 사실 오자이다. 종합하면, 《시
응》 중 이 구절은 당시 사람들이 익히 알고 있던 사남차의 성능을 말한

것으로, 왕충은 당시 사람들이 생각할 수 없었던 자성체 지남의에 대해서는 아직 말할 방법이 없었던 것이다.

왕씨가 본인의 이해에 근거하여 설계한 "사남"은 점식占栻 구리 바닥판에 자성이 있는 작 하나를 놓는 것이다. 그런데 이 작은 무슨 재료로 만들었을까? "사남은 천연 자석을 다듬어서 만든 경우가 많았을 것이다"라고 그는 말했다. 그러나 천연 자석은 자구磁矩(자기 모멘트, 자석의 세기를 나타낼 때 사용)가 작고, 제작 과정에서 진동과 마찰로 더욱 자성이 떨어지게 된다. 이것은 극복하기 어려운 난점이다. 왕씨는 이에 다른 두 재료를 채택했다. 하나는 텅스텐강을 기본으로 한 "인조막대형 자철"이고, 다른 하나는 "천연 자석으로, 운남에서 생산한 것에 자성 전도를 거친 후 자성을 부여한 것"이다. 한나라 때 인공 전자철이 아예 없었다는 것은 말할 필요도 없다. 운남의 천연 자석 또한 강한 자장에 두어 자성화하여 그 자구를 증강한 것이다. 이 두 가지 재료는 모두 한나라 때 사람이 볼 수 있었던 것이 아니고, 실제 응용은 더욱 말할 필요도 없다. 그런데 장기간 박물관에 전시된 "사남" 중의 작은 인공자철로 제작한 것이다. 중화인민공화국 성립 이후 "1952년 전림조錢臨照 원사院士가 곽말약의 요구에 응하여 사남을 만들어 소련 방문 선물로 전달하려고 하였다. 그는 가장 좋은 자석을 찾아서, 옥 장인을 시켜 정밀한 작형勺形을 만들어달라고 했다. 유감인 것은 옥으로 만든 것은 남쪽을 가리키지 못한다는 것이었다. 자구가 너무 작아서, 지자장이 부여하는 작용으로 마찰력을 극복하기에는 부족했다. 결국 전자철로 인공 자성화하는 수밖에 없었다."(진혜여陳慧余《지남침물리학指南針物理學》,《황하문화론단黃河文化論壇》제11집 게재, 2004년) 곽말약 원장과 전림조 원사가 20세기에도 해내지 못한 일을 기원전 3세기《한비자》의 시대와 서기 1세기《논형》의 시대의 장인이 어떻게 해낼 수 있었겠는가? 왕씨는 고고학적 증거도 없고 믿을 만한 고문헌 근거도 없고, 기술적 가능성도 없는 상황에서 몇 천 년 후 세상에 나온 전자기 재료로 한나라 때의 "사남"을 복원했다. 이런 방법은 취하면 안 될 것이다.

앞에서도 말했듯이 자유롭게 돌아가는 막대 모양 자철이 있다는 조건에서만 그 지극성을 관찰할 수 있다. 그런데 고대에 자석의 자력을 시험 할 때는 늘 바늘을 당기는 것으로 시험했다. 《명의별록》에서 "좋은 자석은 바늘을 거꾸로 매달 수 있어야 하며, 서너 개 연이어 매달리면 좋은 것이다"라고 했다. 그리고 이 바늘들은 자석과 접촉함으로써 자석화되었다. 송나라 때에 이르면, 자화된 바늘은 남쪽을 가리킬 수 있다는 것을 발견하게 된다. 심괄沈括은 《몽계필담》에서 "방사가 자석을 갈아서 침봉을 만들면 남쪽을 가리킬 수 있다"라고 했다. 그런데 어떻게 자유롭게 움직이게 하나? 심괄은 또 수부水浮(지남침을 등초에 꿰어 물위에 띄움)·지갑선정指甲旋定(지남침을 손톱 위에 올려놓음)·완순선정碗唇旋定(지남침을 주발의 가장자리에 놓음)·누선縷懸(실로 지남침의 중간을 매어 무풍지대에 매다는 것) 등 네 가지 방법을 소개했다. 그 후 자성체 지남침이 빠르게 응용될 수 있었다. 중국의 풍수용 나침반은 송나라 양유덕楊維德의 《영원총록茔原總錄》(1041년)에 실린 것에서 제일 먼저 보인다. 항해용 나침반은 송나라 주욱의 《평주가담》(1119년)에 실린 것이 최초다. 1985년과 1997년 강서성 임천의 남송 시대 묘에서 손에 나침반을 들고 있는 도자기 인물상이 두 번 출토되었다. 앞의 것의 연대는 1198년으로, 인물상 좌대 바닥에 "장선인張仙人"이라고 써 있다. 뒤의 것도 연대는 비슷하며, 인물상 좌대 바닥에 "장견고章堅固"라고 써 있다. 이는 모두 신선의 이름이다(그림 10-14). 둘은 현실 생활에서 모두 풍수를 보는 풍수가를 대표한

그림 10-14 나침반을 갖고 있는 도자 인물상
1 강서성 임천의 남송 때 주제남朱濟南 묘에서 출토
2 강서성 임천의 무북진撫北鎮 남송 때 묘에서 출토

다. 이런 도자기 유물이 계속 출토되는 것은 풍수를 보는 나침반이 이
때 이미 쉽게 볼 수 있는 물건이었다는 것을 말해준다. 이상과 같은 상
황은 자성체 지남침이 중국에서 나타난 것이 11세기보다 이전이며, 항
해에 사용된 것은 12세기 초보다 늦지 않음을 실증해준다. 그런데 지남

침이 유럽 문헌에서 가장 이르게 보이는 것은 영국 사람 니캠A. Neckam 이 1190년에 기재한 것으로, 이미 12세기 말엽이다. 그러므로 지남침은 의심할 바 없이 중국에서 가장 먼저 발명되었으며, 이것은 중국인이 자랑스러워할 만하고, 세계인의 경탄을 널리 받는 과학적 성취다. 결코 존재하지도 않았던 "사남작司南勺으로 방위를 정한" 단계를 아무 근거 없이 첨가할 필요가 없다. 기름 치고 물을 대고 옮겨 심고 접목해서 억지로 허장성세를 펴는 것은 혼란만 더 부추길 뿐, 과학적으로 득이 될 만한 것이 아무것도 없다.

가 핀잔을 준다. 항우가 20만 진나라 병사를 생매장했다고 역사학자
가 말하면, 20만 명을 생매장하려면 얼마나 넓은 땅을 얼마나 깊이 파야
하는지 알기나 하느냐고 고고학자가 핀잔을 준다.

사실 양자는 이렇게 반목하고 핀잔해야 하는 관계가 아니라 서로
협력해야 하는 관계다. 겸허하고 진지하게 상대방의 영역을 존중하고
상대방을 통해 보완하면, 각자의 영역이 완전히 새로운 모습으로 변화
하게 될 것이다. 전공 및 전문 분야를 지나치게 세분하여 영역을 다투는
것이 학계의 가장 심각한 적폐이다.

그런 점에서 이 책은 놀라운 책이다. 저자 쑨지는 혼자서 두 영역
을 모두 연구하고 파헤쳤다. 유물과 기록을 모두 존중하여 교차 연구하
고 상호 보완함으로써 나무와 숲 모두를 온전히 보여주는 역작을 저술
한 것이다.

알기 쉽게 쓰기는 했지만, 옛날의 다양한 실물에 관해 이야기하다
보니 생소한 용어가 많이 등장하는 것을 피할 수 없었다. 한국어 풀이가
가능하면 풀되, 그렇지 못한 많은 경우는 한자 용어를 그대로 썼다. 많
은 독자의 관심을 받게 된다면 좀 더 바르고 친숙한 용어로 고칠 기회
또한 생기게 되리라 믿는다.

2017년 8월 말, 역자 팔보 홍승직

후기

2007년부터 2009년까지 중국국가박물관이 대규모 개축과 확장을 추
진했다. 폐관 기간 동안 박물관 지도부에서는 직원 업무 수준을 높이기
위해 공사 업무를 배정하는 것 외에 매주 학술 강좌를 열었다. 필자는
박물관 내 과학 연구 인원 중 하나로서 마땅히 전력을 다해야 했었다.
그리하여 변변치 않은 능력을 고려하지 않은 채《중국 물질문화사》의
각 주제를 강의하는 임무를 맡게 되었다. 이 책의 기본 내용은 당시의
강의 원고다. 몇몇 관련 주제는 이보다 앞서 타이완 타이난 예술대학과
홍콩 시티대학에서도 강의한 적이 있다. 박물관 안에서든 밖에서든 이
런 경우는 언제나 출석자와 서로 교류할 수 있는 좋은 기회다. 질문, 토
론, 분석, 귀납 등을 통해 필자는 많은 계발의 기회를 얻을 수 있었다. 그
후 2012년부터 2013년까지, 중앙문사연구관中央文史研究館의 도움과 배
려로 옛 원고를 대폭 수정하고 확충하여 이 책을 완성할 수 있었다.

《중국 물질문화사》라는 큰 과제에 이 작은 책이 걸맞다고 하기
는 어렵다. 언젠가 한 학생과 이에 대해 이야기한 적이 있다. 그 학생이
말하기를, "고대에 무슨 대단한 것이 있었나요? 4대 발명이라고 해 봐
야 대포나 쏘면서 전쟁이나 하고 종잇장이나 만들고 하는 것 아니었나

요?"라고 하는 것이다.

이 말을 듣고 나도 모르게 마음 밑바닥이 떨렸다. 중국 물질문화의 성취는 동방대국 5,000년 찬란한 역사의 중요한 구성 성분이요, 국가의 기본 실상이다. 마땅히 상식이 되어야 했었고, 마땅히 너도나도 알아야 하는 것이다. 이 청년의 경우에는 대형 전문 서적이든 소책자든 상관없이 보충 학습이 꼭 필요해 보였다. 그리하여 성숙하지 못한 이 몇 편의 문장을 발표해 독자의 이해에 조금이나마 도움을 주고자 하는 용기를 내게 되었다. 잘못된 부분이 있으면 아낌없이 가르침을 내려주길 희망한다.

쑨지

2013년 중국국가박물관에서

옮긴이의 말

이런저런 팀의 중국 탐방 계획을 짜는 일이 종종 있다. 물관은 뜨거운 감자다. 일정이 너무 빡빡하다 싶어서 방 하는 상황이 되면, 제일 먼저 박물관이 정리 대상으로 가 반대로 다른 곳은 가지 않아도 괜찮지만 박물관은 꼭 가이 하게 주장하는 일행도 있다. 일정 정리 대상으로 박물관을 론하는 사람의 입장을 이렇다. 박물관이란 곳은 땅속 깊은 된 편린에 도무지 이해할 수 없는 용어와 숫자만 가득한 명교 붙여 죽 늘어놓아서 어쩐지 주눅이 들고 재미가 없다는 것이 바로 그런 이들에게 권하고 싶은 책이다. 마치 중국 각지 박물 한 유물을 차례대로 훑으면서 여러 가지 관련 이야기를 곁들어 게 설명해주는 것 같은 책이다. 이 책을 보다 보면, 중국에 가면 모르게 박물관부터 가보고 싶어지게 될지도 모른다.

역사학자와 고고학자는 '가까이하기에는 너무 먼 당신' 같 로 보인다. 역사학자는 주로 문헌을 통해 과거를 연구하고, 고고학 주로 문물을 통해 과거를 파헤친다. 한나라 기와에 대해 고고학자 언가 발표를 하면, 《사기》나 《한서》는 제대로 읽기나 했느냐고 역사

후기

2007년부터 2009년까지 중국국가박물관이 대규모 개축과 확장을 추진했다. 폐관 기간 동안 박물관 지도부에서는 직원 업무 수준을 높이기 위해 공사 업무를 배정하는 것 외에 매주 학술 강좌를 열었다. 필자는 박물관 내 과학 연구 인원 중 하나로서 마땅히 전력을 다해야 했었다. 그리하여 변변치 않은 능력을 고려하지 않은 채《중국 물질문화사》의 각 주제를 강의하는 임무를 맡게 되었다. 이 책의 기본 내용은 당시의 강의 원고다. 몇몇 관련 주제는 이보다 앞서 타이완 타이난 예술대학과 홍콩 시티대학에서도 강의한 적이 있다. 박물관 안에서든 밖에서든 이런 경우는 언제나 출석자와 서로 교류할 수 있는 좋은 기회다. 질문, 토론, 분석, 귀납 등을 통해 필자는 많은 계발의 기회를 얻을 수 있었다. 그 후 2012년부터 2013년까지, 중앙문사연구관中央文史硏究館의 도움과 배려로 옛 원고를 대폭 수정하고 확충하여 이 책을 완성할 수 있었다.

《중국 물질문화사》라는 큰 과제에 이 작은 책이 걸맞다고 하기는 어렵다. 언젠가 한 학생과 이에 대해 이야기한 적이 있다. 그 학생이 말하기를, "고대에 무슨 대단한 것이 있었나요? 4대 발명이라고 해 봐야 대포나 쏘면서 전쟁이나 하고 종잇장이나 만들고 하는 것 아니었나요?"라고 하는 것이다.

이 말을 듣고 나도 모르게 마음 밑바닥이 떨렸다. 중국 물질문화의 성취는 동방대국 5,000년 찬란한 역사의 중요한 구성 성분이요, 국가의 기본 실상이다. 마땅히 상식이 되어야 했었고, 마땅히 너도나도 알아야 하는 것이다. 이 청년의 경우에는 대형 전문 서적이든 소책자든 상관없이 보충 학습이 꼭 필요해 보였다. 그리하여 성숙하지 못한 이 몇 편의 문장을 발표해 독자의 이해에 조금이나마 도움을 주고자 하는 용기를 내게 되었다. 잘못된 부분이 있으면 아낌없이 가르침을 내려주길 희망한다.

쑨지

2013년 중국국가박물관에서

옮긴이의 말

이런저런 팀의 중국 탐방 계획을 짜는 일이 종종 있다. 그럴 때마다 박물관은 뜨거운 감자다. 일정이 너무 빡빡하다 싶어서 방문지를 줄여야 하는 상황이 되면, 제일 먼저 박물관이 정리 대상으로 거론되곤 한다. 반대로 다른 곳은 가지 않아도 괜찮지만 박물관은 꼭 가야 한다고 강력하게 주장하는 일행도 있다. 일정 정리 대상으로 박물관을 가장 먼저 거론하는 사람의 입장을 이렇다. 박물관이란 곳은 땅속 깊은 곳에서 발굴된 편린에 도무지 이해할 수 없는 용어와 숫자만 가득한 명패와 설명을 붙여 죽 늘어놓아서 어쩐지 주눅이 들고 재미가 없다는 것이다. 이 책은 바로 그런 이들에게 권하고 싶은 책이다. 마치 중국 각지 박물관의 중요한 유물을 차례대로 훑으면서 여러 가지 관련 이야기를 곁들여 알기 쉽게 설명해주는 것 같은 책이다. 이 책을 보다 보면, 중국에 가면 자기도 모르게 박물관부터 가보고 싶어지게 될지도 모른다.

역사학자와 고고학자는 '가까이하기에는 너무 먼 당신' 같은 관계로 보인다. 역사학자는 주로 문헌을 통해 과거를 연구하고, 고고학자는 주로 문물을 통해 과거를 파헤친다. 한나라 기와에 대해 고고학자가 무언가 발표를 하면,《사기》나《한서》는 제대로 읽기나 했느냐고 역사학자가 핀잔을 준다. 항우가 20만 진나라 병사를 생매장했다고 역사학자가 말하면, 20만 명을 생매장하려면 얼마나 넓은 땅을 얼마나 깊이 파야하는지 알기나 하느냐고 고고학자가 핀잔을 준다.

사실 양자는 이렇게 반목하고 핀잔해야 하는 관계가 아니라 서로 협력해야 하는 관계다. 겸허하고 진지하게 상대방의 영역을 존중하고 상대방을 통해 보완하면, 각자의 영역이 완전히 새로운 모습으로 변화하게 될 것이다. 전공 및 전문 분야를 지나치게 세분하여 영역을 다투는 것이 학계의 가장 심각한 적폐이다.

그런 점에서 이 책은 놀라운 책이다. 저자 쑨지는 혼자서 두 영역을 모두 연구하고 파헤쳤다. 유물과 기록을 모두 존중하여 교차 연구하고 상호 보완함으로써 나무와 숲 모두를 온전히 보여주는 역작을 저술한 것이다.

알기 쉽게 쓰기는 했지만, 옛날의 다양한 실물에 관해 이야기하다보니 생소한 용어가 많이 등장하는 것을 피할 수 없었다. 한국어 풀이가 가능하면 풀되, 그렇지 못한 많은 경우는 한자 용어를 그대로 썼다. 많은 독자의 관심을 받게 된다면 좀 더 바르고 친숙한 용어로 고칠 기회 또한 생기게 되리라 믿는다.

2017년 8월 말, 역자 팔보 홍승직

지은이 쑨지孫機

중국 문물 전문가, 고고학자. 1929년 9월 28일 산동山東 청도青島(청다오)에서 출생했다. 1960년 북경대학 역사학과에서 고고학을 전공했고, 졸업 후 북경대학 역사학과 자료실에서 근무를 시작했다. 문화대혁명 기간 동안 노동 개조에 동원되었으며, 이후 1979년 중국역사박물관(현 중국국가박물관) 고고학 부서로 발령되어 1983년에 부연구원이, 1986년에 연구원이 되었다. 1992년에 정부특별지원 대상자로 선정되었다. 북경대학 입학 전부터 중국 고대 복식服飾, 중국 고대 동경銅鏡 등을 연구, 정리했다. 대학 입학 후에는 문헌과 문물을 모두 중시하는 시각으로 상호 대조하고 인증하는 방법을 통해 고대 교통수단, 복식, 과학기술 등의 방면에서 놀라운 연구 실적을 쌓았다. 1984년 베니스에서 개최된 중국 고대문명 기원 학술 토론회에서 세계적으로 주목을 받았다. 중국복식박물관 기획위원, 북경복장협회 이사 등으로 초빙된 바 있으며, 중국고차박물관(산동 치박 고차박물관) 총괄 기획을 맡았다. 1990년 국가문물감정위원회 위원으로 초빙되어 새롭고 정확한 감정을 통해 많은 고대 문물의 가치를 발굴했다.

저서로는《고대 중국의 수레와 복식中國古輿服論叢》《쑨지가 문물을 말하다孫機談文物》《중국대백과사전-문물편中國大百科全書·文物卷》《한대 물질문화 자료 도설漢代物質文化資料圖說》《앙관집-고대 문물의 감상과 감별仰觀集-古文物的欣賞與鑑別》《역사로부터 깨어나다-쑨지가 고대 문물을 말하다從歷史中醒來-孫機談中國古文物》《중국의 의관-고대 중국의 복식 문화華夏衣冠-中國古代服飾文化》《말을 타고 마차를 몰고-중국 고대 차마 문화載馳載驅-中國古代車馬文化》등이 있다.

옮긴이 홍승직

1962년 충남 홍성에서 출생했다. 고려대학교 중문과에서 학사, 석사, 박사 학위를 받았다. 1981년 대학 입학 후 어수선한 시국으로 강의가 제대로 이루어지지 않자 한문 강독 동아리인 동수회東修會 활동에 주력했으며, 이는 이후 번역, 연구, 저술, 교육 활동의 자양이 되었다. 1994년 충남 아산 순천향대학교 중어중문학과 교수로 부임했고, 2016년 중국학과로 소속이 변경되었다. 중국어교육원장, 공자아카데미 원장 등을 역임했다. 고전을 중심으로 중국 문화를 대중에게 번역, 소개하는 일에 관심을 가지고 주력해왔다. 역서로《처음 읽는 논어》《처음 읽는 대학 중용》《이탁오 평전》《용재수필》《유종원집》《아버지 노릇》《분서》등이 있으며, 저서로는《한자어 이야기》등이 있다.

중국 물질문화사

1판 1쇄 펴냄 2017년 9월 22일
1판 2쇄 펴냄 2018년 6월 15일

지은이 쑨지
옮긴이 홍승직
펴낸이 안지미
기획 노승현
편집 김진형 최장욱 박승기
교정 김유리
디자인 한승연
제작처 공간

펴낸곳 알마 출판사
출판등록 2006년 6월 22일 제2013-000266호
주소 03990 서울시 마포구 연남로1길 8, 4~5층
전화 02.324.3800 판매 02.324.7863 편집
전송 02.324.1144

전자우편 alma@almabook.com
페이스북 /almabooks
트위터 @alma_books
인스타그램 @alma_books

ISBN 979-11-5992-121-6 03910

이 책의 내용을 이용하려면 반드시 저작권자와 알마 출판사의 동의를 받아야 합니다.

이 도서의 국립중앙도서관 출판시도서목록CIP은 서지정보유통지원시스템 홈페이지
http://seoji.nl.go.kr와 국가자료공동목록시스템 http://www.nl.go.kr/kolisnet에서
이용하실 수 있습니다. CIP제어번호: 2017022949

알마는 아이쿱생협과 더불어 협동조합의 가치를 실천하는 출판사입니다.

종이 표지_한솔 매직콤마 120g/㎡ 본문_전주 그린라이트 70g/㎡